"十三五"国家重点出版物出版规划项目
现代机械工程系列精品教材
一流本科专业一流本科课程建设系列教材

汽车发动机原理

第5版

主　编　颜伏伍
副主编　侯献军　王志红　胡　杰
参　编　刘志恩　杜常清　罗马吉
　　　　邹　斌　阮　杰　段海涛

机械工业出版社

本书为"十三五"国家重点出版物出版规划项目。

本书主要内容包括发动机的性能与评价、基本工作过程（包括换气过程和混合气形成与燃烧过程）、特性、增压、排气污染与噪声控制（包括排气污染物生成机理与控制、噪声与控制），以及新型汽车动力装置（包括纯电动、混合动力及燃料电池汽车动力装置）和发动机动力学。

本书可以作为车辆工程、汽车服务工程、交通运输工程等专业的教材，也可作为汽车、工程机械、农用机械等领域的科技人员、工程技术人员的参考书。

本书配有PPT课件、视频、动画等资源包，采用本书作为教材的教师，可以登录www.cmpedu.com注册下载。

图书在版编目（CIP）数据

汽车发动机原理/颜伏伍主编. —5版. —北京：机械工业出版社，2023.12（2025.8重印）

"十三五"国家重点出版物出版规划项目 现代机械工程系列精品教材 一流本科专业一流本科课程建设系列教材

ISBN 978-7-111-75135-9

Ⅰ.①汽⋯ Ⅱ.①颜⋯ Ⅲ.①汽车-发动机-理论-高等学校-教材 Ⅳ.①U464.11

中国国家版本馆CIP数据核字（2024）第032412号

机械工业出版社（北京市百万庄大街22号 邮政编码100037）
策划编辑：宋学敏　　责任编辑：宋学敏
责任校对：李　杉　　封面设计：张　静
责任印制：单爱军
保定市中画美凯印刷有限公司印刷
2025年8月第5版第3次印刷
184mm×260mm・19.25印张・439千字
标准书号：ISBN 978-7-111-75135-9
定价：63.00元

电话服务　　　　　　　　　网络服务
客服电话：010-88361066　　机 工 官 网：www.cmpbook.com
　　　　　010-88379833　　机 工 官 博：weibo.com/cmp1952
　　　　　010-68326294　　金 书 网：www.golden-book.com
封底无防伪标均为盗版　　　机工教育服务网：www.cmpedu.com

前　言

本书第 2 版是于 1988 年根据原国家机械工业委员会关于修订高等院校试用教材的决定，并按照 1984 年在天津召开的高等院校内燃机专业教材编审委员会上审定的大纲，在《汽车拖拉机内燃机原理》的基础上编写的。在第 2 版出版 12 年之后的 2000 年，本书根据发动机领域的技术进步，对部分内容进行了更新，形成了第 3 版。时隔 17 年后，随着汽车技术的巨大进步，为了保持本书在强调基础知识的同时，注意反映汽车动力系统电动化的研究成果和新技术的特色，进一步更新了教材的部分内容，出版了第 4 版。在本书第 4 版的编写过程中，仍以发动机原理为主导，加强基础，更新教材内容，力图反映发动机的发展趋势，重点对发动机的新型燃烧方式与电控、发动机代用燃料、发动机排气后处理、新型汽车动力系统等内容进行了更新或增补。

在全国高校思想政治工作会议中，习近平总书记强调，要坚持把立德树人作为中心环节，把思想政治工作贯穿教育教学全过程，实现全程育人、全方位育人，努力开创我国高等教育事业发展新局面。高校思想政治教育对于"立德树人"根本任务的实现有着重大作用。因此，本书第 5 版的修订，将思政元素融入到教材中，明确专业课知识传授与价值观引领之间的内在联系，从教学方法和教学内容入手，充分调动学生兴趣，加强对学生能力的培养，在实现课程总目标的前提下，挖掘思政元素，潜移默化地引导学生的身心发展，激发学生为振兴我国汽车工业而努力奋斗的学习热情和使命担当。

本书主要内容包括发动机的性能与评价、基本工作过程（包括换气过程和混合气形成与燃烧过程）、特性、增压、排气污染与噪声控制（包括排气污染物生成机理与控制和噪声控制），以及新型汽车动力装置（包括纯电动、混合动力及燃料电池汽车动力装置）和发动机动力学。为了便于学生学习时掌握重点内容，每章附有复习思考题，并配有参考答案。

本书由武汉理工大学颜伏伍任主编，侯献军、王志红、胡杰任副主编，参与编写的人员还有：刘志恩、杜常清、罗马吉、邹斌、阮杰和段海涛。

本书的编写参考了国内外许多工厂、研究所及高等院校的研究材料，在此一并表示感谢。

由于编者水平有限，书中难免有不当之处，欢迎使用本书的广大读者批评指正。

编　者

常用符号表

a——加速度
B——每小时燃油量
b_e——有效燃油消耗率
b_i——指示燃油消耗率
c——比热容，声速
c_m——活塞平均速度
c_p——比定压热容
c_V——比定容热容
D——气缸直径
f——频率
H——焓
h——比焓
h_μ——燃料低热值
i——气缸数
K——适应性系数
L_0——理论空气量
Ma——马赫数
M_{rT}——燃料相对分子质量
m——质量
m_e——比质量
n——发动机转速
n_1——压缩多变指数
n_2——膨胀多变指数
P_i——指示功率
P_k——压气机功率
P_m——机械损失功率
P_e——有效功率
P_T——涡轮机功率
p_0——大气压力
p_{de}——进气终了压力
p_{ex}——膨胀终了压力

p_{co}——压缩终了压力
p_{me}——平均有效压力
p_z——最高循环压力
p_{mi}——平均指示压力
p_k——扫气压力，增压压力
P_L——升功率
p_{max}——最高燃烧压力
p_{mm}——平均机械损失压力
p_r——排气终了压力
p_t——循环平均压力
p_w——饱和蒸气压力
Q——热量
Q_{mix}——混合气热值
q——单位质量热量
R——气体常数
S——熵，活塞行程
s——比熵
T——热力学温度
T_0——大气温度
T_{de}——进气终了温度
T_{ex}——膨胀终了温度
T_{co}——压缩终了温度
T_z——循环最高温度
T_r——排气终了温度
T_{tq}——有效转矩
V——容积
V_s——气缸工作容积
V_c——压缩容积
V_k——燃烧室容积
v——质量体积，流速
W——功

W_i——指示功
w——单位质量的功
α——转角
δ——后膨胀比,调速率
ε——压缩比
η_{ad-k}——压气机绝热效率
η_t——循环热效率
η_{et}——有效热效率
η_{it}——指示热效率
η_m——机械效率
η_T——涡轮机效率
θ——点火提前角,喷油提前角
κ——等熵指数
λ_p——压力升高比

μ——转矩储备系数
μ_0——分子变更系数
ρ——密度
ρ_0——预胀比
τ——行程数
τ_i——着火延迟期(以秒为单位)
φ——曲轴转角
ϕ_a——过量空气系数
ϕ_c——充气效率(充量系数)
ϕ_r——残余废气系数
ϕ_s——扫气效率
ϕ_0——过量扫气系数
ψ——行程损失百分比

目 录

前　言
常用符号表
第一章　发动机的性能 …………… 1
　　第一节　发动机理论循环………… 1
　　第二节　四冲程发动机的实际
　　　　　　循环 …………………… 7
　　第三节　实际循环的评定——指示
　　　　　　指标 …………………… 12
　　第四节　发动机动力性和经济性
　　　　　　评定——有效指标 …… 15
　　第五节　发动机的环境指标 …… 18
　　第六节　发动机的机械损失 …… 19
　　第七节　发动机的热平衡 ……… 26
　【课程思政】提升发动机效率，实现
　　　　　　节能减排，助力绿色
　　　　　　发展 …………………… 30
　　复习思考题 …………………… 30
第二章　发动机的换气过程 ……… 32
　　第一节　四冲程发动机的换气
　　　　　　过程 …………………… 32
　　第二节　四冲程发动机的充气
　　　　　　效率 …………………… 35
　　第三节　减少进气系统的阻力 … 38
　　第四节　合理选择配气定时 …… 42
　　第五节　进气管的动态效应 …… 43
　　第六节　可变技术 ……………… 46
　　第七节　二冲程发动机的换气
　　　　　　过程 …………………… 50
　【课程思政】发挥创造力，提高
　　　　　　进气充量 ……………… 55
　　复习思考题 …………………… 55

第三章　燃料与燃烧 ……………… 56
　　第一节　发动机的燃料 ………… 56
　　第二节　燃料的使用特性 ……… 58
　　第三节　燃烧热化学 …………… 69
　　第四节　燃烧的基本知识 ……… 72
　【课程思政】深入理解燃料燃烧原理，
　　　　　　寻找清洁能源，助力
　　　　　　中国环境治理 ………… 81
　　复习思考题 …………………… 81
第四章　汽油机混合气的形成与
　　　　燃烧 ……………………… 82
　　第一节　汽油机的燃烧过程 …… 82
　　第二节　汽油机混合气的形成 … 92
　　第三节　汽油机的燃烧室 …… 102
　【课程思政】掌握汽油机电控核心
　　　　　　技术，助力中国制造
　　　　　　迈向新台阶 ………… 112
　　复习思考题 ………………… 112
第五章　柴油机混合气的形成与
　　　　燃烧 …………………… 113
　　第一节　柴油机的燃烧过程 … 113
　　第二节　柴油的喷射及雾化 … 119
　　第三节　混合气的形成和
　　　　　　燃烧室 ……………… 136
　　第四节　燃烧过程的影响因素 … 147
　　第五节　均质充量压缩着火燃烧
　　　　　　发动机 ……………… 151
　【课程思政】将柴油机"燃烧革命"
　　　　　　进行到底 …………… 158
　　复习思考题 ………………… 158
第六章　汽车发动机特性 ………… 160

第一节　发动机工况 …………… 160
第二节　发动机台架试验 ………… 163
第三节　发动机的负荷特性 ……… 174
第四节　发动机的速度特性 ……… 176
第五节　排放特性 ………………… 183
第六节　调整特性 ………………… 190
第七节　万有特性 ………………… 194
第八节　发动机与车辆的匹配 …… 196
【课程思政】　深悉发动机特性，
　　　　　　　实现节能减排 …… 204
复习思考题 ………………………… 204

第七章　车用发动机废气涡轮增压 …… 205
第一节　概述 ……………………… 205
第二节　废气涡轮增压器的工作
　　　　原理与特性 ……………… 207
第三节　废气能量的利用 ………… 214
第四节　车用增压柴油机的
　　　　性能 ………………………… 218
第五节　汽油机增压概述 ………… 226
【课程思政】　排气循环利用，发展
　　　　　　　循环经济 ………… 227
复习思考题 ………………………… 227

第八章　发动机排气污染与噪声控制 …… 228
第一节　概述 ……………………… 228
第二节　有害排放物的生成 ……… 229
第三节　影响汽油机有害排放物
　　　　生成的主要因素 ………… 231
第四节　影响柴油机有害排放物
生成的主要因素 …………… 234
第五节　发动机排放污染的
　　　　控制 ……………………… 236
第六节　排放法规与试验方法 …… 242
第七节　发动机噪声及其控制 …… 252
【课程思政】　识排放污染物，远离
　　　　　　　噪声污染 ………… 257
复习思考题 ………………………… 257

第九章　新型汽车动力装置 …………… 258
第一节　概述 ……………………… 258
第二节　纯电动汽车的动力
　　　　装置 ……………………… 259
第三节　混合动力电动汽车的
　　　　动力装置 ………………… 267
第四节　燃料电池电动汽车的
　　　　动力装置 ………………… 271
【课程思政】　大力发展新能源动力
　　　　　　　装置，促进新能源
　　　　　　　汽车工业发展 …… 279
复习思考题 ………………………… 279

第十章　发动机动力学 ………………… 280
第一节　曲柄连杆机构的运动与
　　　　受力分析 ………………… 280
第二节　发动机的平衡 …………… 287
第三节　发动机的扭转振动 ……… 294
【课程思政】　探索发动机扭转振动，
　　　　　　　秉持大国工匠
　　　　　　　精神 ……………… 298
复习思考题 ………………………… 298

参考文献 ………………………………… 299

第一章

发动机的性能

发动机的性能指标主要有动力性能指标（功率、转矩、转速）、经济性能指标（燃料与润滑油消耗率）、运转性能指标（冷起动性能、噪声和排气品质）及耐久可靠性指标（大修或更换零件之间的最长运行时间与无故障长期工作能力）等。衡量发动机的质量就是对这些性能指标进行评定。当然，评定时必须根据结构工艺性、使用维修性、生产条件以及使用特点等实际情况有所偏重，并把各种性能要求合理地统一起来。

本课程是以发动机的动力性、经济性、排放、振动、噪声等性能为研究对象，深入到发动机工作过程的各个阶段，分析影响这些性能的各种因素，从中找出提高性能的一般规律。

第一节 发动机理论循环

一、理论循环概述

1. 进行理论循环分析的目的

发动机的理论循环是将实际循环进行若干简化，忽略一些次要的影响因素，并对其中变化复杂、难于进行细致分析的物理、化学过程（如可燃混合气的准备与燃烧过程等）进行简化处理，从而得到便于进行定量分析的假想循环或简化循环。通过对理论循环进行研究，可以达到以下目的：

1）用简单的公式来阐明发动机工作过程中各基本热力参数间的关系，以明确提高以理论循环热效率为代表的经济性和以循环平均压力为代表的动力性。

2）确定循环热效率的理论极限，以判断实际发动机工作过程的经济性和循环进行的完善程度以及改进潜力。

3）有利于分析比较发动机各种热力循环方式的经济性和动力性。

2. 建立理论循环的简化假设

在进行理论循环研究之前，首先必须对发动机的实际过程进行必要的简化假设，这是建立理论循环的一个重要依据。最简单的理论循环是空气标准循环，其简化条件如下：

1）假设工质是理想气体，其物理常数与标准状态下的空气物理常数相同。
2）假设工质是在闭口系统中做封闭循环。
3）假设工质的压缩及膨胀是绝热过程。
4）假设燃烧是外界无数个高温热源定容或定压向工质加热。工质放热为定容放热。

3. 三种基本循环

根据加热方式不同，发动机有三种基本空气标准循环，即定容加热循环、定压加热循环和混合加热循环。图 1-1 所示为三种循环的 $p\text{-}V$ 图，其中，$a—c$ 为绝热压缩，$c—z$ 为定容（图 1-1a）或定压加热（图 1-1b），$z—b$ 为绝热膨胀，$b—a$ 为定容放热。习惯上的处理方式是：汽油机混合气燃烧迅速，近似为定容加热循环；高增压和低速大型柴油机，由于受燃烧最高压力的限制，大部分燃料在上止点以后燃烧，燃烧时气缸压力变化不显著，所以近似为定压加热循环；高速柴油机介于两者之间，其燃烧过程视为定容、定压加热的组合，近似为混合加热循环。

对混合加热循环及其两个极端情况即定容加热循环和定压加热循环进行对比分析，有利于准确、全面地理解理论循环及其影响因素的物理实质。因此，发动机的理论循环分析传统上就是指对这三种循环的对比分析。

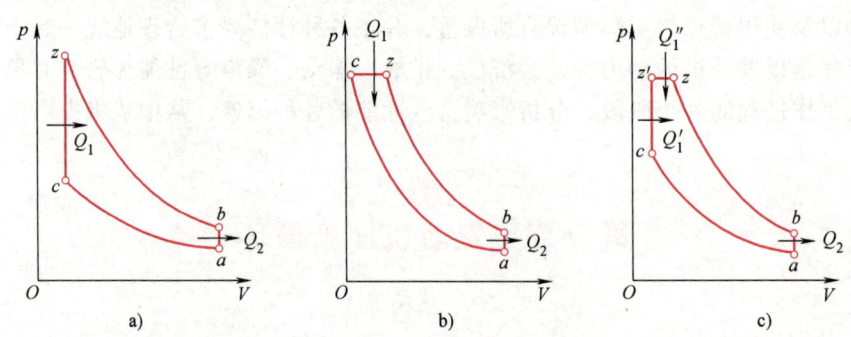

图 1-1 发动机三种循环的 $p\text{-}V$ 图
a）定容加热循环　b）定压加热循环　c）混合加热循环

评定理论循环采用循环热效率 η_t 和循环平均压力 p_t。

二、循环热效率 η_t

循环热效率 η_t 是工质所做循环功 $W(\text{J})$ 与循环加热量 $Q_1(\text{J})$ 之比，用以评定循环经济性。

$$\eta_t = \frac{W}{Q_1} = \frac{Q_1 - Q_2}{Q_1} = 1 - \frac{Q_2}{Q_1}$$

式中　Q_2——工质在循环中放出的热量（J）。

按工程热力学公式，混合加热循环热效率为

$$\eta_{tm} = 1 - \frac{1}{\varepsilon^{\kappa-1}} \frac{\lambda_p \rho_0^\kappa - 1}{(\lambda_p - 1) + \kappa \lambda_p (\rho_0 - 1)} \tag{1-1}$$

式中　ε——压缩比，$\varepsilon = V_a/V_c = (V_s + V_c)/V_c = 1 + V_s/V_c$，其中，$V_a$ 为气缸总容积，V_c 为气缸压缩容积，V_s 为气缸工作容积；

　　　λ_p——压力升高比，$\lambda_p = p_z/p_c$；

　　　ρ_0——预胀比，$\rho_0 = V_z/V_{z'}$；

　　　κ——等熵指数。

定容加热循环（$\rho_0 = 1$）热效率为

$$\eta_{tV} = 1 - \frac{1}{\varepsilon^{\kappa-1}} \tag{1-2}$$

定压加热循环（$\lambda_p = 1$）热效率为

$$\eta_{tp} = 1 - \frac{1}{\varepsilon^{\kappa-1}} \frac{\rho_0^{\kappa} - 1}{\kappa(\rho_0 - 1)} \tag{1-3}$$

由上述公式可见，影响 η_t 的因素包括以下几项。

1. 压缩比 ε

随着压缩比的增大，三种循环的循环热效率 η_t 都提高，这是因为提高压缩比 ε，可以提高循环平均吸热温度，降低循环平均放热温度，扩大循环温差，增大预胀比。如图1-2所示，最高温度相同时，提高压缩比，循环由 $abzc$ 变为 $ab'z'c'$，热效率增大。

图1-3所示为定容加热循环热效率 η_t 与压缩比 ε 的关系。在 ε 较低时，随着 ε 的提高，η_t 增长很快；在 ε 较大时，再增加 ε 则效果较小。

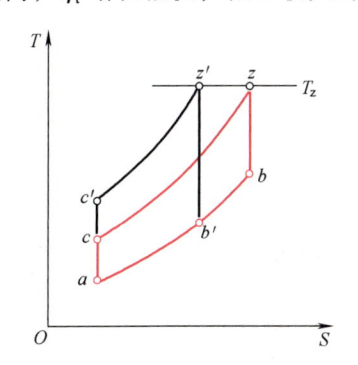

图1-2 最高温度相同时，提高压缩比 ε 对循环的影响

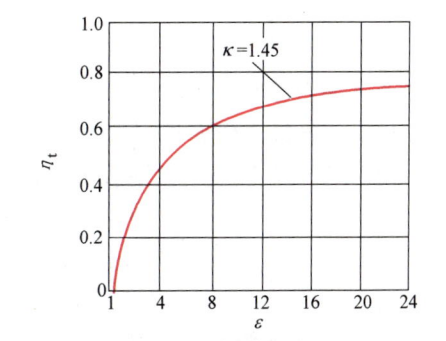

图1-3 定容加热循环热效率 η_t 与压缩比 ε 的关系

2. 等熵指数 κ

等熵指数 κ 对循环热效率 η_t 的影响如图1-4所示。随着 κ 值的增大，η_t 将提高。κ 值取决于工质的性质，双原子气体 $\kappa = 1.4$，多原子气体 $\kappa = 1.33$。

3. 压力升高比 λ_p

在定容加热循环中，随着循环加热量 Q_1 的增加，压力升高比 λ_p 值相应加大。若压缩比 ε 保持不变，则工质的膨胀比也不会变化，这样，循环放热量 Q_2 也相应增加，而 Q_2/Q_1 不变，循环热效率 η_t 也不变。

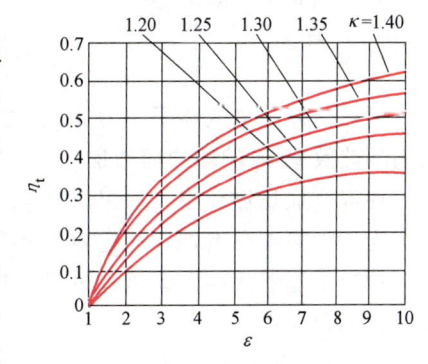

图1-4 等熵指数 κ 对 η_t 的影响

在混合加热循环中，当循环总加热量 Q_1 和压缩比 ε 不变时，压力升高比 λ_p 增大，则预胀比 ρ_0 减小，即平均膨胀比 $V_b/[(V_z-V_{z'})/2]$ 增加，图1-5中 z—b 变到 z'—b'，

相应的循环放热量 Q_2 减少，η_t 提高。

4. 预胀比 ρ_0

在定压加热循环中，随着循环加热量 Q_1 的增加，预胀比 ρ_0 值加大。若压缩比 ε 保持不变，由式（1-3）可知，因平均膨胀比减小，放出的热量 Q_2 将增加，循环热效率 η_t 下降。

在混合加热循环中，当循环总加热量 Q_1 和压缩比 ε 保持不变，ρ_0 值增大时，意味着定压加热部分增大（图 1-5），同样 η_t 下降。

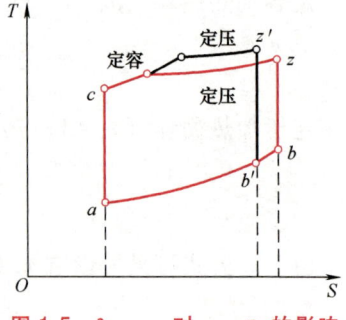

图 1-5 λ_p、ρ_0 对 η_t、p_t 的影响

三、循环平均压力 p_t

循环平均压力 p_t（kPa）是单位气缸容积所做的循环功，用来评定循环的做功能力，即

$$p_t = \frac{W}{V_s}$$

式中　W——循环所做的功（J）；
　　　V_s——气缸工作容积（L）。

根据工程热力学公式，混合加热循环的平均压力为

$$p_{tm} = \frac{\varepsilon^\kappa}{\varepsilon-1} \frac{p_{de}}{\kappa-1} [(\lambda_p-1) + \kappa\lambda_p(\rho_0-1)] \eta_t \tag{1-4}$$

式中　p_{de}——进气终了压力（kPa）。

定容加热循环的平均压力为

$$p_{tV} = \frac{\varepsilon^\kappa}{\varepsilon-1} \frac{p_{de}}{\kappa-1} (\lambda_p-1) \eta_t \tag{1-5}$$

定压加热循环的平均压力为

$$p_{tp} = \frac{\varepsilon^\kappa}{\varepsilon-1} \frac{p_{de}}{\kappa-1} \kappa(\rho_0-1) \eta_t \tag{1-6}$$

可见，p_t 随进气终了压力 p_{de}、压缩比 ε、压力升高比 λ_p、预胀比 ρ_0、等熵指数 κ 和循环热效率 η_t 的增加而增加。

在混合加热循环中，如果循环加热量 Q_1 不变，增加预胀比 ρ_0 即减少压力升高比 λ_p，定压加热部分增加，而定容加热部分减少，循环热效率 η_t 下降，因而 p_t 也降低。

理论上能够提高发动机理论循环热效率和平均压力的措施，往往受到发动机实际工作条件的限制：

1）结构条件的限制。尽管从理论循环的分析可知，提高发动机的压缩比 ε 和压力升高比 λ_p 对提高循环热效率 η_t 和循环平均压力 p_t 均起着有利的作用，但 ε 和 λ_p 的增加将导致最高燃烧压力 p_{max} 和压力升高率 $dp/d\varphi$ 的升高，使发动机的负荷水平、振动和噪声都大大增加，因而受到发动机结构及强度的限制。为保证发动机的可靠性和使用寿命，考虑发动机的制造成本，在实际选择上述参数时，须根据具体情况权衡利弊

而定。

2）机械效率的限制。发动机的机械效率 η_m 与气缸中的最高燃烧压力 p_{max} 密切相关，而 p_{max} 决定曲柄连杆机构的设计。相同转速下，p_{max} 的增加不仅会使活塞与气缸套之间的摩擦损失增加，也使得活塞、连杆等运动件的设计质量及其相应惯性力增加，轴承的承压面积加大，从而进一步增加发动机的摩擦损失，因此不加限制地提高 ε 或 λ_p，将导致机械效率 η_m 的下降，从有效性能指标上看，使得由 ε 和 λ_p 提高而获得的收益得而复失。这一点，对于本来压缩比已经很高的柴油机来说更为明显。

3）燃烧方面的限制。若压缩比定得过高，汽油机将会产生爆燃、表面点火等不正常燃烧的现象。对于柴油机而言，过高的压缩比将使压缩终了时的气缸容积变得很小，燃烧室的设计和制造难度增加，也不利于混合气的形成和燃烧的高效进行。

4）排放方面的限制。循环供油量的增加取决于实际吸入气缸内的空气量，即有空燃比的限制，否则将导致燃烧不完全而出现冒烟、热效率下降和发动机的 HC、CO 排放激增。另外，发动机压缩比的上升，使最高燃烧温度和压力上升，发动机的 NO_x 排放物增加，振动噪声增加。

目前，柴油机的压缩比 ε 一般在 12~22 之间，最高循环压力 p_z 为 4.5~14MPa，压力升高比 λ_p 为 1.3~2.2。汽油机的压缩比 ε 为 6~12，p_z 为 3~8.5MPa，λ_p 为 2.0~4.0。

四、三种基本循环的比较

汽油机、柴油机实质上都是按近似混合加热循环运行的。由于混合气形成方式、负荷调节方式和着火、燃烧方式的差异，各种燃烧参数范围有所差别。下面利用理论循环分析的结论，对比分析汽油机、柴油机的三种基本循环的循环热效率的差别及其原因。

1. 同一机型不同加热模式的对比

同一机型不同加热模式时，压缩比 ε、加热量 Q_1 不变，三种循环的 T-S 图如图 1-6a 所示。定容加热循环、定压加热循环、混合加热循环在 T-S 图上的曲线分别为 $aczb$、$acz'b'$、$acz''b''$，由于定容线的斜率比定压线的斜率大，在相同加热量 Q_1 的情况下，在图 1-6a 中从左到右应依次为 zb、$z''b''$、$z'b'$。因此放热量 Q_2 必然是定压加热循环最大，定容加热循环最小，即

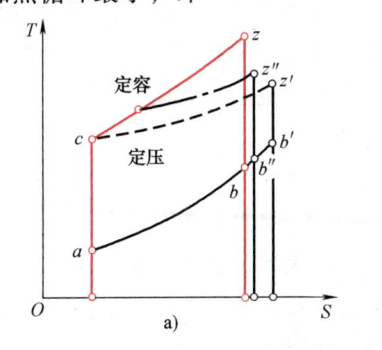

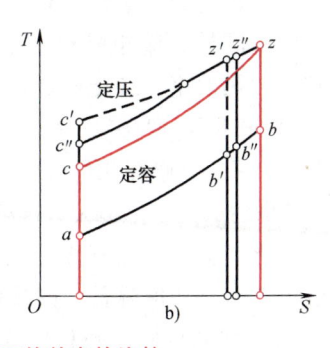

图 1-6 三种理想循环热效率的比较

a）同一机型不同加热模式的对比　b）等 p_{max} 和 Q_1 时的对比

$$Q_{2p} > Q_{2m} > Q_{2V}$$

于是有
$$\eta_{tV} > \eta_{tm} > \eta_{tp}$$

式中　η_{tV}——定容加热循环热效率；

　　　η_{tm}——混合加热循环热效率；

　　　η_{tp}——定压加热循环热效率。

这一结论实际上是欲提高循环加热"定容度"的理论基础，即欲提高混合加热循环热效率，应增加定容部分的加热量（即增大 λ_p）。

对于柴油机而言，当使用条件一定时，其压缩比也就基本确定了，即压缩比主要取决于保证燃料能可靠地点燃和正常燃烧的需要。虽然柴油机不可能按定容加热循环工作，但为了得到较高的热效率，柴油机应按混合加热循环工作，有些柴油机甚至接近于按定容加热循环工作，以得到更高的热效率。

从图中还可以看出，定容加热循环平均加热温度最高，而定压加热循环平均加热温度最低，混合加热循环平均加热温度则介于两者之间，即

$$T_{m1V} > T_{m1m} > T_{m1p}$$

式中　T_{m1V}——定容加热循环平均加热温度；

　　　T_{m1m}——混合加热循环平均加热温度；

　　　T_{m1p}——定压加热循环平均加热温度。

2. 三种循环具有相同加热量 Q_1 时的对比

为了便于对比，先假定三种循环具有相同的最高燃烧压力 p_{max}。如图 1-6b 所示，分别作出与图 1-6a 符号相似的三种循环的 T-S 图，此时加热终了的状态点 z、z' 和 z'' 都在 p_{max} 线上。由于定容、定压线斜率的差别，压缩终了的温度将是 $T_V > T_m > T_p$，即定容循环压缩终了的温度最高，混合循环次之，定压循环最低。在相同 Q_1 的条件下，与图 1-6a 所示相反，从左到右应依次为 $z'b'$、$z''b''$、zb，即放热量

$$Q_{2V} > Q_{2m} > Q_{2p}$$

于是有
$$\eta_{tp} > \eta_{tm} > \eta_{tV}$$

对于高增压柴油机，因受零部件强度的限制，必须限制其最高循环压力。因而按照上述结论，为了得到较高的热效率，宜按定压加热循环工作。又如有些汽车用高速柴油机，为了改善工作平顺性，减小噪声，把最高循环压力限制在较低的数值，在此情况下，为了得到较高的热效率，按定压加热循环工作也是适宜的。

3. 汽油机、柴油机负荷变化（Q_1 不同）时的对比

就柴油机而言，由于是喷雾压燃后边喷油边燃烧，当负荷下降时，喷油时间缩短，但初期相当于定容燃烧的部分变化不大。这相当于 λ_p 基本不变而 ρ_0 减小，此时 η_t 将提高。

汽油机则是点火后火焰传播燃烧。无论负荷大小，火焰传播距离都不变。负荷减小时残余废气系数大，燃烧速度降低，燃烧时间加长。这相当于 λ_p 下降而 ρ_0 上升，此时 η_t 将降低。汽油机、柴油机的这种相反变化的趋势，将使中、低负荷时二者耗油量的差距进一步扩大。

第二节 四冲程发动机的实际循环

发动机工作过程中燃料燃烧产生的热量是通过气缸内所进行的工作循环转化为机械功的，即气缸中工质的燃烧压力作用在活塞顶上，通过曲柄连杆机构，在克服了发动机内部各种损耗后，对外做功。因此，要研究发动机的动力性能和经济性能，应首先对发动机的一个工作循环中热功转换的质和量两方面加以分析。

发动机气缸内部实际进行的工作循环是非常复杂的，为获得正确反映气缸内部实际情况的试验数据，通常利用不同形式的示功器或发动机数据采集系统来观察或记录相对于不同活塞位置或曲轴转角时气缸内工质压力的变化，所得的结果用 p-V 图或 p-φ 图来表示，如图 1-7 所示。p-V 图和 p-φ 图可以利用发动机曲柄连杆机构中的活塞位移和曲轴转角之间的几何关系互相转换。

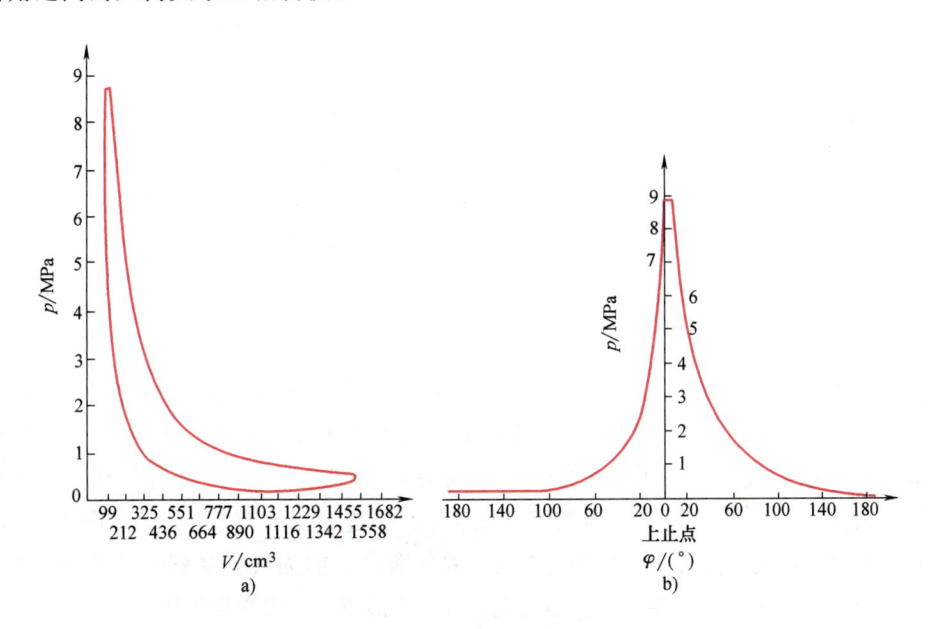

图 1-7 四冲程单缸试验柴油机的 p-V 图及 p-φ 图
a) p-V 图　b) p-φ 图

p-V 图上曲线所包围的面积表示工质完成一个实际循环所做的有用功，该图称为示功图，而 p-φ 图则称为展开示功图。由示功图可以观察到发动机工作循环的不同阶段（压缩、燃烧、膨胀）以及进气、排气行程中的压力变化，通过数据处理，运用热力学知识，将它们与所积累的试验数据进行分析比较，可以对整个工作过程或工作过程不同阶段进展的完善程度做出判断。因此，示功图是研究发动机工作过程的一个重要依据。

发动机的工作过程是实际循环不断重复进行的过程。发动机实际循环是由进气、压缩、燃烧、膨胀和排气五个过程组成的，较理论循环复杂得多。图 1-8 所示为四冲程发动机示功图，其中图 1-8a 为非增压发动机，图 1-8b 为废气涡轮增压发动机。

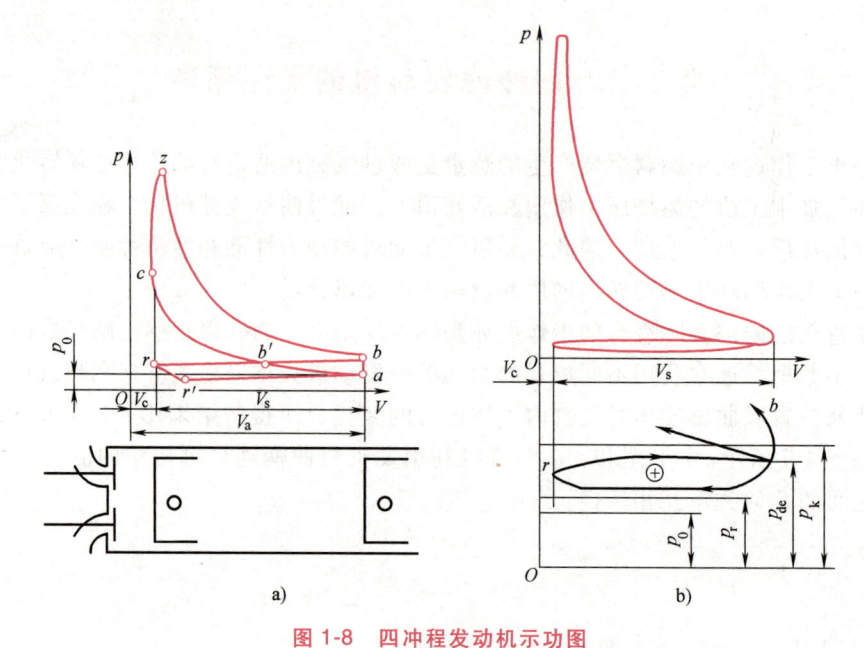

图 1-8 四冲程发动机示功图
a) 非增压发动机 b) 废气涡轮增压发动机
V_c—压缩终了气缸容积 V_s—气缸工作容积 V_a—气缸总容积 p_0—大气压力
p_r—排气终了压力 p_{de}—进气终了压力 p_k—增压压力

一、进气过程

为了使发动机连续运转,必须不断吸入新鲜工质,即进气过程(图 1-8a 中的 ra 线)。此时进气门开启,排气门关闭,活塞由上止点向下止点移动。首先是上一循环留在气缸中的残余废气膨胀,压力由排气终了压力 p_r 降到压力 $p_{r'}$,然后新鲜工质才被吸入气缸,由于进气系统的阻力,进气终了压力 p_{de} 一般小于大气压力 p_0 或增压压力 p_k,压力差 (p_0-p_{de}) 或 (p_k-p_{de}) 用来克服进气系统阻力。因为气流受到发动机高温零件及残余废气的加热,进气终了温度 T_{de} 也总是高于大气温度 T_0 或增压器出口温度 T_k 的。

一般进气终了压力 p_{de} 和温度 T_{de} 的范围如下:

汽油机 $p_{de}=(0.8\sim 0.9)p_0$ $T_{de}=340\sim 380K$
柴油机 $p_{de}=(0.85\sim 0.95)p_0$ $T_{de}=300\sim 340K$
增压柴油机 $p_{de}=(0.9\sim 1.0)p_k$ $T_{de}=320\sim 380K$
汽车发动机增压压力 $p_k=(1.3\sim 2.0)p_0$

二、压缩过程

发动机在进行压缩过程时,进、排气门均关闭,活塞由下止点向上止点移动,缸内工质受到压缩,温度、压力不断上升,工质受压缩的程度用压缩比 ε 表示。

压缩过程(图 1-8a 中的 ac 线)的作用是增大工作过程的温差,获得更大的膨胀比,提高热功转换效率,同时也为燃烧过程创造条件。在柴油机中,压缩后气体的高温是保证燃料着火的必要条件。

在理论循环中，假设压缩过程是绝热的。实际上，发动机的压缩过程是个复杂的多变过程。压缩开始，新鲜工质的温度较低，受缸壁加热，多变指数 $n'_1>\kappa$；随着工质温度上升，某一瞬间与缸壁温度相等，$n'_1=\kappa$；此后，由于工质温度高于缸壁，向缸壁传热，$n'_1<\kappa$。因此在压缩过程中，多变指数 n'_1 是不断变化的，如图1-9所示。

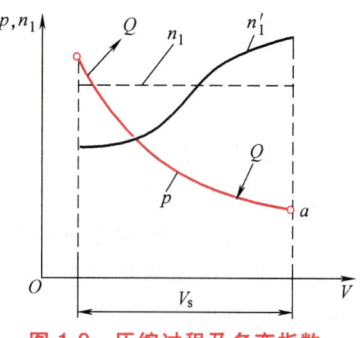

图1-9 压缩过程及多变指数

但在实际的近似计算中，常用一个不变的、平均的多变指数 n_1 来取而代之，只要以这个指数 n_1 计算而得的多变过程，其始点 a 和终点 c 的工质状态与实际压缩过程的初、终状态相符即可。n_1 称为平均压缩多变指数。

试验测定 n_1 的大致范围如下：

汽油机　　　　　　　　　　$n_1 = 1.32 \sim 1.38$
高速柴油机　　　　　　　　$n_1 = 1.38 \sim 1.40$
增压柴油机　　　　　　　　$n_1 = 1.35 \sim 1.37$

n_1 主要受工质与缸壁间的热交换及工质泄漏情况的影响。当发动机转速提高时，因热交换的时间缩短，向缸壁的传热量及气缸泄露量减少，所以 n_1 增大。当负荷（即阻力矩变化而引起发动机节气门的增减）增加、采用空气冷却以及气缸直径较大时，气缸温度增高及相应的传热量和泄漏量减少，n_1 增大。而当泄漏量增加或气缸温度降低时，n_1 减小。

压缩终了时的压力和温度可用下式计算，即

$$p_{co} = p_{de}\varepsilon^{n_1} \tag{1-7}$$

$$T_{co} = T_{de}\varepsilon^{n_1-1} \tag{1-8}$$

p_{co}、T_{co} 的大致范围如下：

	p_{co}/MPa	T_{co}/K
汽油机	$0.8 \sim 2.0$	$600 \sim 750$
柴油机	$3.0 \sim 5.0$	$750 \sim 1000$
增压柴油机	$5.0 \sim 8.0$	$900 \sim 1100$

压缩比 ε 是发动机的一个重要的结构参数。在汽油机中，为了提高热效率，希望增加压缩比，但受到汽油机不正常燃烧的限制，压缩比 ε 不能过大。

在柴油机中，为保证喷入气缸的燃料能及时自燃以及冷起动时可靠着火，须使压缩终了时有足够高的温度，因此要求较高的压缩比。

ε 的大致范围如下：

汽油机　　　　　　　　　　$\varepsilon = 6 \sim 12$
柴油机　　　　　　　　　　$\varepsilon = 14 \sim 22$
增压柴油机　　　　　　　　$\varepsilon = 12 \sim 15$

在使用中，对压缩过程而言，主要应注意气缸的密封性。如果密封不良，将使压缩终点的工质温度、压力下降，以致起动困难，功率减小。因此，在实际工作中，常以实测的压缩压力来检查发动机的技术状况，发现压缩压力降低时，应查明原因，及时检修。

三、燃烧过程

发动机在进行燃烧过程时，进、排气门均关闭，活塞处在上止点前后。

燃烧过程（图1-8a中的cz线）的作用是将燃料的化学能转变为热能，使工质的压力、温度升高。放出的热量越多，放热时越靠近上止点，热效率越高。

由于燃料燃烧不是瞬时完成的，因此，在汽油机的燃烧过程中，汽油与空气形成的可燃混合气是在上止点前由电火花点火而燃烧的（图1-10b中的c'点），火焰迅速传播到整个燃烧室。工质的压力、温度剧烈上升，整个燃烧接近于定容加热，如图1-10b中的cz段。

在燃烧过程中，柴油机应在上止点前就开始喷油（图1-10a中的c'点），柴油微粒迅速蒸发而与空气混合，并借助于气缸中被压缩的具有很高内能的空气的热量而自燃。开始时，燃烧速度很快，而气缸容积变化很小，所以工质的压力、温度剧增，接近于定容加热，如图1-10a中的cz'段；接着是边喷油边燃烧，燃烧速度缓慢下来，且随着活塞向下止点移动，气缸容积增大，所以气缸压力升高不大，而温度继续上升。该过程接近于定压加热，如图1-10a中的$z'z$段。

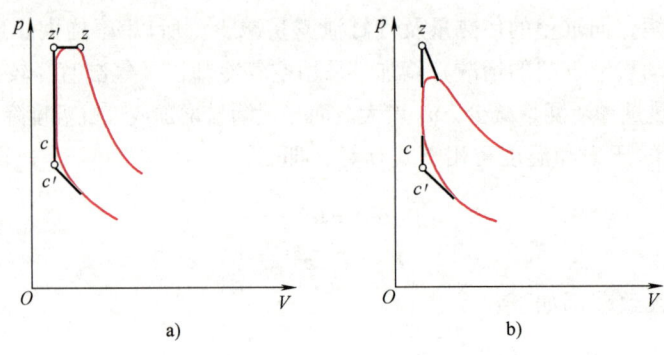

图1-10 发动机实际循环的燃烧过程
a）柴油机　b）汽油机

燃烧的最高爆发压力及最高温度的大致范围如下：

	p_{max}/MPa	T_{max}/K
汽油机	3.0~8.5	2200~2800
柴油机	4.5~9.0	1800~2200
增压柴油机	9.0~14.0	

可见，柴油机因压缩比高，燃烧的最高爆发压力p_{max}很高，但因相对于燃油的空气量大（即柴油机的过量空气系数ϕ_a相对于汽油机大），所以最高燃烧温度T_{max}的值反而比汽油机低。

四、膨胀过程

发动机在进行膨胀过程时，进、排气门均关闭。高温、高压的燃气推动活塞，由上止点向下止点移动而膨胀做功，气缸内的压力、温度迅速降低。

膨胀过程（图 1-8a 中的 zb 线）比压缩过程更为复杂，除有热交换和漏气损失外，还有补燃（即一些燃料不能及时燃烧，在膨胀行程中继续燃烧）等现象。因此，膨胀过程也是一个多变过程，多变指数 n_2' 是不断变化的。膨胀过程初期，由于补燃，工质被加热，$n_2' < \kappa$；到某一瞬时，对工质的加热量与工质向缸壁的散热量相等，$n_2' = \kappa$；此后，工质向缸壁散热，$n_2' > \kappa$，如图 1-11 所示。

如同压缩过程一样，为简便起见，在计算中常用一个不变的平均膨胀多变指数 n_2 来取而代之，只要以这个指数 n_2 计算的多变过程，其始点 z 与终点 b 的状态与实际膨胀过程的始、终点状态相同即可。

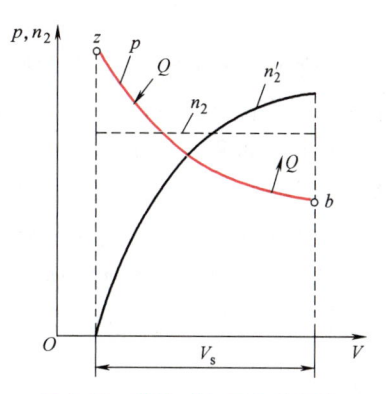

图 1-11 膨胀过程及多变指数

n_2 的一般范围如下：

汽油机　　　　　　　　$n_2 = 1.23 \sim 1.28$
柴油机　　　　　　　　$n_2 = 1.15 \sim 1.28$

n_2 主要取决于补燃的多少、工质与缸壁间的热交换及漏气情况。当转速增加，补燃增加，传热和漏气的时间缩短时，n_2 减小；当混合气形成与燃烧不好，补燃增加时，n_2 减小；当缸壁、活塞环磨损量大，漏气增加以及气缸直径小，相对散热表面积加大，工质传出热量增加时，n_2 增大。

膨胀终了压力 p_{ex}（kPa）和温度 T_{ex}（K）可分别用下式计算。

汽油机：
$$p_{ex} = p_{max} \left(\frac{V_z}{V_b}\right)^{n_2} = \frac{p_{max}}{\varepsilon^{n_2}} \tag{1-9}$$

$$T_{ex} = T_{max} \left(\frac{V_z}{V_b}\right)^{n_2-1} = \frac{T_{max}}{\varepsilon^{n_2-1}} \tag{1-10}$$

柴油机：
$$p_{ex} = p_{max} \left(\frac{V_z}{V_b}\right)^{n_2} = \frac{p_{max}}{\delta^{n_2}} \tag{1-11}$$

$$T_{ex} = T_{max} \left(\frac{V_z}{V_b}\right)^{n_2-1} = \frac{T_{max}}{\delta^{n_2-1}} \tag{1-12}$$

式中　δ——后膨胀比，$\delta = V_b/V_z$。

p_{ex}、T_{ex} 的大致范围如下：

	p_{ex}/MPa	T_{ex}/K
汽油机	0.3~0.6	1200~1500
柴油机	0.2~0.5	800~1200

可见，由于柴油机膨胀比大，转化为有用功的热量多，热效率高，所以膨胀终了的温度和压力均比汽油机小。

五、排气过程

当膨胀过程接近终了时,排气门打开,废气开始靠自身压力自由排气;膨胀过程结束时,活塞由下止点向上止点移动,将气缸内的废气排出。

在排气过程(图1-8a中的 br 线)中,由于排气系统有阻力,排气终了压力 p_r 大于大气压力 p_0,压力差 (p_r-p_0) 用来克服排气系统的阻力。阻力越大,排气终了压力 p_r 越大,残留在气缸中的废气就越多。

排气温度是用于检查发动机工作状况的一个参数。因为排气温度低,说明燃料燃烧后,转变为有用功的热量多,工作过程进行得好。如果发现排气温度偏高,应查明原因。

排气终了压力 p_r(MPa)和温度 T_r(K)的范围如下:

汽油机和柴油机 $p_r=(1.05\sim1.2)p_0$
废气涡轮增压柴油机 $p_r=(0.75\sim1.0)p_k$
汽油机 $T_r=900\sim1100K$
柴油机 $T_r=700\sim900K$

实际循环由上述五个过程组成。在图1-8所示的示功图中,闭合曲线 $bb'czb$ 所包围的面积 A_i,代表工质对活塞所做的功,故是正功。曲线 $rb'ar'r$ 所包围的面积 A_1 称为泵气损失,对非增压发动机是负功;对于增压发动机,由于进气压力高于排气压力,故是正功。$A_i\pm A_1$ 为实际循环有用功。

第三节 实际循环的评定——指示指标

发动机的指示指标用来评定实际循环的质量,它是以工质对活塞做功为基础的指标。指示指标不受发动机动力输出过程中机械摩擦和附件消耗等各种外来因素的影响,直接反映由燃烧到热功转换的工作循环进行的好坏,因而在发动机工作过程的分析研究中得到了广泛应用。

一、指示功 W_i 和平均指示压力 p_{mi}

指示功是指气缸内完成一个工作循环所得到的有用功 W_i。指示功的大小可以由 p-V 图中闭合曲线所占有的面积求得,图1-12中示出了四冲程非增压和增压发动机以及二冲程发动机的示功图。

图1-12a中四冲程非增压发动机的指示功面积 A_i,是由相当于压缩、燃烧、膨胀过程中所得到的有用功面积 A_1 和相当于进气、排气过程中消耗的功的面积 A_2(即泵气损失)相减而成,即 $A_i=A_1-A_2$。在四冲程增压发动机中(图1-12b),由于进气压力高于排气压力,在换气过程中,工质是对外做功的,因此,换气功的面积 A_2 应与面积 A_1 叠加起来,即 $A_i=A_1+A_2$。在二冲程发动机中(图1-12c),只有一块示功图面积 A_i,它表示了指示功的大小。

A_i 可用燃烧分析仪通过采集缸内示功图计算求得,然后用下式计算 W_i(N·m 或 J)

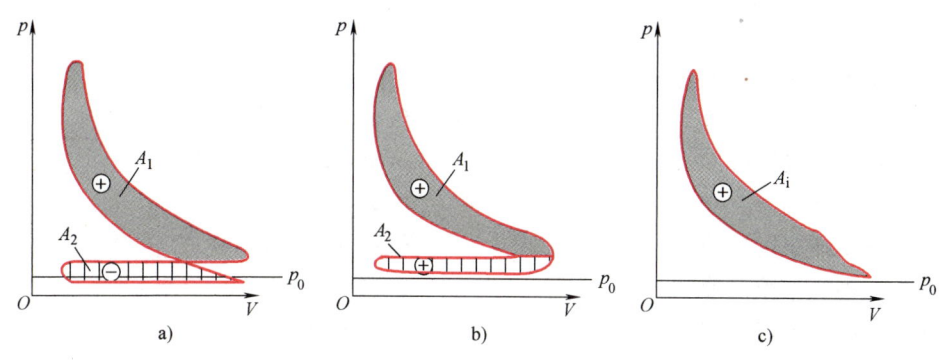

图 1-12 发动机的 p-V 图

a）四冲程非增压发动机 b）四冲程增压发动机 c）二冲程发动机

的值，即

$$W_i = \frac{A_i ab}{10^6} \tag{1-13}$$

式中　A_i——示功图面积（cm²）；
　　　a——示功图纵坐标比例尺（Pa/cm）；
　　　b——示功图横坐标比例尺（cm³/cm）。

指示功 W_i 反映了发动机气缸在一个工作循环中所获得的有用功的大小，它除了和循环中热功转换的有效程度有关外，还与气缸容积的大小有关。为了比较不同大小气缸的做功能力，需要排除尺寸的影响，因而引入了平均指示压力 p_{mi} 的概念。平均指示压力 p_{mi}（MPa）是发动机单位气缸工作容积一个循环所做的指示功，即

$$p_{mi} = \frac{W_i}{V_s}$$

式中　W_i——指示功（kJ）；
　　　V_s——气缸工作容积（L）。

循环指示功 W_i（kJ）可以写成

$$W_i = p_{mi} V_s = p_{mi} \frac{\pi D^2}{4} S \times 10^{-3} \tag{1-14}$$

式中　D——活塞直径（cm）；
　　　S——活塞行程（cm）。

由式（1-14）可以引出：假如以一个假想的、大小不变的压力 p_{mi} 作用在活塞上，使活塞移动一个行程，其所做的功等于循环的指示功，则此假想的压力即为平均指示压力，如图 1-13 所示。

平均指示压力是从实际循环的角度评价发动机气缸工作容积利用率的一个参数。p_{mi} 越高，同样大小的气缸容积可以发出更大的指示功，气缸工作容积的利用程度越佳。平均指示压力是衡量发动机

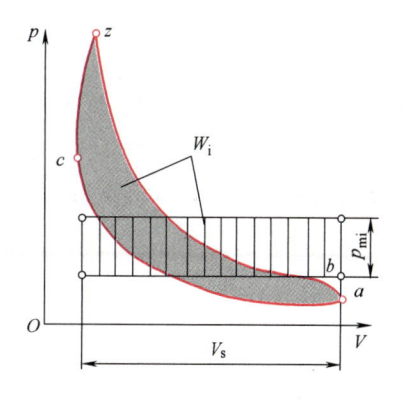

图 1-13 指示功与平均指示压力

实际循环动力性能的一个很重要的指标。

一般发动机在标定工况下的 p_{mi} 值如下：

四冲程非增压柴油机	0.6~0.95MPa
四冲程增压柴油机	0.85~2.6MPa
二冲程柴油机	0.35~1.3MPa
四冲程摩托车用汽油机	0.9~1.43MPa
四冲程小客车用汽油机	0.65~1.25MPa
四冲程载货车用汽油机	0.6~0.85MPa
二冲程小型风冷汽油机	0.4~0.85MPa

二、指示功率 P_i

发动机单位时间所做的指示功，称为指示功率 P_i。设发动机的气缸数为 i，缸径为 D（cm），行程为 S（cm），每缸工作容积为 V_s（L），转速为 n（r/min），平均指示压力为 p_{mi}（MPa），则每缸、每循环工质所做的指示功（kJ）为

$$W_i = p_{mi} V_s = p_{mi} \frac{\pi D^2}{4} S \times 10^{-3}$$

发动机指示功率（kW）（每秒所做指示功）为

$$P_i = W_i \frac{n}{60} \frac{2}{\tau} i = \frac{p_{mi} V_s i n}{30\tau} \tag{1-15}$$

式中 τ——冲程数。四冲程 $\tau=4$，二冲程 $\tau=2$。

四冲程发动机
$$P_i = \frac{p_{mi} V_s i n}{120} \tag{1-16}$$

二冲程发动机
$$P_i = \frac{p_{mi} V_s i n}{60} \tag{1-17}$$

三、指示热效率 η_{it} 和指示燃料消耗率 b_i

指示热效率 η_{it} 是实际循环指示功与所消耗的燃料热量之比，即

$$\eta_{it} = \frac{W_i}{Q_1}$$

式中 Q_1——得到指示功 W_i（kJ）所消耗的燃料的热量（kJ）。

指示燃料消耗率 b_i（简称指示比油耗）是指单位指示功率的耗油量，通常以每千瓦小时的耗油量表示。当试验测得发动机指示功率 P_i（kW）以及每小时耗油量 B（kg/h）时，指示燃料消耗率 [g/(kW·h)] 为

$$b_i = \frac{B}{P_i} \times 10^3 \tag{1-18}$$

按热功当量得，1kW·h = 3.6×10³kJ，而 1kW·h 的功需要消耗的热量是（$b_i h_\mu$/1000）（kJ），h_μ 为燃料的低热值（kJ/kg），则按 η_{it} 的定义，得

$$\eta_{it} = \frac{3.6}{b_i h_\mu} \times 10^6 \tag{1-19}$$

b_i、η_{it} 是评定发动机实际循环经济性的重要指标。

一般发动机的 η_{it} 和 b_i 的统计范围如下：

	η_{it}	$b_i/[g/(kW \cdot h)]$
四冲程柴油机	0.41~0.48	175~210
二冲程柴油机	0.40~0.48	177~218
四冲程汽油机	0.25~0.40	218~344
二冲程汽油机	0.19~0.27	305~435

从统计范围可以看出：柴油机的指示热效率高于汽油机，四冲程发动机的指示热效率高于二冲程发动机。

第四节　发动机动力性和经济性评定——有效指标

发动机的有效指标是以曲轴对外输出的功率为基础，代表了发动机整机的性能。有效指标常用来直接评定发动机实际工作性能的优劣，因而在生产实践中获得广泛应用。

一、发动机动力性指标

1. 有效功率 P_e

发动机的指示功率 P_i 并不能完全对外输出，功在发动机内部的传递过程中，不可避免地会有损失，这些损失包括：

1）发动机内部运动零件的摩擦损失。如活塞、活塞环与缸壁的摩擦，曲柄连杆机构轴承的摩擦，气阀机构的摩擦等。这部分损失所占比例最大。

2）驱动附属机构的损失。如驱动水泵、机油泵、喷油泵、风扇、发电机等。

3）泵气损失，是指进、排气过程所消耗的功，如图1-8中的 $rb'ar'r$。在实际测定时，常将泵气损失与其他损失一起测得。

上述损失所消耗的功率称为机械损失功率 P_m。指示功率减去机械损失功率，才是发动机对外输出的功率，即有效功率 P_e（kW），也就是单位时间内发动机曲轴对外输出的有效功，即

$$P_e = P_i - P_m$$

发动机有效功率 P_e 由试验测得。

2. 有效转矩 T_{tq}

发动机工作时，由功率输出轴输出的转矩称为有效转矩 T_{tq}。

发动机的有效功率 P_e（kW）可以利用各种形式的测功器和转速计分别测出发动机在某一工况下曲轴的输出转矩 T_{tq} 及其对应的发动机转速 n，按以下公式求得

$$P_e = T_{tq}\omega = \frac{2\pi n T_{tq}}{60 \times 1000} = \frac{T_{tq} n}{9550} = 0.1047 T_{tq} n \times 10^{-3} \tag{1-20}$$

式中　T_{tq}——有效转矩（N·m）；

n——发动机转速（r/min）。

3. 平均有效压力 p_{me}

平均有效压力 p_{me}（MPa）是发动机单位气缸工作容积输出的有效功。与平均指示压力相似，平均有效压力可看成是一个假想的、平均不变的压力作用在活塞顶上，使活塞移动一个行程所做的功等于每循环所做的有效功。平均有效压力是衡量发动机动力性能的一个重要参数。它与有效功率 P_e(kW) 之间的关系为

$$P_e = \frac{p_{me} V_s i n}{30\tau} \tag{1-21}$$

四冲程发动机

$$P_e = \frac{p_{me} V_s i n}{120} \tag{1-22}$$

二冲程发动机

$$P_e = \frac{p_{me} V_s i n}{60} \tag{1-23}$$

由式（1-21）得

$$p_{me} = \frac{30 P_e \tau}{i V_s n}$$

将式（1-20）代入上式得

$$p_{me} = 0.1047 \frac{T_{tq}\tau}{i V_s} \times 30 \times 10^{-3} = 3.14 \frac{T_{tq}\tau}{i V_s} \times 10^{-3} \tag{1-24}$$

因此，对于一定气缸总工作容积（即 iV_s）的发动机，平均有效压力 p_{me} 的值反映了发动机输出转矩 T_{tq} 的大小，即

$$p_{me} \propto T_{tq}$$

也就是说，p_{me} 反映了发动机单位气缸工作容积输出转矩的大小。p_{me} 值大，说明了单位气缸工作容积对外输出的功多，做功能力强。

目前，发动机的 p_{me} 值一般在下列范围内：

农用柴油机	0.6~0.8MPa
汽车用柴油机	0.65~1.0MPa
强化高速柴油机	1.0~2.9MPa
固定船用中速柴油机	0.6~2.5MPa
四冲程摩托车用汽油机	0.78~1.2MPa
四冲程小客车用汽油机	0.65~1.2MPa
四冲程载货汽车用汽油机	0.6~0.7MPa
二冲程小型风冷汽油机	0.4~0.65MPa

4. 转速 n 和活塞平均速度 c_m

提高发动机转速，即增加单位时间的做功次数，从而使发动机体积小、重量轻和功率大。

转速 n 增加，活塞平均速度 c_m 也增加，n(r/min) 与 c_m(m/s) 的关系为

$$c_m = \frac{Sn}{30} \tag{1-25}$$

式中　S——活塞行程（m）。

c_m 大，则活塞组的热负荷和曲柄连杆机构的惯性力均增大，磨损加剧，寿命下降，c_m 已成为表征发动机强化程度的参数。一般汽油机不超过 18m/s，柴油机不超过 13m/s。

为了提高转速又不使 c_m 过大，由式（1-25）知，可以减小行程 S，即对于高速发动机，在结构上采用较小的行程缸径比（S/D）值。但 S/D 值小也会造成燃烧室高度减小，燃烧室表面积与容积的比（A/V）值增大，混合气形成条件变差，不利于燃烧。当 $S/D<1$ 时，常称为短行程。

n、c_m、S/D 值的大致范围如下：

	n/(r/min)	c_m/(m/s)	S/D
小客车汽油机	5000~8000	12~18	0.7~1.0
载货车汽油机	3600~4500	10~15	0.8~1.2
汽车柴油机	2000~5000	9~15	0.75~1.2
增压柴油机	1500~4000	8~12	0.9~1.3

二、发动机经济性指标

1. 有效热效率 η_{et}

η_{et} 是发动机的有效功 W_e（J）与所消耗的燃料热量 Q_1 之比，即

$$\eta_{et}=\frac{W_e}{Q_1}$$

2. 有效燃料消耗率 b_e

b_e [g/(kW·h)] 是单位有效功率的耗油量（简称耗油率），通常以每千瓦小时的耗油量表示，即

$$b_e=\frac{B}{P_e}\times 1000$$

式中　B——每小时的耗油量（kg/h）；

　　　P_e——有效功率（kW）。

与前述 η_{it} 的推导方式相同，η_{et} 可以表示为

$$\eta_{et}=\frac{3.6}{b_e h_\mu}\times 10^6 \tag{1-26}$$

η_{et}、b_e 表征发动机经济性。b_e 是根据实测的 P_e 和 B 计算而得，更有实用意义。而 η_{et} 与 b_e 成反比，知道其中一值后，可求出另一值。

一般发动机在标定工况下的 η_{et} 和 b_e 值大致在以下范围：

	η_{et}	b_e/[g/(kW·h)]
低速柴油机	0.38~0.45	190~225
中速柴油机	0.36~0.43	195~240
高速柴油机	0.30~0.40	215~285

| 四冲程汽油机 | 0.20~0.30 | 274~410 |
| 二冲程汽油机 | 0.15~0.20 | 410~545 |

三、发动机强化指标

1. 升功率 P_L

升功率 P_L(kW/L) 是发动机每升工作容积所发出的有效功率,即

$$P_L = \frac{P_e}{V_s i} = \frac{p_{me} V_s i n}{30\tau V_s i} = \frac{p_{me} n}{30\tau} \tag{1-27}$$

可见,升功率 P_L 是从发动机有效功率的角度对其气缸工作容积的利用率做出的总评价,它与 p_{me} 和 n 的乘积成正比。P_L 值越大,发动机的强化程度越高,发出一定有效功率的发动机尺寸越小。因此,不断提高 p_{me} 和 n 的水平以获得更强化、更轻巧和紧凑的发动机,一直是发动机工作者的奋斗目标,因而 P_L 是评定一台发动机整机动力性能和强化程度的重要指标之一。

2. 比质量 m_e

比质量 m_e(kg/kW) 是发动机的干质量 m 与标定功率之比,即

$$m_e = \frac{m}{P_e} \tag{1-28}$$

它表征质量利用程度和结构紧凑性。

P_L 和 m_e 的大致范围如下:

	P_L/(kW/L)	m_e/(kg/kW)
汽油机	25~70	1.1~4.0
汽车柴油机	15~40	2.5~9.0
拖拉机柴油机	9~15	5.5~16

3. 强化系数 $p_{me} c_m$

平均有效压力 p_{me} 与活塞平均速度 c_m 的乘积称为强化系数。它与活塞单位面积的功率成正比。其值越大,发动机的热负荷和机械负荷越高。由于发动机的发展趋势是强化程度不断提高,所以强化系数 $p_{me} c_m$ 值增大,也是技术进步的一个标志。

$p_{me} c_m$ 的大致范围如下:

汽油机	8~17MPa·m/s
小型高速柴油机	6~11MPa·m/s
重型汽车柴油机	9~15MPa·m/s

第五节 发动机的环境指标

发动机的环境指标主要是指排气品质和噪声。由于它们关系到人类生存的环境和健康,因此,各国都采取了许多对策并制定相应的法规,给予严格控制。排放和噪声已成为发动机的重要性能指标。

一、排放性能指标

1. 气态污染物的浓度

（1）**常量单位**　常用容积百分数（%）表示，通常用于 CO_2 及汽油机 CO 排放浓度的计量。

（2）**微量单位**　常用容积百万分数（0.0001%，即 $\times 10^{-6}$）表示，通常用于 HC、NO_x 及柴油机 CO 排放浓度的计量。

2. 污染物的质量

（1）**排放量**　常用的表示方式有 g/km、g/h、g/试验等，其中"试验"是指按某一规定的试验程序进行的一次试验。这些单位常用来对汽车按工况法运行时的排放性能进行检测。

（2）**比排放**　用 g/(kW·h) 表示，通常用来对重型车用发动机的排放进行计量。

3. 颗粒排放物

1）用重量法检测时，常用 mg/m^3、$\mu g/m^3$ 等单位。

2）用其他方法监测时，多用测量方法命名，如波许烟度单位（R_b）、哈特立奇烟度单位（R_H）等。

二、噪声指标

1. 声压级、声强级和声功率级

单位为分贝（dB），常用于发动机整机和零部件的噪声计量及声源识别。

2. A 计权声级

单位为 dB（A），模拟人耳对声音的感觉，常用于汽车整车的噪声测量。

第六节　发动机的机械损失

发动机的机械损失消耗了一部分指示功率，从而使对外输出的有效功率减少。不同类型的发动机，其各部分机械损失所占百分比差别很大，表 1-1 给出了机械损失分配的大致情况。由表可见，机械损失所消耗的功率占指示功率的 10%～30%，所以降低机械损失，特别是摩擦损失，使实际循环得到的功尽可能转变成对外输出的有效功，是提高发动机性能的一个重要方面。

表 1-1　机械损失的分配情况

机械损失名称	占 P_m 的百分比(%)	占 P_i 的百分比(%)
摩擦损失	62～75	8～20
其中:活塞及活塞环	45～60	
连杆、曲轴轴承	15～20	
配气机构	2～3	
驱动各种附件损失	10～20	1～5
其中:水泵	2～3	
风扇	6～8	
机油泵	1～2	
电器设备	1～2	

（续）

机械损失名称	占 P_m 的百分比(%)	占 P_i 的百分比(%)
带动机械增压器损失	6~10	
泵气损失	10~20	2~4
总功率损失		10~30

一、机械效率 η_m

在评定发动机的机械损失时，除了机械损失功率 P_m 外，同平均指示压力、平均有效压力的定义相似，也可应用单位气缸工作容积的比参数——平均机械损失压力 p_{mm}。它的定义是发动机单位气缸工作容积一个循环所损失的功，它可以用来衡量机械损失的大小。

机械损失功率 P_m（kW）、平均机械损失压力 p_{mm}（MPa）和有效指标的关系推导如下：

$$P_m = P_i - P_e \tag{1-29}$$

与 P_i、P_e 同理，即

$$P_m = \frac{p_{mm} V_s i n}{30\tau} \tag{1-30}$$

由式（1-15）、式（1-21）、式（1-29）和式（1-30）得

$$p_{mm} = p_{mi} - p_{me} \tag{1-31}$$

为了比较各种不同发动机机械损失所占比例的大小，引入机械效率的概念。

机械效率 η_m 是有效功率和指示功率之比，即

$$\eta_m = \frac{P_e}{P_i} = \frac{p_{me}}{p_{mi}} = 1 - \frac{P_m}{P_i} = 1 - \frac{p_{mm}}{p_{mi}} \tag{1-32}$$

η_m 值越接近 1，即 P_e 更接近 P_i，说明用于机械损失的比例越小。

结合前面指示热效率 η_{it}、有效热效率 η_{et} 的定义，可以得出下列关系式：

$$\eta_{et} = \eta_{it} \eta_m$$

在致力于提高发动机性能指标时，应尽可能减少机械损失，提高机械效率。若不注意这点，有时在改善气缸内部指示指标的同时，却不自觉地增加了机械损失，以致不能获得预期的改进效果。

一般发动机的机械效率 η_m 大致在以下范围：

非增压柴油机　　　　　　　0.78~0.85
增压柴油机　　　　　　　　0.80~0.92
汽油机　　　　　　　　　　0.80~0.90

二、机械损失的测定

机械损失的测定方法有多种，但要获得比较精确的数值还是比较困难的，有待于不断改进。

1. 示功图法

运用燃烧分析仪测录气缸的示功图，从中算出指示功率 P_i 的值，从测功器和转速计读数中得出发动机有效功率 P_e 的值，从而可以算出 P_m、p_{mm} 及 η_m 的值。这种直接测定方法是在发动机真实的工作情况下进行的，从理论上讲也完全符合机械损失的定义，但结果的正确程度往往取决于示功图测录的正确程度，其中最大的误差来源于 p-φ 图或 p-V 图上活塞上止点的位置不易正确确定。此外，在多缸发动机中，各个气缸多少存在着一定的不均匀性，而在试验中往往只测录一个气缸的示功图用以代表其他各缸，这也会引起一定的误差。因此，示功图法一般只有当上止点位置能得到精确标定时才能取得较满意的结果。

2. 倒拖法

这种方法在具有倒拖能力的电力测功器的试验台上方可进行。试验时，发动机与电力测功器相连，当发动机以给定工况稳定运行，冷却液、机油温度到达正常数值时，切断对发动机的供油，将电力测功器转换为电动机，以给定转速倒拖发动机，并且尽量维持冷却液和机油温度不变，这样测得的倒拖功率即为发动机在该工况下的机械损失功率。

但倒拖工况与实际运行情况相比有差别。首先，气缸内不进行燃烧过程，作用在活塞上的气体压力在膨胀过程中大幅下降，使活塞、连杆、曲轴的摩擦损失有所减少。其次，按这种方法求出的摩擦功率中含有不应有的泵气损失功率 P_P 这一项，且由于排气过程中温度低、密度大，使 P_P 比实际的还大。其次，倒拖在膨胀、压缩过程中，由于充量向气缸壁的传热损失，

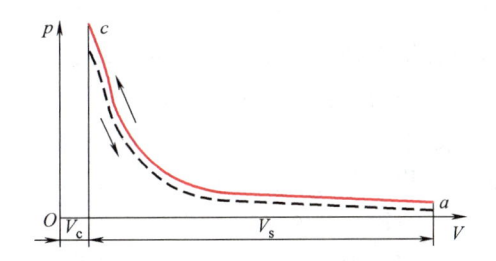

图 1-14 发动机被倒拖时的 p-V 图

以至于 p-V 图上膨胀线和压缩线不重合而处于它的下方，出现了图 1-14 所示的负面面积，而实际上，在测量该工况下的有效功率时，这部分传热损失已被考虑在内。这三种因素的综合结果是：倒拖时所消耗的功率要超过发动机在给定工况工作时的实际机械损失，在低压缩比发动机（一般指汽油机）中，误差约为 5%，在高压缩比发动机（一般指柴油机）中，误差有时可高达 15%~20%，因而此方法在测定汽油机机械损失时得到较广泛的应用。

3. 灭缸法

此方法仅适用于多缸发动机。发动机调整到给定工况稳定运转，先测出其有效功率 P_e，之后在喷油泵齿条位置不变的情况下，停止向某一气缸供油，并用减少制动力矩的办法迅速将转速恢复到原来的数值，并重新测定其有效功率 P'_e。这样，如果在灭缸后其他各缸的工作情况和发动机的机械损失没有变化，则被熄灭的气缸原来所发出的指示功率 $(P_i)_x$ 为

$$(P_i)_x = (P_e - P'_e)_x$$

依次将各缸灭火，最后可以从各缸指示功率的总和中求得整台发动机的指示功率

P_i 为

$$P_i = \sum_{x=1}^{i}(P_e - P'_e)_x$$

然后可以求出 P_m 和 η_m。当采用这种方法时,只要停止一缸的燃烧不会引起进、排气系统的异常变化,结果就比较准确,误差在5%以下。对于增压发动机,由于排气压力波发生变化;而对于汽油机,由于进气情况改变,所以往往得不到正确结果,因此该方法适用于非增压柴油机。

4. 油耗线法

由指示热效率的定义可导出:

$$Bh_\mu \eta_{it} = 3.6 \times 10^3 P_i = 3.6 \times 10^3 (P_e + P_m)$$

当柴油机空转(无负荷),η_{it} 不随负荷增减而变化时,可得

$$B_0 h_\mu \eta_{it} = 3.6 \times 10^3 P_m$$

两式相除,得

$$\frac{B}{B_0} = \frac{P_e + P_m}{P_m} = \frac{p_{me} + p_{mm}}{p_{mm}}$$

式中 B_0——发动机空转时的燃油消耗量。

保证发动机转速不变,逐渐改变柴油机喷油泵齿条的位置,测出每小时耗油量 B 随负荷 p_{me} 变化的关系,绘制出图1-15所示的曲线,此曲线称为负荷特性曲线。在曲线中找出接近直线的线段,并顺此线段作延长线,直至与横坐标相交,则交点到坐标原点的长度即为平均机械损失压力 p_{mm} 的数值。此方法的基础是:假设转速不变时,p_{mm} 和指示热效率都不随负荷的增减而变化。

根据以上的分析,得到图1-15中 A、B 两工况的关系式为

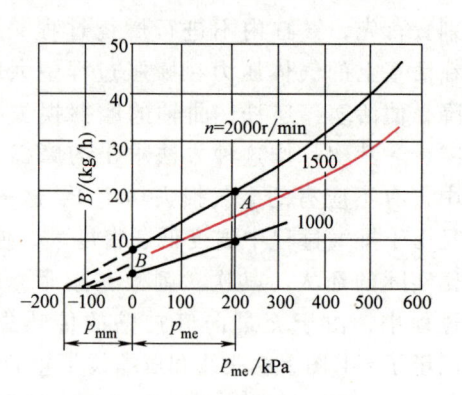

图 1-15 用油耗线法求 p_{mm} 值

$$B_A h_\mu \eta_{it} = 3.6 \times 10^3 P_i = 3.6 \times 10^3 (P_e + P_m)$$
$$B_B h_\mu \eta_{it} = 3.6 \times 10^3 P_m$$

两式相除,得

$$\frac{B_A}{B_B} = \frac{P_e + P_m}{P_m} = \frac{p_{me} + p_{mm}}{p_{mm}}$$

这种方法虽然只是近似的方法,但只要在低负荷附近,燃油消耗量曲线为直线就相当可靠,即使没有电力测功器和燃烧分析仪也能进行测定。但是,这种方法不适用于用节气门调节功率的汽油机。

当测得其 p_{mm} 值后,其机械效率可近似地用下式估算:

$$\eta_m = \frac{p_{me}}{p_{me} + p_{mm}} = 1 - \frac{p_{mm}}{p_{me} + p_{mm}} = 1 - \frac{B_B}{B_A}$$

在以上所介绍的几种测定机械效率的方法中,倒拖法只能用于配有电力测功器的情况,因而不适用于大功率发动机,而较适用于测定压缩比不高的汽油机的机械损失。对于排气涡轮增压柴油机($p_{ex}<0.15\text{MPa}$),由于倒拖法和灭缸法破坏了增压系统的正常工作,因而只能用示功图法、油耗线法来测定机械损失。对于排气涡轮中增压、高增压的柴油机($p_{ex} \geq 0.15\text{MPa}$),除示功图法外,尚无其他适用的方法。

三、影响机械损失的因素

影响机械损失的因素包括发动机的结构因素和发动机的运转工况因素两个方面。

1. 气缸直径及行程

根据试验,机械损失功率与缸径、行程的大致关系为

$$P_m = K\frac{\sqrt{SD}}{D_m}$$

式中　D——气缸直径;
　　　S——活塞行程;
　　　D_m——曲轴的平均直径;
　　　K——与气缸数和转速有关的常数。

可见,当发动机工作容积增加,即加大缸径或行程时,机械损失功率增加,但因气缸的面积与容积之比(A/V)减小,相对摩擦面积减少,故相对的机械损失少,机械效率提高。

当气缸工作容积一定,而行程与缸径比(S/D)减小时,则因活塞平均速度c_m和A/V均有所下降,所以机械效率提高。

2. 摩擦损失

在机械损失中,摩擦损失所占比例最大,达70%左右,故降低摩擦损失一直是人们极为关注的问题。

(1) **活塞组件**　活塞组件是发动机中主要的摩擦源,产生摩擦的部件有活塞环、活塞裙部和活塞销。影响摩擦损失的主要因素是活塞环的结构与组合、活塞裙部的几何形状、缸套的温度及配合间隙等。在高速车用汽油机中,为减少摩擦损失采取的措施有:①减少活塞环数目,如由三道环(二气一油)减至二道环(一气一油),甚至出现一道环;②减薄活塞环厚度,目前已有2~3mm厚的气环;③减少活塞裙部的接触面积,如裙部加装凸起物,制成骨架式结构(图1-16);④在裙部涂固体润滑膜等。

(2) **曲轴组件**　曲轴摩擦源于轴颈与轴承(包括主轴颈、连杆轴颈或平衡轴颈)及

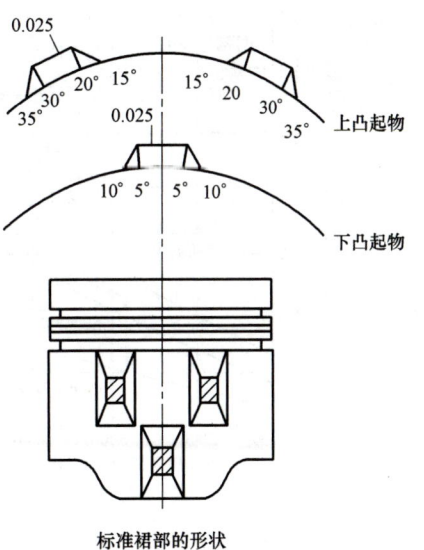

图1-16　带凸起物的活塞

其密封装置。一般滑动阻力与轴颈的直径和宽度的立方成正比，因此主要措施为减少运动件的惯性质量，如减小活塞、活塞销、连杆的质量，可降低轴承负荷并可使轴承宽度和轴径减小。

（3）配气机构 配气机构在发动机整个工作范围内均承受高负荷。在较低转速下作用于气门上的负荷主要由弹簧力引起；在较高转速时，零件质量引起的惯性力占主导地位。与其他机构不同的是，配气机构在低转速区是处于临界润滑状态，故其低速时摩擦损失所占比例会明显增加。减小配气机构运动件质量（如气门导杆直径已有减至 2～3mm），降低弹簧负荷，在摇臂与凸轮接触面处加入滚动轴承等，都是减少配气机构摩擦损失的有效措施。

另外，气缸套内壁、轴颈、轴承等各摩擦表面的加工精度、零件材料及热处理等，对摩擦损失也有较大影响。

3. 转速 n（或活塞平均速度 c_m）

发动机转速上升（c_m 随之加大），致使：

1) 各摩擦副间相对速度增加，摩擦损失增加。
2) 曲柄连杆机构的惯性力加大，活塞侧压力和轴承负荷均增高，摩擦损失增加。
3) 泵气损失加大。
4) 驱动附件消耗的功多。

因此，转速 n 上升，机械损失功率增加，机械效率下降。根据实测统计资料，一般平均机械损失压力 p_{mm} 与转速 n 大致成直线关系，如图 1-17 所示。机械效率随转速变化的大致关系如图 1-18 所示。随着转速上升，摩擦损失所占比例明显加大，且在转速大致相同的情况下，柴油机摩擦损失大于汽油机，这是因柴油机压缩比高、气缸压力

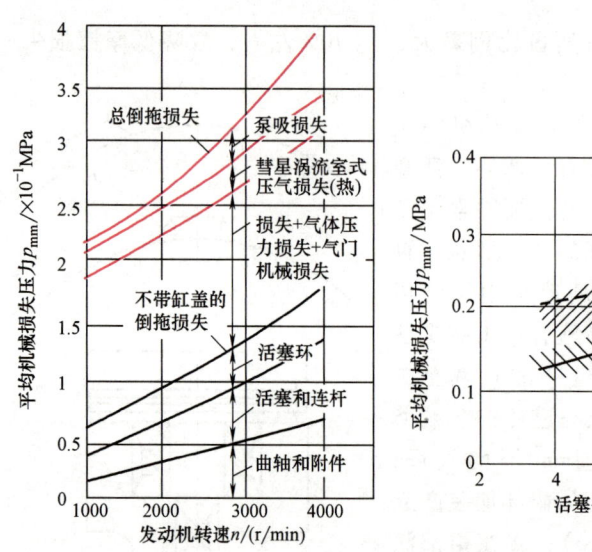

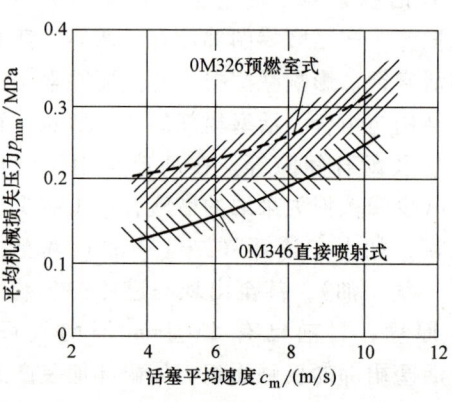

图 1-17 平均机械损失压力 p_{mm} 与发动机转速 n 或活塞平均速度 c_m 的关系
（1.5～2.5L 4缸的平均值）

高、运动部件质量大所引起的。由于转速对机械损失有如此重要的影响,以致在用提高转速的手段来强化发动机动力性能时,机械效率 η_m 的降低成为重要障碍之一。

4. 负荷

当发动机转速一定而负荷减小时(在汽油机中是减少混合气量,在柴油机中是减小供油量),平均指示压力 p_mi 随之下降,而平均机械损失压力 p_mm 变化很小(图 1-19),因为 p_mm 的大小主要取决于摩擦副的相对速度和惯性力大小。根据式 $\eta_\mathrm{m} = 1-(p_\mathrm{mm}/p_\mathrm{mi})$ 可知,随负荷减小,机械效率 η_m 下降,直到空转时,有效功率 $P_\mathrm{e}=0$,指示功率 P_i 全部用来克服机械损失功率,即 $P_\mathrm{i}=P_\mathrm{m}$,故 $\eta_\mathrm{m}=0$。图 1-19 给出了 p_mi、p_me、p_mm、η_m 随负荷变化的关系。

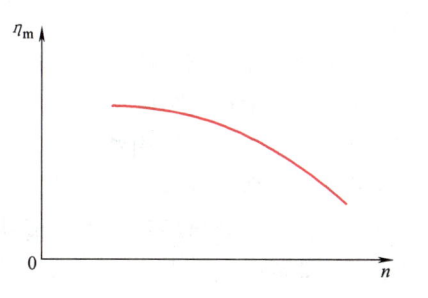

图 1-18 机械效率随转速变化的关系

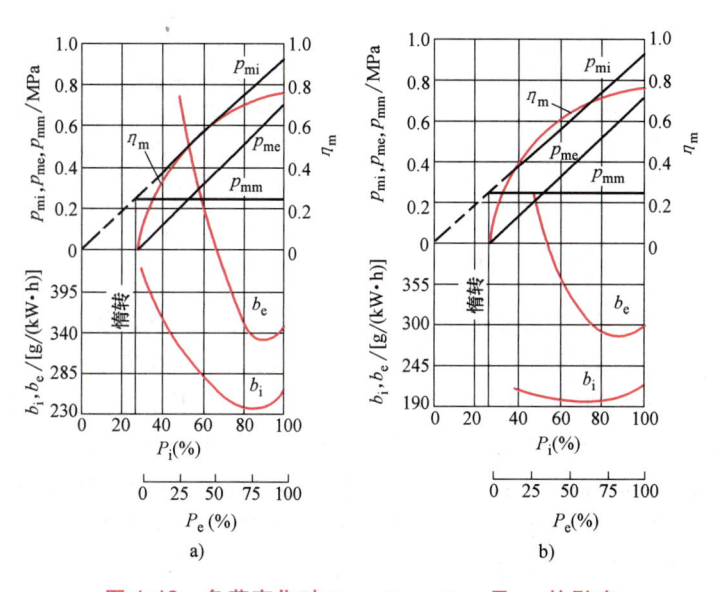

图 1-19 负荷变化对 p_mi、p_me、p_mm 及 η_m 的影响
a)汽油机　b)柴油机

5. 润滑油品质和冷却液温度

在机械损失中,摩擦损失所占的比例最大,可达 70% 左右,而润滑油(常称全损耗系统用油)的黏度对摩擦损失的大小有重要影响。

全损耗系统用油的黏度即稠稀程度表示了流体分子之间内摩擦力的大小。黏度大,全损耗系统用油内摩擦力大,流动性差,使摩擦损失增加,但它的承载能力强,易于保持液体润滑状态。反之,全损耗系统用油的黏度小,流动性好,消耗的摩擦功少,但承载能力差,油膜易破裂而失去完全润滑作用。

全损耗系统用油的黏度主要受油的品种和温度的影响。黏度随温度的变化程度常用黏度比,即 50℃ 和 100℃ 时全损耗系统用油的运动黏度之比 ν_{50}/ν_{100} 来表示。黏度比越大,黏度随温度变化越大。希望黏度随温度变化小,以保证内燃机在各种热状态下都能

工作良好。

选用全损耗系统用油黏度的基本原则是：在保证发动机正常工作时有可靠润滑条件的前提下，尽量选用黏度较小的全损耗系统用油，以减少摩擦损失，改善起动性能。图1-20给出了全损耗系统用油的黏度（温度、品种）与摩擦损失的关系。一般地，当发动机强化程度高，轴承负荷大时，要选用黏度较大的全损耗系统用油；当转速高，配合间隙小时，需要全损耗系统用油流动性好，宜选用黏度较小的全损耗系统用油。经过长期使用，轴承间隙较大，应选用较高黏度的全损耗系统用油。

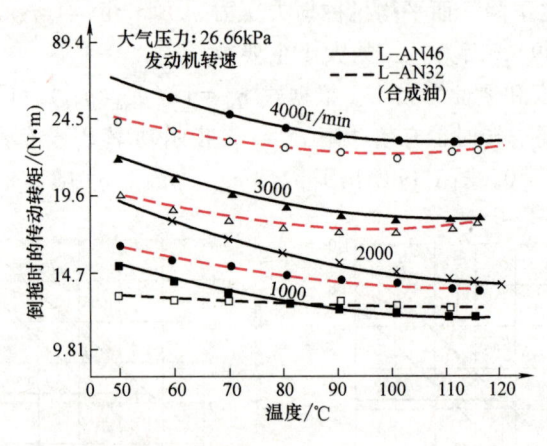

图1-20 全损耗系统用油的黏度（温度、种类）与摩擦损失的关系

冷却液温度直接影响燃烧过程和传热损失，同时与全损耗系统用油的黏度也密切相关，因此就关系到全损耗系统用油黏度和摩擦损失的大小。在发动机使用过程中，应严格保持一定的油温和冷却液温度，即限制在一定热力状态下工作。提高冷却液温度，对性能有益，但受水的沸点限制，一般水冷式发动机，冷却液温度多在80~95℃范围内。

发动机摩擦副之间间隙较小，全损耗系统用油中任何杂质都可能使零件表面损坏而增加摩擦损失，故在使用中要特别注意全损耗系统用油滤清器的保养，按时更换润滑油，保证发动机良好的工作状态。

第七节 发动机的热平衡

热平衡表示热量分配情况。只有了解热量损失所在，才能进一步去减少它或设法利用它。热平衡通常是由试验确定的。

一、实际循环热平衡

为了了解实际循环的热量分配情况，寻找它的损失所在，应将实际循环与理论循环进行比较。这里用的理论循环是最简单的空气标准循环，它除了不可避免地向冷源放热外，没有其他损失。研究实际循环与空气标准循环的差异，就可找出热量损失所在。分析差异的原因，可以找到提高热量有效利用的途径。

图1-21所示为四冲程非增压发动机实际循环与理论循环的比较。其差别由以下几

项损失引起。

1. 实际工质的影响

理论循环中假设工质的比热容是定值,而实际气体的比热容是随温度上升而增大的,且燃烧后生成 CO_2、H_2O 等气体,这些多原子气体的比热容又大于空气,这些原因导致循环的最高温度降低。加之实际循环还存在泄漏,使工质数量减少。实际工质影响引起的损失如图 1-21 中 W_k 所示。这些影响使得发动机实际循环的指示热效率比理论循环的热效率低。

2. 换气损失

为了使循环重复进行,必须更换工质,由此而消耗的功称为换气损失,如图 1-21 中 W_r 所示。其中,因工质流动时需要克服进、排气系统阻力所消耗的功,称为泵气损失,如图 1-21a 中曲线 $rab'r$ 所包围的面积。因排气门在下止点前提前开启而产生的损失,如图 1-21 中的 W 所示。

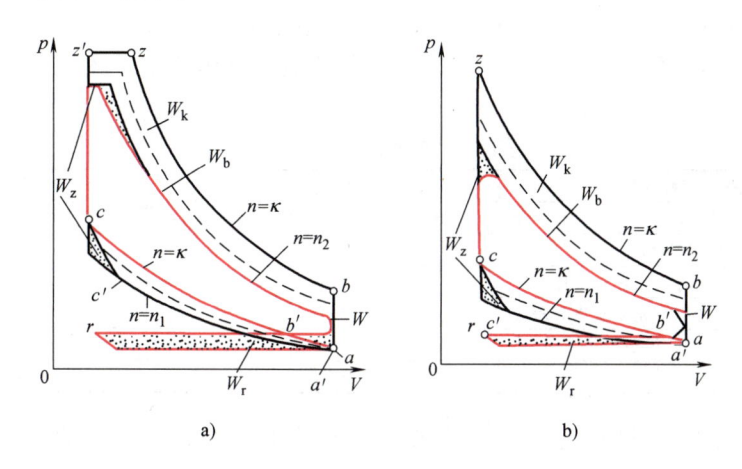

图 1-21 四冲程非增压发动机实际循环与理论循环的比较

a)柴油机 b)汽油机

W_k—实际工质影响引起的损失 W_z—非瞬时燃烧和补燃损失

W_r—换气损失 W_b—传热、流动损失 W—提前排气损失

3. 燃烧损失

燃烧损失有:

1)非瞬时燃烧损失和补燃损失。实际循环中燃料燃烧需要一定的时间,所以喷油或点火在上止点前,并且燃烧还会延续到膨胀过程,由此形成非瞬时燃烧损失和补燃损失,如图中 1-21 W_z 所示。

2)不完全燃烧损失。实际循环中会有部分燃料与空气混合不良,因而部分燃料由于缺氧产生不完全燃烧损失。

3)吸热损失。在高温下部分燃烧产物分解而吸热,即

$$2CO_2 + 热 \rightleftharpoons 2CO + O_2$$
$$2H_2O + 热 \rightleftharpoons 2H_2 + O_2$$

使循环的最高温度下降。

4. 传热损失

实际循环中，气缸壁（包括气缸套、气缸盖、活塞、活塞环、气门、喷油器等）和工质间自始至终存在着热交换，使压缩（膨胀）线均脱离理论循环的绝热压缩（膨胀）线，从而造成损失，如图 1-21 中 W_b 所示。

5. 缸内流动损失

缸内流动损失是指压缩及燃烧、膨胀过程中，由于缸内气流（涡流与湍流）所形成的损失。其表现为：在压缩过程中，多消耗压缩功；在燃烧膨胀过程中，一部分能量用于克服气流阻力，使作用于活塞上做功的压力减小。缸内流动损失一般不会太大。但人为设计的强涡流、湍流工作的燃烧室，如柴油机涡流室与预燃室，对流动损失会有较大影响。这一设计的目的是牺牲部分动力性能、经济性能来换取其他性能，如高速性、噪声、排放等的改善。直喷式柴油机燃烧室有时也组织各种类型的较强气流来改善混合气的形成与燃烧，造成缸内气体的流动损失。

由于上述各项损失的存在，使实际循环的热效率低于理论循环。表 1-2 给出了发动机的理论循环热效率和指示热效率值，以及各种损失使热效率下降的热量分配的大致情况。

表 1-2 热量分配的大致情况

名 称		汽油机	柴油机
理论循环热效率 η_t		0.54~0.58	0.64~0.67
指示热效率 η_{it}		0.30~0.40	0.40~0.45
各种损失使热效率下降	工质比热容变化	0.10~0.12	0.09~0.10
	燃烧不完全及热分解	0.08~0.10	0.06~0.09
	传热损失	0.03~0.05	0.04~0.01
	提前排气	0.01	0.01

减少各项损失，提高实际循环热效率是发动机性能研究的目的。由表 1-2 可以看出：

1）汽油机理论循环热效率低于柴油机的主要原因是压缩比 ε 小，所以提高压缩比一直是提高汽油机热效率的主要方向。

2）实际工质比热容变化引起的损失，占有较大比例。汽油机因相对的空气量少，混合气较浓，缸内燃烧温度较高，故此项损失较柴油机大。

3）对于汽油机，不完全燃烧损失主要是因采用浓混合气造成的，所以应用稀混合气是汽油机减少损失的途径之一。对于柴油机，不完全燃烧主要是由于混合气的形成及燃烧组织不完善引起的，是柴油机应改善之处。

二、发动机热平衡

发动机热平衡是热量表现为有效功及各项损失的分配情况。发动机热平衡通常按下列方法由试验确定。

1. 发动机所耗燃油的热量 Q_T（kJ/h）

在发动机中，热量是由燃料燃烧而产生的，若测得发动机每小时的耗油量 B（kg/h），设燃料完全燃烧，则每小时所放出的热量 Q_T 为

$$Q_T = Bh_\mu$$

式中　h_μ——燃料低热值（kJ/kg）。

2. 转化为有效功的热量 Q_E（kJ/h）

若测得发动机的有效功率 P_e，则因为

$$1kW \cdot h = 3.6 \times 10^3 kJ$$

所以

$$Q_E = 3.6 \times 10^3 P_e$$

3. 传递给冷却介质的热量 Q_S（kJ/h）

这部分热量中包括：实际循环中工质与缸壁的传热损失；废气通过排气道时，传给冷却介质的热量；活塞与缸壁摩擦产生又传给冷却介质的热量以及润滑油传给冷却介质的热量等。

$$Q_S = G_S c_S (t_2 - t_1)$$

式中　G_S——通过发动机冷却介质每小时的流量（kg/h）；
　　　c_S——冷却介质的比热容 [kJ/(kg·℃)]；
　　　t_1、t_2——冷却介质的入口和出口温度（℃）。

4. 废气带走的热量 Q_R（kJ/h）

$$Q_R = (B + G_k)(c_{pr} t_2 - c_{pk} t_1)$$

式中　B、G_k——每小时消耗的燃料量和空气量（kg/h）；
　　　c_{pr}、c_{pk}——废气和空气的比定压热容 [kJ/(kg·℃)]；
　　　t_2——靠近排气门处的废气温度（℃）；
　　　t_1——进气管入口处工质的温度（℃）。

5. 燃料不完全燃烧热损失 Q_B（kJ/h）

在汽油机中，因采用空气不足的浓混合气，在柴油机中，因空气和燃料混合不均，均可产生不完全燃烧。近似计算为

$$Q_B = Q_T (1 - \eta_r)$$

式中　η_r——燃烧效率。

6. 其他热量损失 Q_L（kJ/h）

其他热量损失包括所有未计算的损失。由于不能分别给予它们准确的估计，所以一般只根据下式确定其总值：

$$Q_L = Q_T - (Q_E + Q_S + Q_R + Q_B)$$

热平衡常以燃料总热的百分数表示，即

$$q_e = \frac{Q_E}{Q_T} \times 100\% \quad q_s = \frac{Q_S}{Q_T} \times 100\% \quad q_r = \frac{Q_R}{Q_T} \times 100\% \quad q_b = \frac{Q_B}{Q_T} \times 100\% \quad q_l = \frac{Q_L}{Q_T} \times 100\%$$

则

$$q_e + q_s + q_r + q_b + q_l = 100\%$$

图 1-22 表示发动机的热平衡图，图中 Q_i 为转变为指示功的热量，设 Q_T 为燃料在缸内完全燃烧每小时放出的热量（kJ/h），此时不计入 Q_B 损失。由该图可以清楚地看到发动机中的热量流动情况以及各项损失是如何纳入到热平衡的各个项目中去的。

热平衡中各项的大致数值范围见表 1-3。

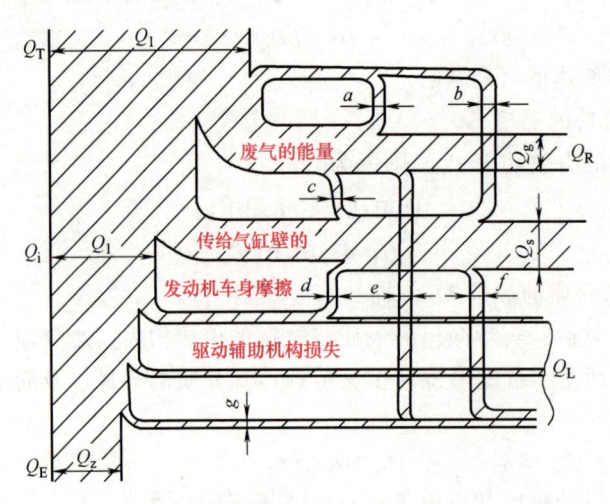

图 1-22 发动机的热平衡图

a—从残余废气和排气中回收的热量　b—由气缸壁传给进气的热量　c—排出废气传给冷却液的热量
d—在摩擦热中传给冷却液的部分热量　e—从排气系统辐射的热量
f—从冷却系统和水套壁辐射的热量　g—从曲轴箱壁和其他不冷却部分辐射的热量

表 1-3　热平衡中各项的大致数值范围

形　式	q_e	q_s	q_r	q_b	q_l
汽油机	25~30	12~27	30~50	0~45	3~10
柴油机	30~40	15~35	25~45	0~5	2~5
增压柴油机	35~45	10~25	25~40	0~5	2~5

由表 1-3 可知，在燃料的总热量中，仅有 25%~40% 的热量转变为有效功，其余 60%~75% 都损失掉了。其中，主要由废气带走，其次传给冷却液。

冷却液带走的热量占总热量的 10%~35%，其中一部分是排气管中废气传给冷却液的热量，一部分是由摩擦产生的热量，真正由燃烧、膨胀过程散出的热量大约占冷却损失的 15%。若将这部分损失回收，指示功率可以提高 3%~5%。

废气带走的热量占总热量的 25%~50%。废气涡轮增压是回收这部分热量的一种有效方式，由表 1-3 可知，其有效热效率最高。

【课程思政】　提升发动机效率，实现节能减排，助力绿色发展

请扫码阅读

复习思考题

1. 研究理论循环的目的是什么？理论循环与实际循环相比，主要有哪些简化？

2. 在 p-V 图上表示出三种理论循环，并在不同条件下进行循环热效率的比较。
3. 试分析影响循环热效率、循环平均压力的主要因素。
4. 简述发动机的实际工作循环过程，并画出四冲程发动机实际循环的示功图。
5. 压缩多变指数和膨胀多变指数是如何确定的？它们的变化规律如何？
6. 说明指示功和平均指示压力的概念和意义。
7. 什么是发动机的指示指标？主要有哪些？
8. 什么是发动机的有效指标？主要有哪些？
9. 平均有效压力和升功率都是评定发动机动力性能的指标，它们有何区别？
10. 功率相同时，汽油机与柴油机相比，尺寸和重量哪个大？为什么？
11. 发动机的机械损失主要由哪些部分组成？
12. 什么是机械效率？它有什么意义？
13. 如何测定机械损失？每种方法的特点是什么？
14. 为什么随着转速的升高，机械效率会降低？
15. 分析发动机实际循环的各种损失及在 p-V 图上的位置。
16. 研究发动机热平衡有何意义？改善有效能量利用的途径是什么？

17. 已知一四冲程柴油机，缸数为 6，单缸气缸工作容积为 2L，燃料热值为 44100kJ/kg，试计算当转速为 1500r/min，机械效率为 0.8，有效功率为 88.5kW，耗油量为 20.3kg/h 时的指示功率、有效转矩、平均指示和有效压力、指示和有效热效率、指示和有效燃料消耗率。

18. 要设计一台六缸四冲程高速柴油机，设平均指示压力为 0.85MPa，平均机械损失压力为 0.15MPa，希望在 2000r/min 时能发出的功率为 73.5kW。为将活塞平均速度控制在 8m/s，缸径行程比取多大合适？为使缸径行程比为 1∶1.2，缸径与行程各取多大？

第二章

发动机的换气过程

发动机的换气过程包括排气过程和进气过程，其任务是排出缸内废气并充入尽可能多的新鲜工质。每循环进入气缸的新鲜工质量越多，燃烧后才能放出更多的热，从而增大发动机的功率和转矩，这是保证发动机动力性能的前提和关键。除此之外，换气过程还对解决高、低速性能的矛盾，汽油机混合气的组成和均匀分配，柴油机缸内气体流动等问题起着重要作用，因此也影响到汽车的经济性、排放、噪声及乘坐的舒适性等。

本章目的是了解换气过程的情况，分析影响充气量的因素，寻找改善换气过程的途径。

第一节 四冲程发动机的换气过程

一、换气过程

四冲程发动机的换气过程包括从排气门开启直到进气门关闭的整个时期，占410°~480°曲轴转角。一般将换气过程分为自由排气、强制排气、进气和气门重叠四个阶段，如图2-1所示。

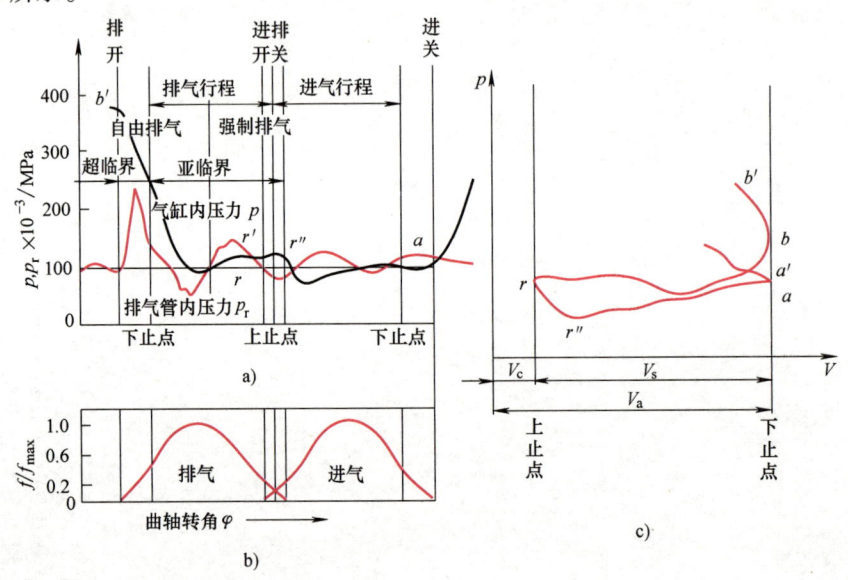

图2-1 换气过程中气缸内压力、排气管内压力及进、排气门流通截面积的变化

1. 自由排气阶段

从排气门打开到气缸压力接近排气管压力的这个时期，称为自由排气阶段。

由图 2-1 可见，排气门是在活塞到达下止点之前开启的，此时缸内废气压力为 0.2~0.5MPa，缸内压力与排气管压力之比往往大于临界值 1.9，排气的流动处于超临界状态，废气以当地声速 c（m/s）流过排气门开启截面，即

$$c = \sqrt{\kappa R T} \tag{2-1}$$

式中　κ——等熵指数；
　　　R——气体常数 [N·m/(kg·K)]；
　　　T——气体的热力学温度（K）。

当排气温度为 700~1100K 时，声速可达 500~700m/s。在超临界排气时期，废气流量与排气管内压力无关，只取决于气缸内气体的状态和气门有效开启面积。随废气的大量流出，缸内压力迅速下降，排气流动转入亚临界状态，此时废气流量取决于气缸内和排气管内的压力差。到某一时刻，气缸内和排气管内的压力接近，则自由排气阶段结束。

当排气门开启，废气涌向排气管时，排气管压力急剧上升，产生正压力波并在管内往复传播和反射。

从排气门开始打开到下止点这段曲轴转角，称为排气提前角，一般为 30°~80° 曲轴转角。自由排气在下止点后 10°~30° 曲轴转角结束，由于此阶段废气流速很高，故排出废气量达 60% 以上。

2. 强制排气阶段

此阶段废气是由上行活塞强制推出的。由于要克服排气门、排气道处的阻力，缸内平均压力比排气管平均压力略高一些，一般高出 10kPa 左右。气流的速度越高，此压差越大，耗功越多。

为了利用高速气流的惯性排除废气，排气门是在活塞过了上止点后才关闭的。从上止点到排气门完全关闭的这段曲轴转角，称为排气迟闭角，一般为 10°~35° 曲轴转角。

3. 进气过程

进气门是在上止点前开始打开，以保证活塞下行时有足够大的开启面积，新鲜工质可以顺利流入气缸。一般进气门提前开启角为上止点前 0°~40° 曲轴转角。

进气门必须在下止点后才关闭，因为需要利用高速气流的惯性，在下止点后继续充气，以增加进气量。一般进气门迟闭角为下止点后 40°~70° 曲轴转角。

由图 2-1a 中压力线可知，在进气行程初期，由于气门开启面积小，节流很大，活塞又向下运动，因此缸内产生很大的负压，新鲜工质流入气缸，同时在进气管内引起负压力波，在管内往复传播与反射。

4. 气门重叠

由于排气门的迟后关闭和进气门的提前开启，存在进、排气门同时开启的现象，称为气门重叠。此时，进气管、气缸、排气管互相连通，可以利用气流的压差、惯性或进、排气管压力波，清除残余废气，增加进气量，降低高温零件的温度，但注意不应产生废气倒流现象。在增压发动机中，因其进气压力高，可以有较大的气门叠开角。在非增压发动机中，叠开角一般为 20°~80° 曲轴转角，增压柴油机可达 80°~160° 曲轴转角。

将进、排气门开、关角度以及相对上、下止点的位置画出，如图2-2所示，称为配气定时图。

由于零件的热胀冷缩，为保证气门完全关闭，在气门的传动机构中必须保留一定的间隙，因此气门运动迟于挺柱，从而使发动机工作时实际的配气相位随气门热间隙及机构刚度而有所变化。使用中应严格按规定调整气门间隙，并定期给予检查。

二、换气损失

换气损失由排气损失和进气损失两部分组成，如图2-3所示。

1. 排气损失

从排气门提前打开直到进气行程开始，缸内压力到达大气压力以前循环功的损失，称为排气损失。它可分为：

1）自由排气损失（图中面积 W）。它是因排气门提前打开，排气压力线从 b' 点开始偏离理想循环膨胀线，引起膨胀功的减少。

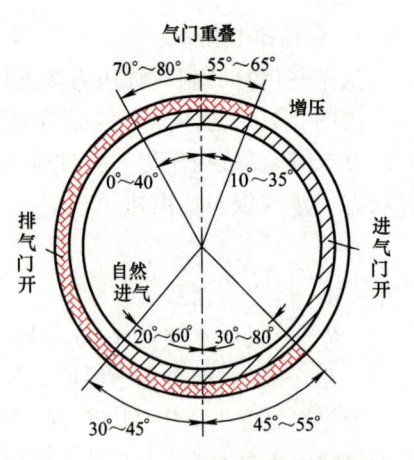

图2-2 四冲程发动机配气定时图
（外圈表示增压）

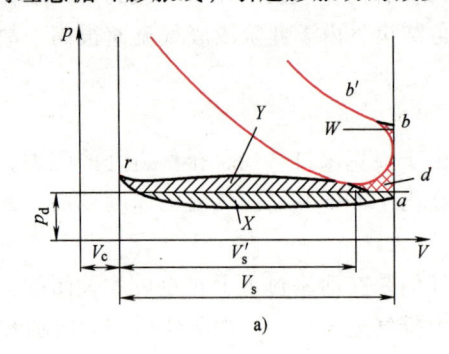

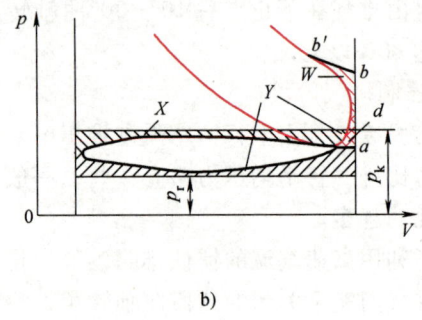

图2-3 四冲程发动机的换气损失
a）非增压 b）增压
W—自由排气损失 Y—强制排气损失 X—进气损失 $Y+X-d$—泵气损失

2）强制排气损失（图中面积 Y）。它是活塞将废气推出所消耗的功。

随着排气提前角的增大，自由排气损失面积 W 增加，而强制排气损失面积 Y 在减小，如图2-4所示。因此，最有利的排气提前角应使面积（$W+Y$）之和为最小。当排气门截面小、发动机转速高时，按曲轴转角计算的实际超临界排气时期延长，为减少排气损失应把排气提前角适当加大。

减小排气系统阻力及排气门处的流动

图2-4 排气门提前角和排气损失
a—最合适 b—过早 c—过晚 d—排气门面积过小

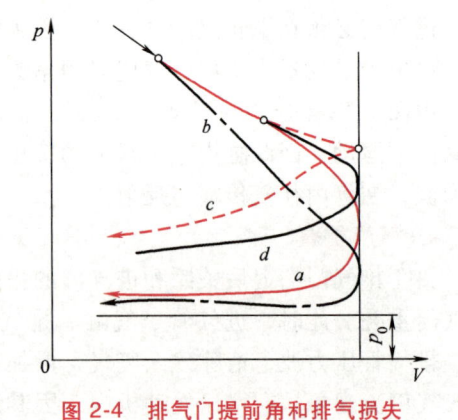

损失，是降低排气损失的主要方法。排气消声系统的结构及布置对排气阻力影响很大，因而关系到排气管内的排气背压。试验结果表明，排气背压每升高 3.39kPa（25.4mmHg），增压柴油机耗油率在各种负荷下平均增加 0.5%，而非增压柴油机平均增加 1%，要求在不牺牲消声性能的前提下最大限度地降低背压，以提高经济性。

2. 进气损失

由于进气系统的阻力，进气过程的气缸压力低于进气管压力（非增压发动机中一般设为大气压力），损失的功相当于 X 所表示的面积，称为进气损失。与排气损失相比，它相对较小。

排气损失与进气损失之和称为换气损失，如图 2-3 中面积（$W+X+Y$）所示。实际示功图中将面积（$X+Y-d$）所表示的负功称为泵气损失。

第二节　四冲程发动机的充气效率

一、充气效率

为评价发动机换气过程的完善程度，所用指标应不受气缸容积的影响，因而引入充气效率 ϕ_c 概念。

充气效率（亦称充量系数）ϕ_c 是实际进入气缸的新鲜工质量与进气状态下充满气缸工作容积的新鲜工质量的比值，即

$$\phi_c = \frac{m_1}{m_s} = \frac{V_1}{V_s} \tag{2-2}$$

式中　m_1、V_1——实际进入气缸的新鲜工质的质量、体积（进气状态）；

m_s、V_s——进气状态下充满工作容积的新鲜工质的质量、气缸工作容积。

进气状态下，在非增压发动机上一般采用当时、当地的大气状态；在增压发动机上，采用增压器出口的压力状态。

ϕ_c 值高，代表每循环进入一定气缸容积的新鲜工质量多，则发动机功率和转矩可增加，动力性能好。

实际发动机充气效率可直接测定，用流量计测出发动机每小时的实际充气量（m^3/h），理论充气量 V（m^3/h）可由下面的公式算出：

$$V = \frac{V_s}{1000} i \frac{n}{2} \times 60 = 0.03 i n V_s$$

式中　V_s——气缸工作容积（L）；

　　　i——气缸数；

　　　n——发动机转速（r/min）。

二、影响充气效率的因素

假定进气门关闭时气缸容积为 $V_s' + V_c$，如图 2-3 所示。此时缸内压力、温度、密度分别为 p_{de}、T_{de}、ρ_{de}，则缸内气体的总质量为

$$m_{de} = (V_c + V'_s)\rho_{de}$$

假定排气门关闭时缸内体积为 V_r，残余废气的压力、温度、密度分别为 p_r、T_r、ρ_r，则残余废气的质量为

$$m_r = V_r \rho_r \tag{2-3a}$$

充入气缸新鲜充量的质量为

$$\phi_c V_s \rho_s = (V_c + V'_s)\rho_{de} - V_r \rho_r \tag{2-3b}$$

令 $\xi = \dfrac{V_c + V'_s}{V_c + V_s}$，$\beta = \dfrac{V_r}{V_c}$，这是考虑进、排气门迟闭角的影响，则

$$\phi_c = \dfrac{1}{(\varepsilon-1)\rho_s}(\xi\varepsilon\rho_{de} - \beta\rho_r)$$

假定残余废气与新鲜充量的气体常数近似相等，并将气体状态方程 $\rho = p/(RT)$ 代入上式，则

$$\phi_c = \dfrac{1}{\varepsilon-1}\dfrac{T_s}{p_s}\left(\xi\varepsilon\dfrac{p_{de}}{T_{de}} - \beta\dfrac{p_r}{T_r}\right) \tag{2-4}$$

式中　T_s、p_s——进气状态的温度和压力；

　　　T_{de}、p_{de}——进气终了时的气体温度和压力；

　　　T_r、p_r——残余废气的温度和压力；

　　　ε——压缩比。

为了说明缸内残余废气的比例，引入残余废气系数的概念。

残余废气系数 ϕ_r 是进气过程结束时气缸内残余废气量与气缸中新鲜充量的比值。由式（2-3a）、式（2-3b）知，有

$$\phi_r = \dfrac{m_r}{\phi_c V_s \rho_s} = \dfrac{V_r \rho_r}{(V_c + V'_s)\rho_{de} - V_r \rho_r} = \dfrac{\beta V_c \rho_r}{\xi V_a \rho_{de} - \beta V_c \rho_r} = \dfrac{\rho_r}{\dfrac{\xi}{\beta}\varepsilon\rho_{de} - \rho_r}$$

将上式代入式（2-4）得

$$\phi_c = \xi\dfrac{\varepsilon}{\varepsilon-1}\dfrac{T_s}{p_s}\dfrac{p_{de}}{T_{de}}\dfrac{1}{1+\phi_r} \tag{2-5}$$

由式（2-4）、式（2-5）可知，影响充气效率 ϕ_c 的因素有：进气（或大气）的状态、进气终了的气缸压力和温度、残余废气系数、压缩比及气门正时等。

1. 进气终了压力 p_{de}

进气终了压力 p_{de} 对充气效率 ϕ_c 有重要影响，p_{de} 越高，ϕ_c 值越大，即

$$p_{de} = p_s - \Delta p_a \tag{2-6}$$

式中　Δp_a——气体流动时，克服进气系统阻力而引起的压降（kPa）。一般可写成

$$\Delta p_a = \lambda\dfrac{\rho v^2}{2}$$

式中　λ——管道阻力系数；

　　　ρ——进气状态下气体的密度（kg/m³）；

　　　v——管道内气体的流速（m/s）。

可见，Δp_a 主要取决于各段管道的阻力系数 λ 和气体流速 v。若 λ 大、v 高时，Δp_a 增加，使 p_{de} 下降。

车用发动机的使用特点是转速和负荷都在宽广的范围内不断变化，例如汽车下坡而节气门不动时，发动机转速增加，气流流速随之加大，进气终了的压力 p_{de} 迅速下降，如图 2-5 所示。

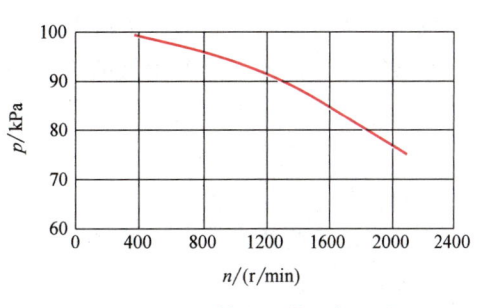

图 2-5　不同转速下的进气压力

当要保持车速一定而道路阻力变化时，驾驶人就需改变节气门开度，即调节负荷以适应其变化。在柴油机上，调节负荷是通过改变喷入气缸的燃料量而进入气缸的空气量基本不变，在进气系统中一般不设调节负荷的节流装置，故流动阻力基本不变，进气终了的压力随负荷的变化很小。在汽油机上，进入气缸的是空气和燃料的可燃混合气，调节负荷是通过改变节气门开度来调节进入气缸混合气量的多少。当节气门关小时，节流损失增加，引起 p_{de} 下降。图 2-6 给出汽油机在不同转速、不同节气门开度时 p_{de} 的变化。由曲线可知：

1）当节气门开度一定时（图中某一根曲线），转速增加则 p_{de} 下降。

2）当节气门开度逐渐减小时（图中不同曲线），p_{de} 不仅下降，且 p_{de} 随转速的增加而下降得越快，即曲线变化越陡。

p_{de} 随使用工况（转速、负荷）的变化，也决定了 ϕ_c 的变化趋向。

2. 进气终了温度 T_{de}

进气终了温度 T_{de} 高于进气状态温度 T_s。引起 T_{de} 升高的原因如下：

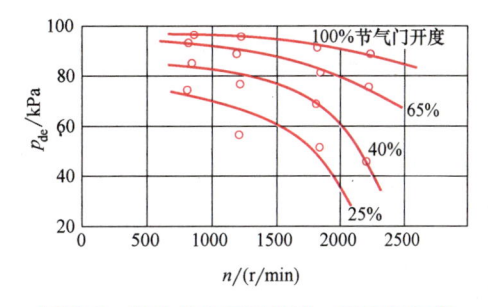

图 2-6　汽油机在不同转速、不同节气门开度时 p_{de} 的变化

1）新鲜工质进入发动机与高温零件接触而被加热。

2）新鲜工质与高温残余废气混合而被加热。

3）在化油器式汽油机上，为了使液体燃料在进气管中蒸发，以便均匀地与空气混合而进入气缸，一般都利用废气或冷却液热量对进气管加热，故空气经过进气管时受热而温度升高。

T_{de} 值越高，充入气缸的工质密度越小，可使 ϕ_c 降低。因此，在条件允许的情况下，应力求降低 T_{de} 值。例如，将高温排气管与进气管分置于气缸两侧，控制进气预热，适当加大气门叠开角等，均有利于降低 T_{de}。

当负荷不变而转速增加时，由于新鲜工质与缸壁等接触时间短，传热量少，所以 T_{de} 稍有下降。当转速不变而增加发动机负荷时，缸壁等零件温度升高，T_{de} 有所上升。

3. 残余废气系数 ϕ_r

气缸中残余废气增多，不仅使 ϕ_c 下降，而且使燃烧恶化。特别是在汽油机低负荷运转时，因节气门开度小，新鲜充量减少，ϕ_r 会大大增加，稀释可燃混合气，使燃烧

过程缓慢,从而造成汽油机低负荷工作不稳定,经济性和排放性能变差。

排气终了时,排气管内废气的压力高,说明残余废气密度大,ϕ_r上升。与进气过程同理,p_r主要决定于排气系统各段管路的阻力和气体流速,转速增高则p_r增加。

ϕ_r值的一般范围如下:

四冲程非增压柴油机　　　0.03~0.06
四冲程增压柴油机　　　　0~0.03
四冲程汽油机　　　　　　0.05~0.16

4. 配气定时

在式(2-3)中,由于进气门迟闭而$\xi<1$,新鲜充量的容积减小,但p_{de}的值却可能因有气流惯性而使进气有所增加,合适的配气定时应考虑ξp_{de}具有最大值。

5. 压缩比

压缩比ε增加,压缩容积减小,残余废气量随之减少,因而ϕ_c有所增加。

6. 进气(或大气)状态

进气或大气压力高,p_{de}也随之增加,新鲜工质密度增大,虽然ϕ_c变化不大,但实际进气量增多。

同理,进气或大气温度降低,T_{de}也随之有所下降,工质密度增大,实际进气量也增多。

第三节　减少进气系统的阻力

非增压四冲程发动机的进气系统,是由空气滤清器(或加进气消声器)、化油器或喷油器、节气门、进气管、进气道和进气门等组成的。减少各段通路的阻力,增大其流通能力,是提高充气效率,改善发动机性能的主要方面。

一、进气门

在整个进气系统中,进气门处的流通截面最小且截面变化最大,因此,增大此处的流通能力并减少流动损失,一直是相关研究者关注的重点。

1. 时面值

目前四冲程发动机的进、排气门均采用菌形阀结构,其开启面积随凸轮升程而变化,如图2-7所示。在时间微元dt内通过气门的气体流量为

$$dm = \rho v_m f dt$$

式中　ρ——流经气门的气体密度;

　　　v_m——进气门处气体的平均流速;

　　　f——dt时间内气门的开启截面积。

整个开启时间的气体流量为

$$m = \rho v_m \int f dt$$

式中 $\int f\mathrm{d}t$ 称为气门的时面值,它表示了气门的通过能力,必须给予保证。若将时间换算成曲轴转角,则有

$$\int f\mathrm{d}t = \frac{1}{6n}\int f\mathrm{d}\varphi \tag{2-7}$$

式中 $\int f\mathrm{d}\varphi$ 称为气门的角面值,如图 2-7c 中曲线所包围的面积。在具体的发动机中,角面值一般不随转速而变化,故高转速时时面值减小。

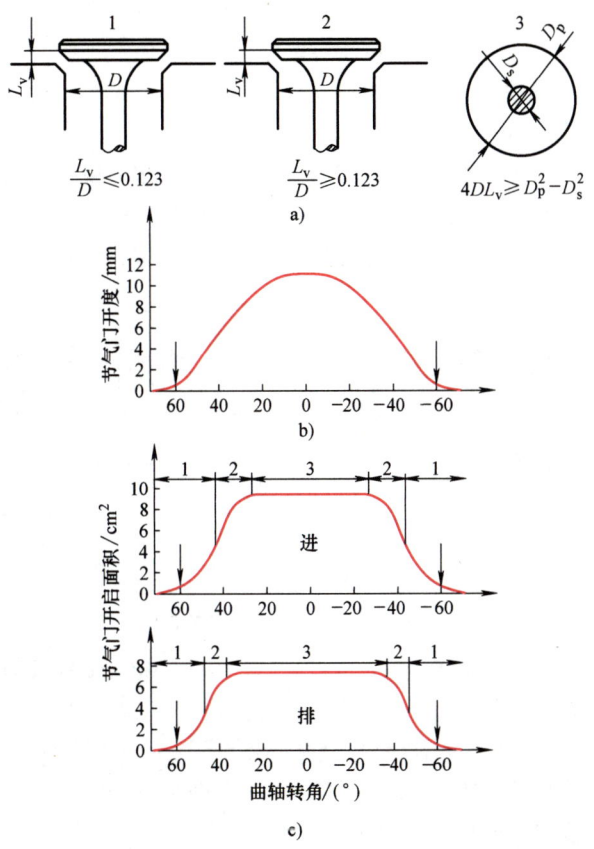

图 2-7 气门形状以及气门升程、气门开启面积随曲轴转角变化的关系
a)气门开启三个阶段的简图　b)气门升程　c)气门开启面积

2. 进气马赫数 *Ma*

进气马赫数 *Ma* 是进气门处气体的平均速度 v_m 与该处声速 c 的比值($Ma = v_\mathrm{m}/c$)。它能反映流速对充气效率的影响,成为分析充气效率的一个特征参数。

平均流速 v_m 定义为,实际进入气缸的新鲜充量与进气门有效时面值 $F(t)$ 之比,即

$$v_\mathrm{m} = \frac{\phi_\mathrm{c} v_\mathrm{s}}{F(t)}$$

$$F(t) = \mu_\mathrm{m}\int_{t_\mathrm{o}}^{t_\mathrm{c}} f\mathrm{d}t = \mu_\mathrm{m} A_\mathrm{m}(t_\mathrm{c} - t_\mathrm{o}) = \mu_\mathrm{m} A_\mathrm{m}(\varphi_\mathrm{c} - \varphi_\mathrm{o})\frac{1}{6n}$$

式中　μ_m——进气门开启期间的平均流量系数；
　　　A_m——进气门平均开启面积；
　　　t_o、t_c——进气门开、关时间；
　　　φ_o、φ_c——进气门开、关角度。

$$Ma = \frac{v_s \phi_c}{c\mu_m A_m (t_c - t_o)} = \frac{6v_s \phi_c n}{c\mu_m A_m (\varphi_c - \varphi_o)} \tag{2-8}$$

$$Ma \propto \frac{Ac_m}{c\mu_m A_m (\varphi_c - \varphi_o)} \propto \left(\frac{D}{d}\right)^2 \frac{c_m}{c\mu_m (\varphi_c - \varphi_o)} \tag{2-9}$$

式中　A——活塞面积；
　　　c_m——活塞平均速度；
　　　D、d——活塞与进气阀盘的直径。

根据一系列试验可知，在正常的配气条件下，当 Ma 超过一定数值（0.5 左右）时，ϕ_c 便急剧下降，如图2-8所示。当 ϕ_c 急剧下降后，即使提高转速，因单位时间充气量无法增加，功率也不能增加。因此，必须注意控制 Ma 的值。

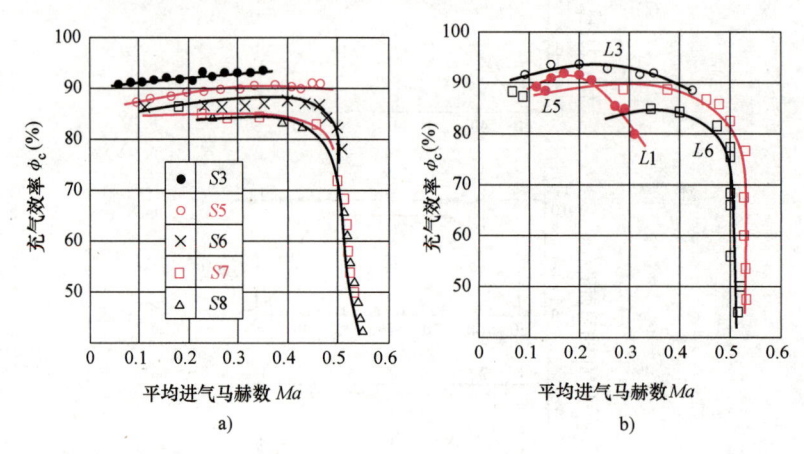

图 2-8　充气效率 ϕ_c 与平均进气马赫数 Ma 的关系

a）发动机　缸径×活塞行程=83mm×86mm，4缸，p_{emax}/n = 70kW/(6400r/min)　b）发动机　缸径×活塞行程=42mm×35mm，1缸，p_{emax}/n = 4.4kW/(10500r/min)　L、S—角度面积值

由式（2-9）可知，增大气门的相对通过面积；改善气门处的气体流动，提高流量系数；合理的配气相位，是限制 Ma 值、提高 ϕ_c 的有效方法，这对于高速发动机尤为重要。

3. 气门直径和气门数

增大进气门直径可以扩大气流通路截面积，提高 ϕ_c。在双气门（一进一排）结构中，进气阀盘直径可达活塞直径的 45%~50%，气门与活塞面积之比为 0.2~0.25，进气门比排气门一般大 15%~20%，但由于受到结构限制，进一步增大比例已很困难。

为了进一步增大进气门的流通截面，采用多气门结构，如图2-9所示。根据优化气门数和进气门开启面积的关系可知，缸径大于 80mm 时，采用二进二排结构；缸径小于 80mm 时，采用三进二排结构，可获得最大开启面积，进气体积流量可大幅增加。

图 2-10 给出了发动机实例。由此可知，四气门机与二气门机相比，功率可提高 70%，转矩可提高 30%，且响应性比增压机好，故是汽车发动机高功率化的有力措施。

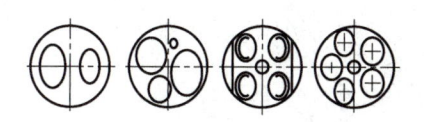

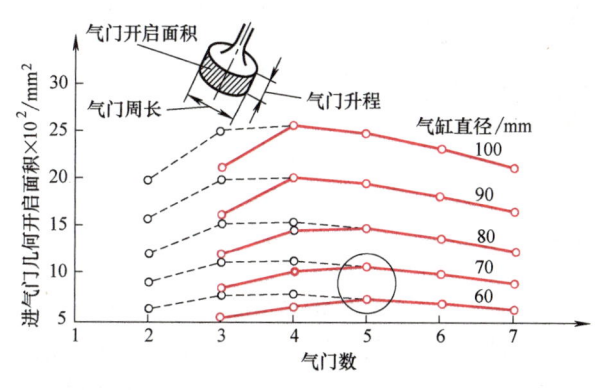

图 2-9 气门数与进气门开启面积的关系

另外，多气门机构也具有易实现可变技术，改善低速、低负荷性能；布置紧凑燃烧室，火花塞（或喷油器）布置在燃烧室中央，从而改善燃烧，减小运动件质量，利于高速化等优点。因此，采用多气门已经成为车用汽油机的主流配置。

4. 气门升程

适当增加气门升程，改进凸轮型线，减小运动件质量，增加零件刚度，在惯性力允许条件下使气门开闭得尽可能快，从而增大时面值，提高通过能力。最大气门升程与阀盘直径之比 L/d 取 0.26~0.28。

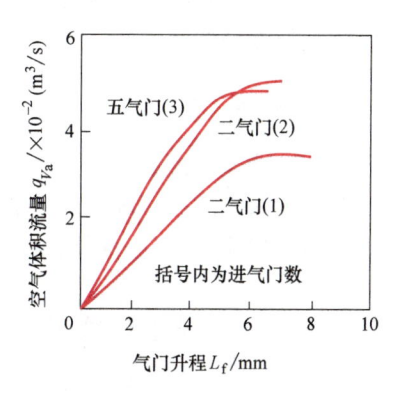

图 2-10 气门升程和空气体积流量（气缸盖部件的试验结果）

5. 减少气门处的流动损失

应注意改善气门处流体的动力性能，如气门头部到杆身的过渡形状，气门和气门座的锐边等，都会影响气流的剥离，从而影响流量系数。图 2-11 给出了综合提高气门处流通能力的措施。

二、进气道和进气管

进气道和进气管必须保证足够的流通面积，避免转弯及截面突变，改善管道表面的光洁程度等，以减小阻力，提高充气效率 ϕ_c。为此，在高性能的汽油机上采用了直线型进气系统，如图 2-12 所示。在直线化的同时，还应合理设计气道节流和进气管长度，布置适当的稳压腔容积等，以期达到高转速、高功率的目的。

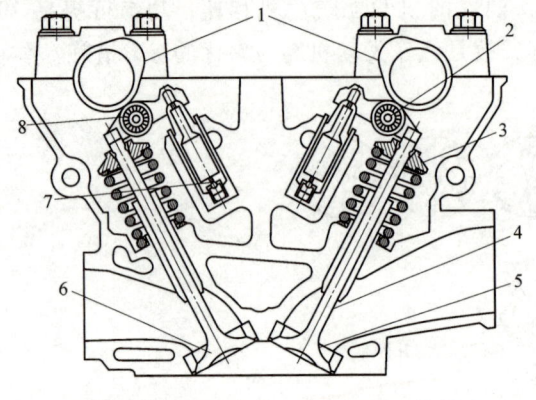

图 2-11 综合提高气门处流通能力的措施
1—高速型凸轮 2—采用空心轴 3—钛合金气门弹簧座 4—减小直径
5—使曲线平滑 6—薄壁化 7—液压式自动调隙 8—滚针轴承

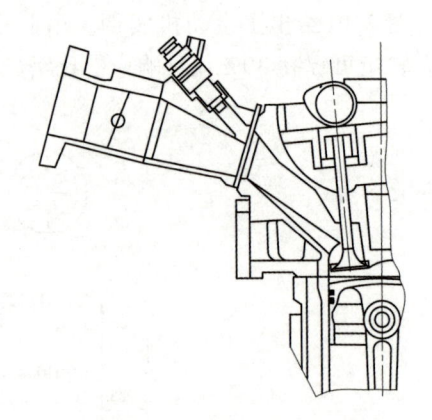

图 2-12 直线型进气系统

发动机除要求动力性外，还必须有好的经济性和排放性能。在汽油机上，进气管还必须考虑燃料的雾化、蒸发、分配以及压力波的利用等问题。在柴油机上，还要求气流通过进气道在气缸中形成进气涡流，以改善混合气的形成和燃烧。但这些要求往往互相矛盾。例如为得到高速、高功率，进气管直径宜选大些；而从得到中、低速的经济性考虑，进气管直径宜选小些，故必须根据用途折中处理。

三、空气滤清器

空气滤清器阻力随结构而不同。它必须在保证滤清效果的前提下，尽可能减小阻力，如加大通过断面，改进滤清器性能，采用低阻、高效的新型滤清器等。在使用中，应定期清洗滤清器，及时更换滤芯。

第四节 合理选择配气定时

通过选择合理的配气定时，可以获得更好的充气效果，并得到更佳的发动机性能。

在进、排气门开闭的四个时期中，进气门迟闭角的改变，对充气效率 ϕ_c 影响最大。图 2-13 给出了在不同的进气门迟闭角时，ϕ_c 随转速变化的一般关系，由曲线可以看出：

1) 图中每条 ϕ_c 曲线相当于在一定的配气定时下，ϕ_c 随转速变化的关系。ϕ_c 是在某一转速下达到最高值，说明在这个转速下工作，能最好地利用气流的惯性充气。当转速高于此转速时，气流惯性增加，而进气门迟闭角不变，就使一部分本来可以利用气流惯性进入气缸的气体被关在气缸之外，加之转速上升，流动阻力增加，所以使 ϕ_c 下降。当转速低于此转速时，气流惯性减小，又可能使一部分气体被推回进气管，ϕ_c 也下降。

2) 不同 ϕ_c 曲线相当于在不同的配气定时下，ϕ_c 随转速变化的关系。不同的进气迟闭角，ϕ_c 最大值相应的转速也不同，一般迟闭角增大，ϕ_c 最大值相应的转速也增加。如图 2-13 中虚线所示，因为转速增加，气流速度加大，大的迟闭角可充分利用高速的惯性充气。

改变进气迟闭角，可以改变 ϕ_c 随转速变化的趋势，可用来调整发动机的转矩曲线，满足不同的使用要求。例如，加大进气迟闭角，高转速时 ϕ_c 增加，有利于最大功率的提高，但对低速和中速性能则不利。减小进气迟闭角，能防止低速倒喷，有利于提高最大转矩，但降低了最大功率。因此，对于配气定时不能改变的发动机，应根据常用工况确定进气迟闭角。

合理的排气提前角应当在保证排气损失最小的前提下，尽量晚开排气门，以加大膨胀比，提高热效率。当转速增加时，相应的自由排气时间减小，为降低排气损失，应增大排气提前角。

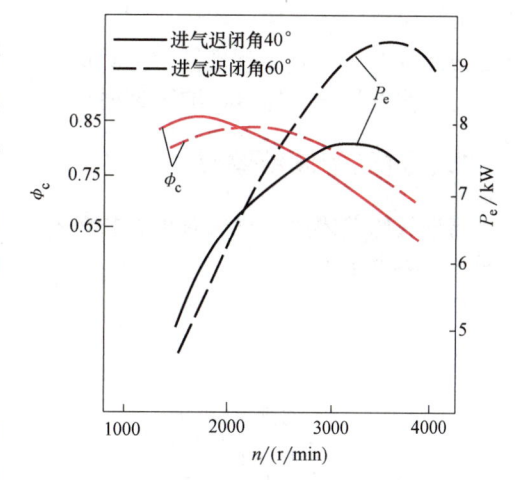

图 2-13 进气门迟闭角对 ϕ_c 和 P_e 的影响

在气门重叠期间，可以利用排气管的压力波增加 ϕ_c，新鲜工质流过高温零件，降低热负荷，减少 NO_x，故应安排适当的气门叠开角。在高速发动机，特别是二气门发动机中，为保证足够的进、排气门时面值，也会有较大的叠开角。

车用发动机的使用转速范围宽广，当发动机在低速、小负荷时，进气管真空度大，且同样的叠开角相应的时间长，会产生废气倒流，故为改善低速性能及怠速稳定性，要求气门叠开角小；而在车用增压发动机中，为保证低速性能，气门叠开角也常控制在与非增压机同等的程度。

确定配气定时，一般要在实机上经过反复比较试验，最后找出合适的方案。

第五节　进气管的动态效应

由于间歇进、排气，进、排气管存在压力波，在采用特定的进气管条件下，可以利用此压力波来提高进气门关闭前的进气压力，增大充气效率，即动态效应。随着电子汽油喷射的广泛应用，进气系统设计的自由度大大增加，动态效应技术得以迅速发展，大多数汽油喷射发动机都具有调整好的进气系统。与其他增压方式相比，它具有结构简单、惯性小、响应快等优点，更适于频繁改变工况的车用。

为分析方便，将动态效应分为惯性效应与波动效应两类。

一、进气管的惯性效应

在进气行程前半期，由于活塞下行的吸入作用，气缸内产生负压，新鲜工质从进气管流入，同时传出负压波，经气门、气道沿进气管向外传播，传播速度为声速。当负压波传到稳压室等空腔的开口端时，又从开口端向气缸方向反射回正压波，如果进气管的长度适当，从负压波发出到正压波返回进气门所经历的时间，正好与进气门从开启到关闭所需的时间配合，即正压波返回进气门时，正值进气门关闭前夕，从而提高了进气门

处的进气压力,达到增压效果。图2-14给出了进气管惯性效应模型,可见,它是以稳压室为波节的压力波。若进气管的长度不适当,进气门关闭时,此处压力不是处于波峰而是处于波谷位置,即负压波返回时刻,就会降低气缸压力,得到相反的效果。

二、进气管波动效应

当进气门关闭后,进气管的气柱还在继续波动,对各气缸的进气量有影响,称为**波动效应**(图2-15)。

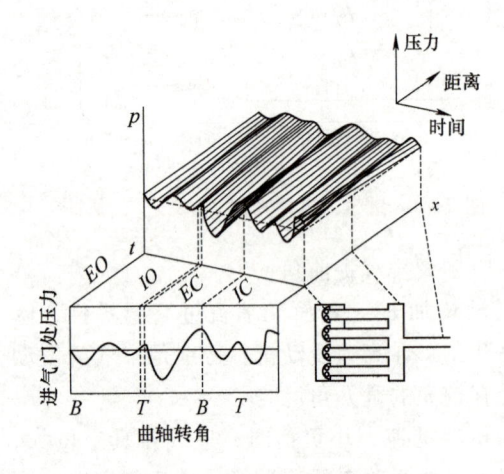

图2-14 进气管惯性效应模型
EO—排气门开 IO—进气门开 EC—排气门关
IC—进气门关 B—下止点 T—上止点

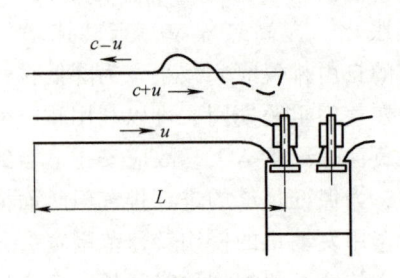

图2-15 波动效应

进气门关闭时,进气管内流动的空气因急速停止而受到压缩,在进气门处产生正压波,向进气管的开口端(即入口端)传播,图2-15给出了单缸机的简化情况。当正压波传到管端时,产生反射波,由于边界条件(开口、管外压力不变)的作用,反射波的性质与入射波的性质相反,即为负压波,该波又向进气门处传播。当它到达进气门处时,若气门尚未打开,则其边界条件为封闭型(速度为0),那么气门处反射波的性质与入射波的性质相同,即为负压波,此负压波向进气管的管端传播,在开口端再次反射时,反射波为正压波,该波又向进气门处传播,这样周而复始,气波在进气管中来回传播,进气门处的压力也时高时低,形成如图2-16所示的压力波动。如果使正压波与下一循环的进气过程重合,就能使进气终了时的压力升高,因而提高充气效率。此时如与负压波重合,则气门关闭时压力便会下降,ϕ_c降低。

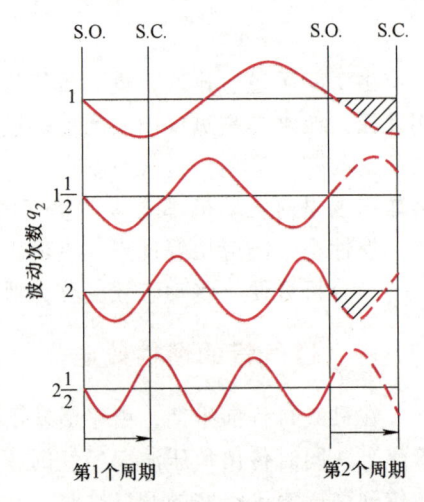

图2-16 进气一阶压力波的次数与谐振
S.O.—进气门开启时刻
S.C.—进气门关闭时刻

在多缸机中,将这种现象模型化,如图 2-17 所示。它是由稳压室至开口端为波节的,故由稳压室容积及开口端进气管的长度、管径决定其谐振转速。

三、转速与管长

压力波的固有频率 f_1（1/s）为

$$f_1 = \frac{c}{4L^*}$$

式中　c——进气管内气体的声速（m/s）；
　　　L^*——进气管当量长度（m）。

当发动机转速为 n（r/min）时,进气频率 f_2（1/s）为

$$f_2 = \frac{n}{60 \times 2} = \frac{n}{120}$$

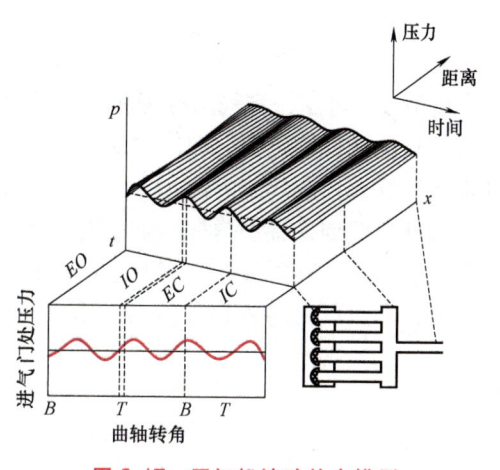

图 2-17　四缸机波动效应模型

f_1 与 f_2 之比即为波动次数 q_2，q_2 表明了进气管内压力波的固有频率与发动机进气频率的配合关系。

对惯性效应,发动机进气周期应与压力波半周期相配,即

$$q_1 = \frac{2f_1}{f_2} = \frac{60c}{nL^*} \tag{2-10}$$

对波动效应,有

$$q_2 = \frac{f_1}{f_2} = \frac{30c}{nL^*} \tag{2-11}$$

由图 2-16 可见,$q_2 = 1\frac{1}{2}$，$2\frac{1}{2}$，…时,下一次气门开启期间,正好与正的压力波相重合,使 ϕ_c 增加；当 $q_2 = 1$，2，…时,进气频率与压力波固有频率合拍,下一次气门开启期间正好与负的压力波重合,使 ϕ_c 减小。

q_1 或 q_2 越小,则需要进气管越长；q_1 或 q_2 大,则由摩擦引起的压力波衰减大。由式（2-10）和式（2-11）可见,若 q 一定,管长与转速成反比,即高转速所需进气管短,低转速所需进气管长。在进气系统不变的情况下,只能选某一转速范围考虑动态效应,其充气效率增大超过 5%~10% 是不适宜的,因为会在其他某些转速出现性能低谷。

在利用进气系统动态效应时,除了必须精心选择进气管长度外,还应对管径、管道的截面变化和弯曲方式、稳压室容积、节流位置等做周密考虑。在多缸机上应使各缸进气歧管长度相同并避免各缸气波之间的互相干扰。

压力波在管道中的变化非常复杂,常根据管道中气体一元非定常流动的数值进行计算和优选方案,再通过试验最后确定进气管的结构尺寸。

四、排气管动态效应

由图 2-1 可见，排气门打开初期，随着废气大量涌入，在排气门处产生大的正压波并向排气管出口端传播，在出口端又返回负压波。由此可见，排气管内也存在压力波，且排气能量大，废气温度高，故与进气相比，排气压力波的振幅大、传播速度快。若能在排气过程后期，特别是气门重叠期，使排气管的气门端形成稳定的负压，便可减少缸内残余废气和泵气损失，并有利于新气进入气缸。然而，因压力波传播速度快，在实用范围内，需配以长的管路，应考虑排气管与消声器、排放装置的组合及车体的安装空间。

第六节　可变技术

可变技术就是随使用工况（转速、负荷）变化，使发动机某系统结构参数可变的技术。

车用发动机既要满足高功率化的要求，又要保证中、低转速，中、小负荷的经济性和稳定性，希望在很大转速范围内的动力性和经济性都得到改善，避免出现转矩低谷，提高乘坐舒适性。可变技术为解决此问题而产生，并在高速轿车发动机上广泛应用且类型繁多，主要有可变进气管、可变气门定时、可变气门升程和可变进气涡流等。

一、可变进气管

由前述已知，对进气管的要求是：在高转速、大功率时，应配装粗短的进气管；而在中、低速，最大转矩时，应配装细长的进气管。适应于此的可变进气管基本结构如图 2-18 所示。

在稳压室 5 下游设置转换阀 8，由阀 8 的开和关，构成了长短两根进气管。发动机在中、低速区工作时，关闭该阀，使用长进气管，长管内的反射压力波能满足中、低速惯性效应的要求。在高速工作时，打开该阀，同时使用长短两进气管，短管内反射压力波能满足高速惯性效应的要求。为了利用波动效应，在短管处有一个由管子和容器组成的中、低速用谐振器，在转换阀 8 关闭的情况下，利用短管反射压力波，增加最大转矩。

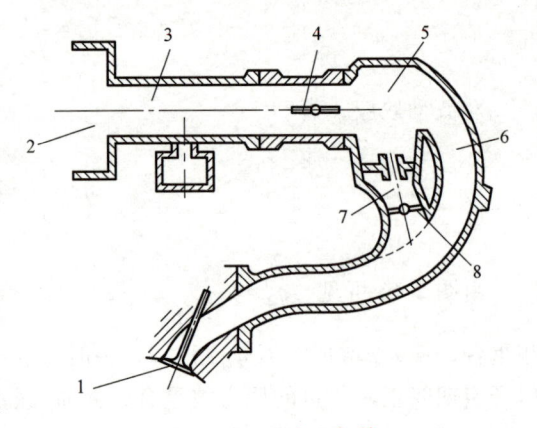

图 2-18 可变进气管
1—进气门　2—空气滤清器　3—进气软管
4—节气门　5—稳压室　6—长进气管
7—短进气管兼谐振器　8—转换阀

图 2-19 所示为里卡多公司设计的可变进气管。它由两种长度的冲压管组成，可旋转件 A 在外壳中转动。图 2-19a 为中、低转速时，空气由外侧通道经单独的进气管进

入，即长管；图2-19b为高转速时，空气由内部通口经双进气管进入，即短管。

可变进气管使所有转速的转矩均增加，平均可增加8%，最大转矩可增加12%~14%。

二、可变气门定时

四冲程发动机对气门定时的要求是：进气迟闭角与排气提前角应随转速的提高而加大，即低转速时，进、排气门应接近下止点关闭和打开；高转速时，进、排气门应远离下止点关闭和打开。怠速时，气门叠开角要小，随着转速上升，气门叠开角应加大。

目前使用两种形式的可变气门定时机构。

1. 凸轮相位可变

这种机构常装置在双顶置凸轮轴的进气凸轮轴上，如图2-20所示。在气缸盖上装有凸轮轴正时控制阀（切换油压），由计算机控制开关，将油供给可变机构。在油压作用下，可动活塞做轴向移动，内齿轮和外齿轮上的斜齿与可动活塞上的斜齿发生相对位置变化，使传动的正时齿形带轮与凸轮轴分开并将凸轮轴转动一个角度，从而改变正时带轮与凸轮的相对位置。一般可转动20°~30°曲轴转角。

由于这种机构的凸轮型线及进气持续角均不变，虽然高速时可以加大进气迟闭角，但气门叠开角减小，这是它的缺点，如图2-21所示。

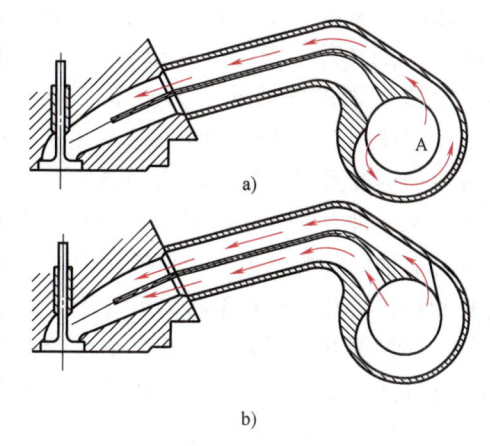

图2-19 里卡多公司设计的可变进气管
a）中、低转速 b）高转速

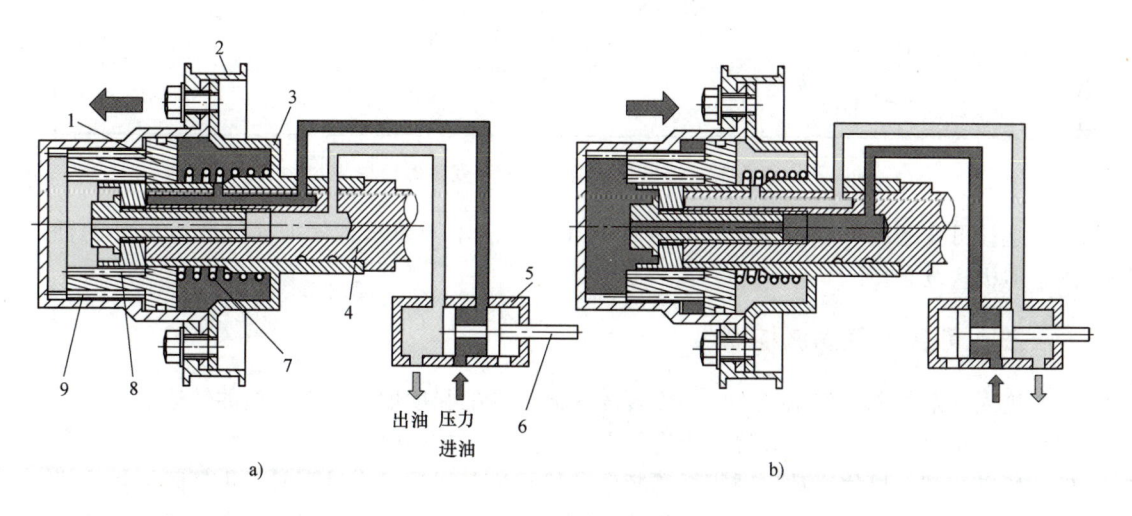

图2-20 可变定时机构
a）提前 b）推后
1—可动活塞 2—正时带轮 3—外壳 4—凸轮轴 5—凸轮轴正时控制阀
6—阀轴 7—返程弹簧 8—内齿轮 9—外齿轮

2. 进气持续期可变

进气持续期可变，是在凸轮轴上装置两组凸轮，分别为中、低速，大转矩使用的低升程、短持续期进气凸轮和高功率使用的高升程、长持续期进气凸轮。图 2-22 给出了三菱公司开发的可变系统。它是可实现高速、低速和可变排量三种方式动作的机构。高速时，高速摇臂是靠油压控制活塞（T 形连杆内）与 T 形连杆相连接，高速凸轮驱动力借助于 T 形连杆传递到气门。低速时，高速摇臂与 T 形连杆的连接断开，而低速摇臂靠油压控制活塞和 T 形连杆相连接，低速凸轮传力到气门。在低速、小负荷工作时，1、4 两气缸的高速、低速两摇臂均与 T 形连杆断开，气门停止工作，只有 2、3 缸按低速方式运转，切换工况过程如图 2-23 所示。高、低速凸轮切换是在发动机转速为 5000r/min 时，在同一节气门开度，两凸轮输出达到一致点进行切换。两缸运转用于负荷小的市内街道，切换时，通过调整燃料喷射时刻、点火时刻和节气门旁通空气量，来缓和输出变动，消除振动。

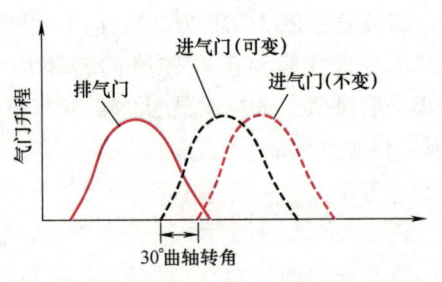

图 2-21 可变定时机构气门重叠变化图

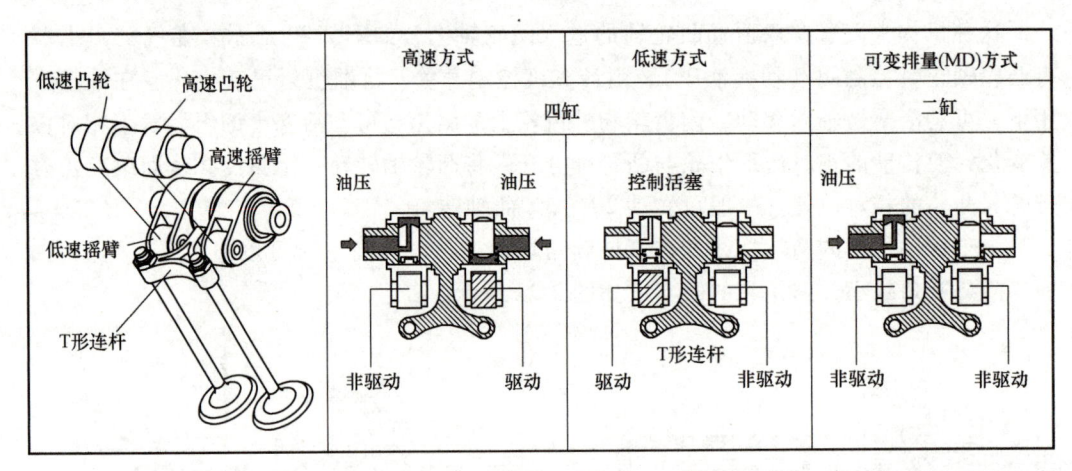

图 2-22 进气持续期可变的可变定时机构

这种可变系统可以满足高、低速对配气定时的不同要求，保证高、低速良好的性能，但机构复杂。

三、可变进气涡流控制

进入气缸的混合气绕气缸中心旋转的气流运动的强度取决于发动机的转速、进气道的结构形状以及气门的布置等。当进气涡流强度适当加强时，可以改善混合气的形成条件，所以能减轻燃烧变动，减小爆燃倾向。但是进气涡流强度过强时，进气阻力损失增加，充气效率降低，反而影响发动机的性能，故对应发动机的工况都存在着最佳的进气涡流强度。即低速时需要加强进气涡流强度以改善低速混合气的形成条件，提高燃烧速度。但在高速时，为了减小进气流动阻力，以提高高速充气效率，需要减弱进气涡流强度。所以，常采用主副进气道结构方式，将副进气道设计成涡流式，并通过专门设置的控制阀选择工作进气道，由此调整进入气缸的进气涡流强度。

图2-24所示为一种三气门可变涡流控制方式，采用三个气道，分别是对应两个进气门的2个主副进气道，和对应一个排气门的1个排气道。在2个进气道中的主进气道内设置控制阀，副进气道则负责形成进气涡流。

在中、小负荷条件下，关闭主进气道，只用能产生进气涡流的副进气道进气。这样，在燃烧室内形成强大的进气涡流，由此改善中、小负荷时的混合气形成条件和燃烧过程，可降低燃油消耗率，改善排放特性。在大负荷时，打开主进气道的控制阀，以提高进气量来保证高转速、大负荷时的发动机性能。

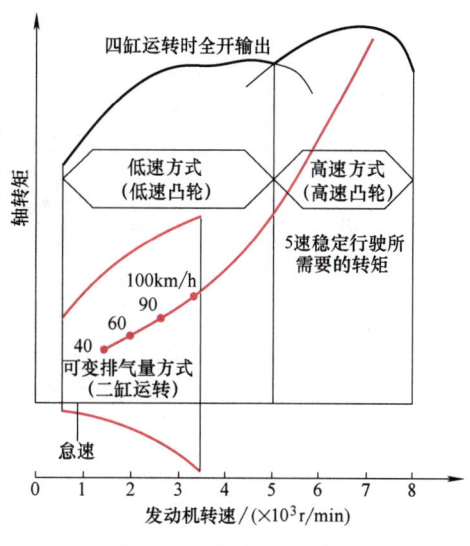

图2-23 切换工况过程

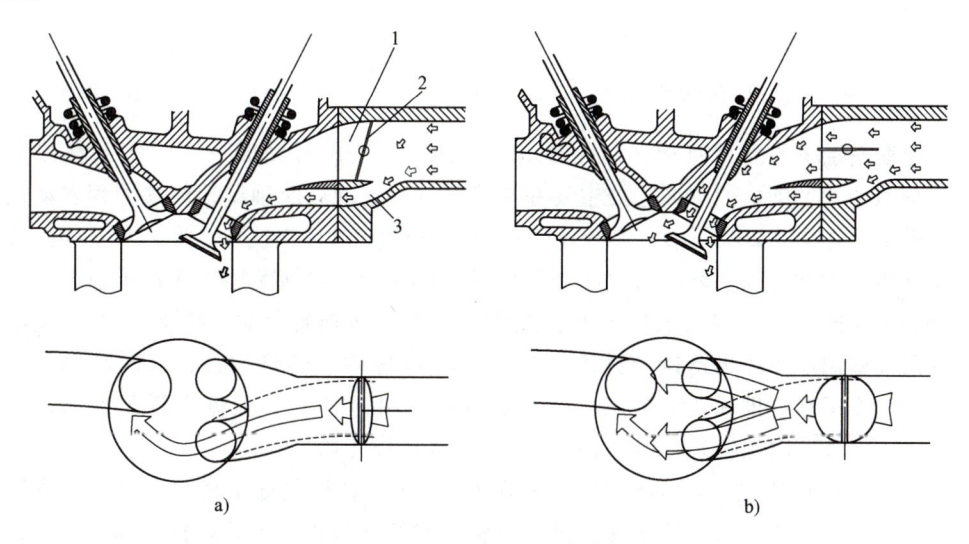

图2-24 三气门可变涡流控制方式
a）中、低负荷时　b）大负荷、高转速时
1—主进气道　2—控制阀　3—副进气道

图2-25所示为一种四气门可变涡流控制方式，低速时主要通过与气缸中心偏心布置的一个进气门进气，因此进入气缸的气流根据其惯性产生绕气缸中心旋转的进气涡流。当高速时打开控制阀，使相对气缸中心对称布置的两个进气门同时进气，流经各进气门的气流对气缸中心所产生的动量矩方向相反，所以互相抵消，使进气涡流强度降低，减小了进气阻力；同时由于实际进气截面积增加，改善了高速充气效率。

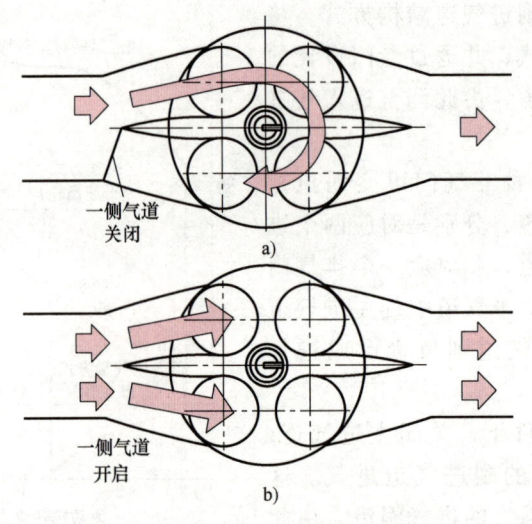

图 2-25 四气门可变涡流控制方式
a) 中、低速　b) 高速

第七节　二冲程发动机的换气过程

一、二冲程发动机的换气过程及示功图

二冲程发动机是曲轴回转一圈，活塞上下两个行程，就完成一个工作循环的发动机。它与四冲程发动机的不同之处主要在于换气过程。现以曲轴箱扫气二冲程发动机为例进行说明。如图 2-26 所示，在工作缸下部开有排气口 1、扫气口 2 和进气口 3。活塞由下止点向上运动，当活塞上行关闭排气口后（图 2-26a 的位置）即开始压缩过程，如图 2-26e 示功图中的 ac 段；上行至上止点前 10°~30° 曲轴转角时，喷油（或点火）燃烧，缸内气体温度、压力迅速上升，示功图中的 cz 段即为燃烧过程；继而高温、高压气体推动活塞下行，即做功的膨胀行程，如示功图中的 zb 段，活塞下行至 b 点，开启排气口（图 2-26b 的位置），膨胀行程结束，排气行程开始。

排气口开始打开时，缸内压力一般为 0.3~0.6MPa，排气处于超临界状态，废气以声速流出气缸，缸内压力迅速下降，进入亚临界状态。从排气口开始打开到缸内压力接近扫气压力，新气开始流入气缸的这段排气，称为自由排气。此时是靠缸内与排气管之间的压差排除废气，其中从排气口打开到扫气口打开这一段，又称为先期排气（示功图中的 bf 段），必须保证先期排气时面值，以避免废气倒流。

当扫气口打开时，已被提高压力的新鲜工质得以进入气缸，并驱赶废气继续排出，此过程一直进行到下止点后扫气口关闭为止。由于此阶段是利用新气扫除废气，故称为扫气过程，如示功图中的 fdh 段。扫气口关闭后，排气口还开着，这时由于活塞上行的排挤及排气气流的惯性，会继续排出新鲜工质和废气的混合气，直至排气口完全关闭，如示功图中的 a 点。从扫气口关闭到排气口关闭是额外排气阶段，其中有大量新鲜工质

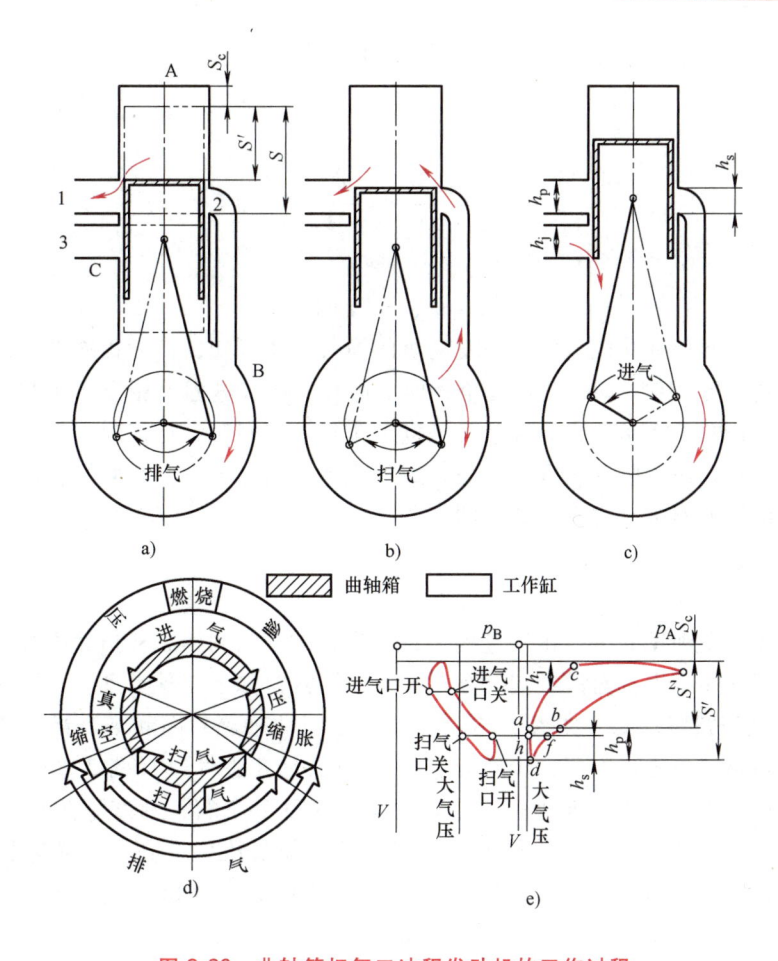

图 2-26 曲轴箱扫气二冲程发动机的工作过程

a)、b)、c) 工作机构简图　d) 配气图　e) 工作缸内和曲轴箱内示功图

1—排气口　2—扫气口　3—进气口　S、S'、S_c—行程　h_p、h_s、h_j—高度

排出，是要尽量避免的阶段。活塞继续上行，重复压缩过程，进行新的循环。从排气口开始打开到排气口完全关闭，即示功图中的 bda 段，为二冲程发动机的换气过程，占 130°~150° 曲轴转角。

在排气口开启期间，废气及新鲜工质不断从排气口流出，这部分气缸容积不能容纳新鲜工质，称为损失容积。二冲程发动机的有效压缩是从排气口关闭后开始的，故其有效工作容积为

$$V_s = V_{s'} - V_e = V_{s'}(1-\psi)$$

式中　ψ——行程损失百分比，$\psi = V_e/V_{s'} = h_e/S$，其中，$S$ 为活塞行程；

h_e——排气口高度；

V_e——排气口高度所占气缸容积；

$V_{s'}$——活塞行程容积。

所以，实际压缩比为

$$\varepsilon = \frac{V_c + V_s}{V_c}$$

几何压缩比为

$$\varepsilon' = \frac{V_c + V_{s'}}{V_c} = \frac{V_c + V_s}{V_c} + \frac{V_e}{V_c} = \varepsilon + \frac{\psi V_{s'}}{V_c} = \varepsilon + \psi(\varepsilon' - 1)$$

所以

$$\varepsilon = \varepsilon'(1-\psi) + \psi \tag{2-12}$$

通过比较二冲程发动机与四冲程发动机的换气过程可知,四冲程的进、排气过程是分开的,总共经历410°~480°曲轴转角;而二冲程的换气过程仅相当于130°~150°曲轴转角,为四冲程的1/3左右,而且它又是进、排气过程同时进行,利用新鲜工质来扫除废气,新鲜工质容易与废气相混而损失,废气也不易清除干净,因此组织好二冲程发动机的换气过程较为困难,成为其特有的问题。

二、扫气泵

由于二冲程发动机的进、排气过程是重叠进行的,它利用新气扫除废气,故须提高进入气缸的新气的压力,而设置扫气泵。扫气泵大致有如下三种类型。

(1) **曲轴箱扫气形式**　如图2-26所示,它是将曲轴箱封闭起来。当活塞向上止点运动时,曲轴箱压力迅速下降,上行至活塞下边缘打开进气口(图2-26c),新鲜工质被吸入曲轴箱,该过程称为曲轴箱进气过程,直到活塞下行,活塞下边缘关闭进气口止;再下行,活塞开始压缩曲轴箱中的新鲜工质,使其压力升高,从而起扫气泵的作用。压缩的最高压力与曲轴箱压缩比有关,即曲轴箱最大容积V_s(活塞位于上止点)与最小容积V_k(活塞位于下止点)之比,即

$$\varepsilon_k = \frac{V_k + V_s}{V_k}$$

由于曲轴箱容积大,其压缩比较低,一般范围为1.3~1.55,充气效率低,为0.6~0.7,扫气压力仅为1.08kPa左右。因此,要求尽可能增大进入曲轴箱的新气量。因其结构简单、紧凑,所以仅用于小型汽油机及单缸柴油机上。

(2) **采用单独的扫气泵**　如图2-27所示,扫气泵大多用转子泵或离心泵,直接由发动机曲轴增速驱动。一般扫气压力p_k = 109~150kPa。

(3) **废气涡轮增压**　其扫气压力p_k = 140~200kPa,甚至更高。具体内容见第七章。

由于带动扫气泵要消耗发动机的有效功,因此应在尽量低的扫气压力p_k和尽量少的扫气泵供气量的前提下,将废气清除干净和充入更多的新鲜充量。

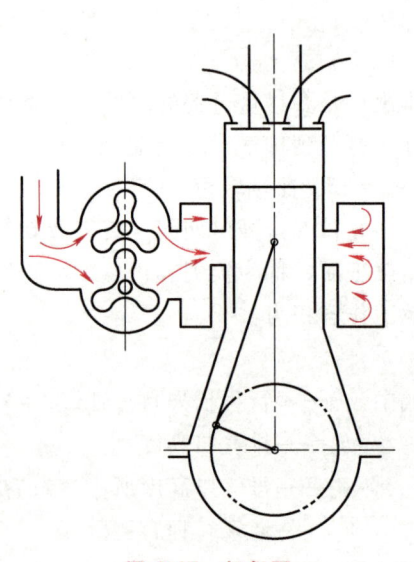

图2-27　扫气泵

三、扫气系统的基本形式

根据新鲜充量在气缸中流动的性质，扫气形式可分为横流扫气、回流扫气和直流扫气三种。

1. 横流扫气

如图 2-28 所示，它是将扫气口与排气口布置在气缸圆周的两对面。为使扫气进行得完善，扫气口在圆周和沿气缸中心线方向均有倾斜角，以控制气流方向。由于扫、排气定时对称，扫气口比排气口早关，产生额外排气，而且在 A 区易于残留废气，又可能如 B 所示产生扫气短路现象（即新鲜充量直接由排气口流出），所以换气效果较差。

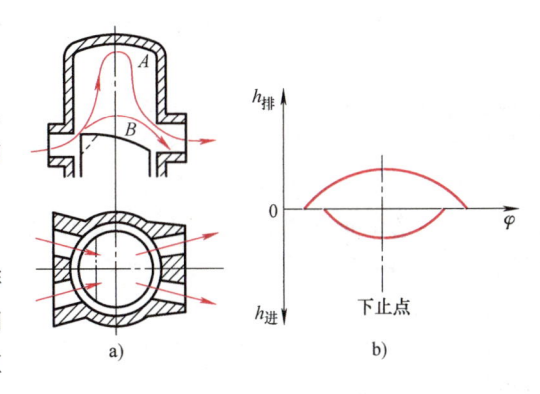

图 2-28 横流扫气
a）系统简图 b）气口开启高度 h 随曲轴转角 φ 的变化

2. 回流扫气

如图 2-29 所示，扫气口不是正对着排气口设置，两者常位于气缸同侧，扫气口在圆周和沿气缸中心线两个方向有倾斜角，使扫气气流沿活塞顶和气缸壁引向气缸上部形成回流，将废气由排气口挤出。它能部分克服横流换气中新鲜充量短路的现象，扫气效果比横流好，同时具有结构简单、制造方便的优点，因而在小型二冲程发动机上获得广泛应用。

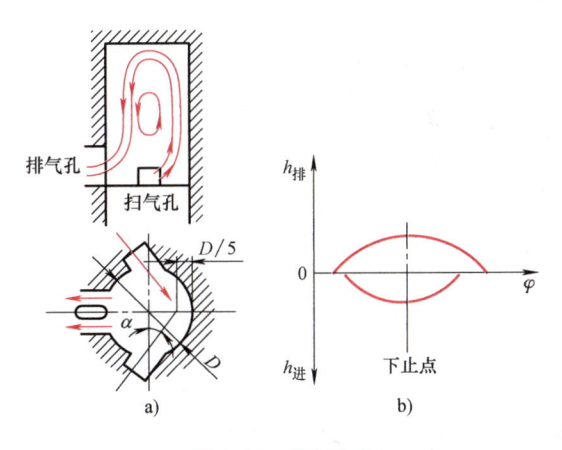

图 2-29 回流扫气
a）三口回流扫气 b）气口开启高度 h 随曲轴转角 φ 的变化

3. 直流扫气

如图 2-30 所示，直流扫气的主要特点是扫气气流沿气缸轴线运动，换气品质最好。图 2-30a 为气门气孔直流换气方案。由于排气门受凸轮操纵，因此可以实现不对称换气，使排气门关闭较早，以实现过后充气。为使新鲜空气不与废气掺混，扫气口沿切线方向排列，使进入气缸的扫气空气旋转形成气垫，避免与废气相混，并将废气推出气缸。由于扫气孔沿整个气缸圆周分布，孔高可以缩短，以减少行程损失；但它保留了四冲程的气门机构，使结构复杂。

图 2-30b 为对向活塞直流换气系统。扫、排气口的启闭由运动方向相反的活塞控制，两活塞运动错开 9°～15°曲轴转角，就可使排气孔比进气孔早开、早闭，造成过后充气。其结构也很复杂，整机高度增大，且缸套热负荷较为严重。

四、换气质量的估计

最理想的换气过程应是废气和新鲜充量毫不相混，扫气气流将废气全部挤出。事实上，废气与新鲜充量相混是不可避免的，一部分废气留在气缸里，一部分新鲜空气由排气口跑掉。对柴油机来说，多供一些空气，使废气清除得干净些，仅是损失一点空气，多消耗些功；而在汽油机中是用油气混合气扫气，任何混合气的外逸都意味着损失燃油。因此，二冲程汽油机仅用于比功率要求高或功率小的范围。

衡量二冲程发动机的换气效果常用如下三个指标。

1. 扫气效率 ϕ_s

ϕ_s 是换气后留在气缸内的新鲜充量的质量 m_0 与换气后气缸内气体的总质量 m_g 之比，即

$$\phi_s = \frac{m_0}{m_g} = \frac{m_0}{m_0 + m_r} \quad (2\text{-}13)$$

式中 m_r——扫气后缸内残余废气的质量。

ϕ_s 值大，说明留在气缸内的废气量少，换气质量高。

2. 过量扫气系数（又称给气比）ϕ_0

ϕ_0 是扫气中所用新气总质量 m_t 与在大气状态下充满气缸工作容积 V_s 的新气质量 m_s 之比，即

$$\phi_0 = \frac{m_t}{m_s} \quad (2\text{-}14)$$

ϕ_0 表示向气缸供给新气的多少。ϕ_0 小，说明消耗的新气量少，扫气的耗功也小。

好的换气系统应在较小的过量扫气系数 ϕ_0 下保证较高的扫气效率 ϕ_s。图2-31所示为各种扫气形式的扫气效率。

3. 给气效率 ϕ_t

ϕ_t 是换气后留在气缸内的新气质量 m_0 与每循环供给的新气质量 m_t' 之比，即

$$\phi_t = \frac{m_0}{m_t'} \quad (2\text{-}15)$$

它从数量上说明了新气流失量的多少。

改善换气效果最有效的办法是进行换气试验，从中找出最佳的结构方案。

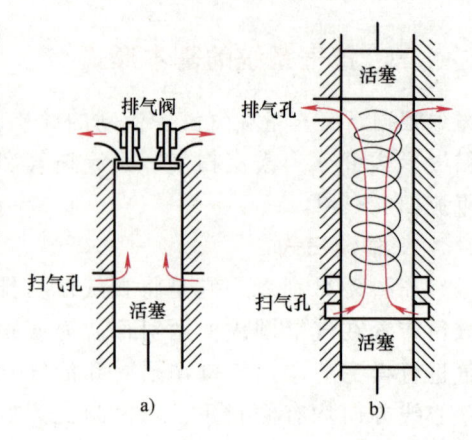

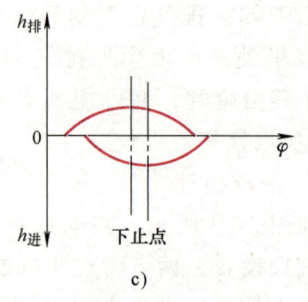

图2-30 直流扫气
a) 气门气孔式 b) 对向活塞式
c) 气口开启高度 h 随曲轴转角 φ 的变化

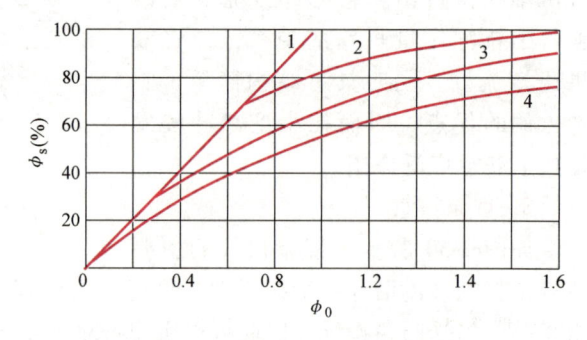

图2-31 各种扫气形式的扫气效率
1—完全扫气 2—直流扫气 3—回流扫气 4—横流扫气

五、二冲程发动机的应用

由于二冲程发动机是曲轴每转一圈就做功一次，单位时间工作循环数提高一倍，所

以在相同的功率下，二冲程发动机的外形尺寸小、重量轻，这是其主要优点。但因缸壁上开有气口，有部分无效行程，带动扫气泵也需消耗有效功，加上换气效果差，指示压力 p_i 值较低，故二冲程发动机的升功率比四冲程的仅大 50%~70%。

回流扫气二冲程发动机的结构简单、保修方便，特别是曲轴箱扫气，无须另带扫气泵，因此广泛应用于小型汽油机上。

二冲程发动机转矩的周期性波动较小，其飞轮尺寸比同样缸数的四冲程发动机要小。

二冲程发动机的缺点是：换气效果差，由于换气时间短，进、排气过程同时进行，故新鲜充量和废气容易相混，残余废气系数大，致使经济性、HC 排放量、排烟、噪声等性能均不如四冲程发动机。在额定工况时，二冲程汽油机的耗油率比四冲程的高 20%~30%，部分负荷时油耗更高。

二冲程发动机热负荷高、冷却困难，容易出现排气口处过热、活塞顶局部过热、喷孔堵塞甚至活塞拉缸等现象。

因其缸壁开有气口，润滑困难，机油消耗大。此外，二冲程发动机在可靠、耐磨等方面也不如四冲程发动机。

目前，在大功率、低速船用柴油机上应用二冲程较多，最小耗油率可达 160g/(kW·h)。在要求比功率高、结构简单、轻巧的摩托车、赛艇以及喷雾、割草等小型农用动力上，广泛应用曲轴箱换气二冲程汽油机，但其耗油率甚高，一般均大于 300g/(kW·h)。在其他领域仍以四冲程发动机为主。

【课程思政】 发挥创造力，提高进气充量

请扫码阅读

复习思考题

1. 简述四冲程发动机的换气过程。
2. 为何进、排气门要提前开启和延迟关闭？对换气过程有何影响？
3. 何谓气门重叠现象？气门叠开角的大小对换气过程有何影响？
4. 什么是充气效率？提高充气效率的措施有哪些？
5. 充气效率的高低反映了发动机哪些方面性能的好坏？并解释原因。
6. 如何利用进气管的动态效应有效提高发动机高转速时的充气系数？
7. 简述可变气门相位对发动机进气性能的影响。
8. 什么是发动机的有效指标？主要有哪些？
9. 平均有效压力和升功率都是评定发动机动力性能的指标，它们有何区别？
10. 功率相同时，汽油机和柴油机相比，哪个尺寸和质量更大？为什么？
11. 四冲程内燃机与二冲程内燃机相比，换气过程存在哪些差异？

第三章

燃料与燃烧

第一节 发动机的燃料

燃料是发动机产生动力的来源。可以说,发动机的生存与发展,汽油机与柴油机在结构与性能上的差异,对环境的污染等,无不与燃料的种类和品质有着密切关系。

发动机传统的燃料是汽油与柴油,它们是石油的炼制品。石油的主要成分是碳、氢两种元素,含量占97%~98%(质量分数),其他还有少量的硫、氧、氮等。石油产品是以多种碳氢化合物的混合物的形式出现的,分子式为C_nH_m,通常称为烃。根据烃分子中碳原子数的不同,可构成不同相对分子质量、不同沸点的物质。炼制汽油与柴油最简便的方法是利用沸点不同直接进行分馏,依次得到石油气—汽油—煤油—轻、重柴油—渣油(表3-1)。

表3-1 烃分子中碳原子数的影响

C原子数	沸点	品种	相对分子质量	理化性质的变化趋势
$C_1 \sim C_4$	常温	石油气	16~58	质轻 易挥发 黏度增大 化学安定性变好 易自燃 易点燃
$C_5 \sim C_{11}$	25~215℃	汽油	95~120	
$C_{11} \sim C_{19}$	170~260℃	煤油	100~180	
$C_{16} \sim C_{23}$	180~360℃	轻、重柴油	180~200	
C_{23} 以上	360℃以上	渣油	220~280	

在碳氢化合物分子中,碳、氢原子的数目和排列位置对燃料性能影响很大。烃分子化学结构的分类见表3-2。

表3-2 烃分子化学结构的分类

分类		分子式通式	结构式示例	性质
脂肪烃	烷烃	C_nH_{2n+2}	1. 直链 正庚烷 C_7H_{16} 2. 支链 异辛烷 C_8H_{18}	呈饱和的开链式结构,含碳原子越高,结构越不紧凑,常温下化学性质比较稳定,但热稳定性比较低,在高温下易分解,自发火的滞燃期较短,是柴油燃料的良好成分。支链式结构在高温下较稳定,是汽油中抗爆性好的燃料

56

（续）

分类		分子式通式	结构式示例	性质
脂肪烃	烯烃	C_nH_{2n}	乙烯 C_2H_4 己烯 C_6H_{12}	非饱和开链式结构,有一个双价链,它比烷烃难于自行着火,是汽油中抗爆性好的成分,但常温下化学安定性差,在长期储存中易于氧化生成胶质
	炔烃	C_nH_{2n-2}	乙炔 C_2H_2 丁炔 C_4H_6	非饱和开链式结构,有一个三价链。炔烃不存在于原油中,是热裂化生产中的产物。由于氢不饱和,所以很不稳定,在常温下易分解。储存中因氧化而结胶,含炔烃多的产品不宜作为发动机燃料
	环烷烃	C_nH_{2n}	环戊烷 C_5H_{10} 环己烷 C_6H_{12}	饱和的环状分子结构,不易分裂,热稳定性和自燃的温度均比直链烷烃为高。环烷烃多的燃油适宜作为汽油机燃料,不适宜作柴油机燃料,环烷烃与烷烃都是石油的重要组成部分
芳香烃	苯的同系物	C_nH_{2n-6} ($n \geq 6$)	苯 C_6H_6 α-甲基萘 $C_{11}H_{10}$	芳香烃,通常是指分子中含有苯环结构的碳氢化合物,在石油中含量较少,分子结构稳固,在高温下分子不易破裂,热稳定性和化学安定性比脂肪烃及环烷烃均高,是汽油中良好的抗爆剂。但近年的研究表明,芳香烃会促进地面臭氧层的形成,因此需要限制它在燃料中的含量。注意:芳香烃的分子式通式只适用于苯的同系物,并不适合α-甲基萘

57

图 3-1 所示为燃料中的不同成分对化学安定性的影响。

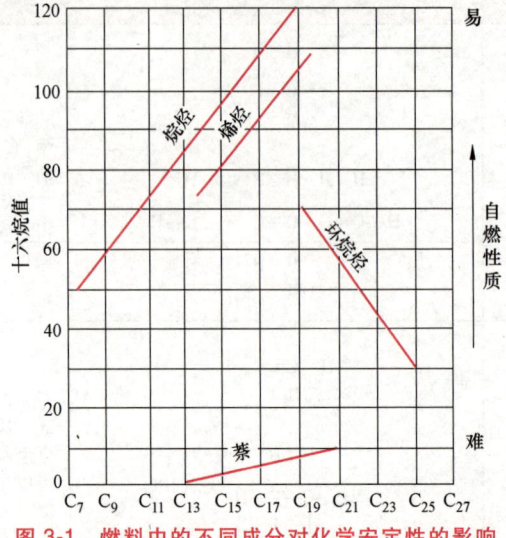

图 3-1 燃料中的不同成分对化学安定性的影响

目前，除了内燃机的传统燃料之外，人们还广泛开展代用燃料的应用研究。这不仅是解决石油资源短缺，实现长期可持续发展的需要，也是出于解决燃烧汽油、柴油对环境较大污染的现实要求。一些代用燃料，如液化石油气（LPG）、压缩天然气（CNG）、液化天然气（LNG）、醇类燃料等目前已经获得越来越广泛的使用。

第二节　燃料的使用特性

一、柴油

柴油主要用于各类柴油机中，分为普通柴油和车用柴油。其中，普通柴油用于拖拉机、内燃机车、工程机械、内河船舶和发电机组等压燃式发动机中，车用柴油主要用于压燃式发动机汽车。

我国生产的车用柴油，其技术指标由 GB 19147—2016《车用柴油》规定。车用柴油的牌号按凝点不同分为 5 号、0 号、-10 号、-20 号、-35 号、-50 号六级，其凝点分别不高于5℃、0℃、-10℃、-20℃、-35℃和-50℃。**凝点**是指柴油失去流动性开始凝结的温度，牌号越小表示可适用的环境温度越低。选用柴油时，应按最低环境温度高出冷凝点温度3~6℃进行选择，如 0 号柴油适用于最低环境温度为 4℃ 的场合。我国车用柴油技术指标见表 3-3。为满足更高排放法规的要求，车用柴油（Ⅴ）和（Ⅵ）阶段的技术指标略有差异。实际使用时，应标明柴油的**名称**、牌号和等级，如 0 号车用柴油（Ⅴ）、0 号车用柴油（Ⅵ）等。

从表 3-3 中看出，在车用柴油性能的各个项目中，可以分为：

1）评价柴油自燃性的指标——十六烷值。
2）与燃烧完善程度及起动性能有密切关系的性质——馏程。

3）与燃料喷射有密切关系的性质——黏度。

4）与柴油储存、运送、使用有关的性质——闪点、凝点。

5）与柴油机磨损腐蚀有关的性质——机械杂质、水含量、灰分、酸度、铜片腐蚀、10%蒸余物残炭等。

6）与柴油机排放污染物有关的性质——硫含量、多环芳烃含量、总污染物含量。

这里介绍对发动机动力性能和经济性能有较大影响的几项：

表 3-3　车用柴油技术指标（GB 19147—2016）

项目		质量指标（Ⅴ/Ⅵ）					试验方法
		5号	0号	-10号	-20号	-35号	-50号	
凝点/℃	不高于	5	0	-10	-20	-35	-50	GB/T 510
冷凝点/℃	不高于	8	4	-5	-14	-29	-44	SH/T 0248
着火性								
十六烷值	不小于	51		49		47		GB/T 386
十六烷值指数	不小于	46		46		43		SH/T 0694
馏程								
50%回收温度/℃	不高于	300						GB/T 6536
90%回收温度/℃	不高于	355						
95%回收温度/℃	不高于	365						
10%蒸余物残炭①（质量分数，%）	不大于	0.3						GB/T 17144
灰分（质量分数，%）	不大于	0.01						GB/T 508
硫含量/(mg/kg)	不大于	10						SH/T 0689
机械杂质②（%）		无						GB/T 511
水含量③（体积分数，%）	不大于	痕迹						GB/T 260
闪点（闭口）/℃	不低于	60		50		45		GB/T 261
运动黏度（20℃）/(mm²/s)		3.0~8.0		2.5~8.0		1.8~7.0		GB/T 265
铜片腐蚀（50℃,3h）/级	不大于	1						GB/T 5096
酸度（以 KOH 计）/(mg/100mL)	不大于	7						GB/T 258
氧化安定性（以总不溶物计）/(mg/100mL) 不大于		2.5						SH/T 0175
润滑性,校正磨痕直径（60℃）/μm	不大于	460						SH/T 0765
多环芳烃含量（质量分数，%）	不大于	11/7（Ⅴ/Ⅵ）④						SH/T 0806
总污染物含量/(mg/kg)	不大于	24（Ⅵ）						GB/T 33400
密度（20℃）/(kg/m³)		(810~850)/(810~845)（Ⅴ/Ⅵ）				790~840		GB/T 1884 GB/T 1885
脂肪酸甲酯含量（体积分数，%）	不大于	1.0						NB/SH/T 0916

① 若车用柴油中含有硝酸酯型十六烷值改进剂，10%蒸余物残炭的测定使用不加硝酸酯的基础燃料进行。
② 可用目测法，即将试样注入100mL玻璃量筒中，在室温（20℃±5℃）下观察，应当透明，没有悬浮和沉降的杂质。
③ 可用目测法，即将试样注入100mL玻璃量筒中，在室温（20℃±5℃）下观察，应当透明，没有悬浮和沉降的水分。
④ 表示该指标中，前一数值为车用柴油（Ⅴ）技术要求的限值，后一数值为车用柴油（Ⅵ）技术要求的限值。2017 年 1 月 1 日起生产企业需满足车用柴油（Ⅴ）技术要求；2019 年 1 月 1 日起需满足车用柴油（Ⅵ）的技术要求。

1. 十六烷值

十六烷值是评定柴油自燃性好坏的指标。它与发动机工作的粗暴性及起动性均有密切关系。对于自燃性好的燃料，着火延迟时期短，在着火落后时期内，气缸中形成的混合气少，着火后压力升高速度低，工作柔和，这是柴油机所希望的。而且，对于自燃性好的燃料，冷起动性能亦随之改善。

测定柴油的十六烷值，是在特殊的单缸试验机上按规定的条件进行。试验时采用由十六烷和α-甲基萘混合制成的混合液，十六烷容易自燃，规定它的十六烷值为100，α-甲基萘最不容易自燃，其十六烷值定为0。当被测定柴油的自燃性与所配制的混合液的自燃性相同时，则混合液中十六烷的体积分数就定为该种柴油的十六烷值。

柴油的十六烷值与燃料的分子结构及分子量均有密切关系（图3-1）。因此，十六烷值可以通过选择原油种类、炼制方法及添加剂来予以控制。一般直链烷径比环烷烃的十六烷值高；在直链烷烃中分子量越大，十六烷值越高。因此，尽管燃料的十六烷值高对于缩短滞燃期及改善冷起动有利，但增大十六烷值，将导致燃料分子量加大，使油的蒸发性变差及黏度增加，导致排气冒烟加剧及燃油经济性下降。例如，试验表明十六烷值由55增加到75，油耗率可能增加 7~8g/(kW·h)。另外，柴油的十六烷值对于分开式燃烧室就不像对于开式燃烧室那般重要。因此，国产柴油的十六烷值规定在40~50之间，不必过分增大。

2. 馏程

馏程表示柴油的蒸发性，用燃油馏出某一百分比的温度范围来表示。对于柴油，使用50%回收温度、90%回收温度和95%回收温度来表示，其意义是，在标准蒸馏装置中接收量筒内获得的冷凝物体积与装入蒸馏烧瓶中试样的体积分数分别为50%、90%和95%时，蒸馏烧瓶中温度计的读数。柴油50%回收温度低，说明这种燃料轻馏分多、蒸发快，有利于混合气的形成。90%和95%回收温度标志柴油中所含难于蒸发的重馏分的数量。如果重馏分过多，在高速柴油机中来不及蒸发和形成均匀混合气，导致燃烧不完全。车用高速柴油机使用轻馏分柴油，但馏分太轻也不好，因为轻质燃料容易蒸发，在着火前形成大量油气混合气，一旦着火压力升高过快，将使柴油机工作粗暴。

3. 黏度

黏度是燃料流动性的尺度，是表示燃料内部摩擦力的物理特性。它影响柴油的喷雾质量。当其他条件相同时，黏度越大，雾化后油滴的平均直径也越大。使燃油和空气混合不均匀，燃烧不及时或不完全，燃油消耗率增加，炭烟和颗粒物排放增加。

喷油泵柱塞、喷油器的针阀都是靠燃油润滑的，所以柴油应具有一定的黏度。一般轻柴油的运动黏度在20℃时为 $(2.5 \sim 8) \times 10^{-6} m^2/s$。

4. 硫含量

硫含量表示燃料中含硫元素的质量。柴油中的硫含量对动力性、经济性影响比较微弱，但对排放性能的影响比较显著，主要表现在硫含量对柴油机颗粒物排放物的生成有明显的促进作用，特别在大负荷工况下，这种影响更为显著。硫含量还会使尾气净化系统的催化剂产生不可逆中毒，加速发动机的磨损与磨蚀。因此，为满足排放法规要求，均需对燃料中的硫含量进行控制。例如，车用柴油（Ⅳ）要求硫含量不大于50mg/kg，车用柴油（Ⅴ）和（Ⅵ）都要求硫含量不大于10mg/kg。

二、汽油

我国车用汽油的技术指标见表3-4。为满足更高排放法规的要求，车用汽油（Ⅴ）、（ⅥA）和（ⅥB）阶段的技术指标略有差异。

表 3-4 车用汽油技术指标（GB 17930—2016）

项　目		质量指标（Ⅴ/ⅥA/ⅥB）				试验方法
		89	92	95	98	
抗爆性： 　研究法辛烷值（RON） 　抗爆指数[（RON+MON）/2]	不小于 不小于	89 84	92 87	95 90	98/93	GB/T 5487 GB/T 503，GB/T 5487
铅含量①/（g/L）	不大于	0.005				GB/T 8020
馏程： 　10%蒸发温度/℃ 　50%蒸发温度/℃ 　90%蒸发温度/℃ 　终馏点/℃ 　残留量（体积分数，%）	不高于 不高于 不高于 不高于 不大于	70 120/110/110（Ⅴ/ⅥA/ⅥB）② 190 205 2				GB/T 6536
蒸发压/kPa 　11月1日～4月30日 　5月1日～10月31日③	不大于 不大于	42～85 40～65		45～85		GB/T 8017
胶质含量/（mg/100mL） 　未洗胶质含量（加入清洗剂前） 　溶剂洗胶质含量	不大于	30 5				GB/T 8019
诱导期/min	不小于	480				GB/T 8018
硫含量/（mg/kg）	不大于	10				SH/T 0689
硫醇（博士试验）		通过				NB/SH/T 0174
铜片腐蚀（50℃，3h）/级	不大于	1				GB/T 5096
水溶性酸或碱		无				GB/T 259
机械杂质及水分④		无				目测
苯含量（体积分数，%）	不大于	1.0/0.8/0.8（Ⅴ/ⅥA/ⅥB）				SH/T 0713
芳烃含量（体积分数，%）	不大于	40/35/35（Ⅴ/ⅥA/ⅥB）				GB/T 11132 GB/T 30519
烯烃含量（体积分数，%）	不大于	28/24/15 （Ⅴ/ⅥA/ⅥB）		24/15/15 （Ⅴ/ⅥA/ⅥB）		GB/T 11132 GB/T 30519
氧含量（质量分数，%）	不大于	2.7				NB/SH/T 0663
甲醇含量①（质量分数，%）	不大于	0.3				NB/SH/T 0663
锰含量①/（g/L）	不大于	0.002				SH/T 0711
铁含量①/（g/L）	不大于	0.01				SH/T 0712
密度（20℃）/（kg/m³）		720～775				GB/T 1884 GB/T 1885

① 车用汽油中不得人为加入甲醇以及含铅、含铁和含锰的添加剂。
② 表示该指标中，前一数值为车用汽油（Ⅴ）技术要求的限值，中间数值为车用汽油（ⅥA）技术要求的限值，后一数值为车用汽油（ⅥB）技术要求的限值。2017年1月1日起生产企业需满足车用汽油（Ⅴ）技术要求；2019年1月1日起需满足车用汽油（ⅥA）的技术要求；2023年1月1日起满足车用汽油（ⅥB）的技术要求。
③ 广东、海南全年执行此项要求。
④ 将试样注入100mL玻璃量筒中观察，应当透明，没有悬浮和沉降的机械杂质和水分。

影响汽油机性能的关键性指标主要是辛烷值和馏程等。

1. 辛烷值

辛烷值是表示汽油抗爆性的指标。在汽油机燃烧中，随着压缩比及气缸内气体温度的升高，可能出现一种不正常的自燃现象，称为爆燃。其中，燃料的品质是影响汽油机爆燃的关键因素之一。当汽油的辛烷值高，则抗爆燃的能力强。

测定燃料的辛烷值是在专门的试验发动机上进行的。在测定时，用容易爆燃的正庚

烷（辛烷值定为0）和抗爆性好的异辛烷（2，2，4-三甲基戊烷）（其辛烷值定为100）的混合液与被测定的汽油作比较。当混合液与被测汽油在专用发动机上的抗爆程度相同时，则混合液中异辛烷含量的体积分数就是被测定汽油的辛烷值。值得指出的是，评定车用汽油的抗爆性，可采用两种试验工况，分别称为马达法与研究法。各自的试验条件见表3-5。对于同一种汽油，由于对辛烷值的试验工况或标定方法不同，其数值是不一样的。马达法规定的试验转速及进气温度比研究法高，所以用马达法测定的辛烷值（MON）比研究法测定的辛烷值（ROM）低。两者的差值反映出燃料对发动机强化程度的敏感性。

表3-5 测定辛烷值时的试验条件[①]

方法 试验条件	马达法 （MON）	研究法 （RON）	方法 试验条件	马达法 （MON）	研究法 （RON）
转数[②]/(r/min)	900±9	600±6	冷却液温度的规定范围/℃	100±1.5	100±1.5
吸入空气的温度/℃	38±2.8	51.7[③]	要求精确度/℃	±0.5	±0.5
进气湿度（水分/干空气）/(g/kg)	3.56~7.12	3.56~7.12	曲轴箱润滑油的运动黏度（100℃）/(m²/s)	(9.3~12.5)×10⁻⁶	(9.3~12.5)×10⁻⁶
可燃混合气温度/℃	149±1	混合气在化油器后不预热	油压/×10⁻²kPa	1.72~2.07	1.72~2.07
			油温/℃	57±8.5	57±8.5
点火提前角	可变化	不变,上止点前13°曲轴转角	汽油空气混合比	调整到爆燃最强	调整到爆燃最强
压缩比	4~18	4~18	火花塞间隙/mm	0.51±0.13	0.51±0.13

① 参考《汽油辛烷值的测定 研究法》（GB/T 5487—2015）和《汽油辛烷值的测定 马达法》（GB/T 503—2016）。
② 发动机点燃后，发动机转速不大于电机驱动时转速3r/min。
③ 在大气压为101kPa时的标准值，按当时的气压修正，如98kPa时为43.9℃，103kPa时为56.1℃。

我国汽油是以研究法辛烷值（RON）来标号的，车用汽油（Ⅳ）按研究法辛烷值分为90号、93号和97号三个牌号；车用汽油（Ⅴ、ⅥA和ⅥB）则分为89号、92号、95号和98号四个牌号。国外车用汽油多以马达法辛烷值（MON）来标号。美国则采用辛烷值指数［ONI，即（RON+MON）/2］来表征在各种道路行驶情况下的抗爆性能，并将汽油按ONI分为85、87、89、91、93、95、97七个等级。

汽油辛烷值的大小主要取决于汽油的组成情况、炼制方法及添加剂等。一般烃的辛烷值高低顺序为烷烃<烯烃<环烷烃<芳烃。为提高汽油的辛烷值，常用的方法主要有两种：一种是在汽油中加入抗爆剂，另一种是采用含有高辛烷值烃类成分的汽油炼制工艺。在汽油中加入少量高效率的抗爆剂可以大大提高低辛烷值汽油的抗爆性，是取得高辛烷汽油比较经济的方法。常用的抗爆剂主要有乙醇（C_2H_6O）和乙基叔丁基醚（ETBE），后者主要由体积分数为47%的乙醇与体积分数为53%的异丁烯混合制成。目前我国主要采用乙醇作为抗爆剂，即乙醇汽油，增氧效果好并有利于环境保护。

2. 馏程和蒸气压

馏程和蒸气压是评价汽油蒸发性的指标。汽油及其他石油产品是多种烃类的混合物，没有一定的沸点，它随着温度的上升，按照馏分由轻到重逐次沸腾。汽油馏出温度的范围称为**馏程**。汽油馏程用蒸馏仪（图3-2）测定。将100mL试验燃料放在烧瓶中，加热产生蒸气，经冷凝器燃料蒸气凝结，滴入量筒内。将第一滴凝结的燃料流入量筒时的温度称为**初馏点**。当蒸馏烧瓶底部的燃料全部蒸发之后的温度称为终馏点。随着温度升高，依次测出对应油量的馏出温度，将蒸馏所得的数据画在以温度和馏出百分数为坐标的图上，即为蒸馏曲线（图3-3）。

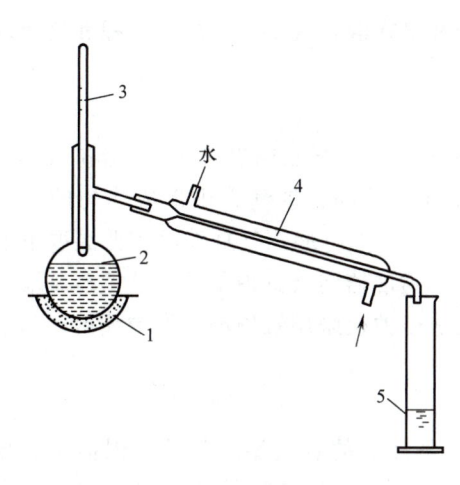

图3-2 蒸馏仪
1—加热器 2—试验燃料 3—温度计
4—冷凝器 5—量筒

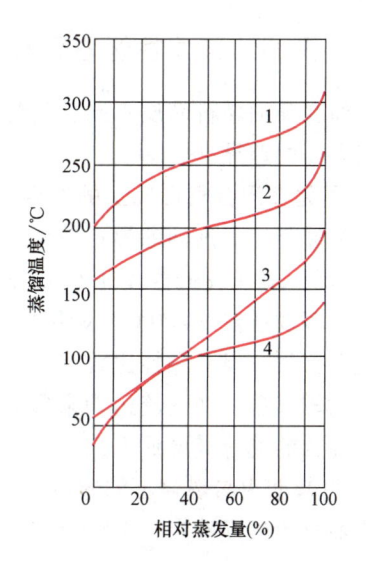

图3-3 蒸馏曲线
1—轻柴油 2—煤油 3—车用柴油 4—航空汽油

为了评价燃料的挥发性，以10%、50%和90%的馏出温度作为几个有代表意义的点。

(1) **10%馏出温度** 汽油馏出10%的温度标志着它的起动性。如果10%馏出温度较低，说明在发动机上使用这种燃料容易冷车起动。但是此温度过低，在管路中输送时受发动机温度较高部位的加热而变成蒸气，在管路中形成"气阻"，使发动机断火，影响它的正常运转。

(2) **50%馏出温度** 馏出50%的温度标志着汽油的平均蒸发性。它影响着发动机的暖车时间、加速性以及工作稳定性。若此温度较低，说明这种汽油的挥发性较好，在较低温度下可以有大量的燃料挥发而与空气混合，这样可以缩短暖车时间，而且从较低负荷向较高负荷过渡时，能够及时供应所需的混合气。

(3) **90%馏出温度** 馏出90%的温度标志着燃料中含有难于挥发的重质成分的数量。当此温度低时，燃料中所含的重质成分少，进入气缸中能够完全挥发，有利于燃烧过程的进行。若此温度过高，则燃料中含有较多的重质成分，在气缸中不易挥发而附着在气缸壁上，燃烧容易形成积炭；或者沿着气缸壁流入油底壳，稀释机油，破坏轴承部位的润滑。

63

蒸气压是指当液体在达到气液平衡时气相所产生的压力，是挥发性液体的重要物理性质。蒸气压是车用汽油比较关键的指标，影响汽油机的起动、升温、高温或者高纬度工作时的气阻趋势。汽油的蒸气压高，意味着挥发性强，轻质成分较多，在冬天汽油机容易起动，但蒸气压如果太高在夏天就容易产生气阻，影响汽油在供油管道中的输送。在国家排放法规中规定了汽油的蒸气压最高和最低限值，并作为防止空气污染的一个重要措施。

三、汽油、柴油性能差异对发动机的影响

汽油和柴油燃料品质不同，引起汽油机与柴油机在混合气形成、燃烧过程和负荷调节方式方面的差异。

1. 引起在混合气形成上的差异

与柴油相比，汽油的沸点较低、蒸发性能好（从50℃开始馏出，至200℃左右蒸发完毕），因而能在较低温度下以较充裕的时间在气缸外部、进气管中形成均匀的混合气。柴油蒸发性差（200℃开始馏出，至365℃结束），不可能在气缸外部较低温度下形成油气混合气；但其黏性比较好，适宜用喷油泵和喷油器向气缸内部喷油，依靠压缩行程末期的较高温度和气流运动来形成油气混合气。柴油机采用缸内高压燃油喷射，与空气雾化混合的混合气形成方式。

2. 引起着火与燃烧上的差异

汽油自燃温度较高，但汽油蒸气在外部引火条件下的着火温度较低，因而不宜压燃，但适宜外源点火；为促使有规律的燃烧，应防止其自燃，其压缩比不能太高；由于汽油混合气比较均匀，着火后，火焰会以火焰面的形式向燃烧室壁面传播。对于柴油，则利用其化学安定性差、易自燃的优点，采用压缩自燃的方式；为促进自燃，压缩比不宜过低，柴油的喷射及与空气的混合，既短暂又不均匀，常有一边喷射一边燃烧的现象，因而使燃烧时间延长。

3. 负荷调节方式的差异

混合气形成方式的差异带来了负荷调节方式的不同。汽油机气缸内的均匀混合气能点燃的过量空气系数范围小，故只能靠改变节气门的开度，控制混合气进气量来调节负荷。这种方式称为负荷的量调节。

而柴油机在较大范围的过量空气系数条件下都可以压燃着火，所以可以靠调节循环供油量来调节负荷。由于吸入的空气量基本上是不变的，过量空气系数会随负荷大幅变化。这种靠改变喷油量，即改变过量空气系数来调节负荷的方式，称为负荷的质调节。

汽油机、柴油机由于上述工作模式的差异，使得二者在性能、设计和结构上存在着各种差别。而这些差别追根溯源又是汽油、柴油燃料本身理化特性的差别所引起的。这充分显示了燃料特性对发动机性能的重大影响。

四、醇类燃料

随着世界石油储量日益减少，在发动机上使用代用燃料的趋势正在加速。发动机的代用燃料有醇类燃料、合成汽油、氢燃料、煤浆燃料、植物油等。

醇类燃料主要是指甲醇（CH₃OH）和乙醇（C₂H₅OH），其来源广泛，有较好的燃料特性（表3-6），能满足汽车燃料的基本要求。

乙醇燃料与汽油相比，它的特点是：

表 3-6　常用液体和气体燃料的理化性质

项目	燃料名称	汽油	轻柴油	天然气(NG)	液化石油气(LPG)	甲醇	乙醇
来源		石油炼制产品	石油炼制产品	以自由状态存于油气田中，以20MPa压缩贮存为压缩天然气(CNG)，在-162℃以下隔热状态呈液态保存为液化天然气(LNG)	在石油炼制过程中产生的液化气体	由CO和H₂化学合成	植物淀粉物质发酵蒸馏
分子式		含C₅~C₁₁的HC	含C₁₅~C₂₃的HC	含C₁~C₃的HC，主要成分是CH₄	含C₃~C₄的HC，主要成分是C₃H₈	CH₃OH	C₂H₅OH
质量成分	g_C	0.855	0.87	0.75	0.818	0.375	0.522
	g_H	0.145	0.126	0.25	0.182	0.125	0.130
	g_O	—	0.004	—	—	0.50	0.348
相对分子质量		114	170	16	44	32	46
液态密度/(kg/L)		0.70~0.75	0.82~0.88	0.42	0.54	0.78	0.80
沸点/℃		25~220	160~360	-161.5	-42.1	64.4	78.3
蒸发潜热/(kJ/kg)		334	—	510	426	1100	862
理论空气量	/(kg/kg)	14.9	14.5	17.4	15.8	6.52	9.05
	/(m³/kg)	11.54	11.22	13.33	12.12	5	6.95
	/(kmol/kg)	0.515	0.50	0.595	0.541	0.223	0.310
自燃温度/℃		220~250		632	504	500	420
闪点/℃		-45	50~65	-162以下	-73.3	10~11	9~32
燃料低热值/(kJ/kg)		44000	42500	50050	46390	20260	27000
混合气热值/(kJ/m³)		3750	3750	3230	3490	3557	3660
辛烷值	RON	90~106		130	96~111	110	106
	MON	81~89		120~130	89~96	92	89
蒸气压/kPa		49~83		不能测定	1274	30.4	15.3

1）乙醇燃料的热值低，但含氧量大，所需的理论空气量比汽油少，所以两者的混合气热值接近，从而保证发动机动力性能不致降低。由于热值低，乙醇汽油的燃油消耗率比普通汽油高，不过热效率并不比普通汽油低，而且其混合气比汽油混合气还稀。

2）乙醇的汽化潜热是汽油的2.9倍，混合燃料蒸发汽化，可以促使进气温度进一

65

步降低，增加了充气量，提高了功率。

3）乙醇具有高的抗爆性能，加乙醇的混合汽油可提高燃料的辛烷值，这对提高汽油机的压缩比极为有利。

4）乙醇的沸点低，产生气阻的倾向比汽油大，要采取相应的措施。

5）在常温下乙醇难溶于汽油，混合不匀的燃料使发动机运转不稳定。为此，需要加入适量的助溶剂，以利于乙醇与汽油的相互溶解。

当今比较成熟而且已经实用的代用燃料，还是乙醇与汽油的掺和，称为乙醇汽油，在一些国家已有广泛应用。

甲醇是一种轻质、无色、略有臭味、低污染的燃料，与汽、柴油相比，甲醇的着火温度高、辛烷值较高，抗爆性较好，且十六烷值低，适用于点燃式发动机。甲醇燃烧时不易看到火焰，具有较宽的着火界限，闪点较高。甲醇与水能无限互溶，但甲醇对视神经有损伤作用，其混合燃料有一定的毒性；甲醇对金属有一定的腐蚀作用，应采取防蚀措施，在储运及使用中应注意安全。从能源多元化和能源安全的角度出发，发展甲醇有重大的战略意义，实际中常采用甲醇与汽油掺和，比使用汽油-天然气更为方便。

五、天然气和液化石油气

天然气是以自由状态或与石油共生于自然界中的可燃气体，它的主要成分是甲烷。液化石油气是在石油炼制过程中产生的石油气，主要成分是丙烷、丙烯等。天然气（NG）和液化石油气（LPG）都属于气体燃料，是目前应用较为广泛的代用燃料。

1. 天然气

近年来天然气燃料发展最快，已成为第三大支柱性能源。它用于汽车一般有两种形式：一种是压缩天然气（CNG），通常以 20MPa 压力将其压缩储存于高压气瓶中；另一种是液化天然气（LNG），将天然气以 -162℃ 低温液化储存于隔热的液化气罐中。与压缩天然气相比，液化天然气具有能量密度高、储运性好（它的液态密度仅为常态下气体密度的 1/600）、行驶距离长等优点，但需要有极低温技术，存在储运困难、成本高等问题。当今汽车中广泛应用的是压缩天然气。

天然气的理化性质见表 3-6。由表可见，天然气燃料具有如下优点：

1）天然气的主要成分是甲烷，CO 排放量少，未燃 HC 成分引起的光化学反应低，燃料中几乎不含硫的成分。

2）辛烷值高达 130，可采用高压缩比，获得高的热效率。

3）燃烧下限宽，稀燃特性优越；在较宽的转速范围内，可降低 NO_x 的生成，提高热效率。

4）由于是气体燃料，低温起动性及低温运转性能良好；在暖机过程中，不需要像使用液体燃料那样额外供油，不完全燃烧成分少。

5）天然气燃料使用方式灵活，可采用油气双燃料供应方式，也可采用电控混合气或电控天然气喷射方式工作；既适用于轻型汽油车，也适用于柴油车。

6）将天然气应用于柴油车，固体微粒的排放几乎为 0，从而满足更高排放标准的要求。

但天然气燃料具有如下缺点：

1）因为在常温、常压下是气体，储运性能比液体燃料差。一次充气行驶距离短，长途汽车应用有一定困难，但用于城市内车辆是可行的。

2）由于储气压力一般达 20MPa，使燃料容器比较重。

3）由于呈气体状态吸入，使发动机体积效率降低，与液体燃料相比（如汽油），单位体积的混合气热值减小，功率下降近 10%。

总之，天然气燃料作为车辆上使用的一种代用燃料，由于它的有害排放低、成本低以及效率高，在车用发动机上得到越来越广泛的应用。

2. 液化石油气

液化石油气（LPG），其主要成分是丙烷（C_3H_8）、丁烷（C_4H_{10}）、丙烯（C_3H_6）、丁烯（C_4H_8）等化合物的异构体。它在常温、常压下是一种无毒、无色、无味的气体，其来源有两种途径：①在原油炼制过程中分离、生产出来的副产品；②从天然气的气体精制过程中分离、生产出来。我国生产的 LPG，其主要含量为丙烷和丁烷；车用 LPG 中，丙烷的含量（体积分数）占 95% 以上。其物理特性和燃烧特性见表 3-6。

与汽油相比，LPG 的特点可以概括如下：

1）LPG 的临界温度较高，在常温下为气态。以气态进入发动机，燃料与空气同相，混合均匀，燃烧较完全，可以显著降低 CO 和 HC 的排放量，同时使微粒排放物得到彻底改善。另外，LPG 的火焰温度明显偏低，可使 NO_x 的排放明显减少。因此，汽车采用液化石油气作燃料，可以极大地降低汽车对大气的污染。

2）LPG 的着火温度比汽油高，火焰传播速度比汽油低，所以燃用 LPG 时，应保证供应足够的点火能量，并适当加大点火提前角，以求可靠点火，提高发动机的动力性和经济性。

3）LPG 的着火极限范围比汽油宽，空燃比容易调整，能保持稳定良好的燃烧，从而保证发动机运转性能比较稳定。

4）LPG 的辛烷值较高，有较好的抗爆性，不需要添加剂或加铅抗爆剂，可适当提高发动机的压缩比，从而提高发动机的动力性、热效率和燃料经济性。

5）LPG 的燃点比汽油高，着火界限比汽油宽，不易产生火灾，比汽油安全。

六、氢气

氢气是一种无色无味的气体，其分子式为 H_2，在常温、常压下为气态，沸点为 -253℃。氢气作为发动机的燃料主要有以下特点：

1）氢气是唯一不含碳的燃料，燃烧后生成 H_2O，不产生 CO、HC 及硫化物。由于没有 CO_2 的生成，可以减少全球温室气体的排放。在氢与空气的混合气体中，氧原子浓度大且氢燃烧时循环温度较高，燃烧产物中虽无 CO 和 HC，但 NO 的浓度较高。

2）氢气的质量燃料热值高，为 120MJ/kg，是汽油的 2.7 倍，但理论空燃比为汽油的 2.5 倍；折算到理论体积混合气体发热量要小于汽油，为 $3200kJ/m^3$（汽油为 $3700kJ/m^3$），所要求的燃烧系统与汽油机有较大差别。

3）氢气极易点燃，所需的最小点火能量只有汽油的 1/3，火焰传播特性很好，易实现稀薄燃烧；但自着火温度（大气压下）为 850K，高于柴油（625K）和汽油（770K）。

4）氢气的沸点为-253℃，常温、常压下为气体，携带性和安全性差。氢气在大气中的扩散系数为汽油的8倍（0.63cm²/s），能很快形成可燃混合气体，由火花塞点燃后，其燃烧速度和燃烧温度都很高。

基于氢气燃料的上述特点，在发动机上使用氢气作燃料时具有明显的优点。由于氢气所需点火能量小，易实现稀薄燃烧，故可在更宽广的工况内得到较好的燃油经济性。燃烧的主要产物是H_2O和NO_x，不产生CO和HC及硫化物，只需采取降低NO_x排放的措施，是很好的洁净能源。但氢气燃料的缺点是沸点很低（-253℃），储运性能差，制取也比较困难。理论上可以从水、煤、天然气等原料中制氢，但到目前为止，制取氢的成本及消耗的能量还很高，不能大量满足作为内燃机的燃料需求。因此只有解决氢的贮存及生产成本问题，才能使氢燃料走向实用。

七、生物类燃料

生物类燃料主要是指由植物中获取的植物油。常见的植物油有：菜籽油、棉籽油、大豆油、花生油、棕榈油、向日葵油、米糠油、桐油、茶油等，主要化学成分是甘油三酸酯及少量游离脂肪和非油脂物质。植物油的性质主要取决于所含脂肪酸的种类、性质和数量，一般具有黏度高、挥发性低、十六烷值低、不饱和酸含量高的特点。因为含氧，植物油的化学当量比石油燃料低。植物油在汽车中使用时存在以下缺陷：

1）流动性差、闪点较低、着火性能不好，容易形成爆燃。
2）植物油低温起动性能差，雾化效果不好，容易堵塞喷油口、过滤器。
3）植物油中的不饱和脂肪酸在高温燃烧时容易聚合从而使润滑油变厚、凝结。
4）长期使用会使活塞、发动机头部积炭。
5）植物油长期储存时易氧化。

为了提高植物油的燃烧特性，科研人员对植物油进行酯化或酯交换反应，得到脂肪酸单酯，即生物柴油。该产物燃烧性能接近轻柴油，闪点高；以植物油作为原料，具有可再生性能；燃烧后排放性能大大优于轻柴油，对大气、土壤和水源不会造成任何毒害和污染。

生物柴油的主要成分是脂肪酸甲酯或脂肪酸乙酯，具有以下燃烧排放特性：

1）方法简单，不仅可以单独使用，也可与石油柴油以任何比例掺混使用。生物柴油不仅可作为燃料，也可作为润滑剂或柴油添加剂来使用。
2）可生物降解，3周内可降解98%，而石油柴油只能降解70%，所以一旦泄漏会对环境造成极大的危害。
3）相对分子质量、黏度、密度与轻柴油基本接近，十六烷值含量接近甚至超过轻柴油，着火性能比植物油大为改善，可与轻柴油相媲美。
4）残炭和灰分已降至很低，分别在10^{-5}和10^{-6}级。
5）与石油柴油相比，生物柴油燃烧后可减少78%的CO_2排放，可减少90%的颗粒排放物、碳氢化合物；含有11%的氧，燃烧更充分，噪声更小，排放的气体无异味；基本不含硫，可减少99%的硫化物、70%的铅等有毒物质的排放，从而可以大大改善环境质量。

6）热值比石油柴油低约7%；NO_x排放物会微量增加；低温起动性能略低于石油柴油，只能使用到-8℃。

八、二甲醚（DME）

二甲醚是一种可再生燃料，不仅可以从石油及天然气中提取合成，而且可从煤、植物、生活垃圾中提取合成。二甲醚是最简单的醚类化合物，分子式为CH_3—O—CH_3，只有C—H和C—O键，没有C—C键，又是含氧燃料（氧的质量分数为34.8%），容易燃烧完全，排放性能好，在燃烧时几乎不会产生炭烟，微粒排放物几乎为零。其具有如下特点：

1）二甲醚无毒，常温、常压下是无色气体，比空气重，加压至0.5MPa时，由气体变为无色透明的液体。其蒸气压力特性与LPG相近，可采用与LPG相同的方式运输和储存。使用二甲醚时，还可使用更大的排气再循环（EGR），降低NO_x的排放。

2）二甲醚的十六烷值为55~60，一般柴油只有40~55，比柴油高，远高于其他代用燃料。二甲醚的着火温度为235℃，低于柴油的250℃，着火性能优于柴油。在柴油机上燃用二甲醚不需采用助燃措施。

3）二甲醚不发生光化学反应，对人体无毒，当体积份额超过10%时，才会产生轻微的麻醉作用，因此对环境和人体无害。

4）二甲醚的低热值只有柴油的64.7%，质量密度也小于柴油，为达到柴油机的动力性，必须增大二甲醚的循环供应量，相同能量时所喷射的体积是柴油的1.8倍。

5）二甲醚在常温、常压下的饱和蒸气压力为0.5MPa。随温度的升高，其饱和蒸气压增大，为防止气阻现象发生，燃料供给系统的压力远高于柴油机燃料供给系统的压力。

6）二甲醚的沸点是-25℃，在常温下呈气态，润滑性差；且二甲醚的黏度很低（其动力黏度系数仅为柴油的1/10），需要解决诸如油箱密封，供油系统成本高，为防止油泵柱塞和喷油器针阀等精密偶件磨损、卡死等问题，应改善运动件的材料或加入添加剂，此外，还有燃料的泄漏量很大等问题。

根据试验，发动机燃用二甲醚时，在中、低负荷下的效率高于柴油机，而在高负荷时则稍低于柴油机。

二甲醚的排放特性与燃烧特性有关，其放热规律与柴油机燃烧时有明显区别。二甲醚的着火延迟期明显短于柴油，初始燃烧速率及放热峰值低于柴油。扩散燃烧部分大于预混合燃烧部分，整个燃烧持续期和柴油相当。二甲醚燃烧时缸内温度比柴油低，NO_x排放明显降低，约为柴油的一半。二甲醚含氧，快速的扩散燃烧抑制了炭烟的生成。在任何工况下，二甲醚发动机都可实现无烟排放。二甲醚发动机无CH_4排放，其CO和HC的排放量比柴油机低，这与二甲醚含氧、低沸点、易蒸发混合等特性相关。另外，CO_2排放也比柴油机低。

第三节　燃烧热化学

不管燃烧过程多么复杂，在燃烧分析中总需要提供有关燃料、空气及其产物的一些基本数量关系。对于已知的燃料，各元素的含量是可以测得的，而空气中氧和氮的比例又是一定的，按照完全燃烧的化学当量关系，很容易求出一些基本量，为发动机经验设计及调试提供依据。

一、1kg 燃料完全燃烧所需的理论空气量

燃油中的主要成分是碳（C）、氢（H）、氧（O），其他成分数量很少，计算时可略去不计。

若以质量成分表示 1kg 燃料中各元素的含量，则有

$$g_C + g_H + g_O = 1\text{kg}$$

式中　g_C、g_H、g_O——1kg 燃料的 C、H、O 的质量成分。

另外，空气中的主要元素是氧（O）和氮（N）。按体积计（即按物质的量计），O_2 约占 21%，N_2 约占 79%；按质量计，O_2 约占 23%，N_2 约占 77%。

燃油中的 C、H 完全燃烧，其化学反应方程式分别如下：

$$C + O_2 = CO_2$$

$$H_2 + \frac{1}{2}O_2 = H_2O$$

按照化学反应的当量关系，可求出 1kg 燃料完全燃烧所需的理论空气量为

$$L_0 = \frac{1}{0.21}\left(\frac{g_C}{12} + \frac{g_H}{4} - \frac{g_O}{32}\right) \quad (\text{kmol/kg 燃料}) \tag{3-1}$$

或

$$L_0' = \frac{1}{0.23}\left(\frac{8}{3}g_C + 8g_H - g_O\right) \quad (\text{kg/kg 燃料}) \tag{3-2}$$

几种主要燃料的质量成分及理论空气量见表 3-6。

二、过量空气系数 ϕ_a

在发动机中，实际提供的空气量往往并不等于理论空气量。燃烧 1kg 燃料实际提供的空气量 L 与理论上所需空气量 L_0 之比，称为**过量空气系数 ϕ_a**，即

$$\phi_a = \frac{L}{L_0} \tag{3-3}$$

过量空气系数 ϕ_a 与发动机类型、混合气形成的方法、燃料的种类、工况（负荷与转速）、功率调节的方法等因素有关。

汽油机燃烧时用的是预先混合好的均匀混合气，混合比只在狭小的范围内变化（$\phi_a = 0.8 \sim 1.2$）。当负荷变化时，ϕ_a 略有变化，如图 3-4 所示。

柴油机负荷是质调节（即混合气浓度调节），过量空气系数 ϕ_a 的变化范围很大。由于混合气形成不均匀，所以 ϕ_a 总是大于 1 的。一般车用高速柴油机，$\phi_a = 1.2 \sim 1.6$；增压柴油机 $\phi_a = 1.8 \sim 2.2$。

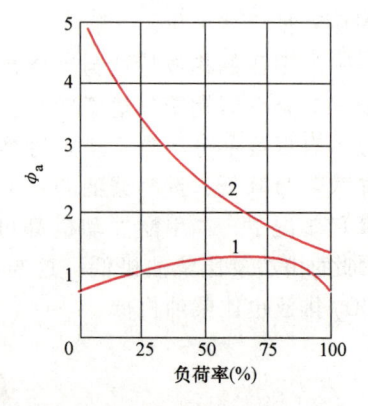

图 3-4　ϕ_a 随负荷的变化关系

1—汽油机　2—柴油机

与过量空气系数 ϕ_a 的概念相似，也有将燃烧时空气量与燃料的比例直接用空燃比 A/F 表示的，即

$$\frac{A}{F} = \frac{空气量}{燃料量} = \frac{燃料量 \times \phi_a L_0'}{燃料量} = \phi_a L_0' \qquad (3-4)$$

对于汽油，化学当量（$\phi_a = 1$）的空燃比 $A/F = 14.7 \sim 14.9$（kg/kg）；对于柴油，化学当量（$\phi_a = 1$）的空燃比 $A/F = 14.3$（kg/kg）。

三、$\phi_a > 1$ 时完全燃烧产物的数量

1. 燃烧前混合气的数量

对于汽油机，燃烧前新鲜混合气由空气和燃料蒸气组成，若燃料相对分子质量为 M_{rT}，则 1kg 燃料形成的混合气量（kmol/kg 燃料）为

$$M_1 = \phi_a L_0 + \frac{1}{M_{rT}} \qquad (3-5)$$

对于柴油机是在压缩终点向气缸内喷入液体状态的燃料，体积不及空气体积的 1/10000，可忽略不计，认为燃烧前的工质是纯空气 M（kmol/kg 燃料），则

$$M = \phi_a L_0 \qquad (3-6)$$

2. 燃烧产物的数量

在 $\phi_a > 1$ 的情况下，完全燃烧的产物是由 CO_2、H_2O、剩余的 O_2 及未参与反应的 N_2 组成，根据前面的化学反应方程式，可以很方便地求出 M_2（kmol/kg 燃料），即

$$M_2 = \phi_a L_0 + \frac{g_H}{4} + \frac{g_O}{32} \qquad (3-7)$$

四、燃料热值与混合气热值

1. 燃料热值

1kg 燃料完全燃烧所放出的热量，称为**燃料热值**。在高温的燃烧产物中，水以蒸气状态存在，水的汽化潜热不能利用。待温度降低以后，水的汽化潜热才能释放出来。因此，水凝结以后计入水的汽化潜热的热值，称为高热值；而在高温下的，则为低热值。内燃机排气温度较高，水的汽化潜热不能利用，因此应用低热值。

2. 混合气热值

当气缸工作容积和进气条件一定时，每循环加给工质的热量取决于单位体积可燃混合气的热值，而不是决定于燃料的热值。可燃混合气的热值以 kJ/kmol 或 kJ/m³（标准）计。1kg 燃料形成可燃混合气的数量为 M_1，它所产生的热量是燃料的低热值 h_μ。因此，单位数量可燃混合气的热值（kJ/kmol）为

$$Q_{mix} = \frac{h_\mu}{M_1} = \frac{h_\mu}{\phi_a L_0 + \dfrac{1}{M_{rT}}}$$

M_1 随过量空气系数 ϕ_a 而变，当 $\phi_a = 1$ 时，燃料与空气所形成的可燃混合气热值称为理论混合气热值。各主要燃料的低热值及理论混合气热值见表 3-6。

第四节　燃烧的基本知识

正如前述，汽油与柴油都属于多种碳氢化合物（烃）的混合物。由于它们的相对分子质量与分子结构不一样，在物理化学性质上有差异，足以在发动机的混合气形成、着火与燃烧等方面引起许多质的不同。因此，在了解汽油机、柴油机燃烧组织的经验规律之前，先从燃烧的基本知识出发，了解它们之间存在的差异，有利于加深对汽油机、柴油机燃烧过程的理解。

一、着火过程

燃烧是一种放热的氧化反应。可燃混合气（燃料与空气的混合物）在发生明显的光和火焰效应的燃烧之前，都有一个准备阶段，即着火阶段。所谓**着火**，是指混合气自动地反应加速，并产生温升，引起空间某一位置或最终在某个时刻有火焰出现的过程。使可燃混合气着火的方法有两种：自燃与点燃，前者是自发的，后者是强制的。

1. 烃的氧化反应

烃的氧化反应，可以写成：

$$C_nH_m + \left(n + \frac{m}{4}\right)O_2 = nCO_2 + \frac{m}{2}H_2O$$

但这种反应式只是描述了过程的始末，而没有涉及它所经历的过程。实际的反应虽然很快，但仍需经历一系列极其复杂的中间反应过程。通过试验研究和理论分析表明，可以用链锁反应的机理来解释这些中间反应过程。

概括地说，烃的这种氧化反应需要经历链引发、链传播及链中断等过程。

链引发是反应物分子受到某种因素激发（如受热裂解、受光辐射作用等），分解成为自由原子或自由基，这种自由原子或自由基（如 H、O、OH 等）具有很强的反应能力，成为反应中的活性中心，使新的化学反应得以进行。

链传播是指已生成的自由原子或自由基与反应物作用，一方面将反应推进一步，另一方面同时生成新的自由原子或自由基的过程。如果在每一步反应中，都是由一个活性中心与反应物作用产生一个新的活性中心，整个反应则是以恒定速度进行，这样的反应称为直链反应。如果由一个活性中心引起的反应，同时生成两个以上的活性中心，这时，链就发生了分支，反应速度将急剧地增长，可达到极快的程度（链锁爆燃），这种反应称为支链反应。例如，一个自由 H 原子在一个分支的链锁环节中生成了两个 H_2O 分子和三个 H 原子，即

$$H + O_2 \longrightarrow OH + O$$
$$2OH + 2H_2 \longrightarrow 2H_2O + 2H$$
$$+ \quad O + H_2 \longrightarrow OH + H$$
$$\overline{H + 3H_2 + O_2 \longrightarrow 2H_2O + 3H}$$

快速燃烧或爆燃可看作是支链反应的结果。不过，不少烃的氧化反应是先通过直链反应，生成一个新的活性中心和某种过氧化物或高级醛的中间产物，然后再由过氧化物或高级醛引起新的支链反应。它的总反应速度比支链反应慢，但仍具有自动加速的特点，这种反应通常称为退化的支链反应。像柴油机的着火过程，就是一种退化的支链反应。

在链锁反应中，可能由于具有很大反应能力的自由原子或自由基与容器壁面或惰性气体分子碰撞，使反应能力减小，不再引致反应，这就是链中断。每一次链的中断都会引起总体反应速度减慢，以及减少反应继续发展的可能性，在某些不利的场合下还可能使反应完全停止。

实际上，对于这一系列时间极其短暂且反应十分复杂的中间过程，目前并没有完全弄清楚。但是从观测烃的反应过程，可以看出如下特点：

1）在反应开始，有一段形成与积累活性中心的过程，这一段时间称为诱导期（图 3-5 中的 τ_i）。当活性中心积累到一定程度，反应速度便急剧增加。这个诱导期不仅是反应物的物性参数，还与反应开始的反应物浓度、温度、容器的形状与材料等有关。

2）即使反应物是处在低温下，只要有某种原因能激发出活性中心，便能引起链锁反应。也就是说，引起爆燃的原因并不一定是高温。

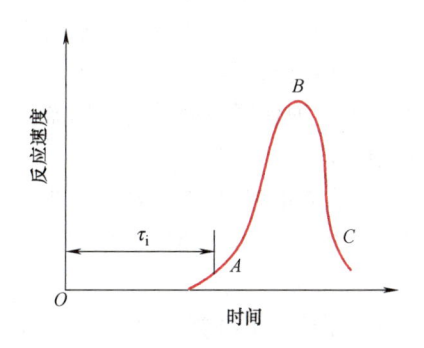

图 3-5 烃的反应速度与时间的关系

3）反应速度是自动增加的。在迅速反应的前阶段（AB），反应速度随温度而急剧增高；随着反应物浓度的减少，BC 段反应速度便迅速下降。

4）在反应气体中加入惰性气体，将促使反应速度降低。在加入某种添加剂以后，也可能使反应加速。

2. 自燃

自燃是指具有适当温度、压力的可燃混合气，在没有外部能量引入的情况下，依靠混合气自身的反应自动加速，并自发地引起火焰的过程。

早期，有人曾单纯从热力的观点来解释燃料的自燃，称为热着火理论。该理论认为，自燃的原因在于热量的积累，从简单化学反应中两个活性分子相互碰撞的机理出发，推导出反应放出热量的速度与温度成指数关系，而系统向环境散热的速度与温度是一个线性关系。

在着火过程中，只有当放热速率 $\dfrac{dq_1}{dt} \geqslant$ 散热速率 $\dfrac{dq_2}{dt}$ 时，有了热量积累，才可能着火。如图 3-6 所示，存在下列三种可能性：

1）当 $\dfrac{dq_1}{dt} > \dfrac{dq_2}{dt}$ 时，必然着火，如图 3-6 中散热速率线 A 明显低于 $\dfrac{dq_1}{dt}$。

2) 当 $\dfrac{dq_1}{dt}$ 与 $\dfrac{dq_2}{dt}$ 相切时，存在临界着火条件，T_c 称为着火的临界温度，简称着火温度，如图 3-6 中散热速率线 B 所示。

3) 当 $\dfrac{dq_1}{dt} < \dfrac{dq_2}{dt}$ 时，不可能着火，如图 3-6 中散热速率线 C 所示。

因此，着火的临界条件应为反应放热曲线与散热曲线相切。反之，如果达不到这一条件，便不能着火。

用热着火理论来分析着火条件，可知：

1) 着火温度 T_c 不仅与可燃混合气的物理化学性质有关，而且与环境温度、压力、容器形状及散热情况等有关。即使同一种燃料，因条件不同，着火温度也可能不同。

2) 临界的温度与压力明显地影响了着火区域。如图 3-7 所示，在低压时，要求有很高的着火温度，反之也是一样。

3) 存在一个可燃混合气着火的浓度上限（富油极限）与下限（贫油极限）。如图 3-8 所示，随着温度、压力升高，着火的浓度界限有所加宽；但温度、压力上升得再高，着火界限的加宽也是很有限的。另一方面，当温度、压力过低（低于临界值），则无论在什么浓度下均不能着火。

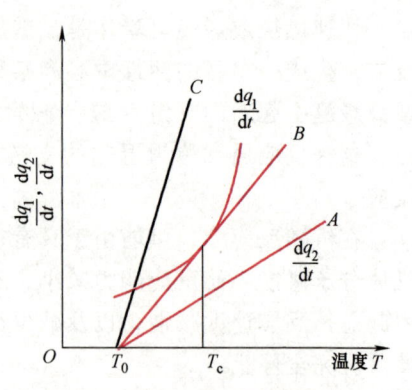

图 3-6 热着火理论的着火条件

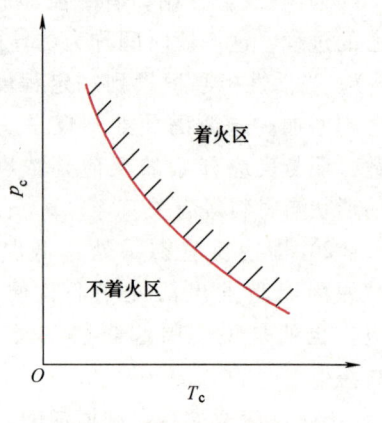

图 3-7 临界压力和温度对自燃界限的影响

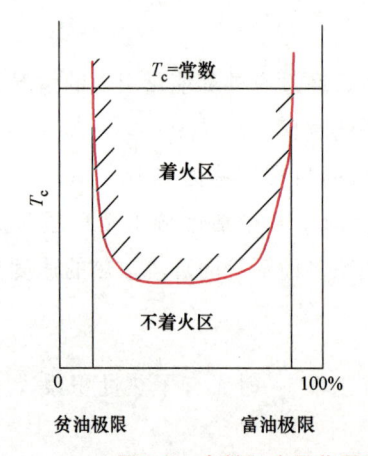

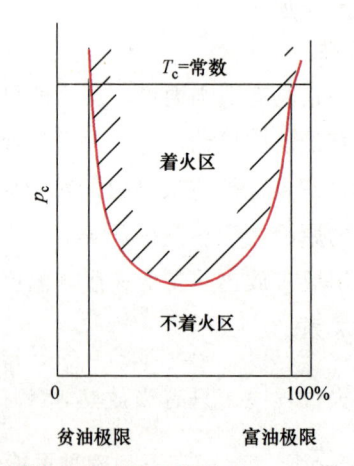

图 3-8 自燃温度及临界压力与可燃混合气着火界限的关系

但是，试验表明烃燃料的着火区域并不完全像图 3-7 那样变化，特别在低温、低压区，表现出与高温完全不同的着火规律性。这种在低温下特殊的着火规律，实际上就是退化支链反应引起的一种现象，通常称为 **着火半岛**（图3-9）。通过光谱分析发现，烃燃料低温下着火需经历冷焰—蓝焰—热焰三个阶段（图3-10）。

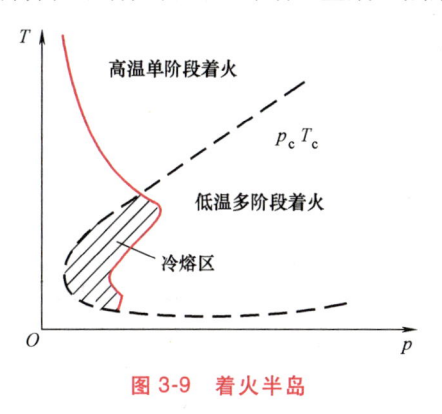

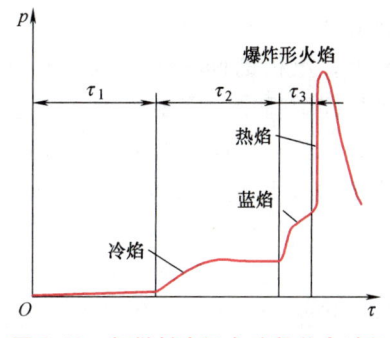

图3-9 着火半岛

图3-10 烃燃料低温多阶段着火过程

烃燃料在较低温度下，首先是自行缓慢氧化，形成过氧化物及乙醛（称为冷焰诱导期 τ_1）。当过氧化物积累到临界浓度时，便以爆燃的形式分解出冷焰（冷焰期 τ_2），冷焰是过氧化物以一定速度分解的结果，冷焰的产物主要成分是甲醛，并释放出少量热量；当甲醛到达临界浓度时，通过甲醛的支链反应便产生蓝焰（蓝焰期 τ_3），随后将原来的碳氢化合物完全氧化。蓝焰的辉光比冷焰强，其压力及温度也比冷焰高，蓝焰持续的时间短，在蓝焰过程中生成的CO与氧结合，最终生成爆炸性的热火焰，并释放出大量热量。

在较高的温度条件下，参与烃燃料反应的退化支链物质主要是甲醛。这一阶段的反应不经过冷焰过程，而是直接进入蓝焰—热焰的反应过程。由于这时蓝、热焰过程很难区分成两个阶段，所以统称为高温单阶段着火（图3-11）。

应该指出，柴油机的自燃具有低温多阶段着火的特点。而且，汽油机中有一种不应有的自燃着火形式（称为爆燃），也是低温多阶段着火的结果。

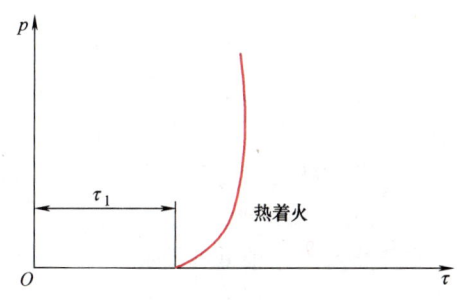

图3-11 烃燃料的高温单阶段着火

3. 点燃

点燃是指利用电火花在可燃混合气中产生火焰核心并因而引起火焰传播的过程。实际上，在火花点火之前，由于可燃混合气受到压缩使温度升高，这时已有可以察觉得出的缓慢氧化的先期反应现象。在火花点火以后，靠火花提供的能量，不仅使局部混合气温度进一步升高，而且引起了火花附近的混合气电离，形成活性中心，促使化学反应明显加速。随着化学反应范围的扩大以及反应程度加深，出现了明显发热、发光的小区域，这就是火焰核。为了使火花所产生的火焰成长起来，并使火焰确实开始传播，必须对靠着火焰核的未燃部分供给充分的能量，这种能量来源，包括火花点火的能量以及反应开始后由化学反应本身所释放出的能量。

为了使点燃成功，必须使火花塞提供的放电能量大于某一个点火的最小能量，而这个点火最小能量受很多因素影响，如燃料的种类与浓度、空气中氧的浓度、压力及温度、点火处气流的运动状况、电火花的性质、电极的几何形状和距离等。

例如，电极的间隙与点火能量就有很大关系。如果电极间隙适中，需要的点火能量最小。如果间隙过小，无论点火能量有多大也不能着火，这个不能着火的最小距离，称为熄火距离（图 3-12 中的 d_{min}）。

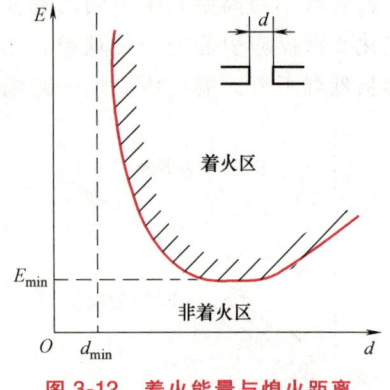

图 3-12 着火能量与熄火距离

另外，点火还受到混合气浓度的限制，当混合气过稀或过浓，无论点火能量有多大也不能着火，即有一个点燃的浓度界限。在某一适宜的浓度，需要的点火能量最小。

火焰核的形成是局部混合气吸收电火花能量后，经化学反应过程的累积所致，所以这部分混合气的组成和吸收火花能量情况的不同，以及气流扰动对火焰核的干扰，使火焰核形成所用的时间不同。造成在实际汽油机的同一气缸中，连续几个循环的情况不可能完全一致，因而产生了燃烧的循环变动。这种燃烧不稳定的情况，在汽油机低负荷及在稀薄混合气中尤为突出。

二、在预混气体中的火焰传播

预混气体是指在着火前将燃料蒸气和空气以一定比例预先混合好的气体。在局部形成火焰核心之后，其余部分的燃烧过程实质上就是火焰在预混气体中传播的过程。火焰传播速度的大小取决于预混合气体的物理化学性质、热力状态以及气体的流动状况。根据气体流动的状况，可分为层流火焰传播与湍流火焰传播。

1. 层流火焰传播

在静止或流速很低的预混气体中，用电火花点燃混合气而局部着火以后，火焰就会向四周传播开来，形成一个球状的火焰面（或称为火焰前锋）。在火焰面的前面是未燃的预混气体，后面是温度很高的已燃气体，在这薄薄的一层火焰面上进行着强烈的燃烧化学反应。这种层流火焰面的厚度只有十分之几甚至百分之几毫米。把这种火焰前锋放大，如图 3-13 所示。

火焰面厚度的很大一部分是化学反应速度很低的混合气预热区（以 δ_p 表示），而化学反应主要集中在厚度很窄的化学反应区（以 δ_c 表示）。经过化学反应区以后，预混气体的 95%~98% 发生了化学变化。

由于火焰面很窄，但其温度与浓度的变化却很大，因而在火焰面内出现了极大的温度梯度与浓度梯度，引起火焰中强烈的传热与传质。这又引起了邻近混合气的化学反应，造成火焰在空间的移动。

层流火焰传播速度 v_L 很低，以汽油与空气的预混气体为例，$v_L = 0.4~0.5 \text{m/s}$。因为层流火焰传播速度主要取决于预混气体的理化性质，所以混合气成分对 v_L 影响很大。

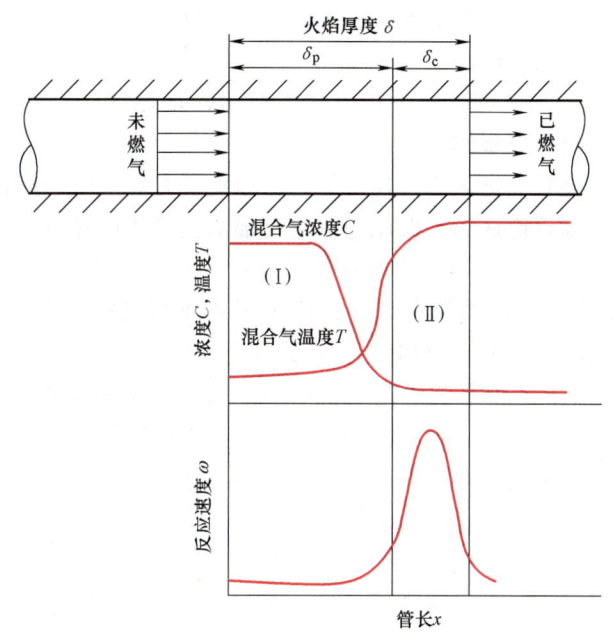

图 3-13　火焰结构及其温度、浓度的分布

试验表明（图 3-14），在过量空气系数 $\phi_a = 0.8 \sim 0.9$ 时，反应温度最高，v_L 最大；如果 $\phi_a = 1$，v_L 下降 10%；$\phi_a = 1.1$，v_L 下降 15%；当混合气成分过稀或过浓时，反应温度均过低，不能维持火焰传播。

试验还表明，火焰在管道中或在缝隙中传播时，当管径或缝隙尺寸减少至某一临界尺寸，则火焰不能继续传播，该尺寸称为淬熄直径（或淬熄距离）。在火焰传播到靠近低温壁面的混合气时，该层预混气体也不能燃烧，这是燃烧室中生成未燃 HC 的重要原因之一。

2. 湍流火焰传播

层流火焰传播速度很低，在实际汽油机中，由于气流的湍流运动大大增加了火焰的传播速度，此时湍流火焰的传播速度 $v_T = 20 \sim 70 \text{m/s}$。

在具有黏性的气流运动中，当流速增加至一定的数值后，由于壁面边界上的阻碍作用，或者由于外部扰动，在气流内部将形成许多涡旋。这些涡旋尺寸有大有小，往往大涡旋中包含着小涡旋，小涡旋中又包含着更小的涡旋，各种不同尺寸的涡旋组成了连续的涡旋谱。气流中不同尺寸的涡旋呈不断形成、发展、分解与消失的不稳定的过程，这就是湍流。湍流在空间上与时间上做紊乱无秩序的变化，一方面具有随机的性质，另一方面仍具有准确的统计平均值，完全符合力学的规律。评定湍流运动常用以下两项参数。

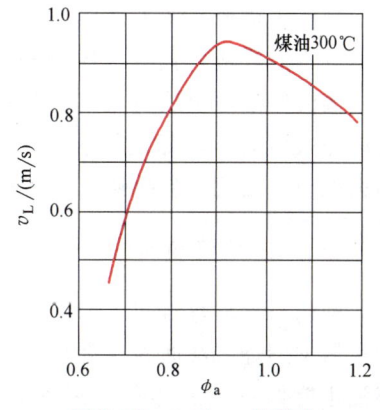

图 3-14　ϕ_a 对 v_L 的影响

（1）**湍流尺度**　可将其看成是涡旋翻滚一个周期所作用的范围。它可分为宏观湍

流与微观湍流。一般,宏观湍流决定着湍流主要的力学性质,而微观湍流则在黏性的影响下将湍流能量转化为热而使湍流消失。

(2) 湍流强度　它用脉动速度的均方根来表示,是与湍流的能量有关的值,它对湍流火焰的传播速度有强烈影响。

关于湍流强化燃烧和促进火焰传播的原因,目前还有着不同的解释。比较常见的理论是表面皱折理论,该理论认为,湍流对火焰传播的促进作用是由下述三方面的原因所引起的:

1) 宏观湍流的作用,使层流火焰前锋产生了弯曲与皱折,增大了燃烧的表面积,但没有改变层流火焰前锋的基本结构(v_L不变)。

2) 微观湍流虽然不会使火焰前锋产生明显的皱折,但有加强传热与传质的作用。因为湍流的导热系数比层流导热系数大100倍,而湍流火焰的传播速度与导热系数的平方根成正比,所以随着通过预热区与反应区的热量及活性分子输运能力的增强,加快了火焰传播。

3) 提高湍流的强度,将使火焰前锋的表面皱折破裂,从而使已燃气体与未燃混合物迅速混合,缩短了反应时间,提高了燃烧放热的速率。这时的燃烧速率与湍流强度成正比,而与混合气的空燃比无关。

总之,由于湍流的尺度与湍流强弱的程度不同,对火焰前锋产生皱折的影响程度也不一样,因此,最终对湍流火焰的传播速度产生了强烈的影响(图3-15)。

尽管目前对湍流火焰传播的机理还不完善,但从试验研究及理论分析的结果表明:

湍流火焰传播速度与层流火焰传播速度不同,它不能看成是预混气体的理化性质;事实上,湍流的强弱及层流火焰的传播速度这两项对湍流火焰的影响都是基本的,只是在强湍流的火焰中,湍流才会起到更主要的作用。

三、油滴与喷雾燃烧

油滴与喷雾燃烧是一种非预混的、不均匀的扩散型燃烧。柴油的蒸发性比汽油差,因此,柴油不能像汽油那样预先制备好均匀混合气,只能采用喷射与雾化的方法,将燃料粉碎成许

图3-15　雷诺数 Re 对火焰传播速度的影响

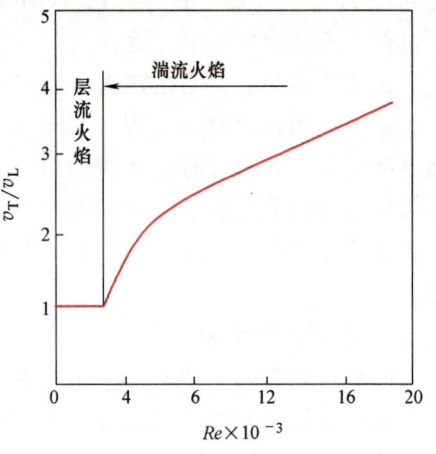

多细小的油滴(这些雾状油滴的集合体通常称为喷雾),以扩大燃料蒸发的表面积,并在多个油滴的周围形成若干局部的反应区。因此,燃料成分在空间的分布是很不均匀的。

在理想的扩散火焰中,燃料和空气中的氧是由一无限薄的反应区隔开的。由于存在成分上的浓度梯度,由燃料与氧分别向反应区扩散,引起化学反应。浓度梯度的扩散受到流动、混合和热交换等条件的影响。在这里,化学反应的速度要比流动、扩散、混合的速度快得多,燃烧过程的进展主要受到扩散、流动、混合与热交换的制约,这是扩散

型燃烧不同于以火焰传播为特征的预混燃烧的主要区别。应该注意到,气液两相的扩散燃烧,并不是液体燃料的直接燃烧。一般来说,液体燃料的蒸发温度通常比其着火温度低得多。因此,液体燃料在着火前实际上已先蒸发了,在油滴表面上形成了一层燃油蒸气,而汽化了的燃料又同周围的空气进行扩散与混合,形成预混合气。因此,液体燃料的燃烧,实质上是燃油蒸气和空气的燃烧,是一种气相性质的燃烧过程,所以燃料的蒸发过程对液体燃烧起着决定性作用。

在研究喷雾燃烧时,虽然喷雾燃烧并不是单个油滴燃烧的简单叠加,但是了解单油滴燃烧却是研究喷雾燃烧的重要基础。

1. 关于油滴的蒸发与燃烧

首先分析一下在静止环境中油滴蒸发与燃烧的过程(图3-16)。

飘浮在燃烧室高温气体中的一颗油滴,由于受到高温介质的影响,油滴表面被蒸发汽化,并与空气中的氧形成可燃混合气,继而在高温中着火。于是在油滴周围出现一层球形的燃烧区,即火焰面。火焰面把燃油蒸气与氧完全分隔开,在火焰面内侧只有燃油蒸气,没有氧气,燃油蒸气自油滴表面向外扩散。在火焰面外侧只有氧气,并不断地从周围向火焰面扩散,在火焰面上混合气燃烧生成高温的燃烧产物,燃烧产物向火焰面内外两侧扩散,而燃烧产生的热量同时向火焰面两侧传递,油滴受到火焰面传来的热量,将进一步蒸发汽化。总之,油滴扩散燃烧的速度,完全取决于燃油蒸气从油滴表面向火焰面扩散的速度。

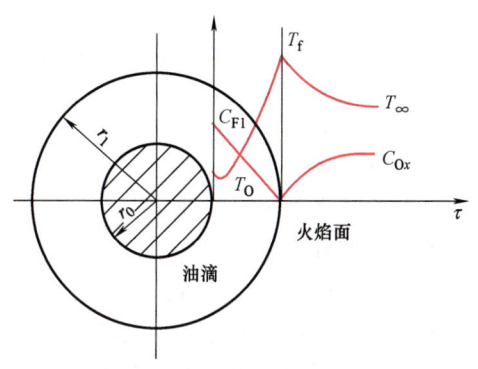

图 3-16 油滴蒸发与燃烧的过程

C_{F1}—油蒸气浓度 C_{Ox}—氧浓度

为了加快油滴蒸发,应尽量将油滴喷得均匀细小。根据图3-17给出的理论计算的结果,油滴直径越小,蒸发的时间越短。另外还可看出,在油滴蒸发过程中,初期蒸发快,当接近完全蒸发时,蒸发过程将变慢。

实际上,油滴在燃烧室中与气流是有相对运动的。如果油滴与周围空气间没有相对运动,那么在油滴周围会形成一同心的球状扩散火焰,称为全周焰(图3-18a)。当有相对运动时,则火焰形状将由球形逐渐变成卵形,而且随着气流方向被拉长(图3-18b)。当气流速度继续增大,火焰首先在油滴的迎风面上熄灭,而向油滴后方移

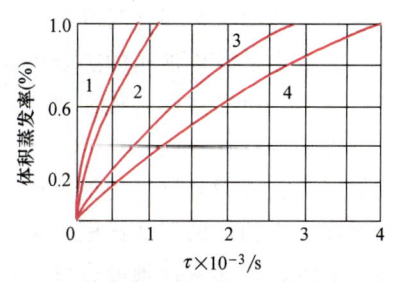

序号	空气温度/℃	空气压力/kPa	油滴直径/μm	燃料
1	600	3000	10	柴油
2	500	3000	10	柴油
3	600	3000	20	柴油
4	500	3000	20	柴油

图 3-17 油滴蒸发过程的理论计算结果

动,直到油滴尾部某个位置上为止,形成所谓尾流火焰(图3-18c、d)。如果气流速度再进一步加大,火焰则会脱离油滴尾部而在远离油滴某一距离形成伞状火焰(图3-18e)。若再继续增大流速,则火焰全部熄灭。

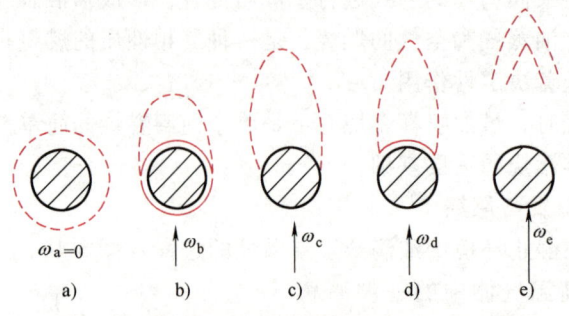

图 3-18　不同气流速度下燃烧油滴的火焰形状

(注:图中虚线表示火焰)

2. 喷雾燃烧

实际的喷雾燃烧要比理想的单个油滴在无限氧空间中的蒸发与燃烧过程复杂得多,因为喷雾中的各个油滴相互间存在着干扰,并且最初喷入的油滴将发生汽化,而汽化了的燃料又同周围的空气进行扩散与混合,形成预混合气。因此,这时就不能把喷雾当成单独的油滴来看待,而是成为油滴群同预混合气的混合气体的复杂燃烧现象。

通过试验观察发现,当油滴直径在 $10\mu m$ 以下时,火焰面由蓝色抛物面形状的连续面构成,这同预混合气的火焰传播具有完全相同的燃烧形式。当直径为 $20\sim40\mu m$ 时,在连续的蓝色火焰中可以看到白色与黄色的单独亮点,这些亮点表示在每个油滴处各自具有独立的扩散火焰。当直径在 $40\mu m$ 以上时,火焰面已不能认为是连续的了,而应按照在各油滴处形成独立的微小扩散火焰的集合体来处理。这表明,小直径的液滴群,可以看成是完全类似于预混合气的燃烧,并且没有必要认为存在油滴状态;而大直径的油液群,又基本上是以单油滴的扩散燃烧为基础的。实际的喷雾过程,是由若干大大小小的油滴组成的,所以实际的喷雾燃烧,必然是上述燃烧形式同时存在并且相互影响的。

正因为油滴群在空间分布,形成了许许多多具有着火与燃烧条件的单个油滴,只要在油滴周围存在着适合燃烧的油气比例与着火环境,就能在一点或多点同时着火。它与在整个燃烧室中油气的宏观比例无关,不像均匀的预混合气那样,必须具有严格油气比例的着火范围,因而它比预混合气具有更广泛的稳定燃烧范围。

在喷雾燃烧中,一个突出的问题是容易生成炭烟,它是限制自然吸气柴油机功率的主要原因。一般认为,烃燃料生成炭烟的过程,首先是由裂解生成炭核,再经过脱氢和聚合过程而形成较大颗粒的炭烟。炭烟生成取决于裂解与氧化两个相反的过程。以典型燃料十二烷($C_{12}H_{26}$)的氧化及裂解速度与过量空气系数的关系为例(图3-19),在宽广的过量空气系数 ϕ_a 下,氧化速度几乎保持常数,只是在极低的 ϕ_a 下,氧化速度才急剧下降;而裂解速度随 ϕ_a 减小而迅速上升,这说明缺氧的富燃料区是生成炭烟的主要区域。油滴的扩散燃烧与均匀的预混合气不同,正好存在着局部浓度极不均匀的富燃料区与贫燃料区，所以容易生成炭烟。

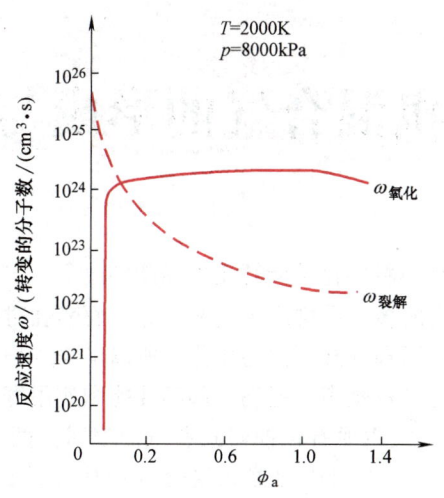

图 3-19 十二烷（$C_{12}H_{26}$）的氧化及裂解速度与过量空气系数的关系

【课程思政】 深入理解燃料燃烧原理，寻找清洁能源，助力中国环境治理

请扫码阅读

复习思考题

1. 汽油和柴油的标号分别是根据什么指标来确定的？
2. 什么叫过量空气系数？它与混合气浓度有何关系？
3. 燃料的燃烧热值与混合气热值有什么不同？
4. 简述燃料的着火机理。
5. 为什么说柴油机的着火过程是低温多级着火，而汽油机的着火过程则是高温单级着火？
6. 往复式发动机中，有几种燃烧的运转方式？各有什么优缺点？

第四章

汽油机混合气的形成与燃烧

发动机的燃烧过程是将燃料的化学能转变为热能的过程。进入气缸的燃料燃烧完全的程度，直接影响到热量产生的多少和排出废气的成分，而燃烧时间或燃烧相当于曲轴转角的位置，又关系到热量的利用和气缸压力的变化，所以燃烧过程是影响发动机经济性、动力性和排气污染的主要过程，对噪声、振动、起动性能和使用寿命也有很大影响。

汽油机混合气的形成方式主要有化油器式和汽油喷射式两大类型。近年来，由于排放法规和油耗要求的提高，传统的化油器式混合气形成方式已难以满足性能提高的要求。汽油喷射的燃烧系统便于电子控制，性能优越，在汽油机混合气的形成方式上汽油喷射已经取代化油器。汽油喷射又有进气管喷射（包括气门口的多点喷射和进气总管中的单点喷射）和缸内直接喷射之分，目前的汽油喷射基本上全部采用了电子控制。

第一节 汽油机的燃烧过程

一、正常燃烧过程

汽油机正常燃烧过程是由定时的火花点火开始，且火焰前锋以一定的正常速度传遍整个燃烧室的过程。

1. 正常燃烧过程进行情况

研究燃烧过程的方法有很多，但简单易行且经常使用的方法是测取示功图，它反映了燃烧过程的综合效应。汽油机典型的展开示功图如图4-1所示。为分析方便，按其压力变化特点，将燃烧过程分为着火落后期、明显燃烧期和后燃期三个阶段。

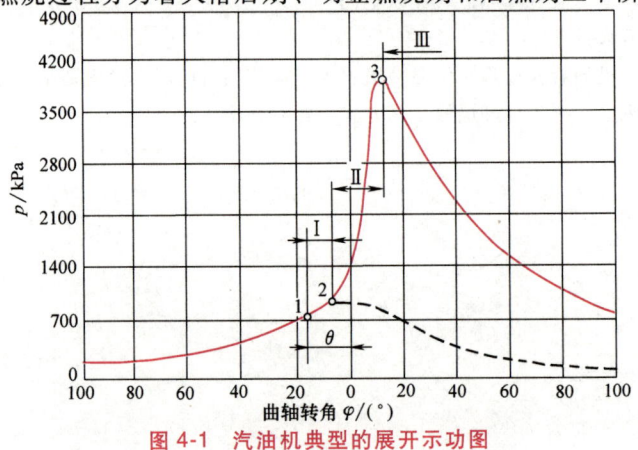

图4-1 汽油机典型的展开示功图

Ⅰ—着火落后期 Ⅱ—明显燃烧期 Ⅲ—后燃期

(1) 着火落后期（图 4-1 中 1—2 段） 它是指从火花塞点火到火焰核心形成的阶段，即从火花塞点火（点 1）至气缸压力线明显脱离压缩线而急剧上升时（点 2）的时间或曲轴转角，这段时间约占整个燃烧时间的 15%。

着火落后期的长短与混合气成分（过量空气系数 ϕ_a = 0.8~0.9 时最短）、开始点火时缸内气体温度和压力、气体流动、火花能量及残余废气量等因素有关。它在每一循环都可能有变动，有时最大值是最小值的数倍。显然，为了提高效率，希望尽量缩短着火落后期。为了发动机运转稳定，希望着火落后期保持稳定。

(2) 明显燃烧期（图 4-1 中 2—3 段） 明显燃烧期是指火焰由火焰中心烧遍整个燃烧室的阶段，因此也可称为火焰传播阶段。在示功图上是指气缸压力线脱离纯压缩线（图中虚线）开始急剧上升（点 2），到压力达到最高点（点 3）为止。明显燃烧期是汽油机燃烧的主要时期。

在均质混合气中，当火焰中心形成之后，火焰向四周传播，形成一个近似球面的火焰层，即火焰前锋，从火焰中心开始层层向四周未燃混合气传播，直到连续不断的火焰前锋扫过整个燃烧室，如图 4-2 所示。

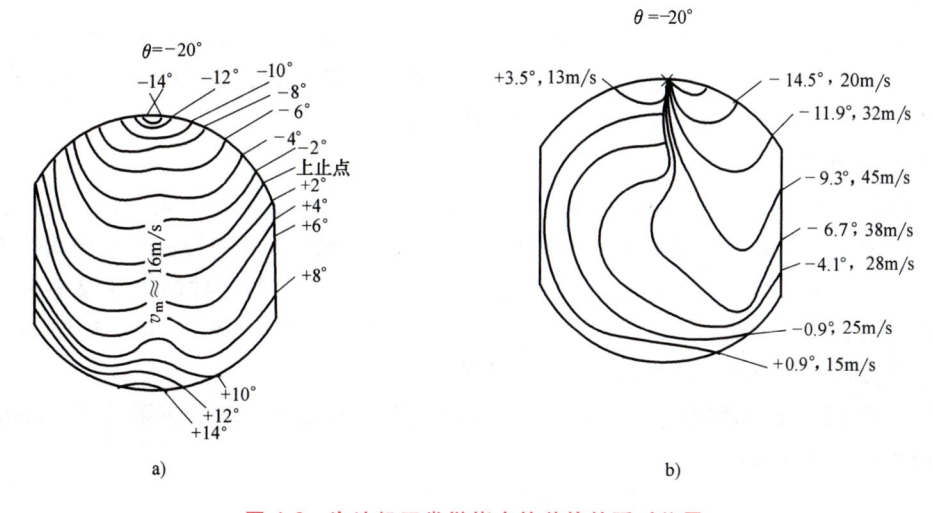

图 4-2 汽油机正常燃烧火焰前锋的瞬时位置
a）气缸内无涡流　b）气缸内有涡流
θ—点火提前角

因为绝大部分燃料在这一阶段燃烧，此时活塞又靠近上止点，在这一阶段内，压力升高很快，压力升高率 $dp/d\varphi$ 为 0.2~0.4MPa/(°)。一般用压力升高率代表发动机的工作粗暴程度和等容度。明显燃烧期平均压力升高率 $\dfrac{\Delta p}{\Delta \varphi}$ [MPa/(°)]可用下式表示：

$$\frac{\Delta p}{\Delta \varphi} = \frac{p_3 - p_2}{\varphi_3 - \varphi_2} \tag{4-1}$$

式中　p_2、p_3——第二阶段起点和终点的压力（MPa）；
　　　φ_2、φ_3——第二阶段起点和终点相对于上止点的曲轴转角（°）。

压力升高率越高，则燃烧的等容度越高，这对动力性和经济性是有利的，但同时会使燃烧噪声和振动增加。火焰传播速率与压力升高率密切相关，火焰传播速率高的可燃混合气会促使 $dp/d\varphi$ 增加，另外，火花塞位置、燃烧室形式对压力升高率也有影响。

图 4-1 中最高燃烧压力点 3 到达的时刻，对发动机的功率、经济性有重大影响。如点 3 到达时间过早，则混合气必然过早点燃，从而引起压缩过程负功的增加，压力升高率增加，最高燃烧压力过高。相反，如点 3 到达时间过迟，则膨胀比将减小，同时，燃烧高温时期的传热表面积增加，也是不利的。点 3 的位置变化可以通过调整点火提前角 θ 来实现。

（3）后燃期（图 4-1 中点 3 以后） 后燃期相当于明显燃烧期终点 3 至燃料基本完全燃烧为止，p-φ 图上的点 3 表示燃烧室主要容积已被火焰充满，混合气燃烧速度开始降低，加上活塞向下止点加速移动，使气缸中压力从点 3 开始下降，在后燃期中主要是湍流火焰前锋后面没有完全燃烧掉的燃料，以及附着在气缸壁面上的混合气层继续燃烧。此外，汽油机燃烧产物中 CO 和 H_2O 的离解现象比柴油机严重，在膨胀过程中温度下降后又部分复合而放出热量，一般也看作后燃。为了保证高的循环热效率和循环功，应使后燃期尽可能短。

为了保证汽油机工作柔和、动力性能良好，一般应使点 2 在上止点前 12°~15°曲轴转角，最高燃烧压力点 3 在上止点后 12°~15°曲轴转角到达，$(dp/d\varphi)_{max} = 0.175$~$0.25$ MPa/(°)，整个燃烧持续期为 40°~60°曲轴转角。

2. 燃烧速率

燃烧时，由于各处混合气的浓度、温度和压力是一致的，因而火焰在各方向的扩展速度基本相等。燃烧主要在厚度为 δ 的火焰面上进行，称为**火焰前锋面**。火焰前锋面的界面明显，以火核为中心呈球面波形式向周围扩展，习惯上称这种燃烧现象为**火焰传播**。根据混合气运动状态的不同，火焰传播方式可分为层流火焰传播和湍流火焰传播。层流火焰传播和湍流火焰传播的燃烧速率差别很大。

（1）层流火焰燃烧速率 层流火焰［混合气静止或层流状态（雷诺数 $Re<2300$）］燃烧速率可用下式表示：

$$\frac{dm}{dt} = v_L F_L \rho_m \tag{4-2}$$

式中 m ——混合气质量；

$\dfrac{dm}{dt}$ ——火焰燃烧速率；

F_L ——火焰前锋表面积；

ρ_m ——未燃混合气密度；

v_L ——层流火焰传播速度，火焰传播速度是指火焰前锋面在法线方向上相对于未燃混合气的移动速度。

层流火焰传播速度很低，一般 $v_L<1$ m/s。v_L 主要受混合气温度、压力、过量空气系数 ϕ_a 及燃料特性等因素影响，实际发动机中还应考虑残余废气系数的影响。

图 4-3 所示为层流火焰与火焰前锋面形状的关系。层流火焰传播速率远远不能满足

实际发动机燃烧的要求。实际发动机中的火焰传播是以湍流火焰方式进行的。

（2）**湍流火焰燃烧速率**　湍流是指由流体质点组成的微元气体所进行的无规则的脉动运动。这些由气体质点所组成的小气团大小不一，流动的速度、方向也不相同，但宏观流动方向则是一致的。这种湍流运动使火焰前锋表面出现皱折，强湍流运动使火焰前锋面严重扭曲，甚至分隔成许多燃烧中心，导致火焰前锋燃烧区的厚度 δ 增加（图4-4）。湍流运动使火焰前锋表面积明显增大，火焰传播速度加快。湍流火焰燃烧速率可用下式表示：

$$\frac{\mathrm{d}m}{\mathrm{d}t}=v_\mathrm{T} F_\mathrm{T} \rho_\mathrm{m} \tag{4-3}$$

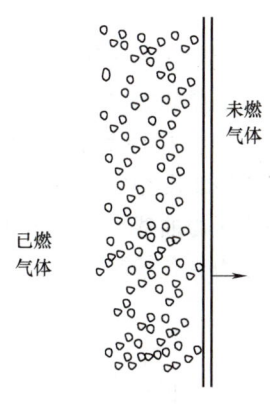

图4-3　层流火焰与火焰前锋面形状的关系

式中　m——混合气质量；

　　　$\dfrac{\mathrm{d}m}{\mathrm{d}t}$——火焰燃烧速率；

　　　F_T——火焰前锋表面积；

　　　ρ_m——未燃混合气密度；

　　　v_T——湍流火焰传播速度。

如前所述，雷诺数 $Re<2300$ 为层流火焰，其传播速度为 v_L，其前锋面薄且圆滑（图4-3）。当 $Re=2300\sim6000$ 时为湍流火焰，火焰前锋厚度增加并出现皱折（图4-4a），这时火焰传播速为 v_T，$v_\mathrm{T}\propto\sqrt{Re}$。当 $Re>6000$ 时为强湍流火焰，前锋面的皱折发展成明显的凹凸不平和扭曲（图4-4b），其内部分裂出许多小的未燃混合气区域，这时 $v_\mathrm{T}\propto Re$。图4-5所示为雷诺数 Re 和火焰传播速度之间的关系。显然，提高混合气的湍流程度是改善汽油机燃烧的有效手段。

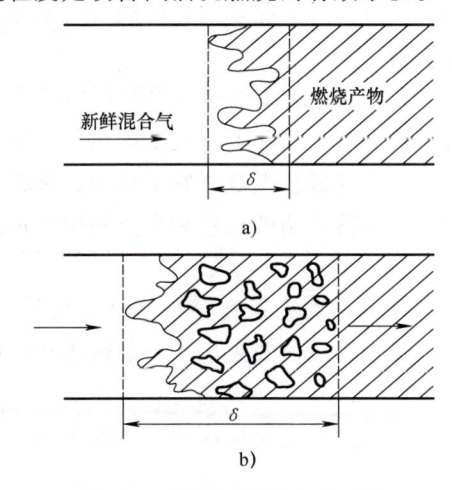

图4-4　在不同湍流作用下的火焰前锋厚度 δ
a）湍流较弱　b）湍流较强

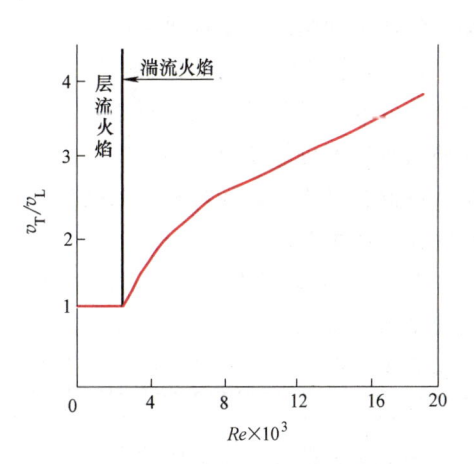

图4-5　雷诺数 Re 和火焰传播速度之间的关系

3. 不规则燃烧

汽油机不规则燃烧是指在稳定正常运转的情况下，各循环之间的燃烧变动和各气缸之间的燃烧差异。前者称为循环变动，后者称为各缸工作不均匀。

（1）循环变动 燃烧循环变动是点燃式发动机燃烧过程的一大特征，是指发动机以某一工况稳定运行时，这一循环和下一循环的燃烧过程进行情况的不断变化，具体表现为压力曲线、火焰传播情况及发动机功率输出均不相同。图4-6给出了不同循环的气缸压力变化情况。

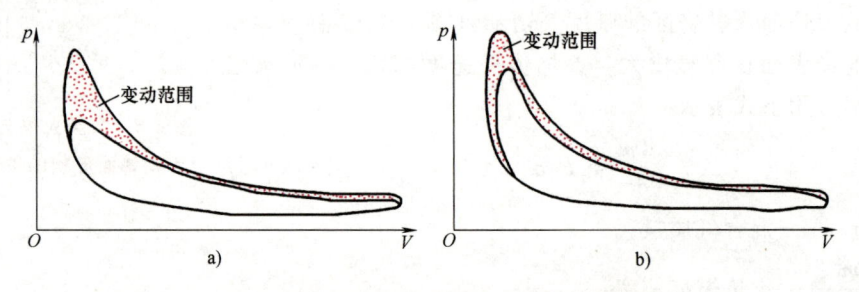

图 4-6 汽油机典型的气缸压力循环变化情况

a) 稀混合气 ϕ_a = 1.22, n = 2000r/min, ε = 9, 节气门全开, p_i 变动 ±4.5%, p_z 变动 ±28%

b) 浓混合气 ϕ_a = 0.8, n = 2000r/min, ε = 9, 节气门全开, p_i 变动 ±3.6%, p_z 变动 ±10%

由于存在循环变动，对于每一循环，点火提前角和空燃比等参数都不可能调整到最佳值，因而使发动机油耗上升，功率下降，性能指标得不到充分优化。随着循环变动的加剧，燃烧不正常甚至失火的循环数逐渐增多，碳氢化合物等不完全燃烧产物增多，动力性、经济性下降。同时，由于燃烧过程不稳定，也使振动及噪声增大，零部件寿命下降。当采用稀薄燃烧时，这种循环变动会加剧。所以循环变动也是汽油机实施稀薄燃烧的难点所在。

导致点燃式发动机燃烧循环变动的原因有很多，目前，火花塞附近的混合气成分波动和气体运动状态波动这两个因素被认为是最重要的。

1）火花塞附近的混合气成分波动。尽管汽油机的燃烧方式被称为预制均匀混合气燃烧，但这只是相对于柴油机燃烧而言，其宏观是均匀的，实际上，气缸内燃料、空气及残余废气不可能在短时间内完全混合均匀，所以混合气成分微观上并不均匀，火花塞附近的混合气成分是随时间不断变化的，这会导致着火落后期的长短和火核初始生长过程随循环产生变动。

2）气体运动状态波动。燃烧室内气体的流场特别是湍流强度分布是极不均匀的，火花塞附近微元气体的运动速度和方向，影响火花点火后形成的火焰中心的轨迹和火焰的初始生长速率，以及随后的火焰向整个燃烧室发展的进程，如火焰与壁面的关系、火焰前锋面积的变化和燃烧速率等，也受燃烧室内微元气体的运动速度和方向的影响。气体运动状态的波动加剧了循环变动。

下列因素或措施影响循环变动：

① 一般过量空气系数 ϕ_a = 0.8~1.0 时循环变动最小，过浓或过稀都会使循环变动

加剧。可见过量空气系数 ϕ_a 对循环变动的影响很大。

② 适当提高气流运动速度和湍流程度可改善混合气的均匀性，进而改善循环变动。
③ 残余废气系数 ϕ_r 过大，使循环变动加剧。
④ 发动机在低负荷（ϕ_r 会增大）、低转速（湍流强度会降低）时，循环变动加剧。
⑤ 多点点火有利于减少循环变动。
⑥ 提高点火能量、优化放电方式、采用较大的火花塞间隙，有助于减小循环波动。

（2）各缸工作不均匀　各缸工作不均匀是针对多缸发动机而言的，各缸间燃烧差异称为各缸工作不均匀。产生各缸工作不均匀的主要原因是各缸进气充量的不均匀、混合气成分的不均匀等。

对于化油器式汽油机，在进气管内存在空气、燃料蒸气、各种浓度的混合气、大小不一的油粒以及沉积在进气管壁上厚薄不均的油膜，这样进气管内的油气分布是多相和极不均匀，要想让它们均匀分配到各个气缸是很困难的。另外，由于进气系统设计不当、进气管动态效应，以及各缸进气重叠干涉等原因，使得各缸的实际充气效率不均匀，而进入汽油机的是油气混合气，因而进入各缸的燃料绝对量不同。这些原因造成进入各缸的混合气的质和量都不同，由此造成各缸工作不均匀。

对于多点喷射式汽油机，各缸进入的空气量仍然存在不一致的问题，而各缸燃油量是一定的，所以，各缸工作不均匀性依然存在。

各缸工作不均匀的现象，使得难以找到对各缸都是最佳的点火提前角和过量空气系数，动力性、经济性、排放性等整机指标难以优化，振动及噪声也会增加。

二、不正常燃烧

汽油机的不正常燃烧是指设计或控制不当，汽油机偏离正常点火的时间及地点，由此引起燃烧速率急剧上升，压力急剧增大等异常现象。不正常燃烧可分为爆燃和表面点火两类。

1. 爆燃

爆燃是汽油机最主要的一种不正常燃烧现象，常在压缩比较高时出现。图 4-7 所示为正常燃烧与爆燃时 p-t 图和 dp/dt 图的比较。由图可知，爆燃时，缸内压力曲线出现高频大幅波动（锯齿波），同时发动机会产生一种高频金属敲击声，因此也称爆燃为敲缸。轻微爆燃时，发动机功率上升，严重爆燃时，发动机功率下降，转速下降，工作不稳定，机体有较大振动，同时冷却液过热，润滑油温度明显上升。

如图 4-8 所示，火花塞点火后，火焰前锋面呈球面波形状以正常传播速度（30～70m/s）向周围传播，气缸内压力和温度都急剧升高。混合气燃烧产生的压力波迅速向周围传播，在火焰前锋面之前先期到达燃烧室边缘区域，该区域的可燃混合气（即末端混合气）在压缩终了温度的基础上进一步受到压缩和热辐射，加速其先期反应，并放出部分热量，使本身压力和温度不断升高，燃烧前的化学反应加速。一般来说，这些都是正常现象，但如果这一反应过于迅速，以至于在火焰锋面到达之前末端混合气即以低温多阶段方式开始自燃，则引发爆燃。爆燃时，汽油机着火方式类似于柴油机，同时在较大面积上多点着火，所以放热速率极快，局部区域的温度、压力急剧增加。这种类

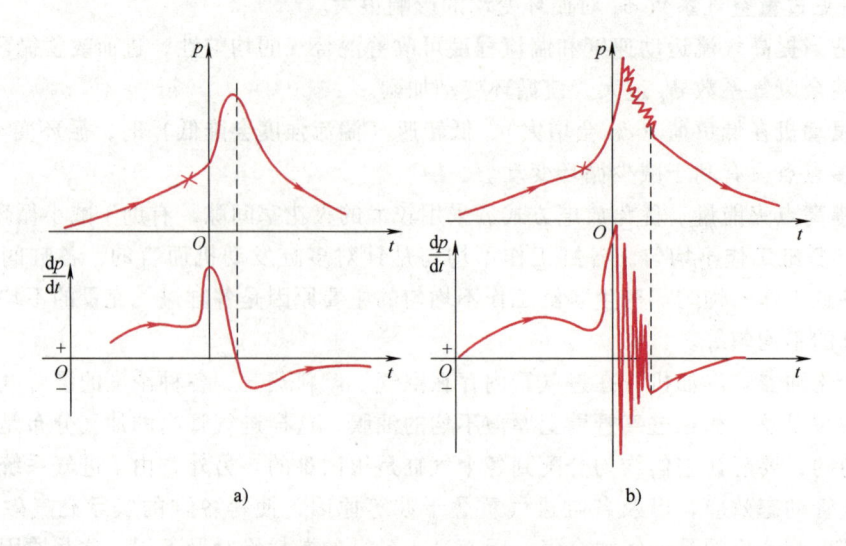

图 4-7 正常燃烧与爆燃时 p-t 图和 dp/dt 图的比较
a）正常燃烧 b）爆燃

似阶跃的压力变化，形成燃烧室内往复传播的激波，强烈撞击燃烧室壁面，使壁面产生振动，发出高频振音（即敲缸声），这就是爆燃。爆燃发生时，火焰传播速度可陡然升至 100~300m/s（轻微爆燃）或 800~1000m/s（强烈爆燃）。

爆燃会给汽油机带来很多危害。发生爆燃时，最高燃烧压力和压力升高率都会急剧增大，因而相关零部件所受应力大幅增加，机械负荷增大；爆燃时压力波冲击缸壁破坏了油膜层，导致活塞、气缸和活塞环磨损加剧；爆燃时剧烈无序的放热还使气缸内温度明显升高，热负荷及散热损失增加；这种不正常燃烧还使动力性和经济性恶化。根据末端混合气是否易于自燃来分析，影响爆燃的因素如下：

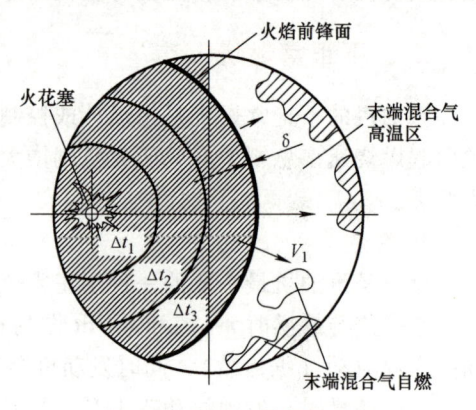

图 4-8 汽油机的爆燃机理

1）燃料性质。辛烷值高的燃料，抗爆燃能力强。

2）末端混合气的压力和温度。末端混合气的压力和温度增高，则爆燃倾向增大。例如，提高压缩比，则气缸内压力、温度升高，爆燃易发生。

3）火焰前锋传播到末端混合气的时间。提高火焰传播速度、缩短火焰传播距离，都会减少火焰前锋传播到末端混合气的时间，有利于避免爆燃。

从以上的分析可以得出结论：发动机工作是否有爆燃现象，一方面取决于所用燃料，另一方面取决于发动机的运转条件和燃烧室的设计。

2. 表面点火

在汽油机中，凡是不靠电火花点火而由燃烧室内炽热表面（如排气门头部、火花塞绝缘体或零件表面炽热的沉积物等）点燃混合气的现象，统称**表面点火**。表面点火的点火时刻是不可控制的。早燃是指在火花塞点火之前，炽热表面点燃混合气的现象。由于它提前点火且热点表面比电火花大，使燃烧速率加快，气缸压力、温度增高，发动机工作粗暴，并且由于压缩功增大，向缸壁传热增加，致使功率下降，火花塞、活塞等零件过热。图4-9所示为汽油机的早燃示功图。

早燃会诱发爆燃，爆燃又会让更多的炽热表面温度升高，促使更剧烈的表面点火，两者互相促进，危害可能更大。

与爆燃不同，表面点火一般是在正常火焰烧到之前由炽热物点燃混合气所致，没有压力冲击波，敲缸声比较沉闷，主要是由活塞、连杆、曲轴等运动件受到冲击负荷产生振动而造成的。

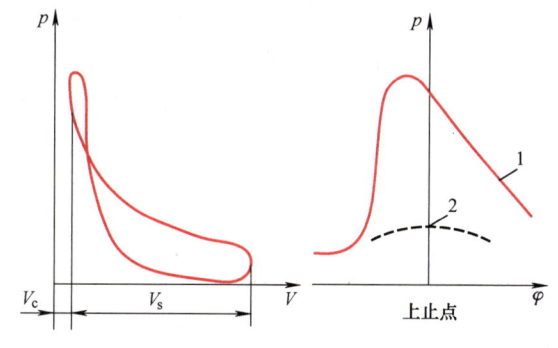

图4-9 汽油机的早燃示功图
1—正常燃烧　2—表面点火

凡是能促使燃烧室温度和压力升高以及促使积炭等炽热点形成的一切条件，都能促成表面点火。

不同燃烧过程的示功图比较如图4-10所示。

三、使用因素对燃烧的影响

1. 点火提前角

点火提前角是从火花塞跳火到上止点之间的曲轴转角。点火提前角应该随燃料性质、转速、负荷、过量空气系数等因素的变化而变化。

当汽油机保持节气门开度、转速以及混合气浓度一定时，汽油机的有效功率 P_e 和有效燃油消耗率 b_e 随点火提前角改变而变化的关系称为**点火提前角调整特性**，如图4-11所示。对应于每一工况都存在一个最佳点火提前角，这时汽油机功率最大，耗油最低。最佳点火提前角使最高燃烧压力出现在上止点后12°～15°曲轴转角，这时实际示功图与理论示功图最为接近（时间损失最小）。

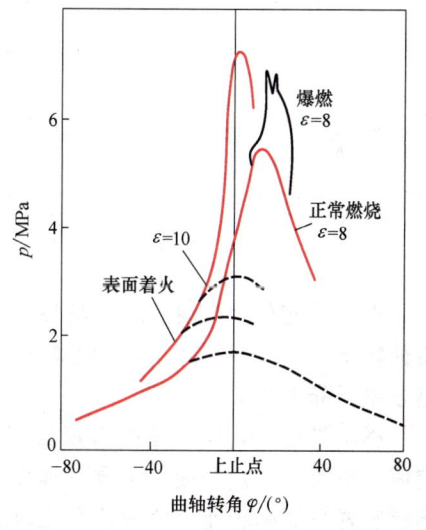

图4-10 不同燃烧过程的示功图比较

不同点火提前角时的示功图如图4-12所示。点火过迟，则燃烧延长到膨胀过程，燃烧最高压力和温度下降，传热损失增多，排温升高，热效率降低，爆燃倾向减小，有效功率下降，NO_x、HC的排放量降低。

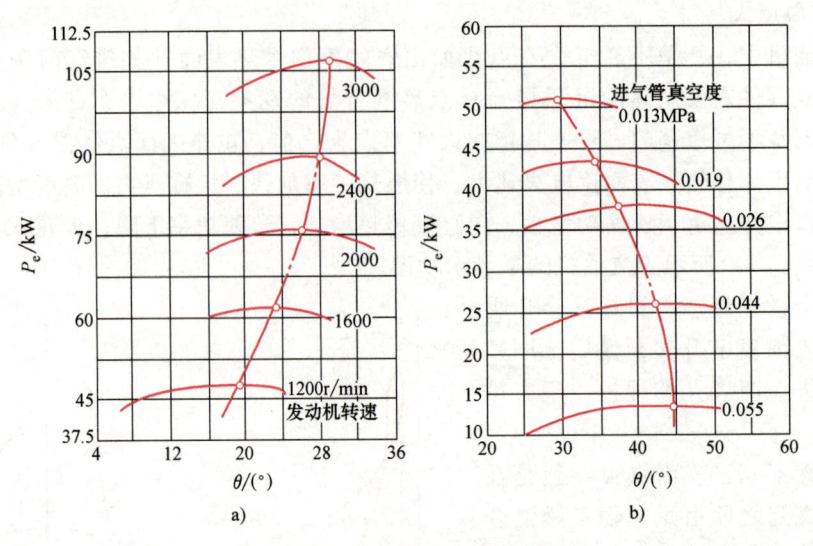

图 4-11 点火提前角调整特性
a) 节气门全开时 b) $n = 1600\text{r/min}$

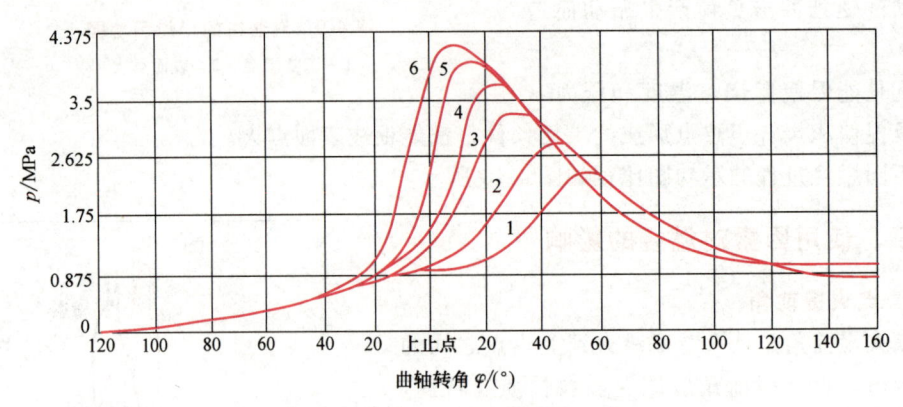

图 4-12 不同点火提前角时的示功图
（注：1、2、3、4、5、6 分别表示 10°、20°、30°、40°、50°、60° 点火提前角）

点火提前角对汽油机的经济性影响较大。据统计，如果点火提前角偏离最佳值 5° 曲轴转角，热效率下降 1%；偏离 10° 曲轴转角，热效率下降 5%；偏离 20° 曲轴转角，热效率下降 16%。

影响最佳点火提前角的因素较多（如大气压力、温度、湿度、缸体温度、燃料辛烷值、空燃比、残余废气系数、排气再循环率等），传统的真空式和离心式点火提前角调整装置只能随转速、负荷的变化对点火提前角做近似调整。

为实现点火提前角的精确控制，汽油机上越来越多地应用了一种电子控制点火时刻的装置，它大体上分成两类。一类是开环控制，即一种预定顺序控制，根据转速传感器和负荷传感器测得的信号，在存储器中预定的点火 MAP 图上找出对应于该工况的近似最佳点火提前角来控制点火系统点火。点火 MAP 图是事先通过试验得到的近似最佳点火提前角与转速和负荷的三维曲线图或表格，存储在存储器中，并根据其他传感器的信号变化，对点火提前角进行修正。另一类是闭环控制，闭环控制是根据发动机实际运行的反馈信息来控制点火提前角的，所以又称为反馈控制。反馈控制所用的反馈信息是发动机的爆燃信号。在实际应用中，一般都是开环控制和闭环控制并用的混合控制方式。

2. 混合气浓度

在汽油机的转速、节气门开度保持一定，点火提前角为最佳值时调节供油量，记录功率、燃油消耗率、排气温度随过量空气系数的变化曲线，称为汽油机在某一转速和节气门开度下的调整特性，如图 4-13 所示。

混合气浓度对汽油机的动力性、经济性均有影响。当过量空气系数 $\phi_a = 0.8 \sim 0.9$ 时，由于燃烧温度最高，火焰传播速度最大，有效功率 P_e 达到最大值，但爆燃倾向增大。当 $\phi_a = 1.03 \sim 1.1$ 时，由于燃烧完全，有效燃油消耗率 b_e 最低。使用 $\phi_a < 1$ 的浓混合气工作，由于产生不完全燃烧，所以 CO 排放量明显上升。当 $\phi_a < 0.8$ 及 $\phi_a > 1.2$ 时，火焰速度缓慢，部分燃料可能来不及完全燃烧，因而经济性变差，HC 排放量增多且工作不稳定。

可见，在均质混合气燃烧中，混合气浓度对燃烧影响很大，必须严格控制。

3. 负荷

在汽油机上，转速保持不变，通过改变节气门开度来调节进入气缸的混合气量，以达到不同的负荷要求。

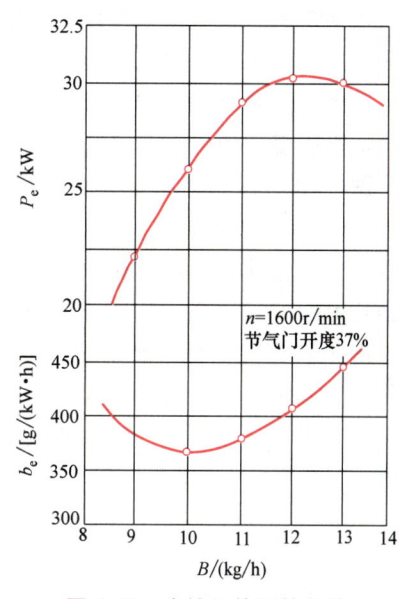

图 4-13 汽油机的调整特性

当节气门关小时，充气效率下降，但留在气缸内的残余废气量不变，使残余废气系数增加，着火落后期增加，火焰传播速率下降，最高爆发压力、最高燃烧温度、压力升高率均下降，冷却液散热损失相对增加，因而燃油消耗率增加。因此，随着负荷的减小，最佳点火提前角需要增大（图 4-14）。

负荷减小时，气缸的温度和压力减小，爆燃倾向减小。

4. 转速

当转速增加时，气缸中湍流增加，火焰传播速率大体与转速成正比增加，因而最高爆发压力、压力升高率随转速的变化不大。此外，在转速升高时，由于散热损失减少，进气被加热，使气缸内的混合更为均匀，有利于缩短着火落后期。但另一方面，由于残余废气系数增加，气流吹走电火花的倾向增

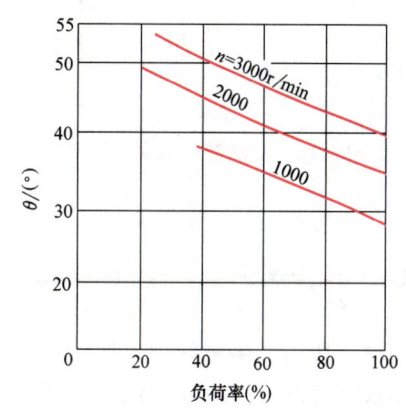

图 4-14 最佳点火提前角随负荷的变化

大，又促使着火落后期增加。以上两种因素使以秒计的着火落后期与转速的关系不大，但是按曲轴转角计的着火落后期却随转速的增加而增大。因此，转速增加时，应增大点火提前角。

转速增加时，由于火焰传播速率增加，爆燃倾向减小。

第二节　汽油机混合气的形成

为使发动机能够正常运转，必须为其提供连续的可燃混合气。通过直接或间接测量进入发动机的空气量，并按规定的空燃比计量燃油的供给量，这一过程称为燃油配制。现代车用汽油机的燃油配制的主要形式，根据汽油的供给方式可分为化油器式和燃油喷射式两种。这两种装置均是依据节气门开度和发动机转速计量进气量，然后根据进气量供给适当空燃比的混合气进入气缸。

图 4-15 所示为化油器供油燃油配制。化油器式发动机的燃油配制过程是利用空气流经节气门上方喉管处产生的真空度将燃油从浮子室中连续吸出且进行混合，再被吸入气缸内燃烧做功，使发动机运转。在这里，空气流量取决于喉管的形状和尺寸，对于一定结构参数的化油器，汽油流量则取决于喉管的真空度。

图 4-16 所示为燃油喷射供油。燃油喷射控制系统则是根据直接或间接测量的空气进气量，确定燃烧所需的汽油量，并通过控制喷油器开启时间来进行精确配制，使一定量的汽油以一定压力通过喷油器喷射到发动机的进气道或气缸内，并与相应空气形成可燃混合气。

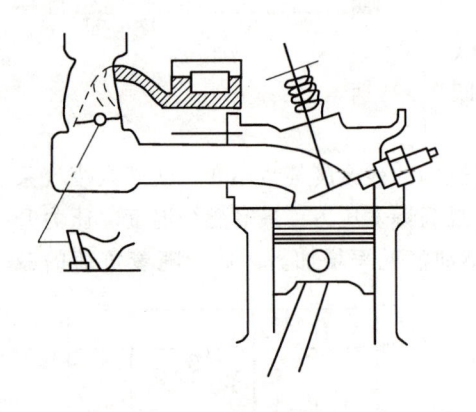

图 4-15　化油器供油燃油配制　　　　　　　　**图 4-16　燃油喷射供油**

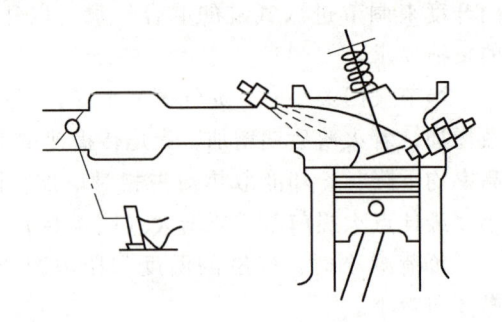

化油器的结构比较简单，一直用于汽油发动机。传统的化油器供给系统是通过主供油装置及一些辅助供油装置来实现混合气浓度控制的，其缺点是对发动机运行状态的适应性、响应速度和控制的精确性方面难以满足要求，尤其是在加速、冷起动等过渡工况下，难以在满足车辆的动力性的同时兼顾经济性和排放控制，更不能满足日趋严格的汽车排放法规的要求。随着汽车技术的发展，电控燃油喷射系统已经取代传统的化油器供给系统。电控燃油喷射系统利用多种传感器检测发动机状态，经过计算机的判断计算，使发动机在各种工况下均能获得合适的空燃比,所以可有效改善和提高发动机的动力性和经济性,达到降低排放和节油的综合效果。

一、汽油发动机对可燃混合气体的要求

1. 空燃比对发动机性能的影响

空气和燃油的混合比,即空气质量与燃油质量之比称为**空燃比**,通常用 *A/F* 表示。汽油完全燃烧并生成 CO_2、H_2O 时的空燃比称为**理论空燃比**,理论空燃比约为 14.7。在实际的发动机燃烧过程中,燃烧 1kg 燃油所消耗的空气不一定就是理论所要求的空气量,它与发动机的结构和使用工况密切相关,实际所供空气量可能大于或小于理论空气量。

空燃比与火焰温度及发动机的输出功率和油耗率的关系如图 4-17 所示。在空燃比为 13.5~14.0 时,燃烧火焰温度出现最高值,这种空燃比称为**功率空燃比**。当混合气的空燃比为 16 左右时,燃油燃烧完全,发动机的油耗率最低,这种空燃比称为**经济空燃比**。在功率空燃比与经济空燃比范围内的混合气成分是汽油发动机常用的混合气,它可使发动机获得较好的使用性能。

燃烧后排出的排气成分除 CO_2 和 H_2O 外,还有空气中没有参与燃烧的 NO_x、剩余的 O_2、未燃烧和未完全燃烧的 HC、燃烧不完全的 CO 及高温富氧条件下燃烧生成的 NO_x。

由此可见,发动机的性能与空燃比有着密切关系,但影响的程度和变化规律各不相同。所以,如何精确控制混合气的空燃比是比较复杂而又非常重要的问题。

2. 发动机各种工况对混合气的要求

发动机在实际运行过程中,其工况在工作范围内是不断变化的,且在工况变化时,发动机对可燃混合气空燃比的要求也是不同的,现分述如下。

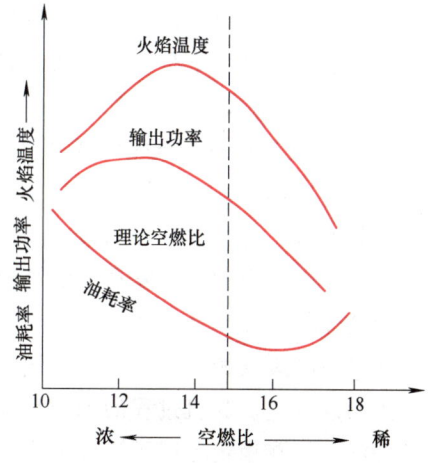

图 4-17 空燃比与火焰温度及发动机的输出功率和油耗率的关系

(1) 稳定工况对混合气的要求 发动机的稳定工况是指发动机已经完全预热,进入正常运转,且在一定时间内转速和负荷没有突然变化的情况。稳定工况又可分为怠速、小负荷、中等负荷、大负荷和全负荷等。

1) 怠速和小负荷工况。怠速工况是指发动机对外无功率输出且以最低稳定转速运转。此时,混合气燃烧后所做的功,只用于克服发动机内部的阻力,并使发动机保持最低转速稳定运转。在怠速工况下,节气门处于关闭状态。

对于化油器配制混合气方式,进气管内的真空度很大,在进气门开启时,气缸内的压力可能高于进气管压力,废气膨胀进入进气管内。在进气行程中,把这些废气和新混合气同时吸入气缸,结果气缸内的混合气含有比例较大的废气,为保证这

种经废气稀释过的混合气能正常燃烧，就需要供给较浓的混合气。随着节气门开度增大，稀释将逐渐减弱，所以小负荷工况下要求混合气加浓的程度随负荷的增加而减小。

对于电控燃油喷射混合气配制方式，如果采用开环控制，配制的混合气与化油器式相似。如果采用闭环控制方式，在急速和小负荷工况下，混合气一般控制在理论空燃比。

2）中等负荷工况。汽车发动机的大部分工作时间都处在中等负荷状态。在中等负荷下运行时，节气门已有足够的开度，废气稀释影响已不复存在。如果为了获得最佳经济性，则采用开环控制方式，空燃比控制在 17 左右；为了获得最佳排放，并获得较好的经济性，空燃比控制在理论空燃比附近。

3）大负荷和全负荷工况。在大负荷工况下，节气门开度已超过 3/4，此时应随着节气门开度的增大而逐渐地加浓混合气以满足发动机功率的要求。但实际上，在节气门尚未全开之前，如果需要获得更大的转矩，只需把节气门进一步开大就能实现，没有必要使用功率空燃比来提高功率，而应当继续使用经济混合气来达到省油的目的或者使用理论混合气来达到降低排放的目的。因此，在节气门全开之前所有的部分负荷工况都应按经济混合气或理论混合气配制。只是在全负荷工况下，节气门已经全开，此时为了获得该工况下的最大功率必须供给功率混合气。在从大负荷过渡到全负荷工况的过程中，混合气的加浓也应是逐渐变化的。

(2) 过渡工况对混合气的要求　汽车在运行中的主要过渡工况可分为冷起动、暖机、加速和减速等，分述如下。

冷起动时，由于发动机的转速和燃烧室壁面温度低、空气流速慢，导致汽油蒸发和雾化条件不好，因此要求发动机供给较浓的混合气。

暖机过程中，尽管发动机温度随着转速的提升也在逐步上升，但发动机温度仍然较低，气缸内的废气相对较多，混合气受到稀释，对燃烧不利，为保持发动机稳定运行也要求浓的混合气。暖机过程的加浓程度，应在暖机过程中逐渐减小，一直到发动机能以正常的混合气在稳定工况下运转为止。

汽车在加速时，节气门突然开大，进气管压力随之增加。由于液体燃料流动的惯性和进气管压力增大后燃料蒸发量减少，部分汽油颗粒沉积在进气管壁上，形成厚油膜，这会造成实际混合气成分瞬间被稀释，使发动机转速下降。为防止这种现象发生，要向进气管内喷入附加燃料，才能获得良好的加速性能。

汽车急减速时，驾驶人迅速松开加速踏板，节气门突然关闭，此时由于惯性作用，发动机仍保持很高的转速。因为进气管真空度急剧升高，进气管内压力降低，促使附着在进气管壁上的燃油加速汽化，造成混合气过浓。为避免这一情况发生，在发动机减速时，供给的燃料应减少甚至切断供油。

二、汽油喷射供油系统的类型

汽油喷射供油系统的分类见表 4-1。

表 4-1 汽油喷射供油系统的分类

分类方法	类别		特点
按喷射位置分类	缸内喷射		汽油直接喷入缸内,喷射压力较高(3.0~4.0MPa)
	进气管喷射	单点	喷油器安装在化油器所在的节气门段,喷射压力约为0.3MPa
		多点	在每缸进气口处装有一个喷油器,喷射压力约为0.3MPa
按喷射控制装置分类	机械式		燃油的计量通过机械传动与液压传动实现
	机电式		机电结合进行控制
	电控式		燃料的计量由电控单元(ECU)控制电磁喷油器开启时间实现
按喷射方式分类	连续喷射		在发动机整个工作过程中连续喷射燃油,控制系统结构较为简单
	间歇喷射		每缸每次喷射都有一个限定的持续时间,控制精度较高,被现代发动机广泛采用。间歇喷射按喷油时序又可分为同时喷射、分组喷射和顺序喷射三种形式
按空气流量测量方法分类	直接测量	直接质量流量	直接测量空气质量流量的方式
	间接测量	转角—转速	根据节气门开度和发动机转速,推算吸入的空气量并计算燃油流量的节流速度方式
		压力—转速	根据进气管压力和发动机转速,推算吸入的空气量并计算燃油流量的速度密度方式
按信息流动的方式分类	开环控制		ECU按照预先设定的程序来调整相关参数,不对运行结果进行检测
	闭环控制		ECU按照预先设定的程序来调整相关控制参数,并对运行结果进行检测,如果偏离,对控制参数进行调整

三、化油器供油系统与汽油喷射供油系统的比较

概括地讲,与化油器供油系统相比,汽油喷射供油系统具有下列优点:

1) 可以实现对混合气空燃比的精确控制,最终实现排放污染物的降低。
2) 由于进气系统不需要喉管,减少了进气阻力,加上不需要对进气管加热来促进燃油的蒸发,所以充气效率高,动力性提高。
3) 由于进气温度低,使得爆燃燃烧得到了有效控制,从而有可能采取较高的压缩比,这样提高了发动机的热效率,改善经济性。
4) 保证各缸混合比的均匀性问题比较容易解决,相对发动机可以使用辛烷值低的燃料。
5) 发动机冷起动性能和加速性能良好,过渡圆滑,减速断油控制方便。

四、电控汽油喷射系统的基本原理

1. D型电控汽油喷射系统

D型电控汽油喷射系统是根据进气管压力和发动机转速来推算每循环吸入气缸的空气量,再根据推算的空气量计算出需要喷射的燃料量,由ECU控制喷油器的工作。由于进气管压力和空气流量呈非线性关系,且管内空气压力波动,所以,影响进气量的测量精度。图4-18所示为D型电控汽油喷射系统的简图。

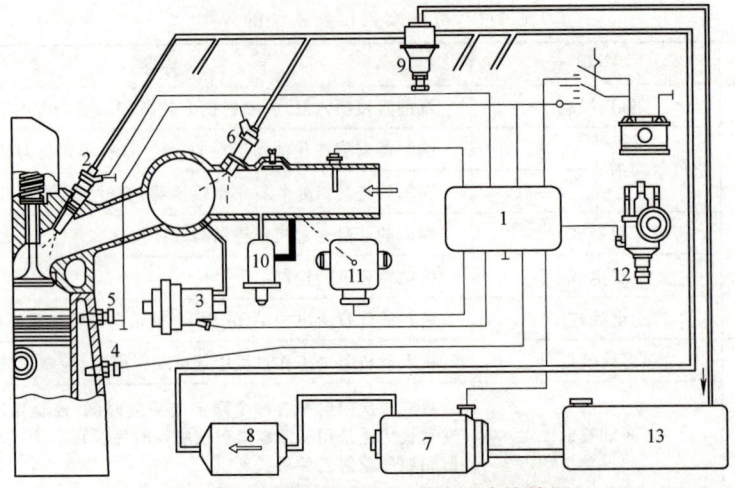

图4-18 D型电控汽油喷射系统的简图

1—电控单元（ECU） 2—喷油器 3—进气绝对压力传感器 4—冷却液温度传感器
5—温度开关或温度时间开关 6—冷起动喷油器 7—电动燃油泵 8—燃油滤清器
9—燃油压力调节器 10—辅助空气阀 11—节气门开关
12—带喷油脉冲触发触点的分电器 13—油箱

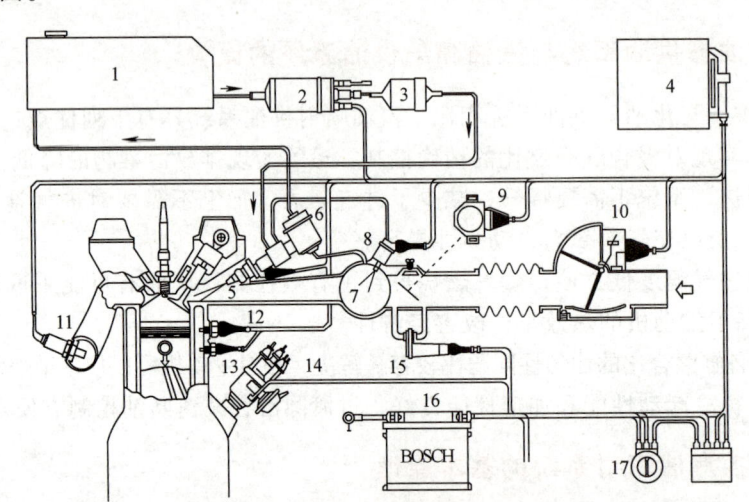

2. L型电控汽油喷射系统

L型电控汽油喷射系统是根据空气流量传感器直接测量进气管的空气量，根据发动机转速计算出每循环的进气量，从而得到每循环需要喷射的燃料量，控制喷油器工作。由于空气量为直接测量，所以测量准确程度高于D型。图4-19所示为L型电控汽油喷射系统的简图。

图4-19 L型电控汽油喷射系统的简图

1—燃油箱 2—电动燃油泵 3—燃油滤清器 4—电控单元（ECU） 5—喷油器
6—燃油分配管（油轨）和燃油压力调节器 7—进气总管 8—冷起动喷油器
9—节气门开关 10—阻流板式空气流量传感器 11—氧传感器 12—温度时间开关
13—冷却液温度传感器 14—分电器 15—辅助空气阀
16—蓄电池 17—点火开关

3. Mono 系统

如图 4-20 所示，Mono 系统是一种低压中央喷射系统，即单点喷射系统。在原来安装化油器的部位用一个电磁喷油器进行集中喷射，与化油器相比，能迅速输送燃油通过节气门，在节气门上方没有或很少有燃油附着壁面现象，因而消除了由此而引起的混合与燃烧的延迟，缩短了供油和空燃比信息反馈之间的时间间隔，提高了控制精度，排放效果得以改善。

五、电控燃油喷射系统的燃油喷射控制

在汽油机的电控燃油喷射系统中，以电控单元（ECU）为中心，用安装在发动机不同部位上的各种传感器测定发动机的各种工作参数，将它们转化为 ECU 能接受的电信号，再传送给 ECU；ECU 对输入信号进行运算、处理、分析和判断后，向执行器发出指令，控制喷射系统的工作，最终通过喷油器定时、定量地把汽油喷入进气道或气缸内，使发动机在各种工况下都能获得最佳浓度的混合气。此外，通过电控燃油喷射系统还能实现起动加浓、暖机加浓、加速加浓、全负荷加浓、减速调稀、停油、

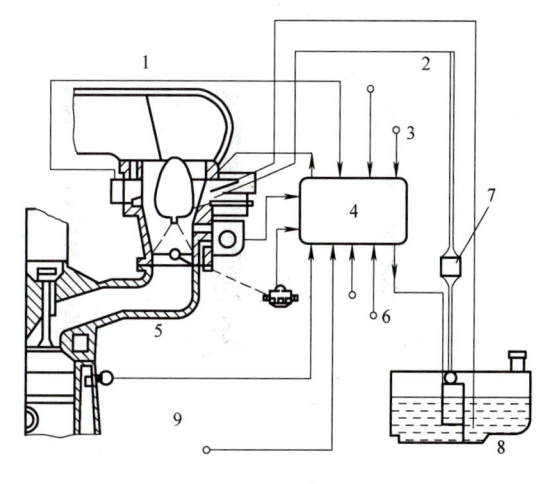

图 4-20　Mono 系统
1—中央喷射组件　2—进油管　3—接点火装置
4—电子控制器　5—进气管　6—接转速/触发
7—燃油滤清器　8—油箱及电动燃油泵　9—接氧传感器

自动急速等控制功能，满足发动机各种特殊工况对混合气的要求，从而使发动机获得良好的燃油经济性、动力性并降低废气中的有害排放物。

燃油喷射控制是 ECU 的主要控制功能，燃油喷射控制包括喷油时刻的控制和喷油量的控制。

1. 喷油时刻的控制

在燃油喷射系统中，喷油时刻的控制是所有采用间歇喷射方式所必须解决好的问题之一。喷油时刻是指喷油器开始进行喷油的时刻所对应的曲轴位置。喷油时刻随发动机喷油方式的不同而不同。ECU 以曲轴转角传感器的信号为依据，根据不同的喷油方式控制喷油器的开启时刻。图 4-21 分别给出了六缸发动机和四缸发动机不同喷油方式下的喷油时刻图。

2. 喷油量的控制

喷油量的控制由 ECU 根据发动机的不同运行工况控制喷油器的不同喷油持续时间来实现。ECU 根据各种传感器测得的发动机进气量、转速、节气门开度、冷却液温度与进气温度等多项运行参数，按设定的程序进行计算，并按计算结果向喷油器发出电脉冲，通过改变每个电脉冲的宽度来控制各喷油器每次喷油的持续时间，从而达到控制喷油量的目的。电脉冲的宽度越大，喷油持续时间越长，喷油量也越大。

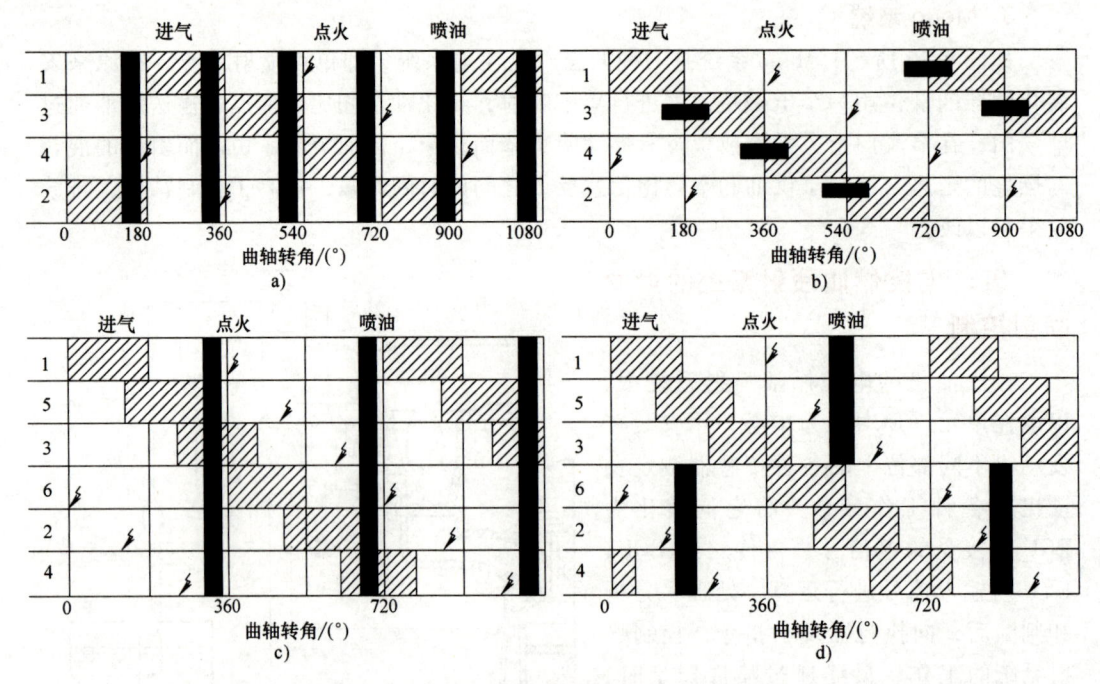

图 4-21 喷油时刻图

a) 单点喷射系统喷油时刻图（四缸发动机）　b) 顺序喷射时刻图（四缸发动机）
c) 同时喷射时刻图（六缸发动机）　d) 分两组喷射时刻图（六缸发动机）

喷油持续时间的控制分为<u>同步喷射</u>和<u>异步喷射</u>持续时间两种控制方式。在同步喷射控制方式中，喷油时刻具有固定的曲轴转角，喷油量由喷油持续时间控制。发动机在稳定工况的大部分运转时间内都以此方式工作。而在异步喷射方式中，喷油时刻与曲轴转角无关，只与发动机的实际运行工况有关，如起动、加速等过渡工况，喷油持续时间的长短也由对应的工况决定。发动机在不同的工况下运行时，其喷油量的大小与喷油方式各不相同。电控系统除了能对正常的基本喷油量控制外，还必须对冷起动、暖机、急速、加速等工况的喷油量进行校正，使供给的混合气与发动机的工况相适应。

(1) 起动工况的喷油控制　发动机起动时，由于转速很低，转速的波动也很大，这时空气流量传感器所测得的进气量信号有很大的误差。因此，在发动机起动时，ECU不以空气流量传感器的信号作为喷油量的计算依据，而是按预先给定的启动程序来进行喷油控制。ECU根据起动开关及转速传感器的信号，判定发动机是否处于起动状态。当起动开关接通，且发动转速低于某一转速（如 300r/min）时，ECU按发动机冷却液温度、进气温度和起动转速计算出一个固定的喷油量。这一喷油量能使发动机获得顺利起动所需的浓混合气。

冷车起动后，发动机温度仍很低，喷入进气道的燃油不易蒸发。为了保证发动机在低温下也能正常起动，需进一步增大喷油量。一般采用以下两种方法：

1) 通过 ECU 控制冷起动加浓。通过延长各缸喷油器的喷油持续时间或增加喷油次数来增加喷油量。所增加的喷油量及延长的喷油持续时间，由 ECU 根据进气温度传感器和冷却液温度传感器测得的温度来确定。发动机冷却液温度或进气温度越低，喷油量就越大，喷油的持续时间也就越长。

2）通过冷起动喷油器和冷起动温度开关控制冷起动加浓。这种控制方式在冷车起动时，除了通过ECU延长各缸喷油器的喷油持续时间来增大喷油量之外，还通过冷起动喷油器喷入一部分冷车起动所需要的附加燃油，以加浓混合气。

现代汽油机为了简化结构，一般采取第一种方法。

（2）起动后的喷油控制　发动机起动后，转速超过了最低的极限转速，转入正常运转程序。在发动机运转期间，各传感器适时检测发动机的转速、进气量、进气温度、冷却液温度、节气门位置（即工况）以及排气中氧的含量等信号，通过接口电路输入ECU。ECU按下式确定喷油持续时间：

$$喷油持续时间 = 基本喷油时间 \times 喷油修正系数 + 电压修正值$$

基本喷油时间是根据空气质量和发动机转速计算出的为实现设定空燃比而需要的喷油时间。各喷油修正系数介绍如下：

1）蓄电池电压修正。当ECU控制的喷油脉冲信号到达喷油器时，由于喷油器电磁线圈具有感抗，延缓了电磁线圈内电流的增大，使喷油器针阀的开启滞后于电脉冲到达的时刻，而喷油器针阀关闭的时刻又落后于电脉冲结束的时刻。一般开启时间大于关闭时间，因此导致实际的喷油持续时间小于电脉冲宽度（图4-22a）。这样，在同样宽度的喷油电脉冲控制下，当蓄电池电压不同时，会引起实际喷油量的变化，蓄电池电压降低，喷油量也会下降。蓄电池电压修正通常以14V电压为基准，低于14V时，增加喷油时间，发动机因此得到正确的喷油量。蓄电池电压修正系数见图4-22b。

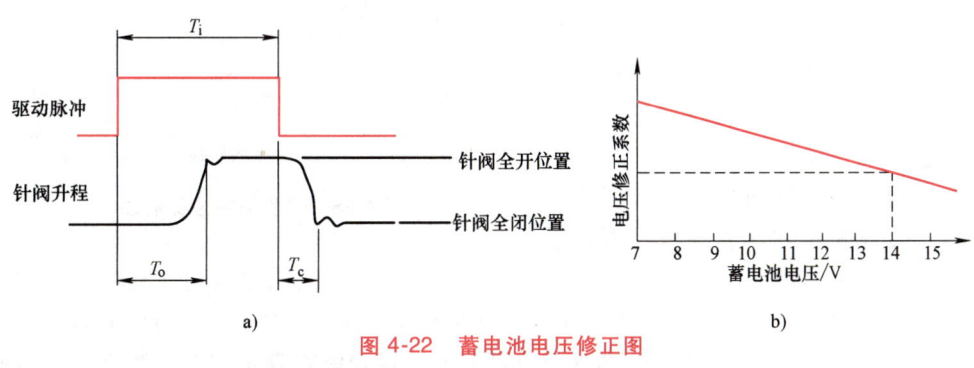

图4-22　蓄电池电压修正图

a）驱动脉冲与针阀运动　b）蓄电池电压修正系数
T_i—通电时间　T_o—阀开启时间　T_c—阀关闭时间

2）进气温度修正。进气温度不同，空气质量会有变化。为了补偿该误差，在空气流量传感器内常装有进气温度传感器，通常是以20℃时的进气温度为基准。修正系数如图4-23所示，当进气温度低于20℃时，修正系数大于1.0，适当增加喷油量；当进气温度高于20℃时，修正系数小于1.0，适当减少喷油量。

3）起动后喷油修正。发动机冷车起动后数十秒内，由于发动机温度较低使得汽油汽化不良，为使发动机保持稳定运转，应随时间变化进行不同程度的加浓。喷油修正系数的初始值由冷却液的温度决定，然后随着运行，修正系数逐渐减小。起动后喷油修正系数如图 4-24 所示。

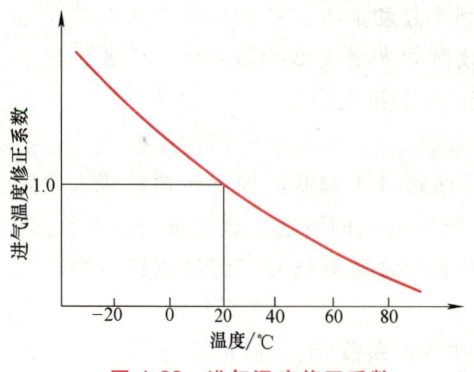

图 4-23　进气温度修正系数

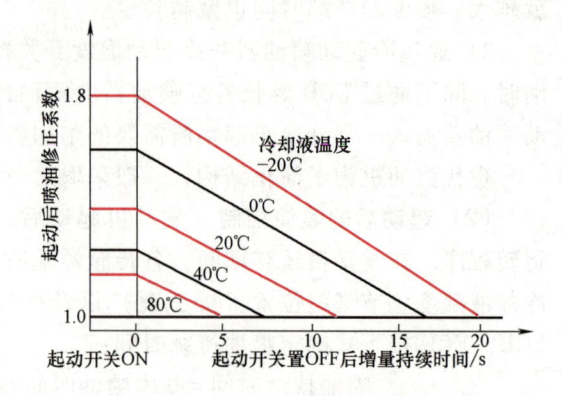

图 4-24　起动后喷油修正系数

4）暖机加浓修正。在冷车起动结束后的暖机过程中，发动机的温度一般不高，喷入燃油与空气的混合依然较差，结果造成气缸内的混合气变稀。因此，在暖机过程中必须增加喷油量。暖机增量比的大小取决于冷却液温度传感器所测得的发动机温度，并随着发动机温度的升高而逐渐减小（图 4-25）。

5）加速修正。汽车发动机加速时，节气门突然开大，发动机吸气量会随着节气门开度的变化而立即发生变化，但进入气缸的燃料量却由于在进气管壁上凝聚的油膜蒸发量受进气压力增加的影响而减少，所以在短时间内使混合气变稀。为了获取良好的加速过渡性能，要求供给系统能在短时间内使混合气加浓。在加速工况下，发动机根据节气门位置传感器的变化速率判断发动机是否处于

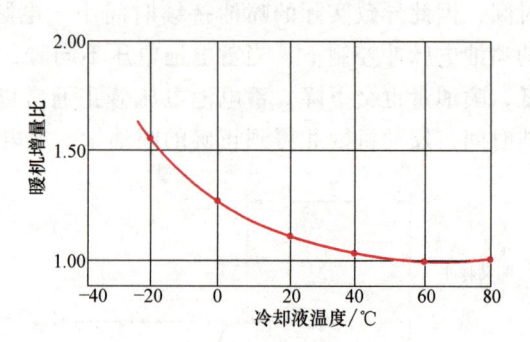

图 4-25　暖机加浓修正系数

加速工况。当发动机处于加速工况时，ECU 能自动按一定比例适当增加喷油量，修正的大小取决于加速时的发动机冷却液温度，温度越低，修正量越大，持续时间越长。

6）大负荷修正。发动机处于部分负荷时，喷油量控制在理论空燃比附近，以得到最低排放。当节气门位置传感器的大负荷触点闭合或节气门开度大于 70° 左右时，ECU 判断为大负荷工况，此时应按功率混合气要求供给喷油量，目的是使发动机发出最大功率。大负荷信号由节气门位置传感器测得的节气门开度来决定。当判断出为大负荷时，ECU 调节喷油器的持续喷油时间，使喷油量增加。

7）断油控制。断油控制是 ECU 在一些特殊工况下，暂时中断燃油喷射，以满足发动机运转中的特殊要求，它包括超速断油控制和减速断油控制两种控制方式。

① 超速断油控制。超速断油是指当发动机转速超过允许最高转速时，由 ECU 控制自动中断喷油，以防止发动机超速运转，造成机件损坏，也有利于降低油耗，减少有害排放物。对发动机的最高转速进行限制，对电控燃油喷射发动机来说，采用的是切断燃

油的电子转速限制装置。ECU 根据发动机的实际转速与 ECU 内存储的最高转速进行比较，当达到设定的最高转速时，ECU 立即抑制喷油脉冲，停止输出喷油信号，使喷油器停止喷油。当发动机转速降到规定值，即断油后发动机转速下降至低于极限转速约 100r/min 时，断油控制结束，恢复喷油。如此循环，以防止转速继续上升。

② 减速断油控制。当发动机高速运行突然完全关闭节气门时，不可能很快转入正常怠速。ECU 根据节气门全闭信号和转速高于某一设定值的信息，自动控制中断燃油喷射，直到发动机转速下降到设定的低转速时再恢复喷油。这样，有利于控制急减速时的有害排放物，降低燃油消耗量，并加大发动机对汽车滑行的制动作用。减速断油控制过程是由 ECU 根据节气门位置、发动机转速、冷却液温度等运转参数做出综合判断后，在满足以下条件时执行减速断油控制的：

a. 节气门位置传感器中的怠速开关接通。

b. 发动机冷却液温度已达正常温度。

c. 发动机转速高于某一数值，该转速称为减速断油转速，其值根据发动机冷却液温度、负荷等参数确定。通常，冷却液温度越低，发动机负荷越大（如使用空调时），该转速越高。

当上述三个条件都同时得到满足时，ECU 就执行减速断油控制，切断喷油，否则，ECU 立即停止减速断油，恢复喷油。

以上所述空燃比的控制方法，称为**开环控制**。在此控制系统中，发动机各种运行工况下的空燃比存储在 ECU 的存储控制单元中，在发动机运行时，ECU 根据传感器检测到的信号从存储器中查取相应的控制参数并输出控制。其特点是发动机只是按照 ECU 中预先存储的空燃比值对发动机进行控制，因而其控制比较简单，但并不检测控制后是否达到了真正目标，所以不能纠正自身控制产生的相对误差。

(3) 理论空燃比的反馈控制 反馈控制又称为**闭环控制**。所谓**反馈控制**是指借助安装在排气管中的氧传感器反馈信号，对空燃比进行反馈控制使其达到理论空燃比的控制方式。根据氧传感器的输出特性，氧传感器输出电压信号在过量空气系数 $\phi_a = 1$ 处发生跃变。ECU 有效地利用这一空燃比反馈信号，当混合气过稀时，排气中含氧量增加，当增加到一定值时，氧传感器的输出电压突然降低。ECU 根据这一信号使喷油器增加供油量，使混合气逐渐变浓，直至加浓到实际空燃比略低于化学计量空燃比、氧传感器的输出电压再次迅速上升、ECU 再次发出减少喷油量的命令为止。反馈控制便是如此循环往复地进行的（图 4-26）。

氧传感器通常和三元催化转化器一同使用，应用氧传感器进行反馈控制的目的是保证三元催化转化器工作在高效净化区。

在发动机运行中，并不是在所有时刻和任何工况下，氧传感器和反馈控制系统都起作用。ECU 是交替通过开环和闭环两种方式对喷油量进行控制的。发动机在起动、大负荷（节气门全开）及暖机运转过程中，需要较浓的混合气，此时 ECU 是处于开环控制状态，氧传感器不起作用。另外，因为氧传感器只有在高温状态下（一般需加热至 350℃以上）才能产生可靠的信号，因而发动机起动后，在氧传感器未达到一定温度之前，ECU 也是处于开环控制状态下工作的。只有在发动机达到正常工作温度后，ECU

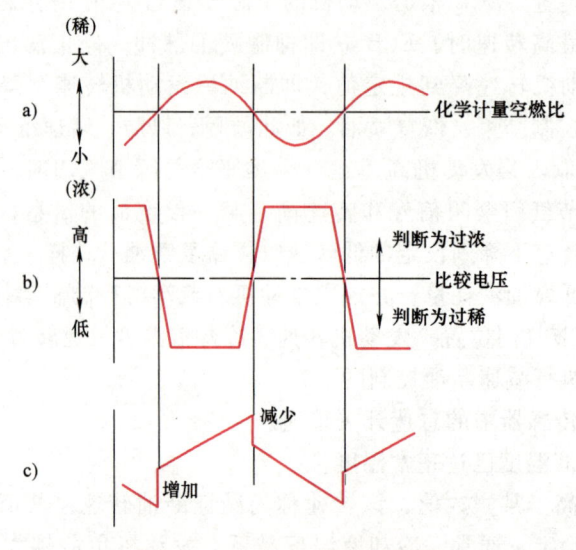

图 4-26 反馈控制特性曲线图
a) 混合气实际空燃比　b) 氧传感器输出电压　c) 喷油量

才进行闭环控制,氧传感器才发挥反馈控制的作用。当氧传感器出现故障,输出信号异常时,ECU 会自动切断氧传感器的反馈作用,进入开环控制状态。

第三节　汽油机的燃烧室

燃烧室结构直接影响到发动机的充气效率、火焰传播速率及放热率、传热损失和爆燃的发生,从而影响发动机的性能。为了使汽油机动力性高、经济性好、工作平稳、噪声小、排气污染小,对燃烧室提出了一系列的要求。

(1) **结构紧凑**　面容比 F/V(燃烧室表面积与容积之比)常用于表示燃烧室的紧凑性。它与燃烧室形式以及汽油机的主要结构参数有关,侧置气门燃烧室的 F/V 大,顶置气门燃烧室的 F/V 要小得多,即使都是顶置气门,不同形状燃烧室的 F/V 值也是有差别的。一般来说,F/V 大,火焰传播距离长,容易爆燃,HC 排放高(图 4-27),相对散热面积大,热损失大。F/V 小,燃烧室紧凑,火焰传播距离小,不易爆燃,可提高压缩比;相对散热损失小,热效率高;熄火面积小,HC 排量少。

燃烧室形状				
$\dfrac{F}{V}$/cm^{-1}	3.15	2.93	2.6	2.52

(2) **具有良好的充气性能**　应允许有较大的进、排气门流通截面,这样可以提高充气效率,降低泵气损失;燃烧室壁面与气门头部要有足够的间隙,以避免壁面的遮蔽

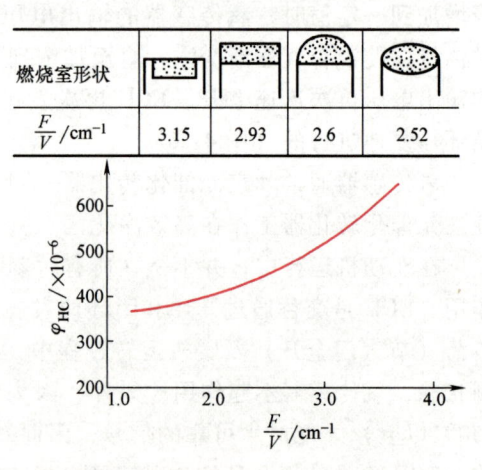

图 4-27　不同燃烧室的 F/V 与 HC 排放

作用。

（3）火花塞位置安排得当 火花塞的位置直接影响火焰传播距离的长短，从而影响抗爆性，也影响火焰面积扩展速率和燃烧速率。在布置火花塞时必须考虑以下因素：

1）能利用新鲜混合气充分扫除火花塞间隙处的残余废气，使混合气易于着火。这一点对暖机和低负荷的运转稳定性更为重要，但气流不能过强，以免吹散火花。

2）火花塞应靠近排气门处，使受灼热表面加热的混合气尽早燃烧，以免发展为爆燃燃烧。

3）火花塞的布置应使火焰传播距离尽可能短。

4）不同的火花塞位置对燃料的辛烷值要求也不同。图 4-28 所示为一种顶置气门燃烧室火花塞的位置对辛烷值的要求。

不同的燃烧室形状实际上反映了混合气气体的分布情况，与火花塞位置相配合，也就决定了不同的燃烧放热率和火焰传播到边缘可燃混合气的距离，从而影响抗爆性、工作粗暴性、经济性和平均有效压力。在特制形状的燃烧室中的试验结果表明，圆锥形底部点火时，开始燃烧速率大，后期缓慢；圆锥形顶部点火时正好相反，开始缓慢，后期快速燃烧；圆柱形介于两者之间（图 4-29）。楔形燃烧室与圆锥形底部点火类似，浴盆形燃烧室与圆柱形类似。

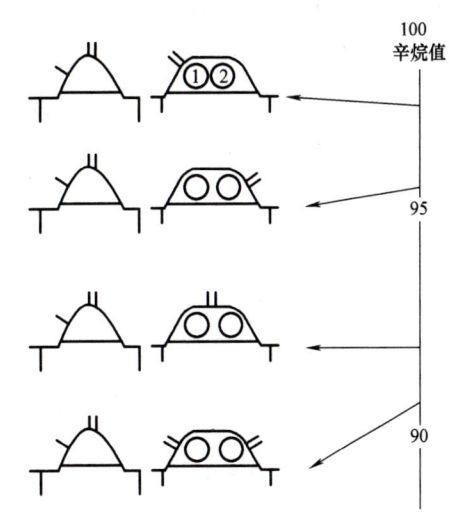

图 4-28 顶置气门燃烧室火花塞的位置对辛烷值的要求（$n=1000 \text{r/min}$，$\varepsilon=9$）
1—进气门　2—排气门

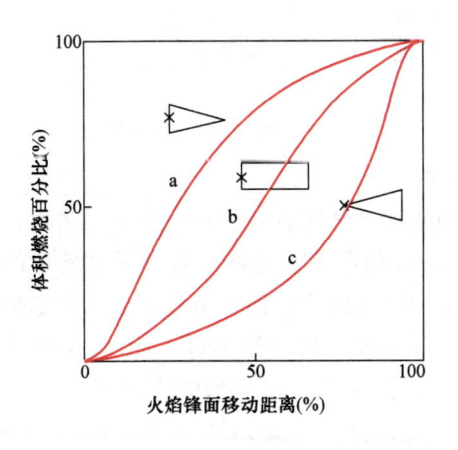

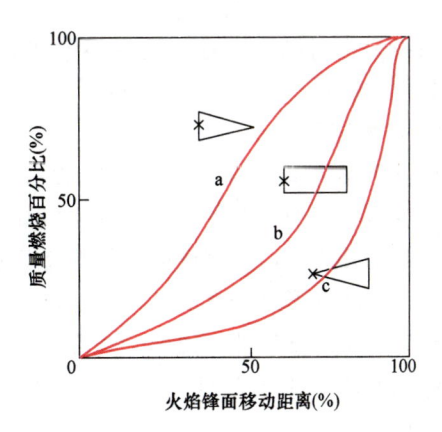

图 4-29 燃烧室形状对燃烧放热率的影响

合理的分布应使燃烧初期压力升高率小，工作柔和；中期放热量最多，获得较大的功率；后期补燃较少，有较高的热效率。

（4）要产生适当的气体流动 燃烧室内形成适当强度的气体流动具有以下优势：①增加火焰传播速度；②扩大了混合气体的着火界限，可以燃烧更稀的混合气；③降低了循环变动率；④降低了HC排量。需要注意的是过强的气流会使热损失增加，还可能吹熄火核而失火。

（5）适当冷却末端混合气 末端混合气要有足够的冷却强度，以降低末端混合气的温度，减轻爆燃倾向。但又不可使激冷层过大，以免增加HC的排放。

一、传统发动机常见的几种燃烧室

1. 楔形燃烧室

如图4-30所示，楔形燃烧室的结构较紧凑，火焰传播距离较短；气门倾斜6°~30°，使得气道转弯小，这种燃烧室气门直径较大，所以充气性能较好；楔形燃烧室有一定的挤气面积，并且末端混合气冷却作用较强，故压缩比可达9.5~10.5；这种燃烧室有较好的经济性、动力性。

楔形燃烧室的火花塞布置在楔形高处，对着进、排气门之间，有利于新鲜混合气扫除火花塞附近的废气，低速、低负荷性能稳定。但由于混合气过分集中在火花塞处，使得初期燃烧速度大，$\Delta p/\Delta \varphi$的值较高，工作粗暴，NO_x排放量较高。由于挤气面积内的熄火现象，废气中HC的含量也较多，故须控制挤气面积。

楔形燃烧室曾是车用汽油机采用比较广泛的一种，我国CA-72型车用汽油机及486（3Y）、491（4Y）、489（GM2.0）型汽油机均采用此种燃烧室。由于楔形燃烧室进、排气门只能单行排列，采用多气门机构困难，故在高性能轿车汽油机上较少应用。

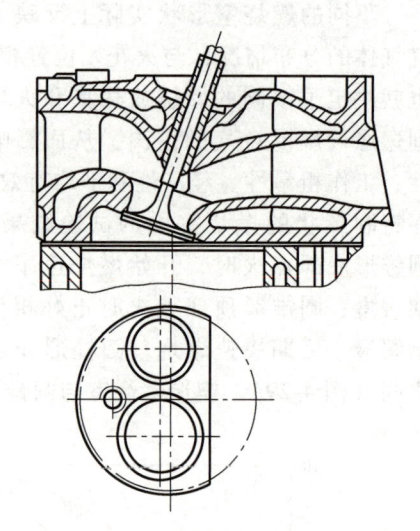

图4-30 楔形燃烧室

2. 浴盆形燃烧室

浴盆形燃烧室的结构如图4-31所示。这种燃烧室高度是相同的，宽度允许略超出气缸范围来加大气门直径。从气流运动考虑，需要在气门头部外缘与燃烧室壁面之间保持5~6.5mm的距离，这样使气门尺寸所受的限制比楔形大。浴盆形燃烧室的特点是：具有一定的挤气面积，但挤流效果差；火焰传播距离较长，燃烧速度较低，使整个燃烧时间长，经济性、动力性不好，HC排放量多。但$\Delta p/\Delta \varphi$的值低，工作柔和，NO_x的排量较少，工艺性好。我国6100Q汽油机、492Q汽油机采用此种燃烧室。

3. 半球形燃烧室

半球形燃烧室如图4-32所示。这种燃烧室结构紧凑，且由于火花塞位于中间，故火焰传播距离也是最短的。进、排气门倾斜布置，使气门直径较大，气道转弯较小，充气效率高，且对转速变化不敏感，最高转速在6000r/min以上的车用汽油机几乎都采用

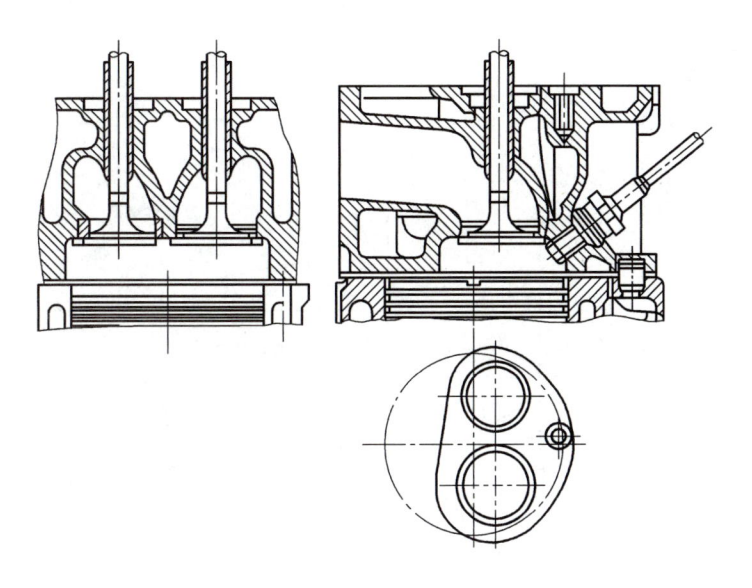

图 4-31 浴盆形燃烧室的结构

此类燃烧室。因此半球形燃烧室有较好的动力性和经济性，由于面容比小，HC 的排放量低。其缺点是由于火花塞附近有较大容积，使燃烧速率大，压力升高率大，工作粗暴；NO_x 排放较多，末端混合气冷却较差，气门驱动机构也较复杂。

二、稀薄燃烧及缸内直喷式汽油机

常规汽油机（包括化油器式和大部分进气道喷射式汽油机）的混合气是均质的，一般空燃比在 12.6~17 范围内工作。常规汽油机的主要缺点是：为了防止发生爆燃，采用较低压缩比，这导致热效率较低；浓混合气的比热容比低，使热效率降低；只能用进气管节流方式对混合气的充量进行调节，即所谓量调节，这使得泵气损失较大；在化学计量比附近燃烧，其有害排放特别是 NO_x 的排放较高。总之，常规汽油机，特别是用三元催化转化器的汽油机，过量空气系数必须控制在 1 左右，从而限制了其性能进一步提高。

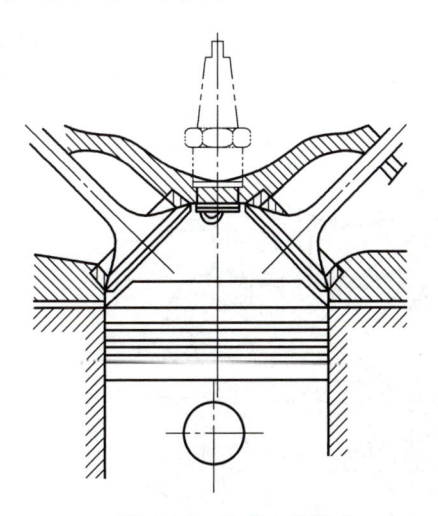

图 4-32 半球形燃烧室

稀薄燃烧汽油机是一个范围很广的概念，空燃比只要大于 17，且保证动力性能，就可以称为稀薄燃烧汽油机。稀薄燃烧汽油机可分为两类，一类是非直喷式稀燃汽油机，包括均质稀燃和分层稀燃式汽油机，一般只能在空燃比小于 25 的范围内工作。而另一类是缸内直喷式稀燃汽油机，可在空燃比为 25~50 的范围内稳定工作。与常规汽油机相比，稀薄燃烧汽油机同时兼顾了燃油经济性和低排放特性。

常规、非直喷稀燃和直喷式稀燃三种燃烧方式的汽油机,其排放特性和燃油经济性的对比如图 4-33 所示。

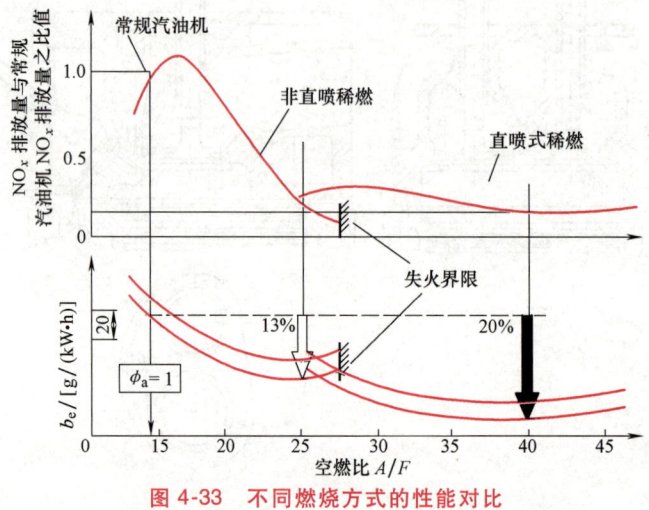

图 4-33 不同燃烧方式的性能对比

1. 均质稀混合气的燃烧室

(1) TGP 燃烧室 如图 4-34 所示,燃烧室中设有一个预燃室,其容积 V_p 所占主燃烧室容积 V_m 的比例不大于 20%,火花塞位于通道中。在压缩过程中,新鲜混合气进入预燃室,产生适当的涡流,并对火花塞间隙进行扫气,促进着火。火焰核心进入预燃室,引起迅速燃烧,结果形成火焰束喷入主燃烧室,使主燃烧室内的气体产生强烈湍流,促进了主燃烧室燃烧。其燃烧特性如图 4-35 和图 4-36 所示。

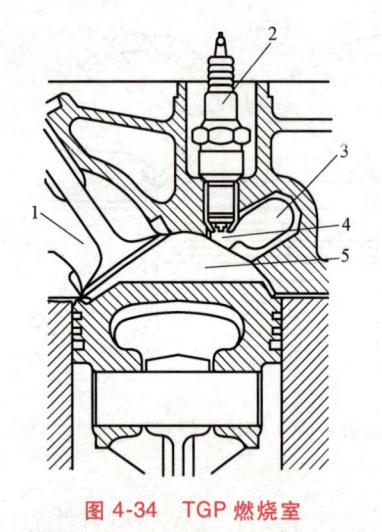

图 4-34 TGP 燃烧室
1—进气口 2—火花塞 3—湍流发生器
4—气道 5—主燃烧室

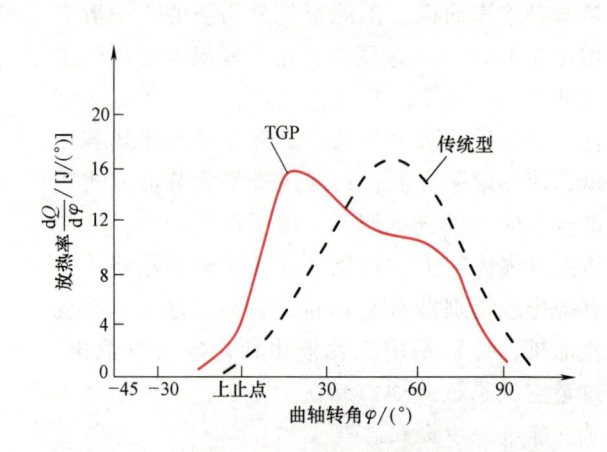

图 4-35 TGP 燃烧室与传统型燃烧室放热率的比较
($n = 2000 \text{r/min}$, $\alpha = 15$, 4缸, 排量 2000mL)

(2) 双火花塞燃烧室 在如图 4-37 所示的燃烧室中,在离半球形燃烧室中心两边等距离处各布置一个火花塞,因而火焰传播距离仅为缸径的一半,点火提前角可减小,这样提高了点火时混合气的压力和温度，使着火性能得到改善，燃烧持续时间缩短，提高了发动机的性能。

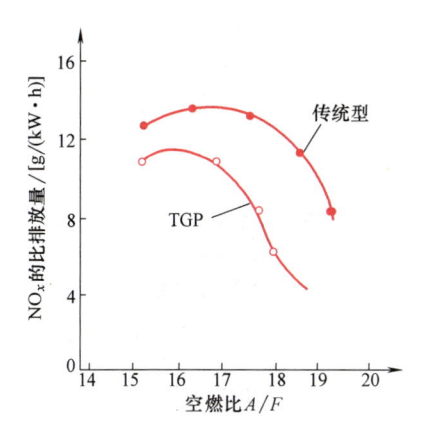

图 4-36　TGP 燃烧室传统型燃烧室 NO_x 的比较
（$n=2400r/min$，4 缸，排量 2000mL）

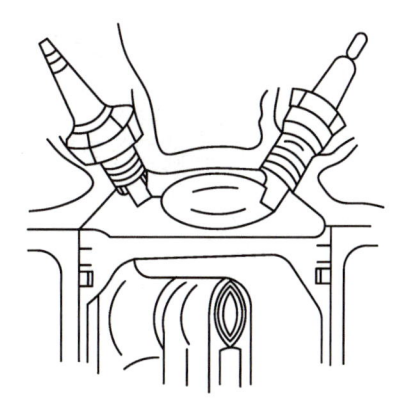

图 4-37　双火花塞燃烧室示意图

2. 分层燃烧

均质预混合燃烧通过采用改进燃烧室、高湍流和高能点火等技术，可使汽油机的稳定燃烧界限的空燃比超过 17，即实现均质稀燃。但随着空燃比继续增大，这种均质的混合气逐渐难以点燃，并且燃烧速度也显著减慢，造成燃烧不稳定和 HC 排放回升，以致无法正常工作。

为了提高稀燃界限，可采用分层充气燃烧，即在火花塞附近形成具有良好着火条件的较浓可燃混合气，而在周边区域是较稀混合气或空气。分层燃烧的汽油机可稳定工作在空燃比为 20~25 的范围内。分层充气使燃油消耗率降低 13% 左右，NO_x 也有显著降低。

分层往往是通过不同的气流运动和供油方式实现的，从 20 世纪 70 年代开始，人们就开始在化油器式汽油机上进行分层稀薄燃烧的尝试。

(1) 美国德士古分层燃烧系统（TCCS）　如图 4-38 所示，此系统吸入气缸的是空气，由螺旋进气道或导气屏组织强进气涡流。在压缩上止点前 30°左右，喷油器顺气流方向将汽油喷入气缸，汽油随气流流动，火花塞位于喷油器下方边缘，此处混合气浓，容易着火。着火后，火焰、燃气随气流扩展，被气流带离火花塞、喷油器，新鲜空气又被涡流带到燃油喷射区。这种燃烧系统并不一定利用气缸中的全部空气，小负荷时，燃烧产物扩展区域并不大，随负荷增加，喷油持续期延长，燃烧产物区域也随之扩展。

TCCS 具有以下优点：

1) 压缩比可提高到 12，功率可采用变质调节，因此部分负荷时有较高的经济性能。

2) 对燃料辛烷值不敏感，可以燃烧汽油、煤油、柴油，具有优异的多种燃料性能。

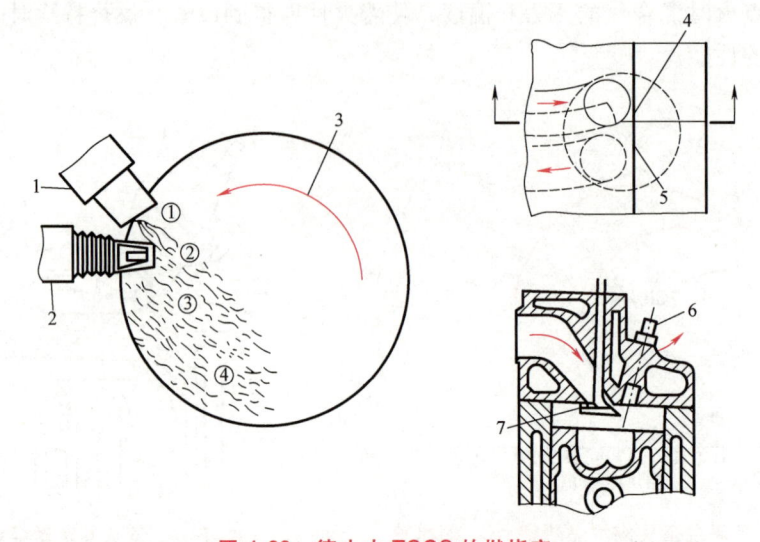

图 4-38 德士古 TCCS 的燃烧室

1,4,6—喷油器 2—火花塞 3—空气流动方向 5—火花塞 7—挡板阀
①~④—分层燃烧中不同的层（不同浓度的混合气）

TCCS 具有以下缺点：

1）NO_x 的排放量高。

2）分层不好时，高负荷冒黑烟，低负荷因过量空气系数过大，燃烧不好，HC 排放量增加。

3）对加速、减速等过渡工况及周围环境变化的适应性较差。

4）技术要求高，推广有一定困难。

（2）CVCC 燃烧系统 由本田公司提出的 CVCC（Compound Vortex Controlled Combustion）燃烧系统如图 4-39 所示。它实际上是一种分区燃烧方式，有主、副两个燃烧室和两个化油器。工作时，向主燃烧室供给较稀混合气，向副燃烧室供给少量浓混合气，在压缩过程中，副燃烧室内形成易于着火的混合气。火花塞首先点燃副燃烧室中的混合气，由副燃烧室喷出的火焰点燃主燃烧室内的稀混合气。

CVCC 燃烧系统的主燃烧室不组织涡流，加上主、副燃烧室之间的火焰孔面积较大，不可能引起强烈的燃烧湍流，因此燃烧速度低，过后燃烧严重，CVCC 燃烧系统的 NO_x 排放量仅为一般汽油机的 1/3；同时由于富氧和燃烧较慢的原因，排气温度高且处于氧化性气氛，加之装有热反应器，使排气中的

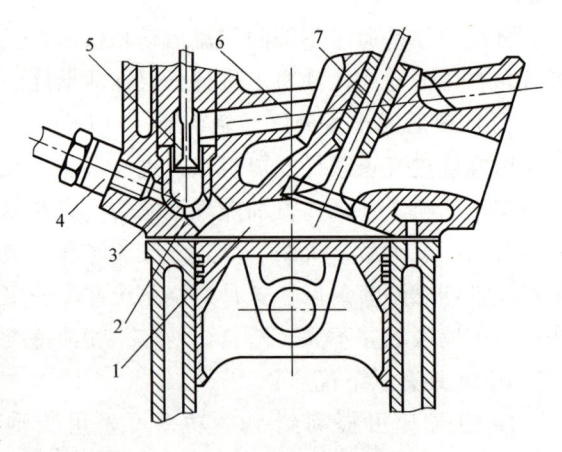

图 4-39 CVCC 燃烧系统

1—主燃烧室 2—火焰通道 3—副燃烧室 4—火花塞
5—辅助进气门 6—副进气道 7—主进气门

HC 和 CO 进一步氧化。

（3）**轴向分层稀燃系统**　如图 4-40 所示，进气过程早期只有空气进入气缸，进气组织较强的涡流；当进气门开启接近最大升程时，通过安装在进气道上的喷油器将燃料对准进气阀喷入缸内；燃料在涡流的作用下，沿气缸轴向产生上浓下稀分层。压缩过程维持这种轴向分层，在火花塞附近存在较浓的混合气，而其余部分的混合气则较稀。

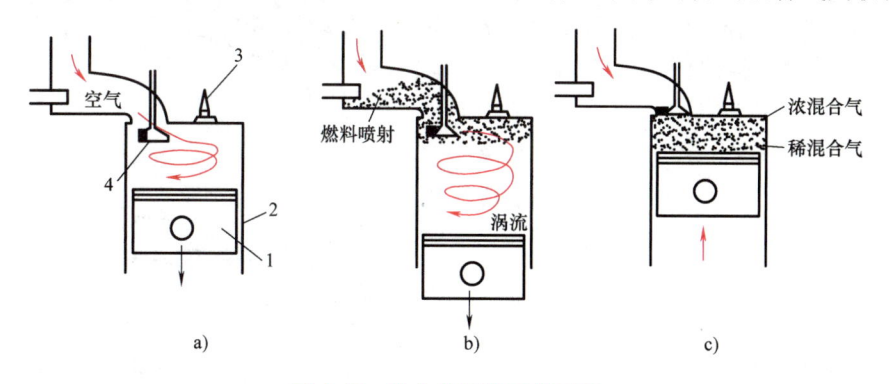

图 4-40　轴向分层的工作原理
a）进气过程早期　b）进气过程后期　c）压缩过程
1—活塞　2—气缸　3—火花塞　4—导气屏进气门

（4）**滚流（纵涡）分层稀燃系统**　图 4-41 所示为三菱公司在 1991 年开发成功的 MVV（Mitsubishi Vertical Vortex）燃烧系统。在进气道中设置两块薄的垂直隔板，使进气在气缸内形成三股独立的滚流，外层的两股仅由空气组成，中间的一股是浓的混合气，这样强的空气和燃料线型气流，大大抑制了水平涡流的形成，同时防止它们彼此混合，使燃料和空气在压缩过程中维持分层，保证火花塞附近形成浓混合气，并向缸壁逐渐稀化。

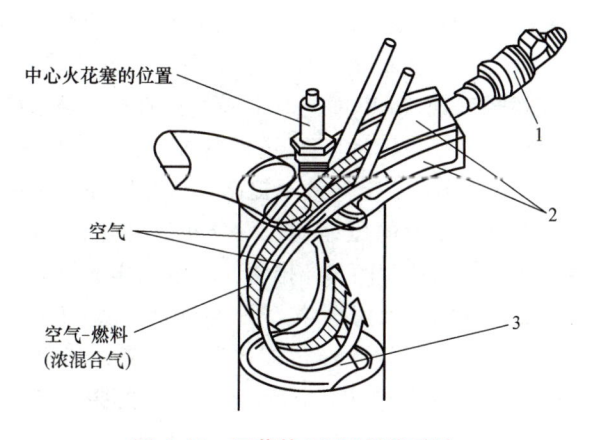

图 4-41　三菱的 MVV 燃烧系统
1—喷油器　2—进气口隔板　3—滚流控制活塞

（5）**四气门分层稀燃系统**　AVL 公司在 1990 年提出的四气门高压缩快速燃烧（High Compression Fast Burn，HCFB）系统，如图 4-42 所示。在进气系统中有一个切向进气道 1 和一个中性进气道 2 分别独立地通往各自的进气门。切向进气道产生绕气缸中心线旋转的进气涡流；同时，中性进气道末端与气缸中心线的夹角较小而产生向下的气流，该气流与活塞运动相配合，产生一种旋转轴线平行于曲轴中心线的滚流。安装在中性进气道中的涡流控制阀 3 控制着两个进气道中的流量比，进而决定缸内充量运动的涡流比。涡流控制阀下游的进气道上开有一个"窗口"，双束喷油器 4 通过这个"窗口"将两束油液分别喷入两个进气道。两油束的燃油流量相等、持续时间相同。当涡流控制阀 3 不是完全开启时，中性进气道的混合气较浓，切向进气道的混合气较稀，造成分层充气。如果配以恰当的燃烧室形状，便能使上述充气的分层保持到点火时刻。涡流控制阀的开度由电控单元根据发动机的工况确定。

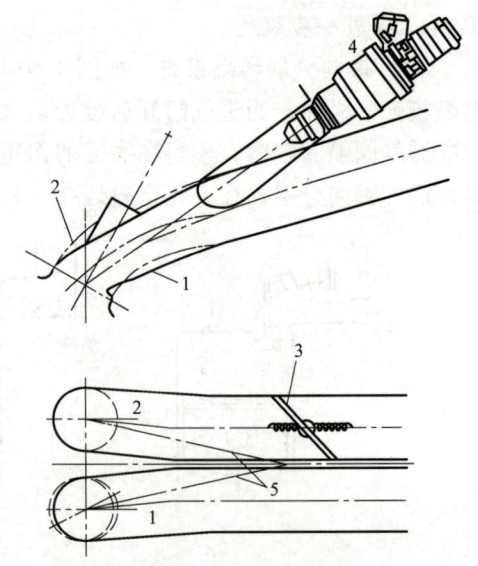

图 4-42 四气门高压缩快速燃烧系统
1—切向进气道 2—中性进气道 3—涡流控制阀
4—双束喷油器 5—双油束

3. 缸内直喷式稀薄燃烧方式

如前所述，与常规汽油机相比，分层充气燃烧已经大大提高了空燃比。但是因为分层充气燃烧时浓混合气区域难以维持很长时间，所以随着空燃比的进一步提高，单靠分层充气燃烧已不能保证稳定着火。缸内直喷式非均质混合燃烧方式较好地解决了这个问题，类似柴油机缸内直喷，汽油机的缸内直接喷射（Gasoline Direct Injection，GDI）是指直接往气缸内喷射汽油。这样在空燃比很稀时，可在接近点火时刻才开始喷油，即压缩过程后期喷油，使火花塞周围的浓混合气来不及变稀就被点燃了。缸内直喷式汽油机一般可在空燃比为 25～50 的范围内稳定工作，燃油消耗率得到进一步改善。

（1）福特缸内直喷燃烧系统（PROCO） 福特缸内直喷燃烧系统如图 4-43 所示，喷油器直接把汽油喷入燃烧室，利用涡流和滚流进行燃油与空气的混合，因燃油在缸内蒸发吸收一部分空气热量，使温度下降，充气效率提高。这种燃烧系统由于是直接喷射，使缸内充量得到冷却，可以使用较大的压缩比，发动机压缩比达 11.5；燃油消耗率可进一步下降，可以大幅度降低冷起动时的 HC 排放，稳定工作的最大空燃比可达 25。

（2）三菱 4G 系列缸内直喷式稀薄燃烧 图 4-44 所示为三菱 GDI 燃烧系统。其主要工作特点是利用立式进气道在气缸中产生逆向翻滚气流；利用一个高压（喷射压力 5MPa）的旋流式电磁喷油器，使得喷出的燃油有良好的贯穿度和合适的雾化；可以实现小负荷时的分层燃烧；可以精确控制点火时火花塞附近的空燃比，提高了发动机点火的可靠性；可以实现两段燃烧⊖；在全工况范围内，可以实现均质、分层、两段混合燃烧等。

⊖ 两段燃烧是指在进行正常燃烧的急速运转时，不仅在压缩行程后期喷油，还在膨胀行程的后期补充喷油的燃烧技术。

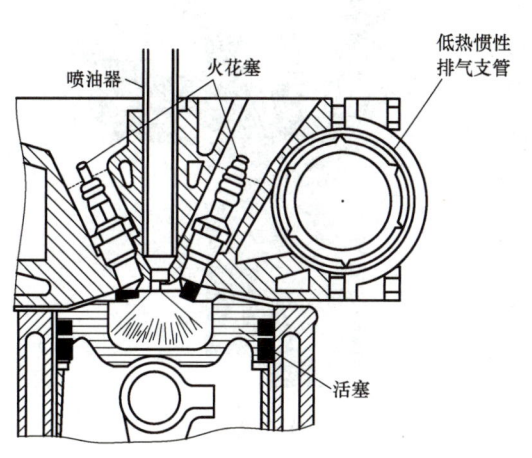

图 4-43 福特缸内直喷燃烧系统

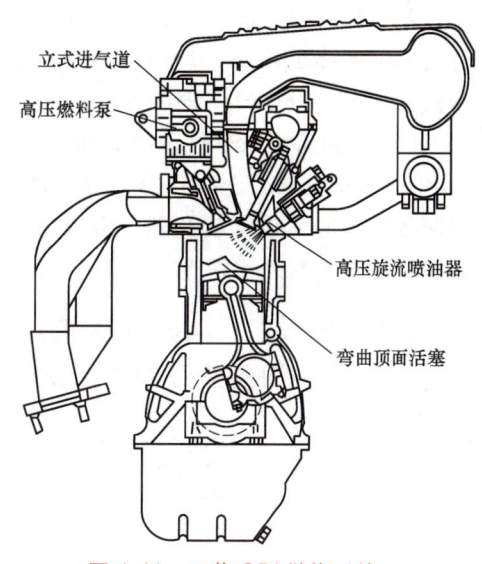

图 4-44 三菱 GDI 燃烧系统

（3）丰田 D—4 缸内直喷式稀燃发动机　图 4-45 所示为丰田公司开发的 D—4 缸内直喷式稀燃发动机的燃烧系统示意图，通过安装在进气道上的电子涡流控制阀，形成不同斜向角度的进气涡流。燃烧室为半球屋顶形，活塞顶部设有唇形深皿凹坑，与进气涡流旋向以及高精度的喷油时间和喷油方向控制相配合，在火花塞周围形成较浓的易点燃混合气区域。该系统采用高压（8~13MPa）旋流喷油器，可实现燃油喷射高度微粒化（喷雾粒度小于 5μm），有效抑制扩散燃烧所产生的黑烟。为了控制分层燃烧时 NO_x 的产生，采用了电控 EGR 系统。

当然，GDI 的广泛应用，也还需要解决一些技术问题。GDI 发动机不能采用已十分成熟的传统三元催化剂，而稀燃催化剂开发难度大，生产成本高。尽管已有若干种稀燃催化剂得到应用，但目前 GDI 发动机的实际排放水平略高于化学计量比加三元催化剂的发动机；因为越接近压缩上止点喷油，混合气形成时间越短，要想形成高质量的燃油混合气，GDI 燃烧系统需要像柴油机那样对"油—气—燃烧室"三者的匹配进行大量工作；GDI 燃烧系统虽然 NO_x 的排放明显降低，但 HC 的排放增加，有时燃烧组织不好甚至冒黑烟；由于汽油比柴油的润滑性差，GDI 燃烧系统对喷油系统的要求很高，GDI 用喷油器的设计制造十分复杂。但因为 GDI 燃烧系统明显改善燃油消耗率，从长远看，GDI 燃烧系统终将取代传统的燃油喷射系统。

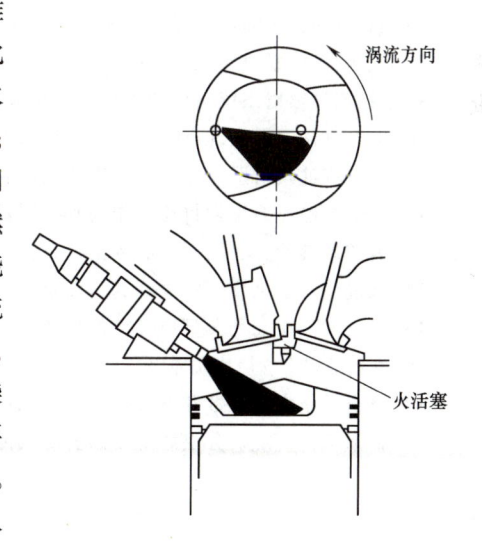

图 4-45 丰田公司的 D—4 缸内直喷式稀燃发动机的燃烧系统示意图

基于排放控制的原因,目前商品化的缸内直喷系统更多采用的是均质混合气的燃烧。大众汽车的TSI(Turbo Fuel Stratified Injection)(图4-46)和通用汽车公司的SIDI(Spark Ignition Direct Injection)具备分层燃烧的控制能力,但配备的是三元催化转化器,混合气的浓度控制实际在理论空燃比附近。

【课程思政】 掌握汽油机电控核心技术,助力中国制造迈向新台阶

请扫码阅读

图4-46 大众汽车的TSI缸内直喷燃烧系统示意图

复习思考题

1. 说明汽油机燃烧过程各阶段的主要特点。
2. 爆燃燃烧产生的原因是什么?它会带来什么不良后果?
3. 爆燃和早燃有何区别?
4. 爆燃的机理是什么?如何避免发动机出现爆燃?
5. 何谓汽油机表面点火?防止表面点火的主要措施有哪些?
6. 何谓汽油机燃烧循环变动?燃烧循环变动对汽油机性能有何影响?如何减少燃烧循环变动?
7. 提高汽油机压缩比对提高性能有何意义?如何保证在汽油机上使用较高的压缩比?
8. 分析使用因素对燃烧过程的影响。
9. 电控汽油喷射系统与化油器相比有哪些优点?
10. 电控汽油喷射系统有哪些形式?目前采用比较广泛的形式是哪种?
11. 电控汽油喷射系统是如何实现喷油定时和喷油量的控制的?
12. 汽油机电控系统常将什么作为其控制目标?
13. 电控系统的开、闭环控制各指什么?
14. 试说明汽油机燃烧室设计的一般要求。
15. 比较汽油机几种典型燃烧室的优缺点及使用场合。
16. 在汽油机上燃烧均质稀混合气有何优点?它所面临的主要困难是什么?目前解决的途径有哪些?
17. 分析过量空气系数和点火提前角对燃烧过程的影响。
18. 何谓稀薄燃烧、分层燃烧?两者对汽油机有何益处?

第五章

柴油机混合气的形成与燃烧

柴油机使用的燃料是较难挥发和较易自燃的柴油，其混合气形成和燃烧过程与汽油机有着本质的不同，柴油通过高压喷射系统在压缩行程接近终了时开始直接喷入燃烧室内，混合气形成的时间短，难于形成均匀的混合气，燃烧室内的工质成分随时间和地点而变化。这种不均匀的混合气是在高温、高压下多点自燃着火燃烧的。

第一节 柴油机的燃烧过程

一、燃烧过程概述

燃烧过程是柴油机工作过程的核心部分，为便于分析，可将其人为地划分为四个阶段，即着火延迟期（又称为滞燃期）、速燃期、缓燃期和补燃期，如图5-1所示。

1. 着火延迟期

着火延迟期又称为滞燃期（图5-1中的AB段），是从燃油开始喷入燃烧室内（A点）至由于开始燃烧而引起压力升高使压力脱离压缩线开始急剧上升（B点）。在着火延迟期内，燃烧室内进行着混合气准备的物理和化学过程。物理过程包括燃油的粉碎分散、蒸发汽化和混合，直至在某些局部区域形成可燃混合气；化学过程是指混合气的先期化学反应直至开始自燃。虽然对于局部而言，物理过程和化学过程是相继进行的，但对于整体而言，物理过程和化学过程是重叠在一起的。

以秒和曲轴转角为单位的着火延迟期，可分别用τ_i和φ_i表示。一般$\tau_i = 0.7 \sim 3\text{ms}$，$\varphi_i = 8° \sim 12°$。柴油机着火延迟期的长短决定了延迟期内的喷油量和预制混合气量的多少，从而影响柴油机的燃烧特性、动力经济性、排放特性以及噪声振动，必须精确

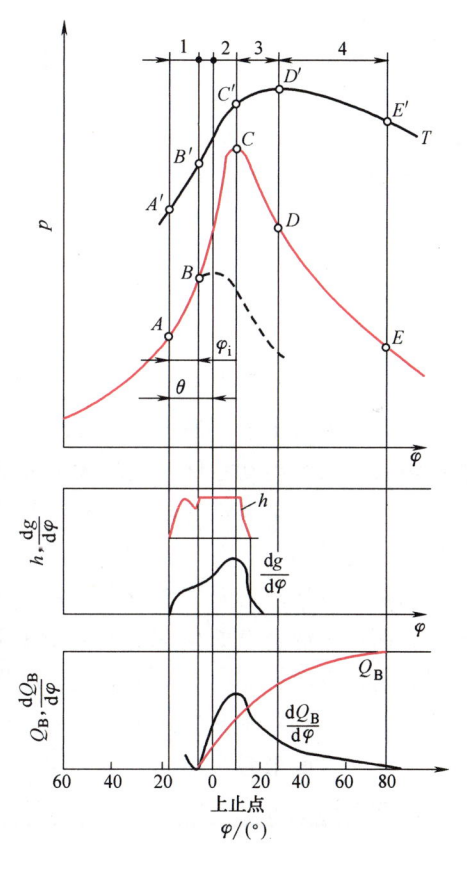

图5-1 柴油机的燃烧过程

控制。

影响着火延迟期长短的主要因素是燃烧室内工质的状态。柴油的自燃性较好（十六烷值较高），着火延迟期也较短。图5-2表示了对于十六烷值为56的柴油，温度与压力对着火延迟期的影响。由图可见，温度越高或压力越高，则着火延迟期越短。另外，压缩比增加、进行进气预热、增压等都会使压缩终了时的温度、压力增加，从而缩短着火延迟期。

2. 速燃期

速燃期为图5-1中的 BC 段，即从压力脱离压缩线开始急剧上升（B 点）至达到最大压力（C 点）。速燃期内，在着火延迟期内准备好的混合气几乎同时开始燃烧，使燃烧室内的压力、温度急剧上升。燃烧室内的最大压力（又称为最大爆发压力）有可能达到13MPa以上，最大爆发压力的高低除了受燃烧过程的直接影响外，还与压缩比 ε_c、压缩始点的压力等因素有关。一般用平均压力升高率 $\Delta p/\Delta \varphi$ [MPa/(°)] 以及最大压力升高率 $(\mathrm{d}p/\mathrm{d}\varphi)_{max}$ 来表示压力急剧上升的程度。平均压力升高率定义为

$$\frac{\Delta p}{\Delta \varphi} = \frac{p_C - p_B}{\varphi_C - \varphi_B} \tag{5-1}$$

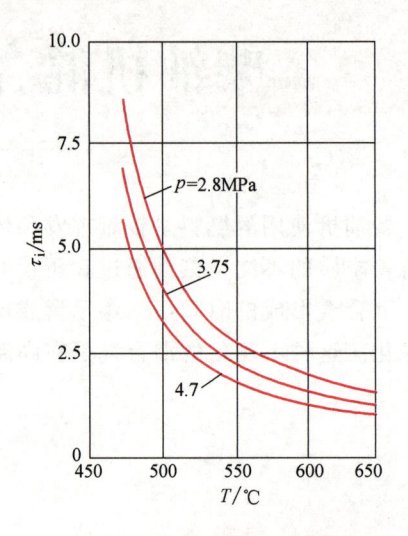

图5-2 温度与压力对着火延迟期的影响

式中 p_B、p_C——分别为 B 点和 C 点的压力；

φ_B、φ_C——分别为 B 点和 C 点所对应的曲轴转角。

压力升高率决定了柴油机运转的平稳性，若压力升高率过大，则柴油机工作粗暴，燃烧噪声大；同时运动零件承受较大的冲击负荷，影响其工作可靠性和使用寿命；但由于燃烧迅速进行，柴油机的经济性和动力性会较好。压力升高率应限制在一定的范围之内，柴油机的平均压力升高率 $\Delta p/\Delta \varphi$ 一般应不大于 0.4~0.5MPa/(°)。与汽油机相比，柴油机的平均压力升高率较大。其大小主要取决于着火延迟期内形成的可燃混合气的多少，而可燃混合气的生成量受着火延迟期内喷射燃料量的多少、着火延迟期的长短、燃料的蒸发混合速度、空气运动、燃烧室形状和燃料物化特性等多种因素的影响。

为控制压力升高率，应减少在着火延迟期内准备好的可燃混合气的量。一般来说，这可以从两个方面来考虑，一方面可缩短着火延迟期的时间，另一方面可减少着火延迟期内喷入的燃油或可能形成可燃混合气的燃油。

3. 缓燃期

缓燃期为图5-1中的 CD 段，即从最大压力点（C 点）至最高温度点（D 点）。一般喷射过程在缓燃期都已结束，随着燃烧过程的进行，空气逐渐减少而燃烧产物不断增多，燃烧的进行也渐趋缓慢。缓燃期的燃烧具有扩散燃烧的特征，混合气形成的速度和

质量对扩散燃烧起着十分重要的作用。在这一阶段内，采取措施使后期喷入的燃油能及时得到足够的空气，尽可能地加速混合气的形成，才能保证迅速而完全的燃烧，从而提高柴油机的经济性和动力性。

柴油机的最高燃烧压力 p_{max} 一般为 5~9MPa，增压柴油机有可能大于 13MPa。同汽油机一样，柴油机也希望 p_{max} 出现在上止点后 10°~15° 曲轴转角，这样可以获得较好的动力性和经济性。但与汽油机不同的是，C 点的位置不仅取决于喷油提前角，也取决于着火延迟期和速燃期的长短。柴油机燃烧室内的最高温度可达 2000K 左右，一般在上止点后 20°~35° 曲轴转角处出现。

由于不可能形成完全均匀的混合气，所以使柴油机必须在过量空气系数大于 1 的条件下工作，保证基本上完全燃烧的最小过量空气系数的大小随燃烧室的不同而异，在分隔式燃烧室中最小可达 1.2 左右。与汽油机相比，柴油机的空气利用率较低，这也是其升功率和比重量的指标较汽油机差的主要原因之一。

4. 补燃期

补燃期为图 5-1 中的 DE 段，即从最高温度点（D 点）至燃油基本燃烧完（E 点）。补燃期的终点很难准确地确定，一般当放热量达到循环总放热量的 95%~99% 时，就可以认为补燃期结束，也是整个燃烧过程的结束。补燃期内燃油的燃烧可称为后燃，由于燃烧时间短促，混合气又不太均匀，总有少量燃油拖延到膨胀过程中继续燃烧。特别是在高速、高负荷工况下，因过量空气系数小，混合气形成和燃烧的时间更短，这种后燃现象就更为严重。在补燃期中，缸内压力不断下降，燃烧放出的热量得不到有效利用，还使排气温度提高，导致散热损失增大，对柴油机的经济性不利。此外，后燃还增加了有关零部件的热负荷。因此，应尽量缩短补燃期，减少补燃期内燃烧的燃油量。

二、燃烧放热规律

瞬时放热速率是指在燃烧过程中的某一时刻，单位时间内〔或 1° 曲轴转角内〕燃烧的燃油所放出的热量；而累积放热百分比，是指从燃烧过程开始至某一时刻为止已经燃烧的燃油与循环供油量的比值。瞬时放热速率和累积放热百分比随曲轴转角的变化关系，称为燃烧放热规律。燃烧放热规律影响到燃烧过程中缸内压力、温度的变化，进而影响到柴油机的性能，对了解、分析和改进燃烧过程有着特别重要的作用。

由能量守恒定律可以得到，单位曲轴转角（或单位时间）内燃烧放出的热量等于单位曲轴转角（或单位时间）内缸内工质内能、工质对活塞做的功和通过燃烧室壁向外传递的热量之和，即

$$\frac{dQ_B}{d\varphi} = \frac{dU}{d\varphi} + \frac{dW}{d\varphi} + \frac{dQ_W}{d\varphi} \tag{5-2}$$

式中　Q_B、U、W、Q_W——分别为燃烧放出的热量、缸内工质内能、工质对活塞做的功和通过燃烧室壁向外传递的热量；

　　　　φ——曲轴转角。

有了实测的示功图，在上式的基础上通过数值计算就可以求得燃烧放热规律。

不同类型发动机的燃烧过程有着不同的特点，其燃烧放热规律也有所不同。图 5-3

和表 5-1 就给出了一个比较不同类型的非增压发动机，在全负荷和中等转速工况下的燃烧放热规律的实例。为便于相互之间的比较，图中作为纵坐标的放热速率是每升工作容积的瞬时放热速率[J/(°)(曲轴转角)L]。

由图 5-3 可见，直喷式燃烧室柴油机的放热速率和累积放热百分比在燃烧的起始阶段上升最快，放热速率很快就达到最大值，而且这一最大值相对两种分隔式燃烧室柴油机都高。此外，高速的直喷式燃烧室柴油机的放热速率往往呈现双峰的特点。在燃烧的起始阶段，两种分隔式燃烧室柴油机的放热速率和累积放热百分比都上升得较慢，放热速率的最大值也较低且燃烧过程持续较长，其中对预燃室式燃烧室柴油机来说，这些特点更为明显。汽油机的放热速率最大值最高，燃烧过程持续较短，但在燃烧的起始阶段，放热速率上升得并不太快，而在燃烧过程后期的放热速率却下降得极快。

燃烧起点、燃烧放热规律曲线形状和燃烧持续时间被认为是燃烧放热规律的三要素。放热规律三要素既有各自的特点，又相互关联。对其进行合理选择与控制是极为重要的。

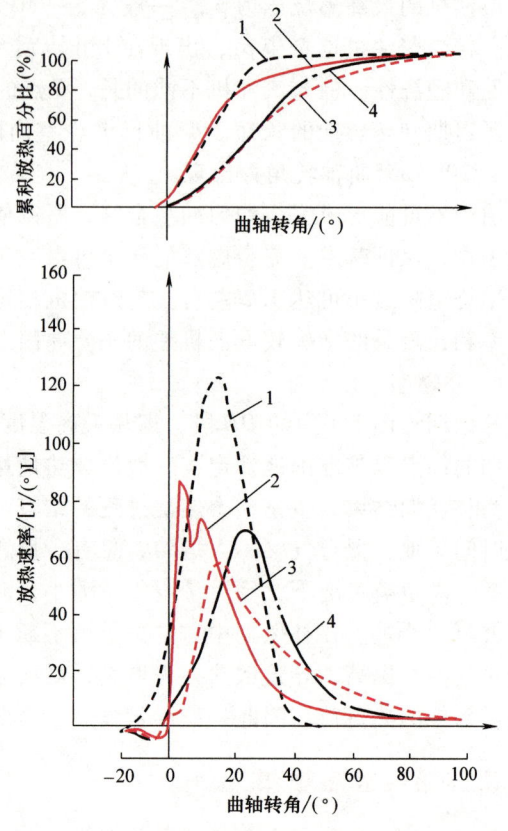

图 5-3 不同类型发动机燃烧放热规律的比较
注：1、2、3、4 见表 5-1。

表 5-1 不同类型发动机的主要参数

序号	名　　称	$D×S$/(mm×mm)	ε	n/(r/min)	p_e/kPa	ϕ_a
1	汽油机（化油器式）	75×72	8.2	3600	810	0.91
2	直喷式燃烧室柴油机	85×94	22.0	2800	730	1.39
3	涡流室式燃烧室柴油机	76.5×80	23.0	3000	670	1.30
4	预燃室式燃烧室柴油机	91×92	22.0	3200	708	1.34

一般来说，较理想的燃烧放热规律要求有一合适的燃烧起点，希望能保证最大燃烧压力 p_{max} 出现在上止点后 10°~15° 曲轴转角。同时燃烧应是先缓后急的。在开始放热阶段，不希望燃烧放热速率上升得过快，以降低压力升高率，使柴油机的工作粗暴得到控制；随后燃烧应加速进行，使绝大部分燃油在尽可能靠近上止点处完成燃烧，以提高经济性。燃烧持续时间不宜过长，柴油机一般小于 50°~60° 曲轴转角。

总之，为了兼顾发动机的各种性能，合理的燃烧过程应做到着火延迟期要缩短，速燃期不过急，缓燃期要加快，补燃期不要过长。

三、柴油机与汽油机燃烧过程的对比

表 5-2 列出了柴油机与汽油机燃烧过程主要特点的对比，这些差别导致了它们在动力性、经济性及排放特性等各种性能方面的差别。

表 5-2　柴油机与汽油机燃烧过程主要特点的对比

对比项目	汽油机	柴油机
着火	点燃,高温单阶段着火,单点着火	压燃,低温多阶段着火,多点同时着火
燃烧	火焰在均质预混合气中有序传播,燃烧柔和	两阶段燃烧,即无序的非均质预混合燃烧和扩散燃烧,燃烧较粗暴
后燃	混合均匀,因而后燃期较短	混合不均匀,因而后燃期较长
放热规律	燃烧放热先缓后急,燃烧持续期较短	直喷式燃烧放热先急后缓,燃烧持续期较长

四、柴油机的有害排放物和噪声振动

1. 柴油机的有害排放物

柴油机废气中的有害排放物主要包括：颗粒物（PM）、氮氧化合物（NO_x）、一氧化碳（CO）以及碳氢化合物（HC）等。与汽油机相比，柴油机废气中的 CO 及 HC 相对较少，NO_x 的排放量也较汽油机的低，而 PM 的排放则是柴油机所特有的问题。图 5-4 表示了在一直喷式柴油机中，这几种主要有害排放物的浓度（体积分数）随过量空气系数 ϕ_a 变化的情况。

（1）**颗粒物**　颗粒物是指温度在 52℃ 以下时，排气中除水以外的固态和液态物质。柴油机废气中的颗粒物主要由碳颗粒物（炭烟粒子）和吸附与凝聚其上的碳氢化合物组成。其中的碳氢化合物部分，可以通过溶解或加热的方法分离开，又称为颗粒物的可溶性有机成分。

炭烟粒子主要是在高温、极度缺氧的条件下生成的。颗粒物的生成是一个十分复杂的过程，一般认为这一过程经历了颗粒物成核、表面增长、凝聚、集聚、吸附等阶段，生成的颗粒物在随后的燃烧过程中还会有部分被氧化。当过量空气系数 ϕ_a 减小至一定程度后，颗粒物的排放量随 ϕ_a 的下降而较快地增长。

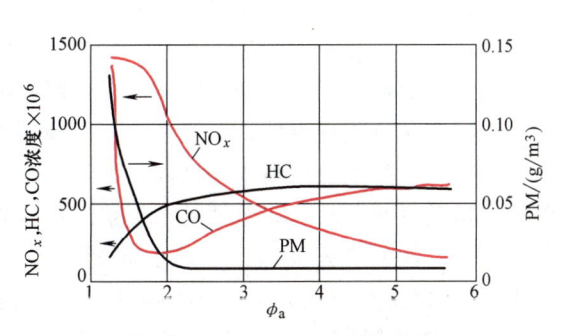

图 5-4　柴油机有害排放物的浓度随过量空气系数 ϕ_a 的变化规律

（2）**氮氧化合物**（NO_x）　NO_x 主要是在高温富氧、相对有较充裕反应时间的条件下生成的。当过量空气系数 ϕ_a 在一定范围内时，NO_x 的排放量随 ϕ_a 的下降而较快地增长；而当 ϕ_a 过大或过小时，NO_x 的排放量变化都很小。此外，在柴油机废气中的 NO_x 与

汽油机废气中 NO_x 的成分有所不同，其中 NO_2 占 5%~15%。

由于在分隔式燃烧室柴油机的燃烧过程中，在副燃烧室内混合气很浓而在主燃烧室内温度又相对较低，因此在较高负荷的区域内，分隔式燃烧室柴油机 NO_x 的排放量约为直喷式燃烧室柴油机的 50%。

(3) **一氧化碳**（CO） CO 是不完全燃烧的产物，由于柴油机的过量空气系数 ϕ_a 较大，产生的 CO 又有可能有足够的空气在膨胀过程中氧化为 CO_2，因此柴油机废气中的 CO 含量很低，仅在接近全负荷附近，即过量空气系数 ϕ_a 过小时，CO 的排放量才有所上升。

(4) **碳氢化合物**（HC） 柴油机废气中的 HC 主要是在混合气过稀的情况下产生的。特别是在低负荷时过量空气系数 ϕ_a 过大，由于温度过低，反应不能及时进行，从而使 HC 的排放量有所增大。

在柴油机冷起动后怠速或低负荷下暖机的过程中，特别在寒冷天气时，会产生白烟与蓝烟。由于燃烧室内工质的温度低，燃油不能完全蒸发燃烧，未燃烧或部分氧化的燃油一般以液态颗粒物的形式随废气排出，并冷凝形成白烟与蓝烟，主要成分是 HC。白烟与蓝烟之间并没有严格的成分差异，只是由于颗粒物直径不同（白烟的颗粒物直径较蓝烟的颗粒物直径大）而对光线的反射不同，从而产生不同的颜色。一般白烟在柴油机暖机的过程中逐渐变为蓝烟，再变为无色烟。

2. 柴油机的噪声和振动

汽车、摩托车等机动车辆是城市中的主要噪声源之一，而机动车辆噪声中的主要部分又与发动机有关。

发动机的噪声主要由气体动力噪声、机械噪声和燃烧噪声三部分组成。

气体动力噪声是指由于进、排气系统及冷却风扇工作时气流压力脉动而产生的噪声，其中排气噪声占主要部分。气体动力噪声除高速气流流经进、排气阀变化着的最小流通截面时产生高频噪声外，一般呈中、低频特性。

机械噪声主要是由曲轴连杆机构、配气机构、齿轮系、喷油泵及其他附属机构等部分的高速运动并与其相邻零部件发生频繁的机械撞击，激励结构振动而产生的噪声。

燃烧噪声主要是因为迅速燃烧引起燃烧室内压力急剧变化导致缸套、机体、缸盖等零部件的强烈振动并向外界辐射中、高频噪声，随着压力升高率的增加，燃烧噪声增加。燃烧噪声大、工作粗暴的问题，在柴油机中，特别是在直喷式柴油机中较为突出。

若在着火延迟期内形成的可燃混合气过多且同时燃烧，则在柴油机燃烧过程的速燃期内，会引起燃烧室内的压力急剧上升，使缸套和活塞等受到冲击，产生振动和特有的金属敲击声，这是柴油机工作粗暴较为突出时的表现，也称为敲缸，严重时将出现运转不稳定、功率下降的情况。

发动机振动的危害也越来越受到人们的重视，它不仅会通过其振动表面向外界辐射出噪声，而且也会给机器本身带来损害。例如曲轴、凸轮轴的断裂，传动齿轮的磨损，有关零部件、附件以及车辆其他部分的破坏等。

图 5-5 表示了在全负荷工况下各种类型车用发动机的噪声水平（L_{AA}）。从图中可以

看到增压柴油机与非增压柴油机相比，噪声水平较低；分隔式燃烧室柴油机与直喷式燃烧室柴油机相比，噪声水平降低。汽油机与柴油机相比，在低速工况下，噪声水平明显降低，随转速的提高，汽油机的噪声水平上升较快，高速时与柴油机的差别已不大。负荷对柴油机的噪声影响不大，而对汽油机，主要是在低速工况下，随负荷的增大，缸内压力变化增大而使噪声提高。

3. 控制噪声与振动的措施

1) 通过控制燃烧过程来降低燃烧噪声。例如，减小喷油提前角以适当推迟燃烧；减少在着火延迟期内形成的可燃混合气；调整喷油规律，在着火延迟期内喷入较少燃油等。

2) 改进机体等有关零部件的结构，在尽可能不增加质量的前提下，提高有关部位的刚度，降低结构振动的振幅、提高共振频率。

3) 为减小撞击力，尽可能减小缸套与活塞之间、轴承、传动齿轮等处的间隙。为减小惯性力，应减小运动件的质量，并在可能的情况下，适当降低活塞平均速度。

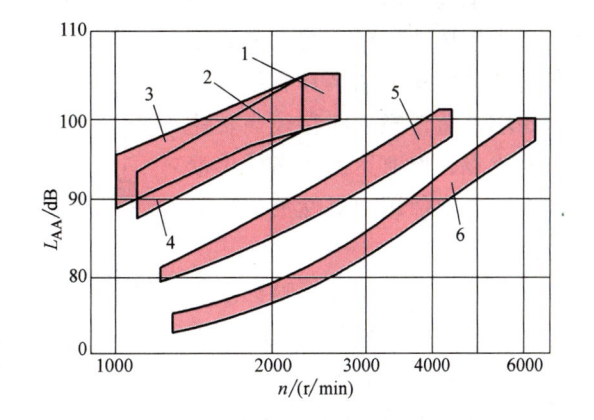

图 5-5　各种类型车用发动机的噪声水平
1—柴油机　2—直喷式燃烧室　3—非增压　4—增压
5—分隔式燃烧室　6—汽油机

4) 应用吸振减振材料制造薄板零件，如油底壳、缸盖罩等。在缸体与油底壳之间、缸盖与缸盖罩之间采用较"软"的垫片，对振动起到阻尼作用。

5) 改进消声器的结构、材料；改进空气滤清器、冷却风扇等的设计及适当调节配气相位以降低气体动力噪声。

6) 遮蔽噪声源，采用对作为主要噪声源的发动机的局部或整体加隔声罩的方法等。

第二节　柴油的喷射及雾化

一、供油系统和喷射过程

1. 柴油机供油系统

柴油机供油系统（见图5-6）一般由油箱1、输油泵4、柴油滤清器8、喷油泵3、喷油器7等组成，另外还包括调速器5和供油提前角调节装置2等。其中的喷油泵、喷油器和连接其间的高压油管等组成了高压油路，又称为喷射系统，是整个柴油机供油系统的关键部分。

喷油泵的主要作用是定时、定量地经高压油管向各缸的喷油器周期性地供给高压燃油，常见的有直列式喷油泵和分配式喷油泵两种类型。直列式喷油泵一般以柱塞行程、泵缸中心距和结构特征为基础成为系列，每个系列可以改变柱塞直径和缸数，以适应不同柴油机的需要。分配式喷油泵广泛应用于轿车和轻型车用柴油机中，与直列式喷油泵相比，分配式喷油泵具有结构紧凑、体积小、重量轻、能在较高转速下工作的优点，但要达到较高的供油压力较困难，在使用中对燃油的质量要求较高。

喷油器的主要作用是将喷油泵供给的高压燃油喷入柴油机的燃烧室内，使燃油雾化成微细的油粒，并按一定的要求适当地分布在燃烧室内。喷油器有孔式喷油器和轴针式喷油器两类，如图5-7所示。

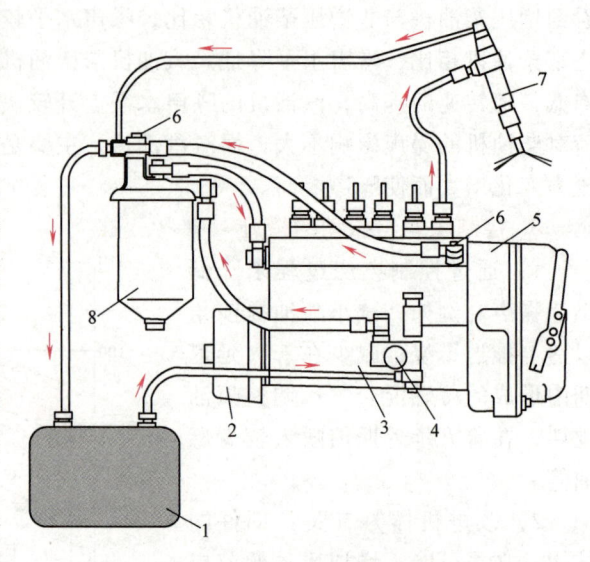

图5-6 柴油机的供油系统
1—油箱 2—供油提前角调节装置 3—喷油泵
4—输油泵 5—调速器 6—溢流阀
7—喷油器 8—柴油滤清器

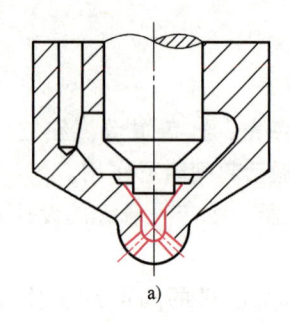

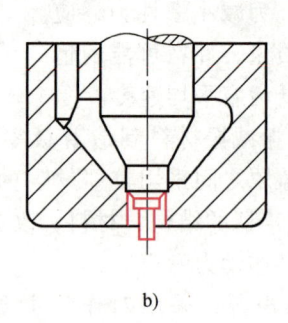

图5-7 孔式喷油器和轴针式喷油器
a）孔式喷油器 b）轴针式喷油器

孔式喷油器一般用于直喷式燃烧室中，喷孔的数目、直径及角度与具体的燃烧室形状和空气运动等因素有关，同一喷油器各喷孔的直径及角度也不一定相同。一般针阀升程为0.2~0.45mm，在满足流通面积的前提下，应尽可能减小针阀升程。对缸径 $D \leq$ 150mm，又具有较强进气涡流的直喷式燃烧室，喷孔数为4~5，孔径为0.2~0.4mm；而对较大缸径且不组织进气涡流的直喷式燃烧室，喷孔数为6~12。较小的喷孔可使雾化质量提高，但易引起积炭堵塞等故障，另一方面对加工要求高，难度增大，最小孔径目前可达0.15mm。

轴针式喷油器一般用于分隔式燃烧室中，针阀喷孔头部的轴针有圆锥体和圆柱体等不同的形状，轴针在喷孔内上下运动（其间的环状间隙为0.05~0.25mm），可起到自洁作用。轴针式喷油器的孔径一般为0.8~1.5mm，针阀升程为0.4~1.0mm。

图 5-8 所示为两类喷油器不同的开启特性，即喷油器有效流通截面积 $\alpha_D A$ 与针阀升程 h 的关系。由图可见，孔式喷油器的有效流通截面积随针阀的上升增长得较快，而轴针式喷油器由于针阀头部轴针的影响，在开启初期有效流通截面积的增长较慢，这意味着在喷射初期喷油量会较小，从而对柴油机工作的平稳性有利，是比较理想的。

此外，近年来在重型车用柴油机中，泵喷油器也有应用。泵喷油器把喷油泵和喷油器合为一体，置于气缸盖上，省去了高压油管，用类似于驱动配气机构的方法，由凸轮来驱动泵喷油器，易于实现较高的喷油压力，减小了不正常喷射现象产生的可能性。同时，泵喷油器也较易实现电控喷射。泵喷油器的主要缺点是传动较为复杂，而且可能会使柴油机的总高度有所增加。

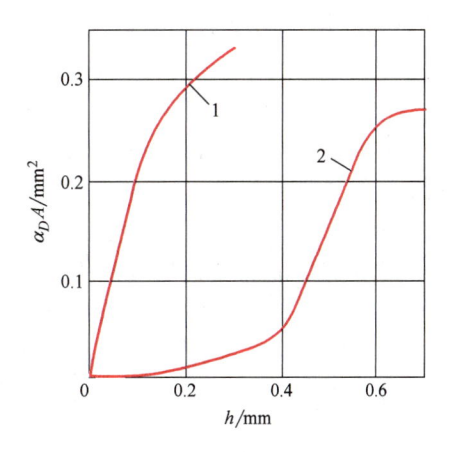

图 5-8 两类喷油器的开启特性
1—孔式喷油器　2—轴针式喷油器

2. 喷油泵速度特性及其校正

喷油泵油量控制机构（齿条或拉杆）位置固定，循环供油量随喷油泵转速变化的关系称为喷油泵速度特性。对于柱塞式喷油泵，当喷油泵柱塞向上运动而柱塞上端面还未完全关闭油孔时，由于流通截面很小且时间极短，被柱塞挤压的燃油来不及通过油孔流出，泵油就已经开始，结果使出油阀相对提早开启；同样，在油孔刚刚开启时，柱塞上部的燃油不能立即通过油孔流出，使出油阀相对滞后关闭，这就是油孔处的节流作用。转速越高，油孔处节流作用的影响也越大，因此，一般随着转速的上升，循环供油量呈略有增大的趋势（见图 5-9 中的 AB 和 CD 段）。

喷油泵所固有的速度特性通常并不理想，特别对于车用柴油机，因此需要对其进行必要的校正。在较高的转速范围内，一般柴油机的充气效率随转速的上升而下降，而循环供油量随转速的上升而增大，使空气量与供油量不相匹配。若在低速 n_1 下固定供油量，则会造成高速供油量过多（见图 5-9 中的 AB 段），使柴油机燃烧不完全而冒黑烟；若在高速 n_2 下固定供油量，则会造成低速供油量不足（见图 5-9 中的 CD 段），使柴油机的潜力得不到充分发挥。通过校正可以得到较理想的喷油泵速度特性（见图 5-9 中的 AD 段）。这样也将有利于提高车用柴油机适应阻力变化的能力，得到较理想的转矩特性。

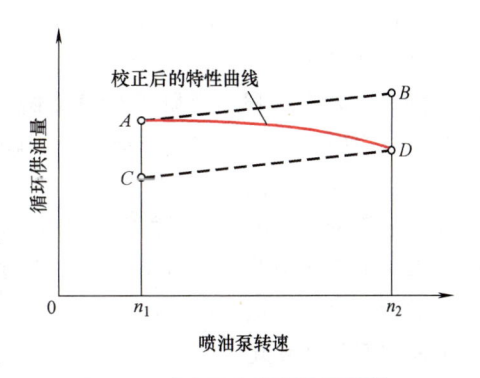

图 5-9 喷油泵速度特性及其校正

此外，对柴油机，特别是车用柴油机在低速、全负荷工况下，由于排气烟度的严格限制而需要采取措施对低速范围内的供油量进行相反的校正，即应使低速范围内的供油

量随转速的下降而有一定的减小,这就是喷油泵速度特性的负校正。

3. 喷射过程

喷射过程是指从喷油泵开始供油直至喷油器停止喷油的过程,整个喷射过程在全负荷工况下占 15°～40° 曲轴转角。图 5-10 表示了在喷射过程中喷油泵端压力 p_H、喷油器端压力 p_n 以及针阀升程 h 的变化情况。为便于分析,整个喷射过程可以分为三个阶段,即喷射延迟阶段、主喷射阶段和喷射结束阶段。

(1) 喷射延迟阶段 该阶段从喷油泵上的出油阀开始升起(供油始点)到喷油器的针阀开始升起(喷油始点)为止。出油阀升起后,受压缩的燃油进入高压油管,使喷油泵端的压力上升,压力波以声速(高压油管中因温度和压力的影响约为 1400m/s)沿高压油管向喷油器端传播。当传播到喷油器端的压力超过针阀开启压力(又称为喷射压力)时,针阀即升起,开始喷油。

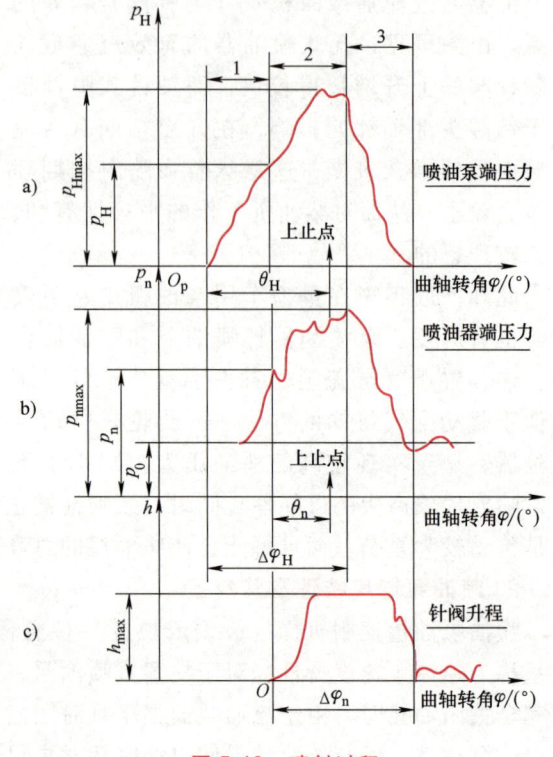

图 5-10 喷射过程
a) 喷油泵端压力 b) 喷油器端压力 c) 针阀升程

供油始点和喷油始点通常分别用供油提前角和喷油提前角来表示。喷油提前角与供油提前角的差值就是喷油延迟角,也就是喷射延迟阶段所对应的曲轴转角。一般转速升高,喷油延迟角加大;高压油管较长,压力波传播时间较长,喷油延迟角也会较大。

(2) 主喷射阶段 该阶段从喷油始点到喷油器端的压力开始急剧下降为止。在针阀升起过程中,由于针阀上升让出容积以及一部分燃油喷入燃烧室内,喷油器端的压力有一短暂下降。当油孔刚刚开启时,最初因开度小有节流作用,喷油泵端压力并不立即下降;随着油孔逐渐打开,并由于出油阀落座过程中出油阀减压容积的作用,压力才急剧下降。由于压力波传播的原因,喷油器端压力的下降有一滞后。绝大部分燃油是在主喷射阶段内喷入燃烧室的,这一阶段持续的时间主要随喷油泵柱塞的有效行程,即柴油机负荷的变化而变化。

(3) 喷射结束阶段 该阶段从喷油器端的压力开始急剧下降到喷油器的针阀完全落座停止喷油为止。由于喷油泵的回油孔打开和出油阀减压容积的卸载作用,泵端压力带动喷油器端压力急剧下降,当喷油器端压力低于针阀开启压力时,针阀开始下降。这一阶段内还有少量燃油从喷孔喷出。由于压力下降,燃油雾化变差,故应尽可能地缩短这一阶段,即喷射过程的结束应干脆迅速。

非喷射过程中喷射系统内的平均压力称为残余压力 p_0,残余压力的大小也会影响喷射过程的进行，可通过出油阀等控制其大小。

4. 供油规律和喷油规律

如图5-11所示，供油规律是单位时间内（或1°喷油泵凸轮轴转角内）喷油泵的供油量随时间（或喷油泵凸轮轴转角）的变化关系。它纯粹是由喷油泵柱塞的几何尺寸和运动规律确定的。

喷油规律则是喷油速率，即单位时间内（或1°喷油泵凸轮轴转角内）喷油器喷入燃烧室内的燃油量随时间（或喷油泵凸轮轴转角）的变化关系。

从图5-11中可以看到，供油规律和喷油规律之间存在着明显的不同：

1）喷油规律始点落后于几何供油规律的供油始点，落后角度为喷油延迟角。

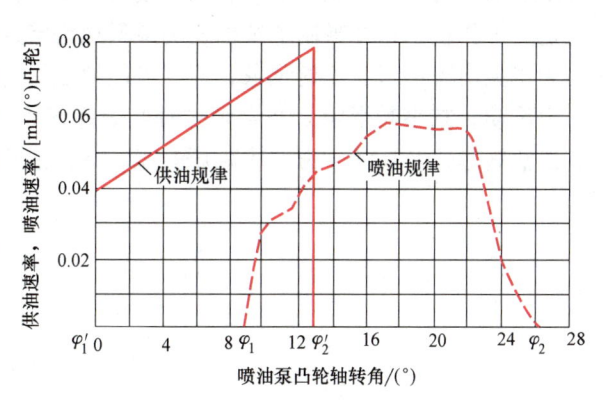

图5-11 供油规律和喷油规律

2）喷油持续时间比供油持续时间长，在标定工况下为1.3~1.7倍。这是因为喷油泵回油孔节流及高压油管减压时燃料膨胀与油管收缩造成的。

3）喷油规律外形与供油规律变化规律明显不同。

4）最大喷油速率较最大供油速率低。

5）每一循环喷油总量比同一循环理论供油量小。

燃油的可压缩性在高压下变得较为明显，使系统内产生压力波的传播，高压油管的弹性变形引起高压容积的变化，再加上压力波的往复反射和叠加作用，成为引起柴油机供油规律和喷油规律不一致的主要原因。

5. 不正常喷射现象和喷射系统中的穴蚀破坏

喷射系统内的压力高、变化快，喷油峰值压力往往高达数十甚至100MPa以上，现代柴油机高压喷射系统甚至达200MPa，而谷值压力由于出油阀减压容积的作用往往接近于零甚至出现真空。由此容易出现一些不正常喷射现象，常用测量针阀升程的方法来判定有无不正常喷射现象存在，各种喷射情况下的针阀升程示意图如图5-12所示，主要包括：

（1）二次喷射 喷射终了喷油器针阀落座以后，在压力波动的影响下再次升起喷油的现象。由于二次喷射是在燃油压力较低的情况下喷射的，导致这部分燃油雾化不良，会产生燃烧不完全，炭烟增多，并易引起喷孔积炭堵塞。此外，二次喷射还使整个喷射持续时间拉长，进而使燃烧过程不能及时进行，造成柴油机经济性下降，零部件过热等不良后果。二次喷射易发生在高速、大负荷工况下。

（2）滴油现象 在喷油器针阀密封正常的情况下，喷射终了时由于系统内的压力下降过慢使针阀不能迅速落座，出现仍有燃油流出的现象。这种在喷射终了时流出的燃油速度及压力极低，难以雾化，易生成积炭并使喷孔堵塞。

(3) 断续喷射 由于在某一瞬间喷油泵的供油量小于从喷油器喷出的油量和填充针阀上升空出空间的油量之和，造成针阀在喷射过程中周期性跳动的现象。这时喷油泵端压力及针阀的运动方向不断变化，易导致针阀副的过度磨损。

(4) 不规则喷射和隔次喷射 供油量过小时，循环喷油量不断变动甚至出现有的循环不喷油的现象。不规则喷射和隔次喷射易发生在柴油机怠速工况下，造成怠速运转不稳定、工作粗暴，并限制了柴油机的最低稳定转速。

为避免出现不正常喷射现象，应尽可能地缩短高压油管长度，减小高压容积，以降低压力波动，减小其影响，并合理选择喷射系统的参数，如喷油泵柱塞直径、凸轮廓线、出油阀形式及尺寸、出油阀减压容积、高压油管内径、喷油器喷孔尺寸、针阀开启压力等。

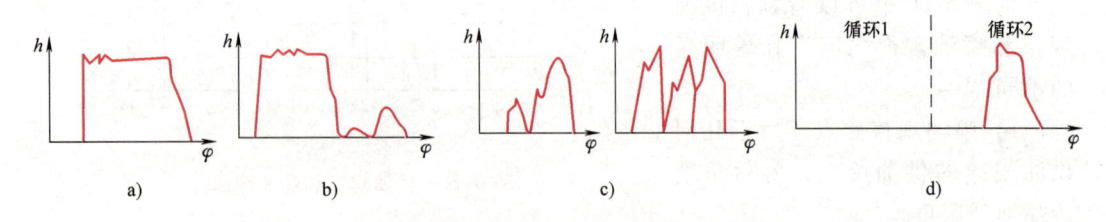

图 5-12 各种喷射情况下的针阀升程示意图
a) 正常喷射　b) 二次喷射　c) 断续喷射　d) 隔次喷射

喷射系统中的穴蚀破坏出现在系统内与燃油接触的金属表面上。穴蚀产生的机理是：在高压容积内产生压力波动时，由于出现极低的压力（低于燃油的蒸气压）而形成气泡，以及随后压力迅速升高使气泡爆裂而产生冲击波，这种冲击波多次作用于金属表面则引起穴蚀。穴蚀破坏会影响到喷射系统的工作可靠性和使用寿命。

二、燃油的雾化和油束特性

燃油的雾化是指燃油喷入燃烧室内后被粉碎分散为细小液滴的过程。燃油的雾化可以大大增加其与周围空气接触的蒸发表面积，加速了从空气中的吸热过程和液滴的汽化过程，对混合气的形成起到了重要作用。例如，假设 1mL 的燃油为一球体，则其表面积约为 $483.6mm^2$，若雾化为直径为 $40\mu m$ 的均匀球状油滴，可产生油滴约 3×10^7 个，其总的表面积约为 $1.5\times10^5 mm^2$，约增加为原来的 310 倍。

燃油在喷油泵中被压缩后，经高压油管在极高压力（20~160MPa）的作用下以极大的速度（100~400m/s）及在高度湍流状态下从喷油器的喷孔喷射入燃烧室内。燃油在高速流动中，在与燃烧室内高压空气的相对运动中及湍流的作用下，被逐步粉碎分散为直径约为 $2\sim50\mu m$ 的液滴，由大小不同的液滴组成了油束。

图 5-13 所示为在静止的高压空气中喷射过程某一时刻的油束结构示意图。油束核心部分液滴非常密集且液滴直径较大，液滴运动速度较高，空气极少；油束外围部分则与之相反，液滴稀少且液滴直径较小，液滴运动速度也较低。

可以从<u>几何形状</u>和<u>雾化质量</u>两个方面来描述油束特性。

油束的几何形状主要包括油束射程（又称为贯穿距离）L 和喷雾锥角 β 或油束的最

大宽度 B（图5-13）。此外，贯穿率是常用的参数之一。贯穿率为相对值，是指油束的贯穿距离与喷孔口沿喷孔轴线到燃烧室壁距离的比值。贯穿率若大于1，则意味着有一部分燃油喷射到了燃烧室的壁面上。影响油束几何形状的主要因素有喷射压力、喷油器喷孔的长度直径比和空气与燃油密度比等。

油束的雾化质量一般是指油束中液滴的**细度**和**均匀度**。细度可以用液滴平均直径来表示。液滴平均直径越小，意味着油束雾化得越细。液滴平均直径的大小受到多种因素的影响，减小喷油器喷孔的直径，增大燃油喷入时的流速，空气密度的增大以及燃油黏度和表面张力的减小，都会使平均油滴直径减小。均匀度是指油束中液滴大小相同的程度以及液滴在油束内分布的均匀程度。

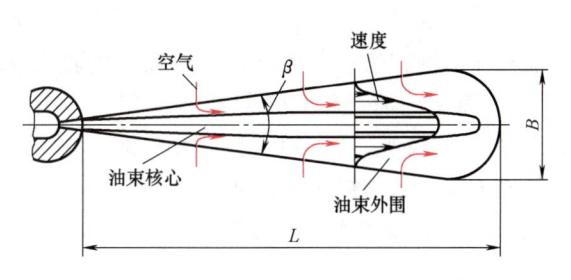

图5-13 油束结构示意图

图5-14表示了不同喷射压力时油束的雾化质量。由图可见，喷射压力较高时，油束雾化得较细，比较均匀。

各种不同的燃烧室对油束的几何形状和雾化质量的具体要求有所不同。

三、对喷射系统的要求

喷射系统对柴油机混合气形成和燃烧的质量，进而对柴油机性能的好坏有着重要的作用。特别是直喷式柴油机对喷射系统的要求较高，一般应尽可能地满足下述要求。

1. 避免出现不正常喷射现象和穴蚀破坏

这是对喷射系统最基本的要求。车用柴油机在很大的转速和负荷工况范围内工作，要保证在任一工况下都不出现不正常喷射现象往往是较为困难的，而且值得注意的是，一些消除不正常喷射现象的措施往往会促成穴蚀破坏的产生。这就需要在喷射系统的调整和匹配过程中考虑到各种工况，同时兼顾各方面的要求。

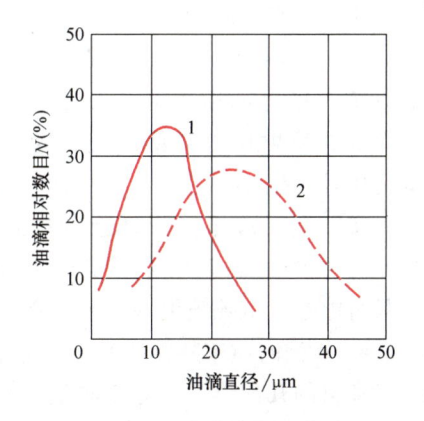

图5-14 油束的雾化质量
1—喷射压力为34MPa
2—喷射压力为15MPa

2. 可以根据不同转速和负荷的工况要求，在最佳的喷油时刻，精确提供所需的燃油量

为此，需要实现喷油提前角随不同转速和负荷进行调整。对多缸柴油机，应保证各缸的均匀一致性，为此希望各缸的高压油管长度尽可能一致。

3. 为改善柴油机的经济性、动力性、有害排放和噪声水平等，应尽可能实现理想的喷油规律

一方面，更高的喷射压力和喷油速率以及更短的喷油持续时间已是技术发展的一个明显趋势。例如,对中、小型高速直喷式柴油机,希望能将喷油持续时间控制在25°曲轴转角或1ms内。此外,特别希望在低速工况下能有较高的喷射压力和喷油速率,以利于改善雾化质量。另一方面,为避免柴油机工作过于粗暴,又希望实现"先缓后急"的喷油规律。为保证"先缓后急"的喷油规律,已开发了所谓的"分级喷射"的方法,即实现第一次喷入少量燃油,第二次再喷入其余大部分燃油。图 5-15 就是对于直喷式柴油机在不同转速和负荷下较为理想的喷油规律的示意图。由图可见:

1)希望喷油速率在喷射初期(即滞燃期内)较小,然后迅速加大。随着转速的增大,这一转变更为迅速,这主要是为避免高转速时过长的喷射持续时间。

2)随着负荷的下降,喷射持续时间相应缩短,这主要是喷油量减少的原因。随着转速的下降,希望通过提高喷射压力来使喷油速率提高,喷射持续时间也相应缩短,这是为了保证低转速时的雾化质量。

3)在所有的工况下都希望在喷射结束阶段尽可能迅速地结束喷射,以避免低的喷射压力或低的喷油速率使雾化质量变差。

实际上,这样较为理想的喷油规律用常规的喷射系统是难以实现的,而只可能通过电控喷射系统来实现。

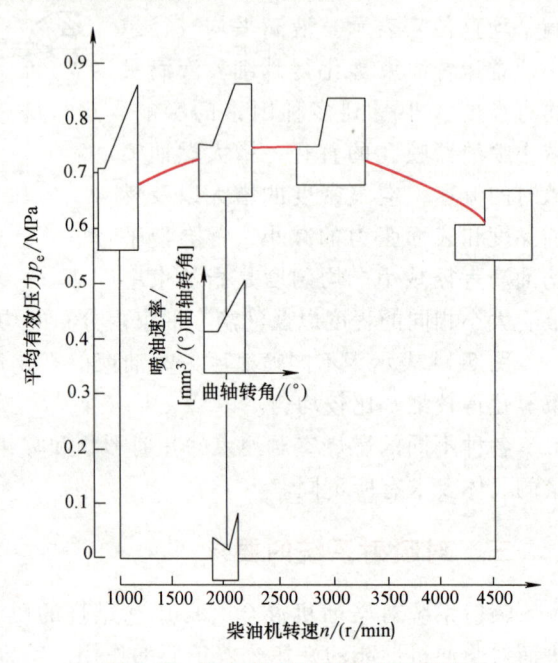

图 5-15 理想的喷油规律的示意图

4. 良好的油束特性能满足具体燃烧室的要求

油束的几何形状和雾化质量能使燃油喷射、气流运动与燃烧室形状间的配合达到最佳。特别是直喷式柴油机,对喷射系统要求较高,希望有合适的贯穿率,油粒细小,分布尽可能均匀等。

5. 喷射系统的强化

应采取相应的措施保证有关零部件的强度和刚度,提高系统的工作可靠性和使用寿命,同时注意降低喷射系统的噪声与振动。

四、柴油机电控喷射系统

1. 电控柴油喷射系统的分类及工作原理

电控柴油喷射系统按控制方式分类,可分为第一代位置控制式系统和第二代时间控制式系统,而时间控制式系统按喷射原理分类,又可分为柱塞脉动式供油系统和共轨式喷油系统两种。

(1) **位置控制式喷油系统** 图 5-16 所示为位置控制式喷油系统的简图,其特点是由在传统喷油泵、高压油管、喷油器系统上，加装一个电控装置发展而成的。它不改变传统喷油系统的工作原理和结构，只是用电控装置取代调速器和提前器，对直列泵的油量调节齿杆和 VE 泵的溢流环套以及油泵驱动轴和凸轮轴的相互位置进行低频连续调节，以控制油量和定时，所以称为位置控制式系统。这一类系统生产继承性强，安装方便，采用电磁阀、旋转电磁铁、步进电动机等作为执行机构，因此它在目前国外电控柴油喷油系统中，商品化程度最高且已批量生产应用。

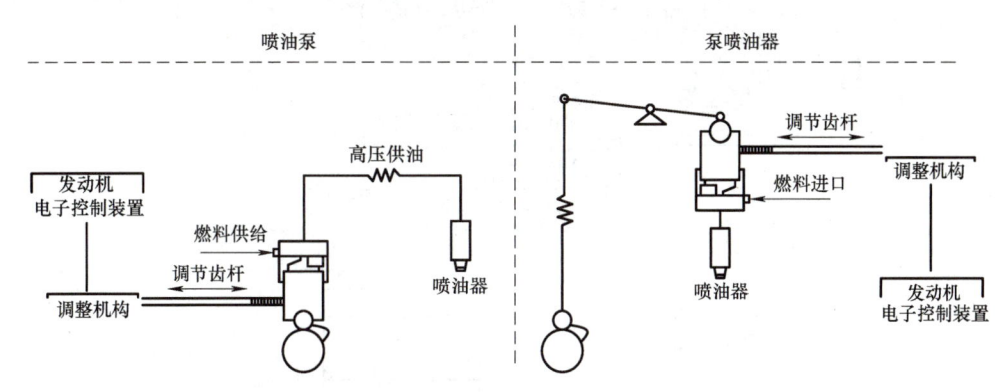

图 5-16　位置控制式喷油系统的简图

图 5-17 所示为位置控制式 ECD-V1 型 VE 分配泵电控系统的简图。该系统的油量控制是由溢流控制阀 1 接受电控单元（ECU）指令而执行的。控制阀作用时，使控制杠杆 3 上端以其支点 A 为中心左、右移动，而杠杆 3 下端则使溢流环套 4 轴向移动，从而达到改变油量的目的。定时控制由供油提前控制阀 7 执行，它按照 ECU 发出的指令打开或关闭由输油泵入口分流进入活塞上腔 10 的低压油路。接近于大气压的低压油进入活塞上腔后，会改变原来内部压力（即泵腔压力）的大小，从而改变活塞 8 的位置，相应改变滚轮 5 与凸轮的相对位置，即调整了供油定时。

位置控制式电控喷油系统显然只是对传统喷油系统的初步电控化改造。由于未变更原有喷油装置，喷油特性也未改变，因此一般不可能对喷油率和喷油压力进行调控。此外，由于位置控制不是直接改变油量和定时，中间环节多，控制响应慢，也做不到各缸的分缸调控。

（2）**时间控制式喷油系统**　该类系统的工作原理是利用高速强力溢流电磁阀来直接控制喷油始点和喷油量，一般情况下，电磁阀关闭喷油即开始，电磁阀打开喷油即终止，因此，喷油始点取决于该电磁阀的关闭时刻，喷油量取决于电磁阀关闭的持续时间；同时通过变更电磁阀升程或改变电磁阀所控制的油压来实现喷油率或喷油压力的控制；再加上每缸一阀（直列泵）、响应快等优点，已成为当前柴油机电控喷油系统的主要开发目标。

如前所述，时间控制式系统又有两种类型：

1）时间控制式柱塞泵脉动供油系统。此类系统仍保持传统的柱塞往复运动脉动供油方式，但柱塞只起加压、供油作用，取消了齿杆、齿圈、柱塞斜槽乃至出油阀等调节油量的装置与结构，直接由电磁阀控制油量与定时。由于供油泵结构简化、泵体及柱塞

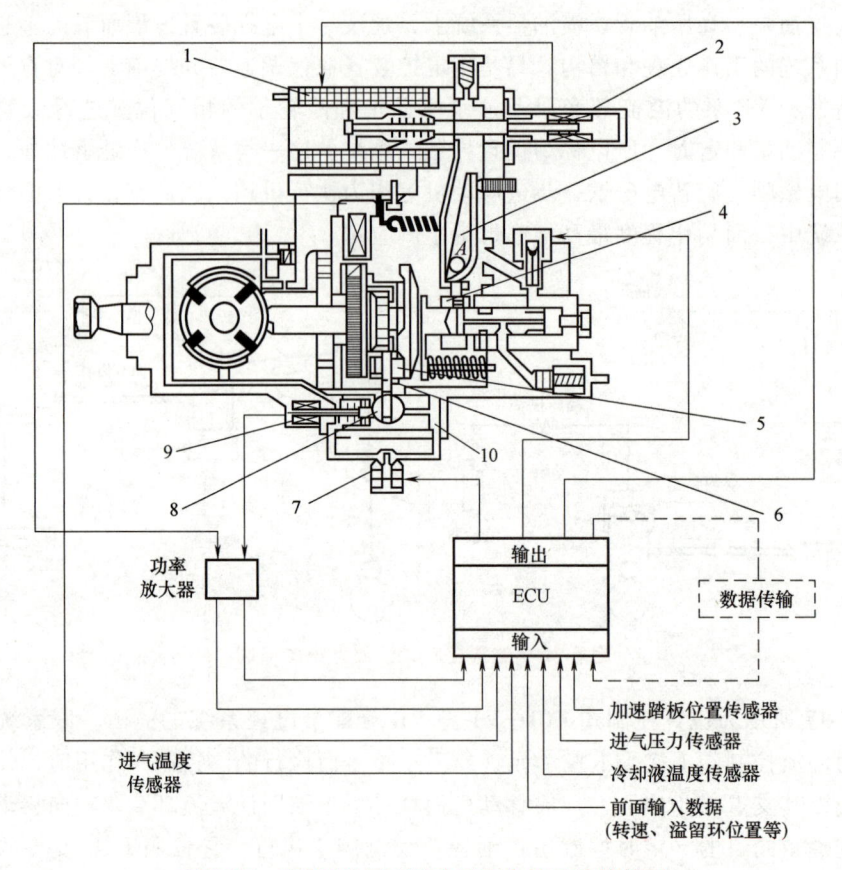

图 5-17　ECD-V1 型 VE 分配泵电控系统的简图

1—溢流控制阀　2—溢流环位置传感器　3—控制杠杆　4—溢流环套　5—滚轮　6—滚轮环控制杆
7—供油提前控制阀　8—活塞　9—供油提前器位置传感器　10—活塞上腔

副刚度加强，承压能力也相应提高。目前市场上广泛使用的这一类系统有三种。

① 电控泵喷油器系统。其由传统重型车用柴油机的机械泵喷油器系统发展而来。该系统将喷油泵、喷油器合为一体，没有高压油管，每缸一组，作为一个部件直接安装在柴油机气缸盖上，由设置于缸盖上的油泵凸轮轴驱动，如图 5-18 所示。在凸轮驱动下，油泵柱塞 1 做上下往复运动。电磁溢流阀 2 开启时，柱塞腔 4 中为低压油。柱塞下行时，柱塞腔 4 中低压油通过旁通油路 3 由电磁阀溢流口溢出。开始喷油时，电磁阀关闭，柱塞下行使燃油加压，高压油直接由高压油路 5 进入传统喷油器 6 中喷油。电磁阀打开，溢流口开启，则喷油终止。柱塞上行回程时，由旁通油路吸油。

由于电控泵喷油器没有高压油管，在所有类型油泵中，具有最高的机械和液力刚度，能承受 200MPa 以上的喷射压力。目前有逐步向中、小型直喷式柴油机中推广使用的趋势。

② 电控单体泵系统。其由原用于大、中型柴油机上的机械单体泵系统发展而来。单体泵的特点是具有结构刚性好的高压单体喷油泵、较短的高压油管，发动机缸体上设有各缸共用的油泵凸轮轴，而各缸的喷油泵分别安装在靠近喷油器的部位，其承压能力

仅次于泵喷油器。喷油压力可以高达130MPa，实现了柴油机的高压喷射，有效地降低了颗粒物排放。

图5-19所示为改造后的电控单体泵。电磁阀安装在泵端靠近油管接头处，可直接控制柱塞泵出的高压油：电磁阀开启时，柱塞顶泵出的油被旁通流回低压腔；电磁阀关闭则实现高压供油；柱塞回程时，则反过来由低压腔进油。

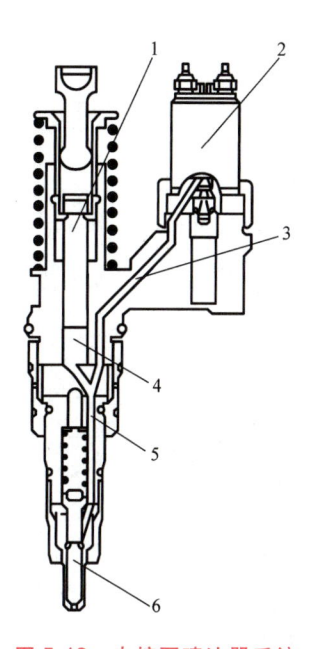

图5-18 电控泵喷油器系统
1—油泵柱塞 2—电磁溢流阀 3—旁通油路
4—柱塞腔 5—高压油路 6—喷油器

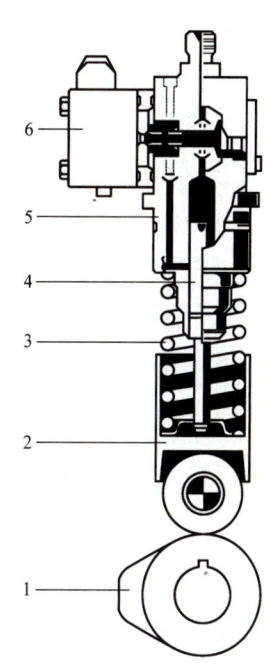

图5-19 电控单体泵
1—发动机凸轮轴 2—滚轮挺杆部件
3—柱塞弹簧 4—柱塞 5—柱塞套
6—电磁阀

与泵喷油器系统相比，电控单体泵系统具有较高的机械效率和较小的喷油系统驱动损失。在结构上由于没有驱动机构，也没有机械力传到气缸盖和喷油器上，且在气缸盖上占用的空间也较小，可为柴油机进、排气系统的结构设计获得较大的自由度。

③ 电控分配泵系统。时间控制式电控分配（VE）泵系统与位置控制式系统相比，取消了溢流环及其操纵机构，直接利用高速强力电磁阀来控制喷油和定时，结构进一步简化。虽然各缸共用一个阀，由于是直接控制，电磁阀响应很快，所以在各缸供油所分配到的相位内，仍能独立分缸调控。其功能与电控泵喷油器及电控单体泵无异。

图5-20所示为ECD-V3型电控VE泵系统。系统取消了断油阀而采用两级阀机构。两级阀由上端小电磁溢流阀1（导向阀）和下端液压自动阀7（主阀）组成，主阀不直接受电磁阀控制。导向阀在喷射阶段处于关闭状态（电磁线圈断电），此时VE泵腔通往主阀的低压油路8被切断，主阀上、下均与柱塞腔3相通，压力基本相同，由于上部承压面比下部大，在上下总压差及弹簧力作用下主阀关闭，进行燃油喷射。导向阀通电开启时，主阀上腔与VE泵泵腔相通，压力迅速下降，主阀在下部高压油作用下开启，

燃油经旁通道 9 泄流，喷油中止。主阀及旁通道流通截面大，阻力小，泄油通畅；而导向阀承压面小，响应快捷。两阀配合工作，可满足控制精度及喷油质量的要求。

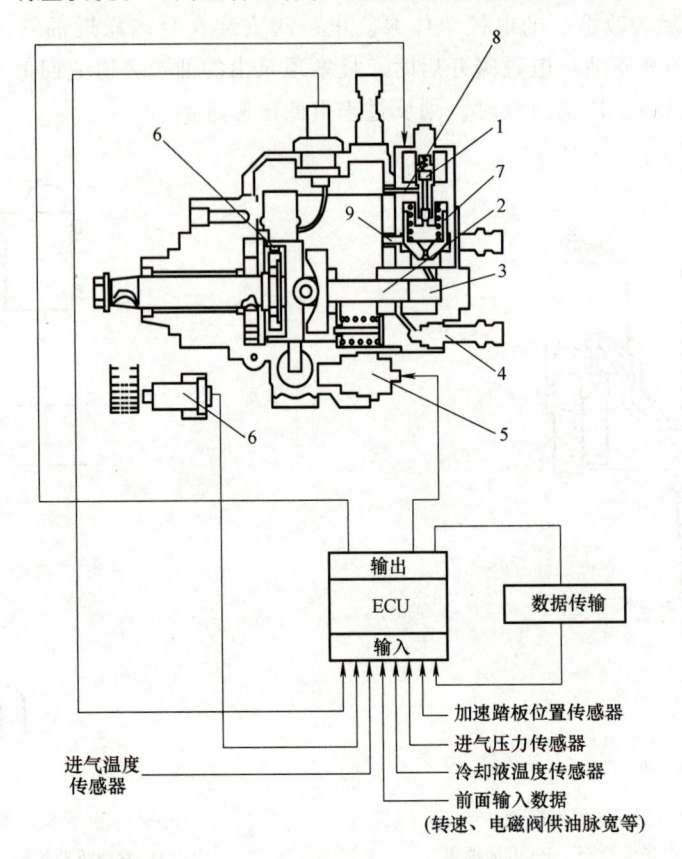

图 5-20　ECD-V3 型电控 VE 泵系统

1—电磁溢流阀　2—柱塞　3—柱塞腔　4—出油阀　5—供油定时控制阀
6—相对转角位置传感器　7—主阀　8—低压油路　9—旁通道

2）时间控制式共轨喷油系统。这种共轨式喷油系统不再应用传统柱塞泵脉动式供油原理，而是先将燃油或其他传递动力的工质，如机油，以高压（所需喷油压）或中压（10MPa 左右）状态储集在被称为共轨（Common Rail）的容器中，然后利用电磁三通阀将共轨中的压力油引到喷油器中实现喷射。共轨中若为与喷油压相同的高压燃油，就直接进入盛油槽（针阀腔），推动针阀进行喷射。这就是所谓的"高压共轨系统"，如图 5-21 所示。如果共轨中只是中压油，则在喷油器中还要通过增压活塞，将压力提高到喷油压力后再行喷射。本节主要讨论高压共轨系统。

高压共轨系统的主要组成部件有：控制燃油量的高压供油泵、油轨、高压油管、喷油器、电控单元、各种传感器和电磁阀等执行器。

高压供油泵、油轨压力传感器和电控单元共同形成了一个油轨压力闭环控制回路，高压供油泵将油箱中来的低压燃油泵入共轨腔中，可以通过控制油泵控制阀调节油压到喷油所需的高压。燃油高压的产生是与喷油分开的，产生的喷射压力与发动机的转速、喷油量无关，喷油压力可在一定范围内控制选择。而且平均喷油压力可以得到增高，在喷油过程中最高压力可以达到160MPa。共轨系统中的高压泵与喷油器之间的燃油容积起到一个蓄压器的功能。在整个喷射过程中，油轨内的压力波动很小，几乎保持不变。

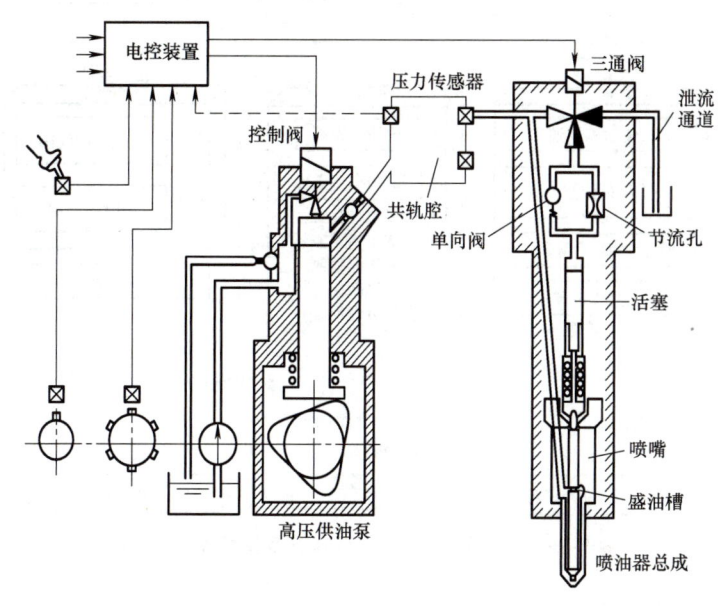

图 5-21　电控高压共轨 ECD-U2 系统

高压共轨式电控喷油系统的核心部件是喷油器。共轨腔的高压油一路直通到喷油器的盛油槽中；另一路通向喷油器上的三通电磁阀。当 ECU 命令此阀切断泄油通道时，高压油经进油单向阀到达液压活塞上腔。此时，整个活塞、顶杆、针阀组件按设计要求处于液压平衡的状态；在针阀弹簧的压力下，针阀处于关闭状态。

一旦三通阀转换到切断高压油路而打开泄流通道时，液压活塞上腔迅速泄压，其中燃油经节流孔流向泄油路。此时，针阀在盛油槽内的高压油作用下克服弹簧预紧力而开启喷油。泄流通道上设置节流孔的目的是控制液压活塞上腔泄油的速率，以便获得较低的初始喷油率。

装用这种高压共轨式电控喷油系统，并不需要对柴油机的结构作大人变动，在现有的柴油机上布置困难不大。因此，这种喷油系统被看作是取代传统喷油系统，最具有发展前途的一种电控高压喷油系统。它可以装用在每缸 30kW 左右的轻型载重车的柴油机上，也可装用于每缸 50kW 以上的重型载重车的柴油机上。它是 21 世纪新一代柴油机满足汽车排放、汽车燃料经济性等法规所必需应用的一种燃料喷射系统。

2. 电控柴油喷射系统的组成

柴油机的电控喷油系统与汽油机类似，也由传感器、电控单元（ECU）和执行器三部分组成。图 5-22 所示为位置控制式电控直列泵系统的组成简图。

（1）传感器　传感器的作用是实时检测和感知柴油机及车辆运行状态的各种信息，包括使用人员的操作思想、操作量等信息，并把它输入到控制单元中去。其中最重要的传感器是图中画了框的柴油机转速传感器、油门的齿条位置传感器、喷油提前角传感器

131

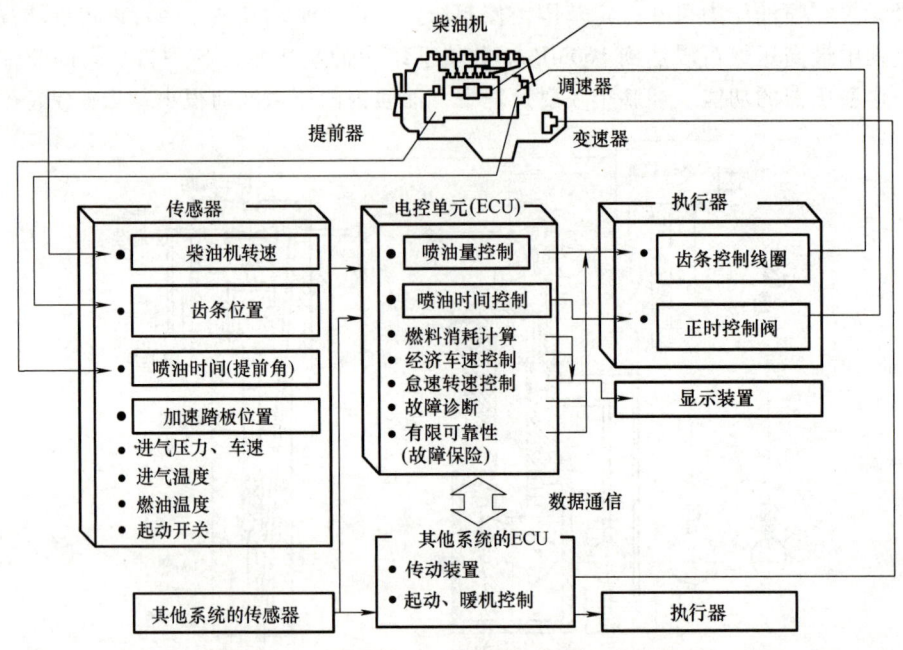

图 5-22　位置控制式电控直列泵系统的组成简图

和加速踏板位置传感器。

（2）**电控单元（ECU）**　其核心部分是计算机，由微处理器及其接口硬件和一整套软件组成，同时包括有一定的输入、输出通道接口电路等。软件的核心内容是发动机的各种性能调节曲线、图表和控制算法。ECU 的作用是负责信息的采集、处理、运算决策、执行程序，并将运行结果作为控制指令输出到执行器。其中，喷油量和喷油定时脉冲是 ECU 发出的最重要的控制指令。

此外，还有一种通信功能，即与其他的控制系统，如传动、制动装置等控制器进行数据传输与交换，同时考虑到汽车其他系统的实时情况，适当修正喷油系统的执行指令，即适当修正喷油量、喷油提前角等，与此同时还可以向其他的控制系统输送必要的信息。进一步还可发展为整机或整车的所有控制任务均由一个中央 ECU 来实现，这就成为整机或整车的统一管理系统。

（3）**执行器**　执行器为接受 ECU 传来的指令，并完成所需调控任务的元器件。例如，在直列柱塞式喷油泵系统中，有调节油门拉杆位移的执行器，以控制喷油量，有调节柴油机驱动轴和喷油泵凸轮相位差的执行器，以控制喷油定时；在分配式喷油泵系统中，装有调节控制套筒位置的执行器来控制喷油器，装有提前角自动调节器转动滚柱圈位置的执行器以控制喷射定时。

执行器按工作原理大致可分为电磁式、液压式和其他方式等。电磁式是用电磁铁把电能转换为磁力工作，液压式则是用电磁阀转换为液体的压力流，而得到操纵力。其他方式中有使用压电元件的执行器，以及使用双金属的和已实用的形状记忆合金的执行器等。在电控喷油系统中，有专用的执行器，如伺服式电磁阀、转动式螺线管和步进电动机等。

在直列喷油泵的电控系统中，主要的执行器是在电子调速器内控制喷油量的动圈式

线性螺线管和用液压驱动偏心凸轮来调整喷油定时的电磁阀。动圈式线性螺线管也称为线性直流电动机,可以实现双向移动,它由外壳、磁铁、线圈组等组成,根据圆柱形线圈上电流的方向与大小,可产生两个方向上任意大小的力。当其推力与线圈组的自重和复位弹簧力平衡时,就能控制油门拉杆的位置。在油门拉杆上装有位置传感器,可以实现反馈控制。控制喷油定时的电磁阀装在发动机机油管路系统的中部,电磁阀可以控制流向喷油定时器的油压,使喷油提前角得到改变。

在高压共轨式电控喷油系统中,执行器是一个高速电磁阀,它设在喷油器上,电控单元指令电磁阀对喷油系统进行控制,高速电磁阀在电控喷油系统中起决定性的作用,承担着所有的喷射控制功能。电磁阀的关闭时刻与关闭持续时间决定控制的喷油定时与喷油量。它的快速关闭才能确保喷油定时准确和迅速形成高压,快速开启可保证喷射的迅速切断与稳定卸载,若缓慢地开启,将引起卸载过慢,导致后期喷射不良等问题。因此要求高速电磁阀的结构,必须具有快速的响应性与强磁力等特性,才能保证电控喷油系统的控制精度与响应速度。

另外,由于汽车经常行驶在不同的地区,其使用条件(如温度、湿度、灰尘、振动、冲击等)非常苛刻,而且汽车零件还易接触到腐蚀性的物质。为了确保使用安全可靠,汽车的电控系统必须具有高的耐环境性和可靠性。尤其是电子控制设备最怕受到强电磁波的干扰,严重时,会使系统产生误动作或失效。电磁波的干扰可来自发动机本身,或是来自环境的打雷、广播、送电线路等,因此电控喷油系统本身必须具有抗电磁波干扰的能力。

图 5-23 列出一种丰田车用柴油机电控系统的传感器与控制项目。除了喷油量与喷油定时的基本控制项目外,还设有一些扩展的附加控制。

3. 电控柴油喷射系统的控制功能

电控柴油喷射系统实现的功能已经有很多,而且许多控制的功能是机械式喷油系统所无法实现的。主要的控制功能有以下各项。

(1)喷油量的控制 在系统的控制功能中,最主要的是喷油量控制,ECU 根据各传感器输来的信息确定目标的油门拉杆位置。当这个目标值与装在调速器内的油门拉杆位置传感器的检测值在驱动电路中进行比较后,产生与两者差值成比例的驱动电流。执行器则根据 ECU 输出的驱动电流进行动作,使油门拉杆移动到目标位置。喷油量的设定目标值按柴油机结构与运行条件的不同,都已事先通过试验制成喷油量脉谱,存储在 ECU 中。

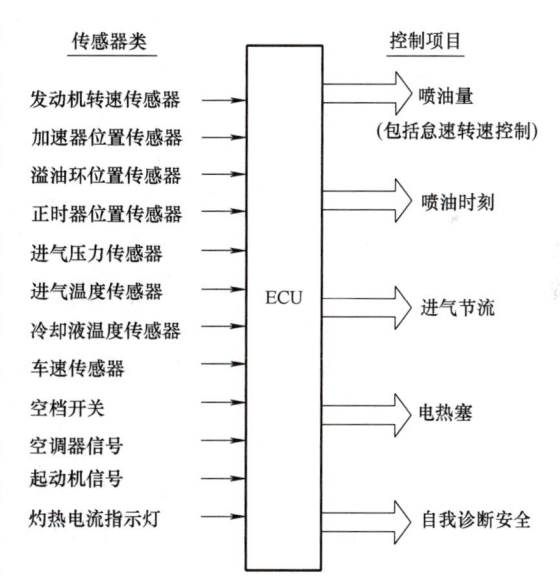

图 5-23 柴油机电控系统的传感器与控制项目

计算机根据加速踏板位置传感器和转速传感器的输入信号,首先计算出基本喷油量。然后根据来自冷却液温度传感器、进气温度传感器、进气压力传感器以及电动机等的信号,对这个基本喷油量加以修正,再与来自控制套筒位置传感器的信号进行反馈修正,最后确定最佳喷油量。因此,当汽车在低温起动、加速、高原行驶或涡轮增压运行等工况下,都可以决定柴油机运转所需要的最佳喷油量。来自 ECU 的控制信号,操纵一个电磁阀产生一电磁力,移动分配式喷油泵的控制套筒来调节喷油量。在喷油量控制中有的还采用 PID 比例微积分控制,其比例放大系数是非线性的,在输入信号幅值低时,放大系数大,而幅值较高时,放大系数小,这样得以稳定各参数,获取良好的动态响应,在发动机整个转速范围内,都能精确地控制喷油量。

(2) **喷油定时的控制** 在电控喷油系统中,能够较精确地控制喷油定时。根据柴油机转速、负荷和冷却液温度的信号,在 ECU 中利用预先储存的喷油定时脉谱,计算确定喷油始点的目标值。另一方面通过检测上止点参考脉冲和喷嘴针阀升程传感器输出脉冲之间的夹角,计算出实际喷油始点,在与目标值相比较后,决定最佳喷油始点,控制单元就输出一个脉宽可调的信号来控制一个电磁阀。该电磁阀便可确定作用在喷油提前器活塞上的控制油压来移动活塞位置,改变发动机驱动轴和凸轮轴之间的相位,以调节喷油定时。为了实现柴油机的燃烧及时与完全,电控系统应根据柴油机的运行状态和环境条件来控制喷油定时。

以上两项是最基本的控制功能。每一种柴油机都可通过大量试验,作出以转速和加速踏板位置为自变量、以目标喷油量(或齿杆行程或供油脉宽)和目标定时为因变量的 MAP 三维曲面图,如图 5-24 所示。这种以软件存入 ECU 的 MAP 图就是最基本的目标控制量。

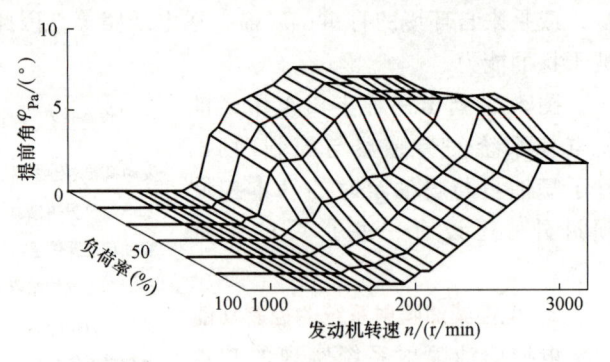

图 5-24 喷油定时控制脉谱(MAP)图

(3) **急速转速的控制** 柴油机急速转速反常波动主要是各缸供油和燃烧不均匀引起的。在机械式控制中用两速调速器加以控制。在电子控制的情况下,操作全部由计算机控制,根据加速踏板传感器、车速传感器、起动信号及转速等信号,可以决定急速控制何时开始,其次再根据冷却液温度传感器、空调器等信号,算出急速转速以及相应的喷油量。为了使急速能够保持稳定,也可以根据发动机转速的反馈信号,不断地对该喷油量进行修正。

(4) **起动喷油量的控制** 柴油机低温起动时,由于发动机的摩擦阻力大,起动性变得较差。因此低温起动时,柴油机必须加大喷油量,使柴油机发出的转矩大于自身的摩擦力矩,才能顺利起动。在电控喷油系统中,由油门和转速决定基本喷油量,再由冷却液温度传感器的信号等,决定起动补偿油量。两者的综合结果可以快速实现冷起动—暖机—急速的全过程。

(5) **各缸喷油均匀性的控制** 柴油机各缸爆发压力不同将引起发动机转速波动,

从而产生振动。特别是汽车在低速范围内行驶时，这个振动会使乘员感到不舒服。各气缸间相对产生的转速不均匀，是由于各缸的喷油量不均和各缸的燃烧状态不均所产生的。为了减小转速波动，电控系统应先检测各缸的转速波动情况，并分别调整每一气缸的喷油量，使之喷油均匀。检出各缸每次爆发的转速变化，要与所有气缸的转速变化平均值进行比较后，再得出对各缸喷油量进行校正。

（6）**过渡性能与烟度控制** 通过在过渡过程中对油量和喷油定时的综合补偿来满足最佳过渡性能和降低烟度的要求，如增压柴油机开始加速时加大供油提前角，可获得增大加速转矩和减小冒烟的双重效果。

（7）**喷油规律与喷油压力的控制** 对于某些新型电控喷油系统，还可以通过对溢流电磁阀的升程、蓄压腔（共轨腔）的压力等有关参数的综合控制来控制预喷射油量、喷油率和喷油压力，以全面改善柴油机性能。

（8）**排气再循环的控制** 通过与电控喷射系统相结合，可以实现对排气再循环更精确、更理想的控制。图 5-25 给出了一轿车柴油机在不同转速、负荷的工况下，通过电控来实现的排气再循环量的控制特性。由图可见，随着转速、负荷的增长，排气再循环量逐渐减少，直至排气再循环控制阀完全关闭；在高速、高负荷工况下不再有废气参加燃烧。由排气再循环量的控制特性得到的基本量，还要根据不同的大气压力、温度以及冷却液温度进行修正，在过渡工况时也还要进行特别的动力预先调节，以保证过量空气系数不至于过小，避免过多的炭烟排放量，实现完善、及时的燃烧。

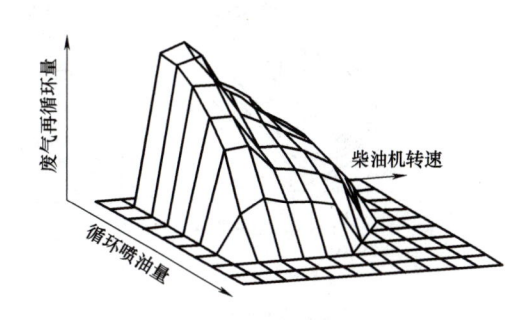

图 5-25 排气再循环量的控制特性

（9）**扩展的功能** 与汽油机的电控系统相同，柴油机的电控系统还可以根据运行的需要扩展一些功能，例如增加自诊断、安全保护与自适应控制等。

电控系统越复杂，则在实际应用场合一旦发生故障后，维修时为了找寻故障的所在就需花费更多的时间。故障自我诊断功能就是用 ECU 不断监视和发现电控系统的故障，并向使用、维修人员及时显示，通过一个闪光数码，指示产生故障所在的电子元件。若传感器出现故障，可直接利用储存在 ECU 中的不经修正的目标值或换用代用传感器继续工作。若 ECU 本身出现故障，可以切换到备用回路继续工作。如果故障无法妥善处理，仍可通过"跛行回家"功能，即切换到可维持一段时间的最基本运行的条件，以保证车辆能行驶到附近维修点进行检修。

管理系统还可以采用目标参数或相关性能指标直接反馈的方法，来辨识 ECU 发出的控制值与实际值的偏差。这些偏差往往是出厂时的制造误差和长期使用磨损后性能改变引起的。系统的自适应控制功能就是利用检测到的这些偏差，对 ECU 内的原始数据不断进行修正，使电控系统具有更好的适应能力。

随着电控系统的应用与完善，在柴油机作动力的车辆上，电子控制的传动系统也陆续被开发出来，但是各个系统都有自己的专用传感器，不仅不经济，而且显得系统过分庞杂。所以要求各种传感器所检测提供的信息能作为 ECU 的共有信息，这就要求在 ECU 子系统之间能进行数据通信，数据通信促进了控制系统的综合化。

例如载重车柴油机动力传动系统的控制，在传动装置用的 ECU 和柴油机控制用的 ECU 之间，实现数据通信结合在一起，起到一个 ECU 的作用。在变速时，根据变速器的 ECU 送来的各种信息来控制发动机的转速等，从而实现多功能的综合控制。载重车柴油机动力传动系统的数据通信如图 5-26 所示。

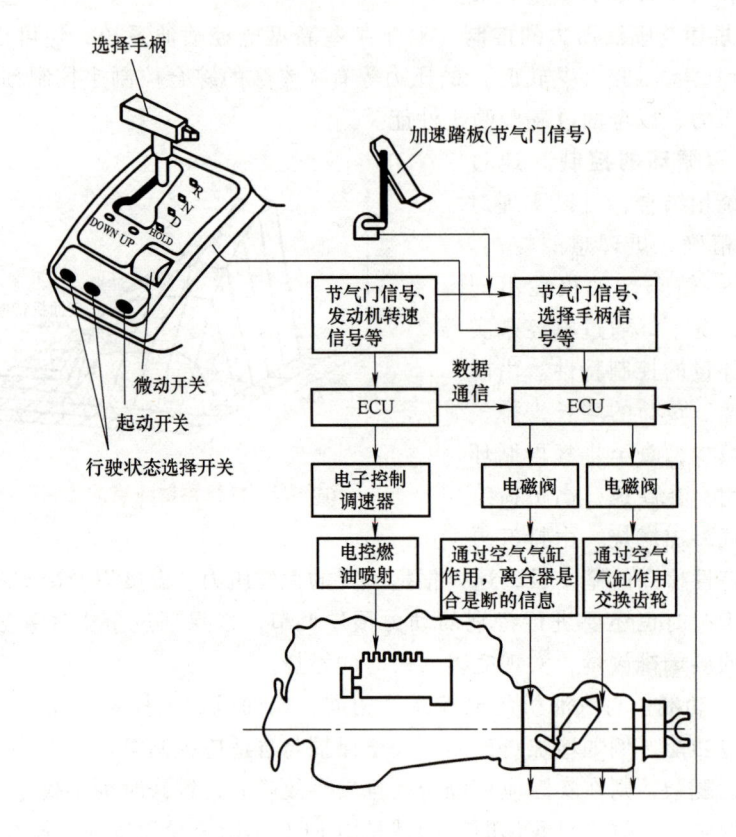

图 5-26 动力传动系统的数据通信

总之，电子技术和微机技术的迅速发展，为柴油机的电控技术的应用提供了广阔的前景，和汽油机一样，车用柴油机的电控系统必将实现多功能、高可靠性、高精度、计算处理高速化和小型化的控制。

第三节　混合气的形成和燃烧室

一、柴油机混合气的形成特点和方式

柴油机在进气过程中进入燃烧室的是纯空气，在压缩过程接近终了时柴油才被喷

入，经一定准备后即自行着火燃烧。由于柴油机的混合气形成的时间比汽油机短促得多，而且柴油的蒸发性和流动性都较汽油差，使得柴油难以在燃烧前彻底雾化蒸发并与空气均匀混合，因而柴油机可燃混合气的品质较汽油机差。因此，柴油机不得不采用较大的过量空气系数，使喷入燃烧室内的柴油能够燃烧得比较完全。

柴油机混合气的形成主要依靠三方面作用：一是燃料喷雾；二是空气运动，即组织必要的空气运动可以促使柴油很快在整个燃烧室空间得到均匀分布，加速混合气的形成；三是与燃烧室形状的良好配合。

柴油机混合气的形成方式从原理上来分，有空间雾化混合和油膜蒸发混合两种。

（1）空间雾化混合　空间雾化混合是在燃烧室空间中利用燃油与空气的相对运动形成较均匀的混合气，燃油与空气的相对运动速度是起主要作用的因素。相对运动速度越高，油粒与空气的摩擦和碰撞越激烈，分散后的油粒也越细小，混合气也越均匀，混合气在这一过程中混有尚未蒸发汽化的液态油粒，不完全是气相的。

（2）油膜蒸发混合　油膜蒸发混合是指喷在燃烧室壁面上的燃油形成油膜后，利用受热蒸发和空气相对运动的作用形成较均匀的混合气。这一混合方式中起主要作用的因素是燃烧室壁面温度、空气相对运动速度和油膜厚度。燃烧室壁温过低，油膜蒸发缓慢；壁温过高会引起燃料裂化。油膜越薄、越均匀，混合气形成的速度越快；空气运动速度越高，则混合气形成的速度越快。混合气在这一过程中完全是气相的。

表5-3列出了空间雾化混合与油膜蒸发混合的特点及对比。在空间雾化混合中，燃油的喷雾特性对混合起决定性的作用。为提高混合气的形成速度，往往要将燃料尽可能喷得很细，分布均匀。这样就会使较多的油滴受热蒸发，在滞燃期内形成大量的可燃气，造成初期放热率过大，压力急剧升高，工作粗暴，NO_x排放高。但如果减少滞燃期内混合气的生成量，则势必造成大量燃油在着火后的高温高压下蒸发混合，容易因空气不足而裂解成炭烟。因此，空间雾化混合方式尽管有较高的热效率，但炭烟、NO_x排放和燃烧噪声均较高。

表5-3　空间雾化混合与油膜蒸发混合的特点及对比

空间雾化混合	油膜蒸发混合
绝大部分燃料以较高的压力被喷射到燃烧室空间中，散布于空气中	利用强烈的空气旋流将大部分燃料涂布在燃烧室壁面上
燃料在空气中呈细小油粒状	燃料在壁面上形成油膜
细小油滴以液相与空气混合，形成不均匀混合气（液相混合）	油膜蒸发，燃油蒸气与空气混合，形成相对均匀的混合气（气相混合）
大量细小油滴受热汽化，在着火延迟期内形成的可燃混合气数量较多，多点大面积同时着火	散布在空间的少量燃油，在着火延迟期内形成少量可燃混合气，着火面积小
初期燃烧的放热速率很高，以后逐渐减慢	受油膜蒸发速率的影响，燃烧放热速率呈前低后高的规律

二、分隔式燃烧室

分隔式燃烧室的结构特点是除位于活塞顶部的主燃烧室外，还有位于缸盖内的副燃

烧室，两者之间有通道相连。燃油不直接喷入主燃烧室内，而是喷入副燃烧室内。按其气流运动方式又分为涡流室式和预燃室式两种燃烧室。

1. 涡流室式燃烧室

涡流室式燃烧室的结构如图 5-27 所示。一般涡流室容积占整个燃烧室压缩容积的 50%～60%。涡流室的形状（图 5-28）有一些不同的类型，如近似球形的、上部为半球形下部为圆柱形的等。

涡流室与主燃烧室之间通道的截面积为活塞截面积的 1%～3.5%，通道方向与活塞顶成一定的倾斜角度，其截面形状也有多种。此外，还有采用双倾斜角通道的，即通道由靠主燃烧室一侧较小的倾斜角度的部分和涡流室一侧较大的倾斜角度的部分组成，以降低通道的流动损失和改善混合气的形成。

活塞顶部的主燃烧室一般也有各种形状的导流槽或浅凹坑，如双涡流凹坑等（图 5-28）。

在压缩过程中，空气从主燃烧室经通道流入涡流室，在涡流室内形成强烈的有

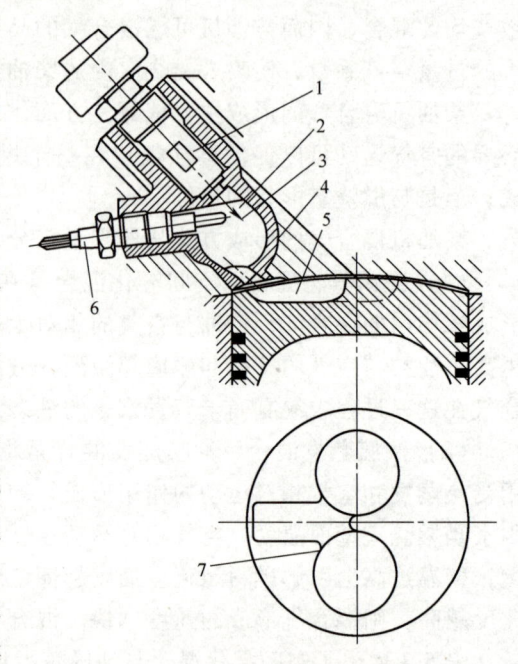

图 5-27　涡流室式燃烧室的结构
1—喷油器　2—涡流室　3—油束　4—通道
5—主燃烧室　6—电热塞　7—导流槽

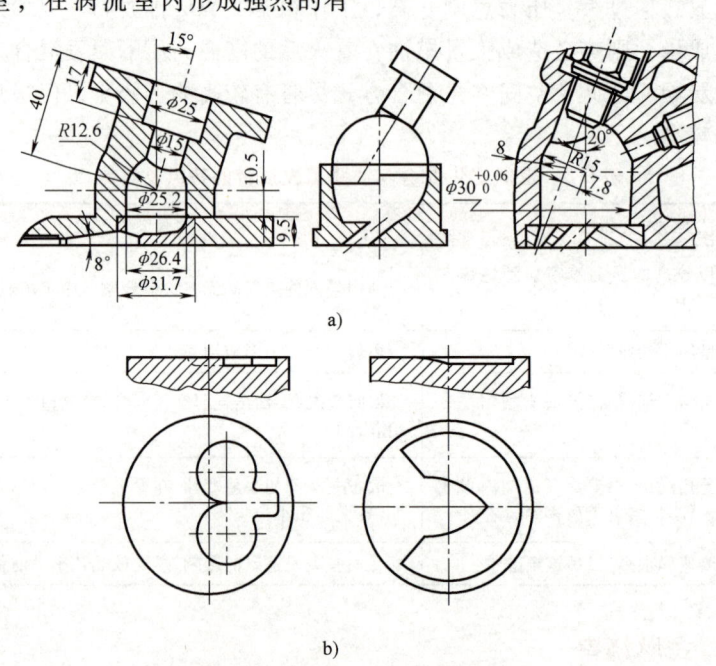

图 5-28　涡流室与主燃烧室的形状
a) 涡流室　b) 主燃烧室

组织的压缩涡流,压缩涡流在涡流室燃烧室柴油机的混合气形成中起主要作用。燃油顺涡流方向喷射入涡流室内。着火燃烧后,涡流室内的压力和温度迅速升高,燃气带着未燃的燃油和空气一起经通道高速流入主燃烧室内。活塞顶部的导流槽或浅凹坑使流入主燃烧室内的工质再次形成强烈的涡流(称为二次涡流),以加速燃油与空气的混合与燃烧。

2. 预燃室式燃烧室

预燃室式燃烧室的结构如图 5-29 所示。根据气阀数的多少,预燃室可以偏置于气缸一侧(对于二气阀),也可以置于气缸中心线上或其附近(对于四气阀)。预燃室容积占整个燃烧室压缩容积的 35%~45%,预燃室与主燃烧室之间通道的截面积为活塞截面积的 0.3%~0.6%。可见,相对涡流室式来说,预燃室式的容积和连接通道的截面积都较小,通道内的最大流速约高 50%。此外,还有在预燃室内布置一中部为球体、两端为较细圆柱体的球形杆(见图 5-30),油束喷射在球体上向四周反射飞溅,有利于混合气的形成,同时球形杆也起到加强其周围湍流的作用。

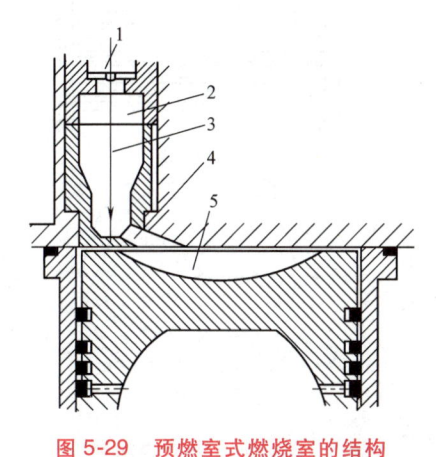

图 5-29 预燃室式燃烧室的结构
1—喷油器 2—预燃室 3—油束
4—通道 5—主燃烧室

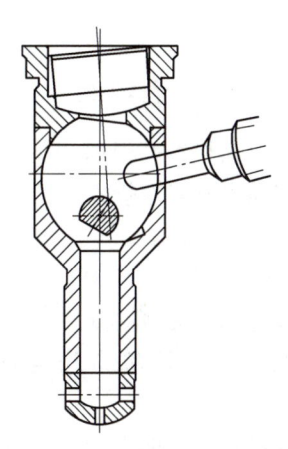

图 5-30 带球形杆的预燃室式燃烧室
(奔驰公司 OM604 柴油机)

在压缩过程中,气缸内部分空气流入预燃室内,由于连接通道截面积很小,且与预燃室截面积不同,所以在预燃室内形成强烈的无组织的湍流。空气湍流使一部分燃油雾化混合,当着火燃烧后,预燃室内的压力和温度迅速升高,利用这部分燃油的燃烧能量,将预燃室内已部分燃烧的浓混合气高速喷入主燃烧室内,并在主燃烧室内形成工质的运动,即燃烧涡流,促使其余部分的燃油在主燃烧室内迅速与空气混合并燃烧。

3. 分隔式燃烧室柴油机的性能特点

分隔式燃烧室柴油机中主要靠强烈的空气运动来保证较好的混合气质量,空气利用率较高,最小的过量空气系数 ϕ_a 可达 1.2 左右。由于空气运动的强度随转速提高而增大,保证了高速下也有较好的性能。对喷射系统的要求较低,可以使用轴针式喷油器,喷射压力较低,使喷射系统的制造要求降低,工作可靠性和使用寿命提高。

分隔式燃烧室柴油机的燃烧室结构较为复杂,表面积与容积之比较大,加上强烈的空气运动的影响，使散热损失较大，通道节流作用引起的流动损失也较大。因此，分隔式燃烧室柴油机较直喷式燃烧室柴油机的热效率低，经济性差。同时，散热损失较大使分隔式燃烧室柴油机的冷起动性也较差，一般用较高的压缩比（大多 ε 为 20 以上）来改善冷起动性能，在要求较高时（如轿车柴油机）一般都要安装电热塞，用于在冷起动时提高燃烧室内的温度，保证顺利起动。

着火燃烧首先在副燃烧室开始，由于通道的节流作用，主燃烧室的压力上升较缓慢，因此工作较为平稳，燃烧噪声较小，但另一方面对经济性也有不利的影响。

分隔式燃烧室柴油机一般对燃油不太敏感，有较强的适应性。

在有害排放方面的突出问题是低负荷下的炭烟排放量较大，其余则优于直喷式燃烧室柴油机。

预燃室式燃烧室与涡流室式燃烧室柴油机相比，上述特点一般表现得更为突出。此外，与涡流室必须偏置于气缸一侧不同，由于预燃室位置的安排比较灵活，因此可以适用于四气阀的柴油机。

三、直喷式燃烧室

直喷式燃烧室可根据活塞顶部凹坑的深浅分为开式燃烧室和半开式燃烧室两类。

1. 开式燃烧室

开式燃烧室（图 5-31）的结构十分简单。活塞顶部的燃烧室有中心略有凸起的浅 ω 形和平底的浅盆形，凹坑较浅，凹坑口径与活塞直径之比一般大于 0.7。

开式燃烧室中的混合气形成主要依靠燃油的喷散雾化，因此对雾化质量，也就是对喷射系统有很高的要求，开式燃烧室采用较多喷孔数目（常见的为 7~12 孔）的孔式喷油器和较高的喷射压力，最大喷射压力达到 100MPa 以上；而一般不组织或只有很弱的空气涡流运动，在混合气形成中空气运动所起的作用相对很小。混合气在燃烧室的空间内形成，避免油束直接喷到燃烧室的壁面上（油束贯穿率要求小于或约等于 1）。

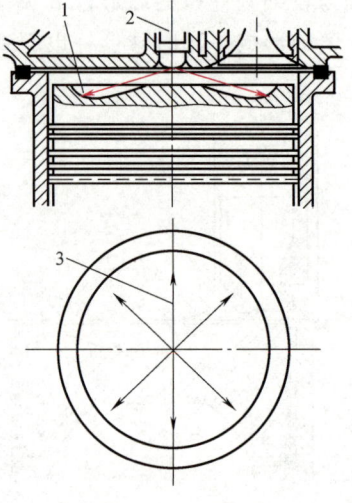

图 5-31 开式燃烧室
1—凹坑 2—喷油器 3—油束

对于开式燃烧室，希望通过油束与燃烧室形状的配合，使燃油尽可能均匀细微地分布到整个燃烧室的空间中。它的空气利用率相对较低，一般均采用增压来保证较大的过量空气系数（ϕ_a 为 1.5~2.2），以实现完善的燃烧。

开式燃烧室一般适用于缸径较大（≥140mm），转速较低（≤2000r/min）的柴油机中。

2. 半开式燃烧室中的空气运动

（1）进气涡流 在半开式燃烧室混合气的形成中，进气涡流起到了重要作用。产生进气涡流的方法一般是采用螺旋气道。如图 5-32 所示，螺旋气道一方面把气阀座上方的气道内腔制成螺旋形，使空气在气道内就形成绕气阀中心的旋转运动，并在进入气缸后继续保持旋转；另一方面，由于气阀中心与气缸中心的不重合，会产生空气沿气缸壁绕气缸中心的旋转运动。产生的进气涡流，可视为两部分（即气道本身的形状和气阀中心相对于气缸中心的位置）共同作用的结果。

螺旋气道的主要结构参数（如气阀座上方的螺旋室高度、气道最小截面积等）以及气道安装位置等，都会影响气道的特性。好的螺旋气道应在首先保证所要求涡流强度的前提条件下，尽可能地提高流通性能，降低流动阻力，这往往需要进行仔细调试和反复改进，但保证一定的涡流强度往往是以进气阻力的提高为代价的，故采用螺旋气道的柴油机，其充气效率一般相对稍低。

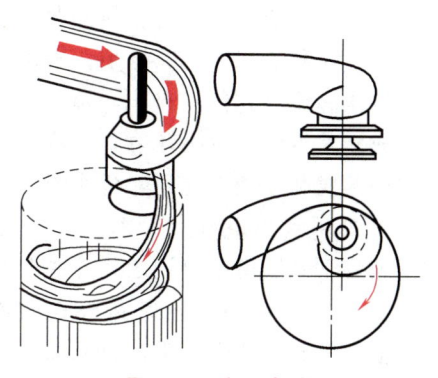

图 5-32　螺旋气道

采用切向气道也是产生进气涡流的方法。如图 5-33 所示，切向气道形状比较平直，在气阀座前作强烈收缩，使气流运动加速，并引导气流以单边切线方向进入缸内，造成阀入口处气流速度分布的不均匀，从而使缸内空气产生旋转运动。切向气道结构简单，但对气道位置较为敏感，因涡流较强时，切向气道的流动阻力将很快增加，故仅在涡流强度要求较低的柴油机中应用。

此外，还有在进气阀或缸盖上加遮蔽屏来产生进气涡流的方法。通过在进气阀或缸盖上加遮蔽屏，强制空气从遮蔽屏前流出，再加上气缸壁面的约束，使进入气缸的空气产生旋转运动，这种方法目前已基本不再使用。

（2）挤压涡流　如图 5-34 所示，在压缩过程期间，当活塞接近上止点时，活塞顶部外围的环形空间中的空气被挤入活塞顶部的凹坑内，由此产生的涡流就是挤压涡流，简称挤流。当活塞下行时，活塞顶部凹坑内的气体又向外流到活塞顶部外围的环形空间中，这种流动又称为逆挤压涡流，简称逆挤流。

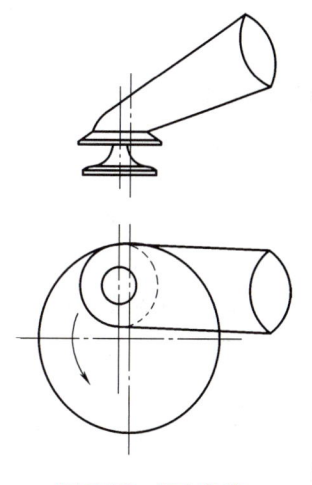

图 5-33　切向气道

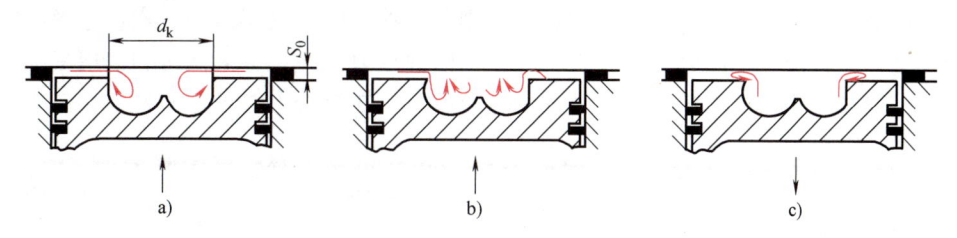

图 5-34　挤压涡流
a）无进气涡流或涡流不强时的挤流　b）进气涡流强时的挤流　c）逆挤流
d_k—凹坑直径　S_0—挤气间隙

挤压涡流的强度与活塞顶部凹坑喉口直径以及活塞顶间隙有密切关系。活塞顶部凹坑喉口直径和活塞顶间隙越小，则挤压涡流的强度越大。

挤压涡流（包括逆挤压涡流）不会影响充气系数，但却有助于改善和帮助混合气的形成。其持续的时间较短（仅在上止点附近），强度与进气涡流相比一般较小，在混合气的形成和燃烧中起到配合作用。

3. 半开式燃烧室

若将开式燃烧室应用于占车用柴油机大部分的小缸径高速柴油机中，会遇到很大的困难。由于转速高，混合气形成和燃烧的时间极短，单靠燃油的喷散雾化，则不但喷孔直径要很小，喷射压力要很高，使制造困难，使用可靠性下降，而且也不能实现在较小的过量空气系数下有较好的混合气形成和燃烧。对于这种情况，就可以应用半开式燃烧室，如图5-35所示。

半开式燃烧室的活塞顶部有较深的凹坑，形状有多种，常见的有中心凸起的ω形和平底的深坑形，而凹坑有缩口的，也有不缩口的，凹坑口径与活塞直径之比一般为0.35~0.7。

半开式燃烧室中的混合气形成依靠燃油的喷散雾化和空气运动两方面的作用。它采用孔式喷油器，常见的喷孔数目为4~6，并有较高的喷射压力，对喷射系统有较高的要求。此外，利用以进气涡流为主，挤压涡流为辅的空气运动，来帮助和加强混合气的形成，对气道也有较高的要求。一般认为，比较理想的油束贯穿率约为1.05。

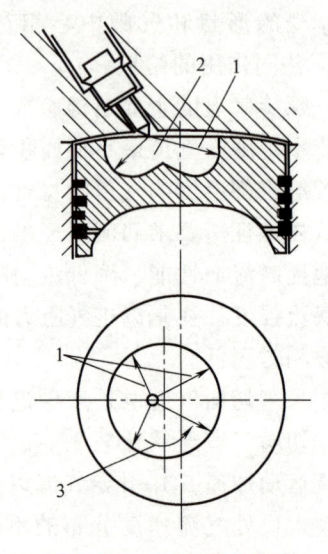

图 5-35 半开式燃烧室
1—油束 2—凹坑 3—空气涡流

与开式燃烧室相比，半开式燃烧室中的空气利用率有所提高，在过量空气系数为1.3~1.5时，可以实现完善的燃烧。

因一般空气运动的强度随着转速的提高而增大，而涡流强度过强或过弱会造成油束贯穿不足或过度，均会影响混合气的形成和燃烧，故半开式燃烧室对转速的变化较为敏感。

半开式燃烧室一般适用于缸径为80~140mm，转速低于4500r/min的柴油机中。若半开式燃烧室应用于更小缸径的柴油机中，则在燃油喷射、气流运动与燃烧室形状间的配合上会有很大困难；同时，喷孔直径过小和喷油压力过高，也对制造和使用提出更高的要求。但是尽管如此，半开式燃烧室的应用范围仍在向着小缸径方向发展，已有缸径为64mm的产品。

由于开式燃烧室与半开式燃烧室相比，具有经济性更好，颗粒物排放量较低的突出优点，使近年来在缸径相对较大的半开式燃烧室中出现了向开式燃烧室方向发展的趋势，即提高喷射压力，缩小喷孔直径、增加喷孔数目，增大活塞顶部凹坑喉口直径并减弱空气涡流强度。当然，这是以制造技术水平的提高和增压技术的采用作为其前提条

件的。

4. 直喷式燃烧室柴油机的性能特点

1) 由于燃烧迅速，故经济性好，有效燃油消耗率低。直喷式柴油机比分隔式柴油机的有效燃油消耗率低 10%～20%，经济性好是直喷式柴油机的突出优点。但其工作较粗暴，压力升高率大，燃烧噪声大。

2) 燃烧室结构简单，表面积与容积比小，因此散热损失小，也没有主、副室之间的流动损失，一方面可使冷起动性能较好，另一方面也是经济性好的重要原因。

3) 对喷射系统的要求较高，特别是开式燃烧室。半开式燃烧室对气道也有较高的要求。

4) NO_x 的排放量较分隔式燃烧室柴油机高，特别是在较高负荷的区域内，约高一倍左右。开式燃烧室的颗粒物排放量相对较低。

5) 对转速的变化较为敏感，特别是半开式燃烧室，较难同时兼顾高速和低速工况的性能，因而，适用转速较分隔式燃烧室柴油机低。

四、其他燃烧室

1. 球形油膜燃烧室

球形油膜燃烧室（图 5-36）柴油机在活塞顶部有较深的球形或近似球形的凹坑，凹坑喉口直径与活塞直径的比值为 0.35～0.45，一般用螺旋气道产生强烈的进气涡流，采用单孔或双孔喷油器，喷射压力较高。

球形油膜燃烧室仅从燃烧室结构上来看，可以看成是半开式燃烧室的一种，但在混合气的形成和燃烧等方面却有着本质的区别。球形油膜燃烧室主要应用油膜蒸发方式形成混合气。燃油在高压下顺气流和接近燃烧室的切线方向喷入燃烧室内。其中绝大部分分布在凹坑内的燃烧室壁面上，形成较均匀的油膜，只有极少量的燃油分布在空气中。油膜从燃烧室壁面上吸热，逐层蒸发，强烈的空气涡流加速了油膜的蒸发且使混合气更为均匀。原已分布在燃烧室空间内的雾状燃油首先完成与空气的混合而着火，由于大部分在着火延迟期内喷入的燃油并不可能立即形成可燃混合气，因此使速燃期内的压力升高率相对较低。随燃烧过程的进展，燃烧室内

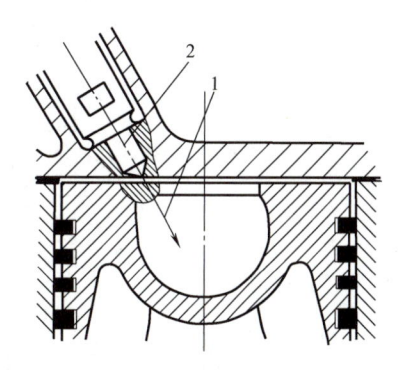

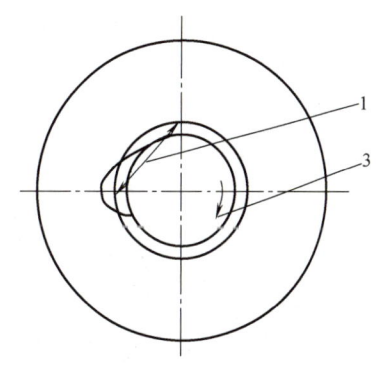

图 5-36 球形油膜燃烧室
1—油束 2—喷油器 3—空气涡流

的温度越来越高，可以保证燃油以越来越高的速度蒸发并与空气均匀混合，使燃烧过程得以及时进行。

球形油膜燃烧室柴油机工作较为平稳，燃烧噪声较小，且经济性也较好；但冷起动较困难，变工况性能较差，特别在低速、低负荷工况下，因壁面温度低，空气涡流弱，

使油膜蒸发产生困难。因此，目前实际上已很少应用。

2. 非回转体燃烧室

非回转体燃烧室可以认为是半开式燃烧室的变形，同时也是半开式燃烧室的进一步发展。从20世纪70年代以来，已发展了多种类型的非回转体燃烧室，以进一步提高柴油机各方面的性能。典型的非回转体燃烧室如图5-37所示。其中包括：

(1) 日本五十铃公司的四角形燃烧室 四角形燃烧室是于20世纪70年代初出现的。活塞顶凹坑从纵剖面看与传统的ω形燃烧室相同，俯视为四角带圆弧的正方形。此外还有加缩口增强挤流作用的四角形燃烧室。

(2) 日本小松公司的微涡流燃烧室 其活塞顶凹坑的上部为四角形，下部仍为回转体，上下部连接处经切削加工圆滑过渡。

(3) 英国Perkins公司的Quardram燃烧室 该燃烧室在回转体燃烧室侧壁上有四个均匀分布的小圆弧凹坑，这些凹坑称为强湍流袋。

(4) 上海内燃机研究所研制的花瓣形燃烧室 在传统的ω形燃烧室的基础之上，将凹坑的横截面从圆形改变为花瓣形。

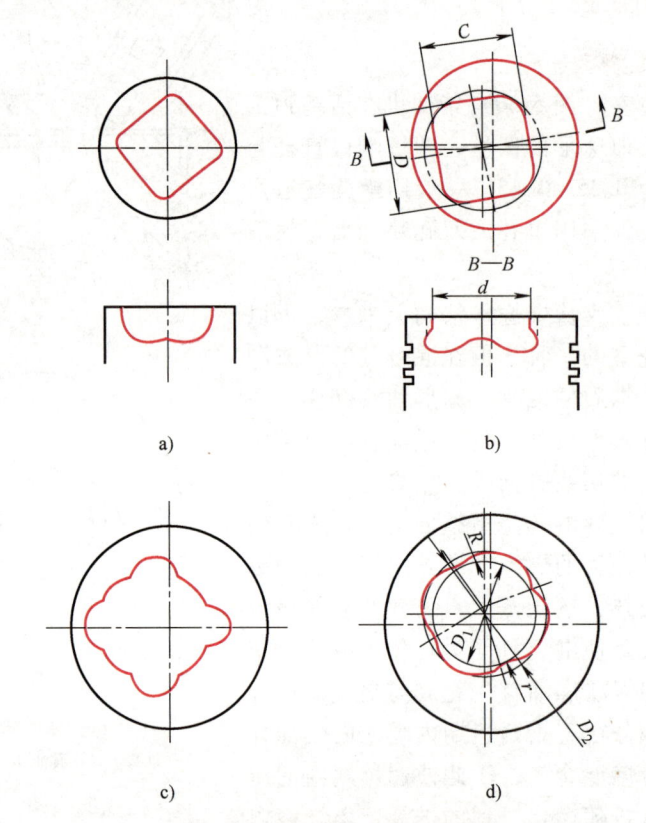

图 5-37 典型的非回转体燃烧室

a) 四角形燃烧室　b) 微涡流燃烧室　c) Quardram燃烧室　d) 花瓣形燃烧室

非回转体燃烧室形状各异，但其基本特征是相同的，主要包括以下几点：

1) 在半开式燃烧室的基础之上，利用燃烧室形状的设计来产生微涡流，改善混合气的形成和燃烧。除大尺度的涡流（如进气涡流和挤压涡流）外，小尺度的涡流，又称为微涡流或湍流，对混合气形成和燃烧的促进作用已得到公认。微涡流主要是利用大尺度的涡流在燃烧室内不同位置造成的速度差以及流经一些特殊设计的边角、凹凸时产生的气流扰动所形成的。

2）一些特殊设计的边角、凹凸对空气涡流有衰减作用，而且这种衰减作用随着空气涡流的增强而增大，这对提高柴油机的转速适应性，解决半开式燃烧室中存在的低速涡流太弱，高速涡流太强的问题是有利的，也特别适合于车用柴油机在宽广的转速范围内工作的情况。但是另一方面，由于这种衰减作用的存在，就需要相对较强的进气涡流而有可能影响充气效率，进而影响柴油机的动力性。

3）燃烧室形状的设计还可能控制喷在燃烧室壁面上的那一部分燃油的反射，即使燃油反射到空气涡流的下游而不是上游，从而改善燃烧室内的燃油分布，有利于形成较为均匀的混合气。

非回转体燃烧室具有较多的优点：着火延迟期较短使压力升高率相对较低，燃烧比较完善，有害排放量较小，对转速变化不太敏感，油耗曲线较平坦等。

非回转体燃烧室的加工相对较复杂，一些凸出部位的热负荷较高，可能会影响工作的可靠性。

五、不同燃烧室的比较与选用

各种类型的燃烧室有着各自的特点和适用场合。表 5-4 给出了几种主要的燃烧室的结构特点和性能对比，其中有害排放量的比较如图 5-38 所示。

表 5-4　常用燃烧室的结构特点和性能对比

	对比项目	直喷式燃烧室		分隔式燃烧室	
		开式燃烧室	半开式燃烧室	涡流室式燃烧室	预燃室式燃烧室
燃烧系统特点	燃烧室形状	简单	一般	复杂	复杂
	燃烧室面容比	最小	小	大	最大
	混合气的形成方式	空间雾化	空间雾化	两段混合	两段混合
	压缩比	12~15	16~18	16~23	18~22
	空气运动	无或弱进气涡流	较强进气涡流与挤压涡流	压缩涡流与二次涡流	压缩湍流与燃烧涡流
	ϕ_a（全负荷）	1.6~2.2	1.4~1.7	1.2~1.6	1.2~1.6
	热损失和流动损失	小	较小	大	最大
	热负荷和排气温度	低	较低	较高	高
	喷油器	孔式,6~12孔	孔式,4~6孔	轴针式	轴针式
	启喷压力/MPa	20~40	18~28	10~15	8~13
	燃料雾化	要求高	要求较高	要求较低	要求低
	对燃料的适应性	差	较差	较好	好

145

(续)

对比项目		直喷式燃烧室		分隔式燃烧室	
		开式燃烧室	半开式燃烧室	涡流室式燃烧室	预燃室式燃烧室
主要性能特点	p_{me}/MPa	高	较高	较低	低
	b_e/[g/(kW·h)]	190~220	210~240	235~275	245~290
	NO_x	高	较高	低	低
	PM	较低	高	低	低
	HC	较低	高	低	低
	燃烧噪声	最高	较高	低	低
	起动	容易	较容易	难	最难
	适应转速/(r/min)	≤1500	≤4000	≤5000	≤3500
	适应缸径/mm	≥200	≤150	≤100	≤100（或160~200）

应该说明的是，对于同一类型的燃烧室，增压柴油机与非增压柴油机相比，一般过量空气系数较大，压缩比较低，最高爆发压力较大而燃烧噪声较小，有效燃油消耗率也会有不同程度的降低。

图 5-38 表示了开式燃烧室（重型车用）柴油机、半开式燃烧室（中型、轻型车用）柴油机和分隔式燃烧室（轿车用）柴油机在中等转速下的有害排放量（炭烟、HC 和 NO_x）的比较。由图可见，对于炭烟的排放量，开式燃烧室最低，半开式燃烧室次之，而分隔式燃烧室最高；半开式燃烧室的 HC 排放量最高，特别是在较低负荷工况下，其中的液态成分部分使其颗粒物的排放量也较高；直喷式燃烧室较分隔式燃烧室的 NO_x 排放量明显升高，特别是在较高负荷工况下。

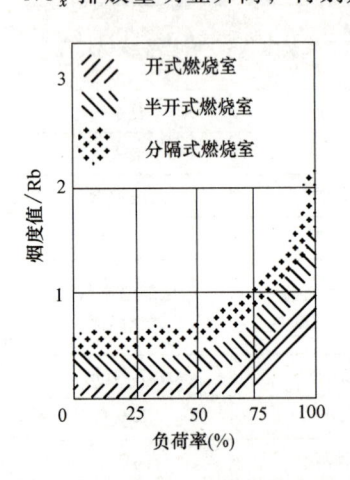

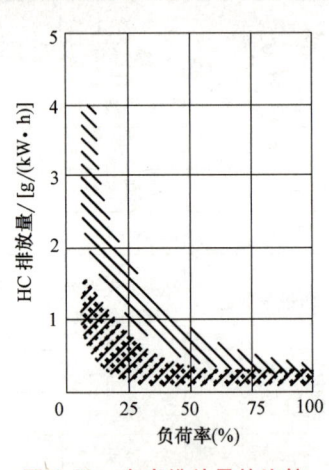

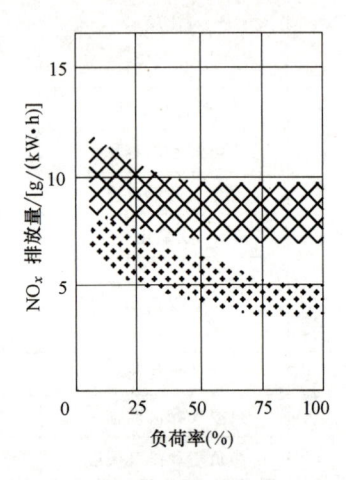

图 5-38 有害排放量的比较

在有害排放和噪声控制方面，分隔式燃烧室主要应控制炭烟的排放量，特别是在较低负荷工况下；而直喷式燃烧室主要应解决好控制炭烟和 NO_x 之间的矛盾，降低燃烧噪声和控制部分负荷工况下 HC 的排放量。

在燃烧室的选用中，主要应结合各类燃烧室的特点并考虑柴油机的缸径大小、转速范围、具体使用要求和特点以及制造维修水平等。

重型汽车、大型工程机械用柴油机几乎毫无例外地采用直喷式燃烧室（开式燃烧室和半开式燃烧室），其中的半开式燃烧室也有向开式燃烧室的特点靠拢的趋势。

轿车柴油机中仍是涡流室式燃烧室占有绝对优势，但半开式燃烧室和预燃室式燃烧室式也有应用。其中，尽管半开式燃烧室的经济性相对较好，但噪声振动较大且升功率较低，故目前主要用于较低档的轿车。电控喷射系统、四气阀等新技术的发展使半开式燃烧室的应用具有较强的竞争潜力。

在中、轻型车的应用领域中，目前主要是涡流室式燃烧室与半开式燃烧室两者的竞争。对于开式燃烧室，由于其小缸径和高转速的限制而难以采用；对于预燃室式燃烧室，由于其经济性比涡流室燃烧室还要略差，故也极少采用。在缸径相对较大的中型车用柴油机中，半开式燃烧室占有一定优势并可能会继续发展这一优势。

小型拖拉机、农用运输车中也主要采用涡流室式燃烧室，这里主要考虑的因素是其对制造和使用的要求相对较低。

此外，分隔式燃烧室（特别是预燃室式燃烧室）还常用于一些要求噪声特别低的特殊场合，例如在矿井内或潜艇中使用。

第四节　燃烧过程的影响因素

一、燃油喷射、气流运动与燃烧室形状间的配合

实际上对柴油机燃烧过程的要求是多方面的，而且往往相互之间是矛盾的。例如，为提高柴油机经济性，应使燃油完全燃烧，希望有较大的过量空气系数，但这将导致气缸工作容积利用率，即升功率降低，动力性变差。要保证在上止点附近的迅速燃烧以提高动力性和经济性，但这又可能会使压力升高率和最大爆发压力都较高，工作平稳性变差，燃烧噪声增大，也会降低工作可靠性和使用寿命。此外，降低柴油机废气中的有害排放量往往是以柴油机经济性的降低、制造成本的提高作为代价的。降低柴油机废气中各种有害排放量的要求，特别是柴油机废气中两种主要有害排放物（颗粒物和NO_x）的控制，往往也会产生矛盾。同时，针对车用柴油机工作范围宽广的特点，希望不仅是在某一工况，而是在各种转速、负荷的工况下，都能有较好的性能。

燃油喷射、气流运动与燃烧室形状间的良好配合，是满意的柴油机混合气形成和燃烧过程的基本保证。在燃油喷射、气流运动与燃烧室形状间的配合中，一般应兼顾各方面的要求，并根据具体使用情况有所侧重，寻求一个较理想的折中方案。

例如，半开式燃烧室的活塞顶部凹坑喉口直径的大小要与油束射程、涡流强度互相配合，如凹坑喉口直径过小、油束射程过大而涡流强度较弱时，就会有过多的燃油直接喷到燃烧室壁上，难以很好地形成混合气并燃烧，这一般称为"穿透过度"；反之，如凹坑喉口直径过大、油束射程过小而涡流强度较强时，就会使喷到燃烧室壁上的燃油过少甚至没有，则燃烧室外围的空气就得不到充分利用，这一般称为"穿透不足"。

不论是直喷式燃烧室还是分隔式燃烧室，都应尽量避免燃烧室内不能很好地形成混合气的死角。例如，活塞顶部的让阀坑、第一道活塞环上部活塞与缸套间的容积、分隔式燃烧室中安装电热塞附近的部位，还包括孔式喷油器头部的压力室等。

燃油喷射、气流运动与燃烧室形状间的配合，目前仍是以大量试验、反复改进为主要手段来进行的。近年来，一方面燃烧室内部的测试有较大发展，通过激光测量、高速摄影和缸内取样等，深入了解混合气形成和燃烧的过程，从而寻求最佳的配合；另一方面，应用计算机对柴油机的工作过程进行模拟计算已得到应用，燃烧模型也从简单的零维模型发展为三维模型，这也将成为设计改进工作的有力工具。

二、影响燃烧过程的运转因素

1. 负荷

柴油机的负荷调节方法是"质调节"，即空气量基本上不随负荷变化，而只调节循环供油量。负荷增大，循环供油量也增大，过量空气系数减小，单位体积内混合气燃烧放出的热量增加，引起缸内温度上升，缩短着火延迟期，这对降低柴油机的工作粗暴有利。图 5-39 给出了负荷对着火延迟期影响的示例。当负荷增加时，由于循环供油量增大以及燃烧过程变长，也需要适当加大供油提前角。对于最佳供油提前角随负荷的变化调节，则较难实现。只有在柴油机电控喷射系统中，才能真正实现最佳供油提前角随各种工况变化的准确调节。

在中、小负荷工况下，燃烧效率的变化一般不大，但随着循环供油率的加大，过量空气系数变小，燃烧过程延长，都可能使燃烧效率下降。

2. 转速

转速升高时，由于散热损失和活塞环的漏气损失减小，使压缩终了温度和压力增高；转速升高也会使喷油压力提高，改善燃油的雾化，这些都使得以秒为单位的着火延迟期缩短，而以曲轴转角为单位的着火延迟期则有可能缩短，也可能延长。图 5-40 给出了转速对着火延迟期影响的示例。

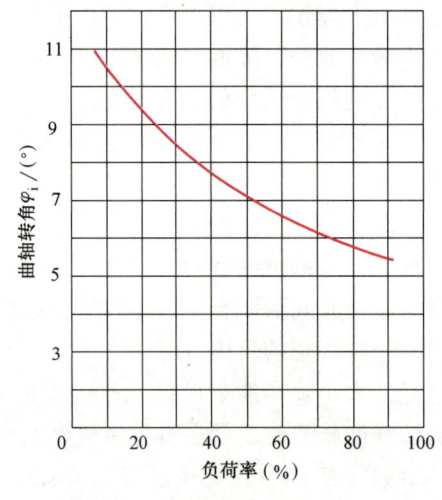

图 5-39 负荷对着火延迟期的影响

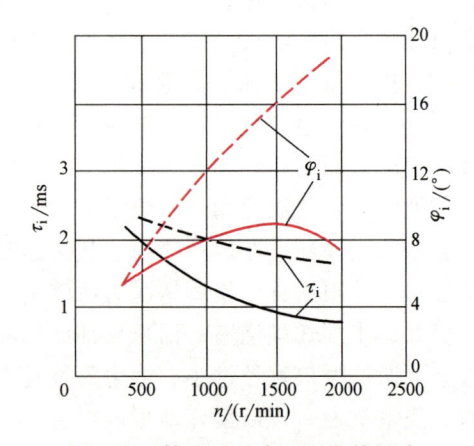

图 5-40 转速对着火延迟期的影响
虚线—直喷式燃烧室 实线—涡流室式燃烧室

一般来说，转速过低或过高时，都会使燃烧效率降低。转速过低时，空气运动减弱，喷油压力下降，使混合气质量变差；转速过高时，燃烧过程所占的曲轴转角加大，充气效率下降，也会给燃烧效率带来不利的影响。

3. 供油提前角

供油提前角（或喷油提前角）对柴油机的燃烧过程，进而对其性能有很大影响。供油提前角过大，燃油将喷入温度和压力相对较低的空气中，着火延迟期增长，同时在着火燃烧后，活塞仍在上行，使压力升高率和最大爆发压力都较高，工作较粗暴，NO_x 的排放量也会由于燃烧温度的升高而增加。过早燃烧还会增加压缩负功，降低柴油机的经济性和动力性。供油提前角过小，则会使燃油不能在上止点附近及时燃烧，也对柴油机的经济性和动力性不利，颗粒物的排放量也会增加。过迟燃烧还会使燃烧温度升高，散热损失增加。对于每一种工况，均有一个最佳供油提前角，此时在负荷不变的前提下，有效燃油消耗率最低。但为了兼顾降低 NO_x 的排放量和燃烧噪声的需要，一般调节供油提前角略小于最佳供油提前角。作为一个实例，图 5-41 给出了一直喷式柴油机在不变的中等转速和中等负荷下，喷油提前角变化所产生的影响。由图可见，NO_x 的排放量和燃烧噪声随供油提前角变小而下降，故实际中常将推迟喷油作为减小 NO_x 的排放量和燃烧噪声的有效措施加以采用，但这往往是以有效燃油消耗率和颗粒物的排放量上升为代价的。

在不同转速和负荷下，最佳供油提前角也不同。当转速增加时，由于喷油延迟角增大以及燃烧过程所占的曲轴转角可能增大，为保证燃油在上止点附近及时燃烧，需要适当加大供油提前角。一般直喷式燃烧室最佳供油提前角随转速的变化比分隔式燃烧室的大。汽车柴油机中的供油提前角调节装置，就是用于实现最佳供油提前角随转速的变化调节的。当负荷增加时，由于循环供油量增大以及燃烧过程变长，也需要适当加大供油提前角。对于最佳供油提前角随负荷的变化调节，则较难实现。只有在柴油机电控喷射系统中，才能真正实现最佳供油提前角随各种工况变化的准确调节。

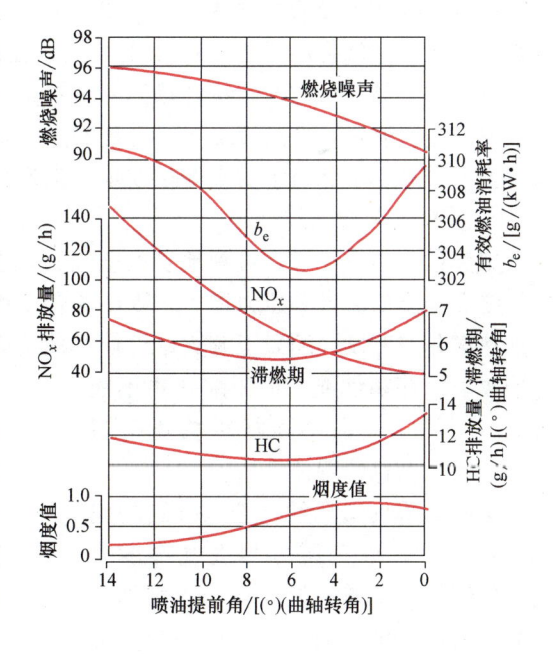

图 5-41 喷油提前角的影响

4. 燃油

燃油的十六烷值是衡量燃油自燃性的指标，对燃烧过程有一定影响。图 5-42 反映了喷油时刻相同，使用十六烷值不同的燃料对燃烧过程的影响。在其他条件相同的情况下，十六烷值高的燃料，燃油自燃性相对较好，着火延迟期短，着火后压力上升平缓，最大爆发压力低，从而使燃烧噪声和 NO_x 的排放量也都可降低。一般直喷式燃烧室比分隔式燃烧室对燃油的性质更为敏感。

5. 排气再循环（EGR）

排气再循环已得到了较多的实际应用（主要在轿车柴油机中），它是指将一部分已燃的废气再次引入燃烧室内参加燃烧。排气再循环可以由简单的机构来进行控制，也可以与电控喷射系统相结合，实现更精确、更理想的控制。通过排气再循环可降低燃烧过程中的工质温度，从而有效地控制 NO_x 的生成，降低 NO_x 的排放量。但由于它实际上降低了过量空气系数，会对完善、及时的燃烧产生不利影响，从而也会使炭烟的排放量增多，柴油机经济性变差，特别是在高速、高负荷的工况下更是如此。因此，仅在低速、低负荷的一定范围内，才在进气中掺入一定量的废气。

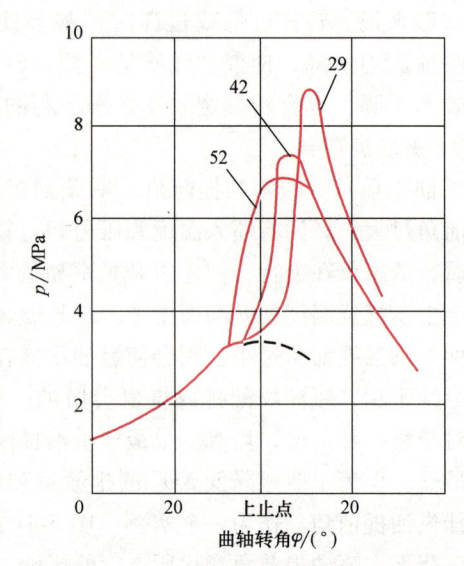

图 5-42 十六烷值对燃烧过程的影响

作为示例，图 5-25 给出了一轿车柴油机在不同转速、负荷的工况下，通过电控来实现的排气再循环量的控制特性。由图可见，随着转速、负荷的增长，排气再循环量逐渐减少，直至排气再循环控制阀完全关闭；在高速、高负荷工况下不再有废气参加燃烧。由排气再循环量的控制特性得到的基本量，还需根据不同的大气压力、温度以及冷却液温度进行修正，在过渡工况时也还要进行特别的动力预先调节，以保证过量空气系数不至于过小，避免过多的炭烟排放量，实现完善、及时的燃烧。

6. 压缩比和增压度

柴油机为了保证燃料可靠地着火燃烧，要求具有足够高的压缩比。压缩比提高，使压缩终点工质的温度和压力增大，因而改善了燃料液滴与空气间的传热，促使喷入的燃料加速雾化与蒸发，缩短了着火延迟期，使速燃期压力升高率降低，柴油机工作柔和，还能改善冷起动性能。但压缩比也不能过高，否则会使曲柄连杆机构负荷过高，影响发动机的寿命。

柴油机采用增压后，进入气缸的空气密度增大，进气压力和进气温度升高，压缩终点工质的温度和压力均随之提高，使着火延迟期缩短，有利于降低燃烧噪声和机械负荷，柴油机工作柔和。空气密度对着火延迟期的影响如图 5-43 所示。

提高压缩比和增压压力，可降低发动机对燃料的敏感性，适合用多种燃料工作。

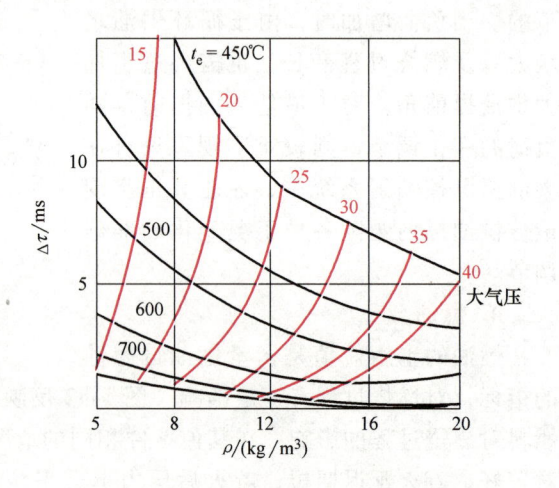

图 5-43 空气密度对着火延迟期的影响

第五节　均质充量压缩着火燃烧发动机

一、传统燃烧方式的局限性

传统内燃机的燃烧方式分为火花点火式（SI）和压燃式（CI）两种。

在火花点火式发动机中，一般采用预混合燃烧，可燃混合气在压缩行程末期被火花塞点燃，火焰前锋在均质混合气中传播，火焰前锋及其燃烧产物的局部温度远高于其他未燃混合气，燃烧室中温度分布极不均匀，局部的高温容易导致已燃区内 NO_x 的生成，如图 5-44 所示，传统汽油机燃烧处在 NO_x 生成区域。此外，火花点火式发动机由于受不正常燃烧（主要是爆燃）的限制，其压缩比不能提高，燃油消耗率较高。

压燃式发动机通过燃料调节系统来调整发动机的循环供油量以适应发动机工况的变化（变质调节）。其混合气是在气缸内部形成的，即在活塞接近上止点时，供给燃料且调节系统将燃料在极短的曲轴转角内以高压喷入气缸，实现燃料与空气的混合和燃烧。压燃式发动机的燃烧过程受混合与扩散燃烧过程的控制，化学反应速率远高于燃料和空气的混合与扩散速率，燃烧的快慢由混合扩散速率决定。在这种类型的燃烧中，混合气浓度和温度的分布都极不均匀，在燃烧室内的局部高温区产生 NO_x，高温缺氧区（即浓混合气区）产生炭粒。通常，传统柴油机中预混燃烧部分处在 NO_x 生成区域，扩散燃烧部分处在炭烟生成区域，如图 5-44 所示。

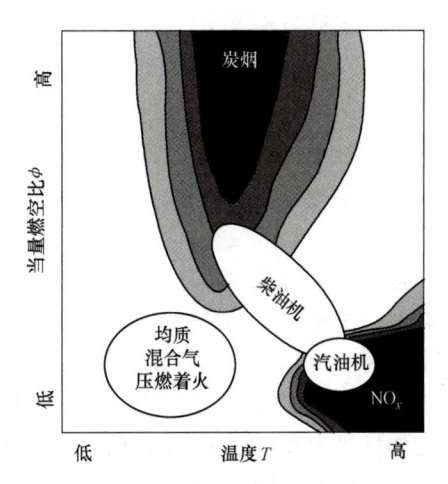

图 5-44　内燃机燃烧的当量燃空比与燃烧温度的分布图

上述两种传统的燃烧方式，都存在着温度分布和燃烧过程不均匀的特点，要同时实现高效率和低排放都是困难的。

二、均质充量压缩着火燃烧的原理及应用现状

1. HCCI 原理简介

均质充量压缩着火燃烧（Homogeneous Charge Compression Ignition，HCCI），简称均质充量压燃，它作为一种新型燃烧方式，近年来引起广泛的重视和研究。HCCI 以其均质、压燃、低温燃烧等特点，用预混合燃烧代替传统柴油机的扩散燃烧，能同时解决 NO_x 和微粒的排放问题，满足日益严格的排放法规。1989 年思林（Thring）用一台压缩比为 8∶1 的楔形燃烧室发动机测出了允许的运行参数，并提出了 HCCI 这一描述此种燃烧过程的名词。美国西南研究院（Southwest Research Institute，SwRI）最先在柴油机上开展"预混稀燃"研究。由于意识到 HCCI 在解决 NO_x 和微粒排放方面的巨大潜力，国内外都做了大量的相关研究。

图 5-45 所示为柴油机传统燃烧和 HCCI 燃烧的对比。由图可见，HCCI 燃烧并没有传统扩散燃烧的明显火焰传播，其燃烧是多点同时进行的，火焰颜色较暗。近年来，通过大量的 HCCI 燃烧机理研究，人们发现 HCCI 燃烧过程是被局部的化学反应速率所控制。在 HCCI 燃烧中，迅速形成多点自燃点火而不是传统的单点火焰扩散燃烧。因为化学反应动力学对温度十分敏感，气缸内很小的温度差异也会对燃烧产生巨大影响，这使点火之前的热传递和混合很重要；但由于 HCCI 燃烧非常迅速，它们在 HCCI 燃烧期间的影响却不大。

在某种程度上，HCCI 综合了汽油机的火花塞点火和柴油机压缩着火的两大优势。既像火花塞点火发动机一样，油气混合得很好，使微粒排放减到最少；又像柴油机一样采用压燃方式，从而避免节流损失并提高机械效率。

如何在较大的速度和负荷范围内实现发动机的 HCCI 燃烧，是当前所面临的最大障碍。虽然 HCCI 发动机在中、低负荷下运行得很好，但在高负荷时会遇到一些

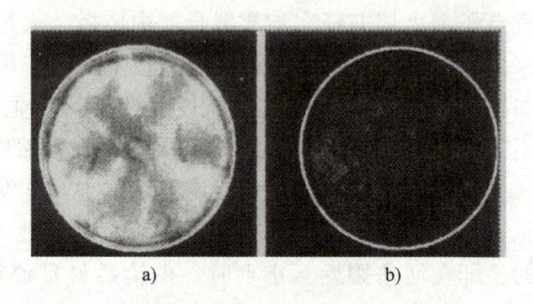

图 5-45 柴油机传统燃烧和 HCCI 燃烧的对比
a) 传统燃烧方式 b) HCCI 燃烧方式

困难，如燃烧过程变得异常迅速并引起强烈的无法接受的噪声；对发动机产生潜在性损害、排放急剧恶化等。比较理想的状况是发动机采用双模燃烧的 HCCI 系统。发动机冷起动时，采用传统燃烧模式；在怠速或中、低负荷下运行时再转变到 HCCI 燃烧模式；在高负荷下工作时，发动机会再一次转变到传统燃烧模式下工作。研究结果表明，HCCI 技术具有广阔的发展前景，可以被广泛应用于运输领域中，小到摩托车发动机，大到船舶推进发动机。HCCI 能够在有限范围内使速度和负荷达到最佳而传统的燃烧模式则不能。因此，HCCI 可以很好地应用于无级变速汽车，这对未来汽车工业的发展方向具有指导意义。

2. HCCI 应用现状

虽然 HCCI 技术已被提出多年，全世界范围都将其作为热点研究，但是困难重重，离商业化还有一定的距离。近期的电子传感器和控制器的发展促进了 HCCI 发动机的研发，下面对目前世界上几种主要的 HCCI 燃烧系统分别进行介绍。

(1) 尼桑 MK 燃烧系统　MK（Modulated Kinetics）是尼桑公司提出的，以低温、预混合燃烧为特征的，可以同时降低柴油机 NO_x 和微粒排放的一种燃烧方式。它通过 EGR 降低缸内氧气浓度和混合气温度，实现低温燃烧；通过推迟燃油喷射时刻延长滞燃期，使燃料和空气有足够的时间充分混合；为了促进燃料向燃烧室外分散，燃烧室采用了无挤流口的 W 形，改善了燃料的空间分布，使燃料和空气快速混合形成均质混合气。此外大的涡流比抑制了 HC 和可溶性有机物部分（SOF）排放的增加。与稀薄预混合不同，它的目标是直至开始着火前，尽可能使燃料分布在氧分子周围。因此，这种预混合燃烧要依靠燃烧室的形状和涡流比来控制气体的流动，以此来促进燃料的分散，而且要在滞燃期中结束喷油。在实现 MK 燃烧时，因为大幅度延迟喷油定时，所以燃烧开

始时间比通常的时间要晚,燃烧率上升极低,故气缸内压力升高率低,燃烧噪声低。另一方面,初期燃烧虽然缓慢,但其后期燃烧变得剧烈起来,在燃烧持续期内和通常的直喷式柴油机燃烧大致相同。而且,MK燃烧的燃烧率曲线形状与通常的直喷式柴油机不同。通常直喷式柴油机的燃烧由初期的预混合燃烧和扩散燃烧两部分组成,而MK燃烧全部是预混合燃烧。目前MK燃烧的研究重点是努力扩展MK的工作范围。

(2) **本田AR摩托车发动机** 本田AR (Active Radical) 发动机是两冲程单缸摩托车用商业发动机,工作在双模式下。它在冷起动、怠速和高负荷下作为一个火花塞点火的发动机操作;在低负荷时转变为HCCI燃烧模式。AR发动机的压缩比比较低(6.1:1),通过排气控制阀调节缸内的残余废气来实现HCCI燃烧。由于缸内残余废气量大,压缩开始时气缸内的压力、温度较高,使着火定时提前,从而导致过早着火。反之,如果残余废气量少,气缸内的压力、温度较低,从而导致不正常燃烧。所以残余废气量是决定自燃定时的关键。当负荷增加,缸内残余废气量降低,直到最后不能维持发动机在HCCI模态下工作时,发动机就须切换到传统的火花塞点火工作模式。

AR发动机在实用区的油耗小于等于相同排量相同缸数的四冲程发动机的油耗。HC的排放量降低约50%,且提高了摩托车的驾驶性能。当以速度60km/h行驶时,燃油比原二冲程机节省约29%,比原四冲程机节省约28%。

(3) **UNIBUS燃烧系统** UNIBUS是丰田公司开发的燃烧系统。该系统的主要思想是燃料和空气在燃烧室中充分混合,在着火前,混合气部分被氧化,发生冷焰反应,而不是发生热裂解,形成支链状中间产物。随后的主燃烧过程能被合理地控制,这样可以同时减少NO_x和炭烟的排放。

UNIBUS燃烧系统采取了如下技术措施:增大喷油提前角,以改善燃油的空间分布;采用蓄压式喷油器,喷油压力维持在可以雾化的最低值。燃油经大直径的喷嘴喷入压力很低的缸内空间。使用中空锥形喷雾以缩短喷雾贯穿距离,由于射流的贯穿度小,完全避免了燃油撞击到缸壁上。为降低射流速度,喷嘴的末端有一射流导向凸缘,喷嘴结构如图5-46所示。燃油得到了一定的雾化,并在最短的持续期内喷入气缸,以便快速形成混合气,防止压缩过程中燃油分解。为控制着火时刻和燃烧速度,使主燃时刻发生在上止点附近,使用了大EGR率的排气再循环技术。

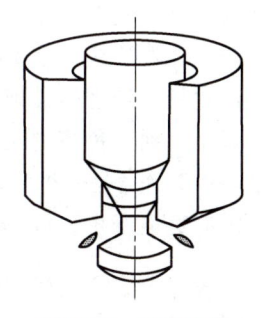

图 5-46 喷嘴结构

(4) **PREDIC和MULDIC燃烧系统** PREDIC燃烧系统是日本NEW ACE研究所提出的。它采用早的燃油喷射定时,具有很低的NO_x排放;但由于过早的燃油喷射,使许多燃油撞击到缸壁上,导致HC排放和燃油消耗率上升,同时很难对压燃着火时刻进行控制。PREDIC燃烧系统采用了两个呈对角布置喷油器的射流碰撞系统(图5-47a),两个喷油器的射流在气缸中央相互碰撞,形成可燃混合气,通过控制每个喷油器的喷射定时来控制可燃混合气形成的空间位置。由于PREDIC燃烧受到运行工况的限制,具有局限性,所以在PREDIC燃烧技术的基础上,又提出了MULDIC燃烧系统。它加装了一个中央喷油器(图5-47b),燃料分两阶段喷入气缸。第一阶段喷油是由位于气缸两侧的两个喷油器在上止点前150°时将燃料喷入燃烧室的中央区域，形成均质预混合气，进行预混合燃烧；第二阶段是在压缩过程后期的预混合燃烧过程中，由中央喷油器将燃料喷入，进行扩散燃烧。第一阶段喷射压力是120MPa，第二阶段喷射压力是250MPa。为了降低HC和CO的排放，MULDIC燃烧系统改进了喷嘴，缩短了喷射油束最大贯穿距离以避免油束撞壁现象；在第一道活塞环上增加一道顶环以减少环岸狭缝容积。此外MULDCI燃烧系统还采用了EGR技术，以控制燃烧速度。

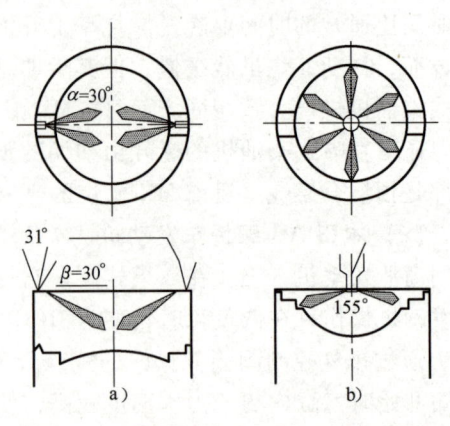

图 5-47 PREDIC 和 MULDIC 的油束位置
a) PREDIC 燃烧系统　b) MULDIC 燃烧系统

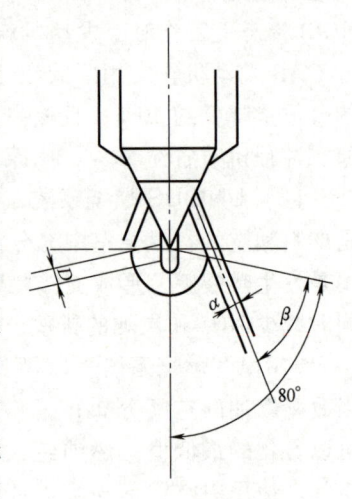

（5）PCI燃烧系统　PCI燃烧系统（图5-48）由日本三菱发动机公司 Yoshinori Iwabuchi 等人提出，可以实现高效、低排放的稀薄燃烧。它的主要技术特点是使用了射流碰撞式喷嘴，这种喷嘴能降低燃油喷射的贯穿度，防止油束附在气缸壁和燃烧室壁上，改善了燃油的空间分布，提高了喷油速率，使NO_x和炭烟的排放明显降低。PCI燃烧系统采用了降低柴油机压缩比的措施，再加上着火时刻发生在上止点前，因而使柴油机燃油经济性有轻微的恶化；同时由于气缸壁面、燃烧室壁面激冷效应和缝隙的缝隙效应，使HC排放有所增加。为此系统使用后期催化氧化处理的措施，来减少HC排放。为使PCI燃烧区域扩大到全负荷的工况，还使用了进气增压和EGR技术。PCI燃烧是一种稀混合气燃烧，在整个燃烧室中都不伴随有辉焰产生，可以实现很低的NO_x和炭烟排放。

图 5-48 PCI 燃烧系统

三、HCCI发动机的主要特点

HCCI被认为是"内燃机的第三种燃烧方式"，其基本特征是均质混合气的压燃着火和低温燃烧。该燃烧方式能降低颗粒物和氮氧化物的排放，同时能燃用多种燃料，实现较高的热效率。HCCI方式综合了传统汽油机和柴油机燃烧方式的优点，既类似于传统汽油机，使用均质混合气，因而避免了柴油机中浓的扩散火焰，极大地降低了颗粒物排放；又类似于柴油机，使用压燃着火，缸内均质混合气自燃，避免了汽油机中点火后产生的高温火焰，降低了NO_x的排放。概括起来，HCCI发动机主要具有以下特点：

1）超低的NO_x和PM排放。HCCI发动机在部分负荷工况下的NO_x排放相对于传统柴油（汽油）机可降低95%~98%。

2）热效率高。HCCI发动机的热效率可超过直喷式柴油机的热效率。

3）HCCI燃烧过程主要受燃烧化学反应动力学控制。其着火与燃料特性和缸内热氛围条件密切相关。

4) HCCI 发动机运行范围较窄。其燃烧受到失火（混合气过稀）和爆燃（混合气过浓）的限制，使发动机运行范围变窄。对于高十六烷值燃料，在高负荷工况下（混合气浓度大）易发生爆燃；对于高辛烷值的燃料，由于 HCCI 燃烧为稀薄燃烧，发动机在小负荷工况下容易失火。

5) HCCI 发动机的 HC、CO 排放偏高。这主要是由于 HCCI 燃烧通常采用较稀的混合气和较强的 EGR，缸内温度较低造成的。

四、HCCI 的燃烧特性

从表面上看，均质压燃发动机像点燃式汽油机一样采用预混均质混合气，又像压燃式柴油机一样利用压缩过程产生的热量使混合气自燃，似乎像是这两者的结合，而实际上均质压燃的燃烧过程与点燃式汽油机和压燃式柴油机的燃烧过程有着本质的区别。点燃式汽油机和压燃式柴油机的燃烧都是扩散的燃烧过程，点燃式汽油机主要是利用热扩散来实现火焰传播，压燃式柴油机的主燃烧过程是依靠燃油蒸气和氧气的扩散产生热化学反应。如图 5-49 所示，HCCI 燃烧表现出独特的两阶段放热特点。第一阶段放热是低温化学动力学反应，此时是冷焰、蓝焰。在第一阶段放热与主放热阶段之间有一个很短的时间延迟。第二阶段燃烧是多点同时进行的，一旦开始着火。燃烧迅速且比较均匀，既没有局部高温区，也没有明显的火焰传播，因而 NO_x 和炭粒的形成能够被有效抑制。与传统的柴油机相比，低负荷 NO_x 排放可减少 90%~98%。采用 HCCI 方式时的 HC 和 CO 排放比普通柴油机高，导致这种现象产生的原因之一是混合气稀薄、缸内燃烧温度低；此外，在混合气形成过程中，一部分燃料会进入燃烧室缝隙中，最终导致 HC 和 CO 排放增加。但可以通过催化转化器进行后处理。

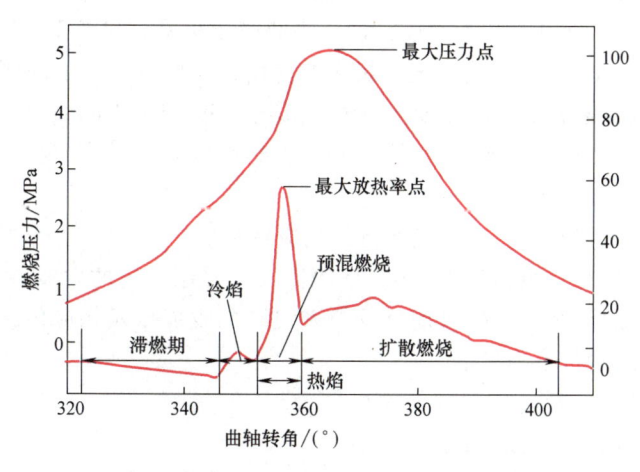

图 5-49 均质压燃着火燃烧放热特性

两阶段放热现象的出现与燃料的辛烷值或十六烷值（Cetane Number，CN）有关，使用低辛烷值或高十六烷值燃料很容易观察到两阶段放热过程（图 5-50）。HCCI 采用稀薄混合气燃烧，在中、低负荷运行时几乎实现了等容燃烧，接近理想奥托循环，具有

很高的放热率。此外，HCCI 发动机燃烧室内没有局部高温区，热辐射损失减少。因此，HCCI 部分负荷运行具有比直喷式柴油机更高的热效率。

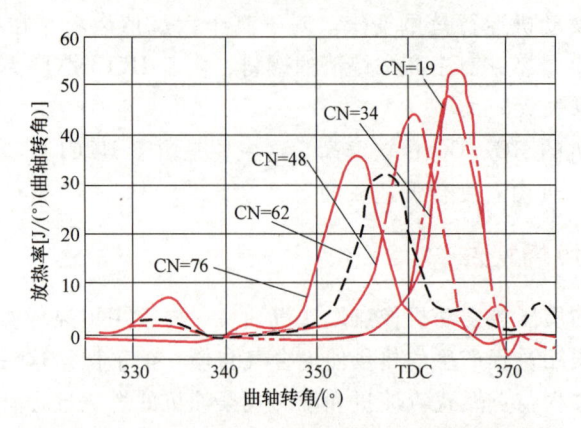

图 5-50　不同十六烷值时均质压燃着火燃烧放热特性

HCCI 系统的燃烧始点是由均质混合气的自燃着火特性控制的，其混合气的自燃受混合气化学特性和燃烧室内时间-温度历程的影响。由于着火始点与气缸内气流状况关系较少，且燃烧速率较快，每个循环燃烧的持续时间差距不大，有利于减少燃烧循环变动。

五、HCCI 技术尚待解决的问题

HCCI 方式是使用稀薄的均质混合气来达到减少 NO_x 和 PM 的目的，在内燃机上的应用有着诱人的前景。要在发动机上应用均质压燃有两个关键：一是向混合气提供足够的热量，使之能在压缩上止点附近达到自燃温度；二是对混合温度进行控制，使之能在最佳曲轴相位达到自燃温度开始燃烧；过早将使燃烧粗暴，热效率下降；过晚会使发动机失火。目前要实现 HCCI 燃烧在发动机上的应用，需要解决以下问题：

1) 随发动机转速和负荷的改变控制着火正时（Ignition Timing）。
2) 高负荷运行时燃烧速率的控制（使放热率减缓，以限制噪声或过高的燃烧压力）。
3) 改善冷起动和发动机变工况运行的响应特性。
4) 排放（特别是低负荷下 HC 和 CO 的排放）控制系统的发展。
5) 发动机控制策略和系统（闭环反馈系统）的发展以及相应传感器的研制。
6) HCCI 燃烧运行范围扩展。
7) 合适燃料（包括混合燃料）的开发。
8) 多缸机各缸均匀性的保证。

目前研究的重点是：燃烧相位的控制、工况范围的扩展、合适燃料及均质混合气的制备。其中最关键的是要解决着火时刻和燃烧速率的控制问题。

六、均质压燃燃烧放热时间的控制

活塞式发动机的放热率与燃烧时间有关。为使内燃机能够正常、高效地工作，燃烧

放热的时间必须得到控制。HCCI 燃烧是由于缸内混合气在压缩过程中达到自燃温度而发生的。因此，控制燃烧时间即为控制混合气达到自燃温度的时间或曲轴转角（着火时刻）。这种控制主要有两个可能的途径，一是直接控制混合气在压缩行程结束时的温度；二是控制混合气的自燃温度。

1. 控制混合气在压缩行程结束时的温度

混合气在压缩终了温度的控制主要通过改变压缩比和压缩前混合气的温度来实现。应用可变压缩比来控制燃烧时间的前提是 HCCI 汽油机必须具有可变压缩比机构。控制压缩前混合气温度的途径有：控制进气温度、控制残余废气系数和温度（残余废气的质量和温度决定了它所携带的热量）以及控制先期供油燃烧的热量。

2. 控制混合气的自燃温度

采用这种控制方法的一个途径是采用两种自燃温度有较大不同的燃料（双燃料），通过改变两种燃料的比例来控制自燃温度；另一个途径是通过对汽油进行重整来改变其自燃温度，并对重整程度进行控制来控制混合气的自燃温度。但这种方法的缺点是进气系统比较复杂，对燃烧时间控制的范围有限。

3. 工况变化及冷起动时的燃烧时间控制

（1）**冷起动和暖机过程的燃烧时间控制** 在发动机冷起动和暖机过程中都以点燃方式工作，燃烧时间都用点火时间控制。

（2）**HCCI 工作范围内工况变化时的燃烧时间控制** 对于 HCCI 系统，在不同负荷下混合气的浓度不同，其自燃温度也有差别，但差别不大。因此，不同负荷的燃烧控制需要保持压缩终了时混合气的温度基本不变。在大负荷时，缸内温度水平高，压缩前温度水平应低一些；在低负荷时，缸内温度水平低，压缩前温度水平应高一些。但这种温度控制和调节难度比较大。

（3）**不同燃烧模式之间的转换** 如果负荷变化的幅度超出均质压燃的工作范围，需要进行燃烧模式转换。最理想的燃烧模式转换是在下一个工作循环燃烧发生前，所有的燃烧条件都完成转变，混合气温度和稀释程度都能满足新燃烧模式的要求。从均质压燃到点燃的转换仅需要考虑达到点燃的燃烧条件，点燃燃烧的时间控制容易做到。从点燃到 HCCI 模式转换需要考虑燃烧时间的可靠控制，即需要把压缩终了的混合气温度控制在 HCCI 要求的范围内，难度要大一些。

七、HCCI 发动机工作范围受到的限制及扩展方法

1. HCCI 发动机工作范围在低负荷受到的限制及扩展方法

随着负荷不断降低，HCCI 发动机开始出现两种情况，一是燃烧效率急剧下降，CO 排放急剧上升；二是燃烧时间不断推迟，燃烧循环变动越来越大，最终造成发动机失火。

向低负荷方向扩展 HCCI 工作范围，首先是向混合气提供尽可能多的热能（如采用 EGR，通过加热效应使自燃提前，能扩大 HCCI 运行的下限），使得发动机不致因混合气达不到自燃温度而失火；其次是通过燃料重整或不完全燃烧来改变燃油或混合气的化学特性，降低混合气的自燃温度。

2. HCCI 发动机工作范围在高负荷受到的限制及扩展方法

当发动机负荷不断增加时,燃烧开始粗暴,燃烧速度加快,燃烧噪声增加。当燃烧速度超过一定限值后,气缸压力开始出现类似爆燃的高频波动。此外,随着混合气变浓,NO_x 排放大幅上升。这些现象限制了 HCCI 发动机负荷的进一步增加。

向高负荷方向扩展 HCCI 工作范围的主要措施如下:

1) 采用 EGR,对混合气进行稀释,增加混合气比热容,降低燃烧速度和工作粗暴。实现高负荷下燃烧时间的控制。其中利用可变气门机构(Variable Valve Actuation, VVA)改变气门正时和气门升程,适时地调整 EGR 率,可以实现稳定的 HCCI。

2) 推迟燃烧时间。

3) 降低压缩前气体的温度。

4) 减小气门处流动阻力,或进入缸内的新鲜空气密度(如增压),从而对缸内充量进行稀释。

5) 增加混合气温度分布的不均匀性,以延长 HCCI 的燃烧持续期,降低燃烧的粗暴性。

【课程思政】 将柴油机"燃烧革命"进行到底

请扫码阅读

复习思考题

1. 柴油机和汽油机相比,混合气的形成有哪些特点?
2. 试说明柴油机混合气形成的两种基本形式,并进行对比分析。
3. 说明直喷式燃烧室产生空气运动的方式,并分析空气运动对其混合气形成和燃烧的影响。
4. 简述直喷式燃烧室的工作原理。
5. 半开式燃烧室的优、缺点如何?
6. 分隔式燃烧室的结构特点与工作原理如何?使用范围怎样?
7. 分析比较直喷式和分隔式柴油机的性能特点及各自的适用场合。
8. 什么是喷油器流通特性?说明喷油器流通截面对喷油过程和柴油机性能的影响。
9. 何谓喷油泵速度特性?为什么要对其进行校正?
10. 试简述柴油机燃油喷射所经历的主要过程。
11. 何谓几何供油规律与喷油规律?两者是否一致?为什么?
12. 柴油机异常喷射现象主要有哪些?它们各在什么工况下发生?对柴油机运行有何危害,如何避免?
13. 供油系统中穴蚀破坏一般发生在什么地方?其发生的主要原因是什么?如何消除穴蚀破坏?
14. 何谓燃油的喷雾(雾化)?为什么要将燃油雾化?
15. 油束特性可用哪些指标来衡量?其主要影响因素是什么?

16. 柴油机着火需要哪两个条件？为什么柴油机是多处着火？
17. 分析柴油机燃烧过程的四个阶段。
18. 影响柴油机着火延迟期的因素有哪些？着火延迟期对柴油机有何影响？
19. 缓燃期的长短与哪些因素有关？缓燃期是在膨胀过程中进行的，从动力性和经济性的角度来说，缓燃期应短些，通过什么方法可以缩短缓燃期？
20. 柴油机工作粗暴的原因是什么？如何防止？
21. 后燃现象为什么应尽量减少？
22. 何谓柴油机的放热规律？其三要素是什么？柴油机理想的放热规律是什么？
23. 试分析柴油机与汽油机燃烧过程的主要特点有何差别？
24. 改善柴油机燃烧的主要途径有哪些？
25. 燃油的十六烷值对柴油机燃烧过程有何影响？
26. 转速和负荷的变化对柴油机燃烧过程有何影响？
27. 供油提前角为何有一个最佳值？如何确定？供油提前角太大或太小对柴油机燃烧过程各会产生哪些影响？为什么车用柴油机一般都装有供油角度自动提前器？
28. 何谓供油提前角？何谓喷油提前角？何谓喷油延迟角？三者之间关系如何？
29. 试分析电控柴油喷射与电控汽油喷射的区别？
30. 电控柴油喷射系统与传统的机械式喷油系统相比，有何优点？
31. 柴油机电控喷射按控制方式可分哪两大类？简述时间控制式共轨喷油系统的工作原理。
32. 电控柴油喷射系统可以实现哪些控制功能？其中最基本的控制功能是什么？
33. 分析均质充量压燃的特点。如何在汽油机和柴油机上扩展其运行工况范围？如何控制 HCCI 发动机的着火点？

第六章

汽车发动机特性

第一节 发动机工况

一、工况

汽车是在负荷、速度及道路情况变化的条件下使用的。因此，发动机必须适应汽车的需要，在负荷和转速经常变化下工作。发动机的运行情况（简称工况）以其发出的功率 P_e 和转速 n 来表示。此功率、转速应与发动机所带动的工作机械要求的功率、转速相适应。发动机在一定转速下按一定功率稳定工作的条件是发动机发出的转矩与工作机械消耗的转矩相等。如图 6-1 所示，T_R 曲线为工作机械所消耗转矩随转速的变化，T_{tq} 曲线是发动机油量控制机构一定时，转矩随转速的变化，此时发动机只能在 T_{tq}、T_R 曲线相交的 A 点，即转矩 $T_{tqA} = T'_{RA}$，转速为 n_A 的工况下稳定工作。当然，工作机械阻力矩和转速是会变化的，其变化规律取决于不同用途。例如，当工作机械阻力矩增加（如图中 T'_R 曲线）时，若发动机油量控制机构不变，则其转速将降低，直至 T_{tq} 与 T'_R 曲线相交的 B 点，即转矩 $T_{tqB} = T_{RB}$，转速为 n_B 时才达到新的平衡，发动机再次稳定工作。可见，由于稳定工作必须满足转矩相等的条件，当工作机械阻力矩或转速变化时，就引起发动机与之配合的运行工况发生变化，因而发动机工况变化规律与所带动的工作机械的工作情况有关。

根据发动机的用途，其工况大致可分为以下四类。

1. 恒速工况

发动机转速近似保持不变，而功率随负荷变化，又称为线工况，如图 6-2 中的曲线 1 所示。例如，带动发电机工作时，为保证频率的稳定性，要求发动机转速基本不变，功率则随电动机负荷大小，可由零变到最大。

2. 螺旋桨工况

发动机功率与转速成一定函数关系，常见为接近三次幂函数关系，即 $P_e \approx Kn^3$，K 为比例常数。带动螺旋桨工作的船用主机即属此类，如图 6-2 中曲线 2 所示。

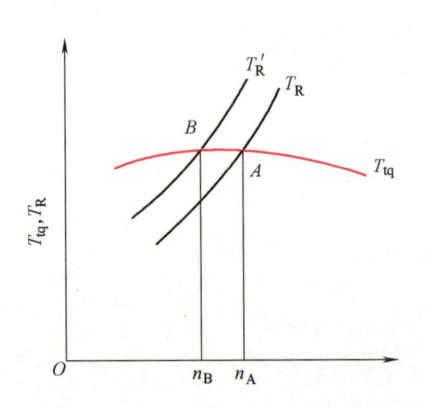

图 6-1 发动机与从动机配合工作

3. 面工况

驱动汽车在陆上运输时，发动机功率和转速都独立地在很大范围内变化，它们之间没有特定的关系。其运行情况是：转速取决于行车速度，可以从最低稳定转速一直变到最高转速。转矩取决于行驶阻力，在同一转速下，可由零变到全负荷。当需要发动机制动时，如汽车下长坡，发动机是由底盘倒拖而做负功，运行工况由图 6-2 中的阴影线面积表示。阴影面的上限曲线 3 是发动机在各种转速下所能发出的最大功率，左面对应于最低稳定转速 n_{min}，右面对应于最大许用转速 n_{max}，下面是制动时倒拖发动机所需的功率。

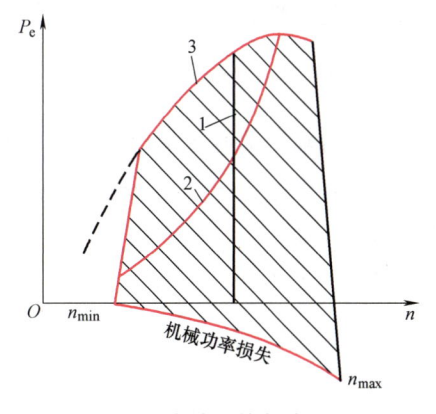

图 6-2 发动机的各种工况

4. 点工况

内燃机的转速及功率均近似不变，如内燃机作为排灌动力。

至于汽车用发动机功率和转速的具体变化情况，则因汽车种类和使用条件而异。一般说来，汽车在平坦路面上，尤其是在城市公路行驶时，起动和制动频繁，发动机经常在部分负荷的中、低速和怠速情况下工作，而很少在满负荷下以最高车速行驶，因此发动机仅偶尔以最大功率工作。长途运输车高负荷、高速行驶情况较多，例如车辆在高速公路上行驶，长时间高速连续行驶的情况就大大增加了。

拖拉机柴油机为保证耕作质量，常在选定的某一转速下工作，且由于生产率需要，使用的负荷也较高，经常是全功率的 85% 左右，更因土壤组织不均匀以及土中有杂草、茬根等，牵引阻力有很大波动，此时柴油机运转接近第一类工况。当拖拉机用于运输时，其柴油机运转情况属于第三类工况，转速变化大，负荷率也较低。

当发动机工况（即功率和转速）为适应需要而变化时，其性能（包括动力性、经济性、排放性、噪声、烟度等）也随之而变。因此，评价和选用发动机时就必须考察它在各种工况下的性能，才能全面判断它能否满足要求，对于工况在很大范围内变化的车用发动机尤其是这样。

二、发动机特性

发动机性能指标随调整情况及运转工况而变化的关系称为发动机特性，其中随调整情况而变化的又称为调整特性，如前述柴油机供油提前角调整特性、汽油机点火提前角调整特性等均属此类；性能指标随运行工况而变化的又称为性能特性。特性用曲线表示称为特性曲线，它是用于评价发动机性能的一种简单、方便且必不可少的形式。根据各种特性曲线，可以合理地选用发动机，并能更有效地利用它。了解形成特性曲线的原因及其变化的影响因素，就可以按需要方向改造它，使发动机性能进一步提高，并设法满足使用要求。

为了选用和评价发动机，需要各种特性。发动机特性种类有很多，其中主要有负荷

特性、速度特性、万有特性、调速特性、烟度特性、排放特性和噪声特性等。

三、发动机性能指标与工作过程参数的关系

发动机输出的有效指标通常用平均有效压力 p_{me}、有效转矩 T_{tq}、有效功率 P_e、有效燃油消耗率 b_e 以及每小时燃油消耗量 B 表示。这些指标与发动机工作过程参数的关系可以推导如下：

每循环加热量 Q（kJ）为

$$Q = \frac{\phi_c V_s \rho_0 h_\mu}{\phi_a L_0} \tag{6-1}$$

式中　ϕ_c——充气效率（充量系数）；
　　　ρ_0——大气状态下空气密度（kg/m³）；
　　　V_s——工作容积（m³）；
　　　ϕ_a——过量空气系数；
　　　h_μ——燃料低热值（kJ/kg）；
　　　L_0——理论空气量（kg/kg）。

根据平均有效压力 p_{me}（kPa）的定义：

$$p_{me} = \frac{W_e}{V_s} = \frac{\eta_{et} Q}{V_s} \tag{6-2}$$

式中　W_e——每循环有效功（kJ）；
　　　η_{et}——有效热效率。

则有

$$p_{me} = \frac{\eta_{et} \phi_c \rho_0 h_\mu}{\phi_a L_0} = \frac{h_\mu}{L_0} \rho_0 \frac{\eta_{it}}{\phi_a} \eta_m \phi_c \tag{6-3}$$

式中　η_{it}——指示热效率；
　　　η_m——机械效率。

根据式（1-22）、式（1-24）和式（1-26）可写成：

$$P_e = \frac{p_{me} V_s n i}{120} = K_1 \frac{\phi_c}{\phi_a} \eta_{it} \eta_m n \tag{6-4}$$

$$T_{tq} = \frac{i p_{me} V_s}{0.00314\tau} = K_2 \frac{\phi_c}{\phi_a} \eta_{it} \eta_m \tag{6-5}$$

$$b_e = \frac{3.6}{\eta_{et} h_\mu} \times 10^6 = K_3 \frac{1}{\eta_{it} \eta_m} \tag{6-6}$$

$$B = b_e P_e = K_4 \frac{\phi_c}{\phi_a} n \tag{6-7}$$

式中　K、K_1、K_2、K_3、K_4——比例常数。

上述公式将发动机的重要性能指标与工作过程主要参数联系起来。要了解 p_{me}、T_{tq}、P_e、b_e、B 随工况变化的情况，就必须分析 ϕ_c、η_m、η_{it}、ϕ_a 随工况的变化。

第二节　发动机台架试验

发动机各项性能指标、参数以及各类特性曲线,通常都是在发动机试验台架上按规定的试验方法进行测定的。

一、试验台装置

发动机试验台要保证试验条件达到标准要求,并能迅速、准确地测录发动机各项工作参数。典型发动机试验台架的组成及布置简图如图 6-3 所示。

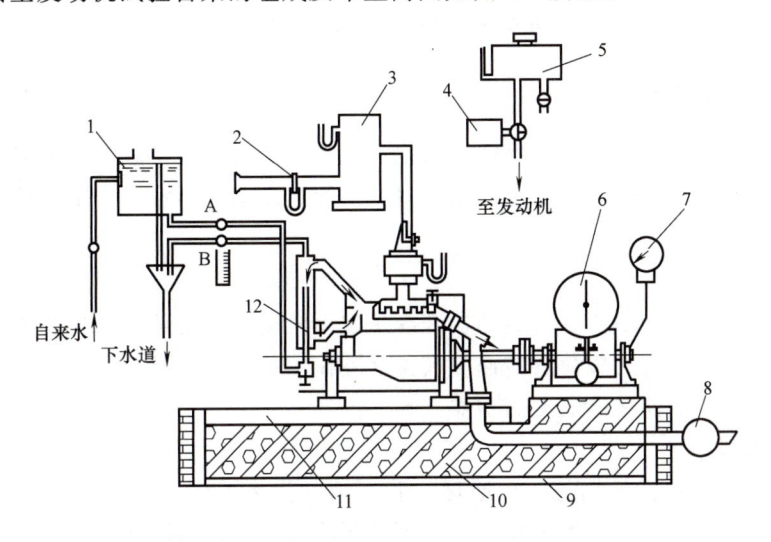

图 6-3　典型发动机试验台架的组成及布置简图

1—冷却水箱　2—空气流量计　3—稳压筒　4—量油装置　5—燃油箱　6—测功器　7—转速表
8—消声器　9—垫层　10—基础　11—底板　12—混合水箱

1. 试验台架

它将待测发动机与测功器用联轴器连接,并固定于坚实、防振的水泥基础上,基础振幅一般不得大于 0.05mm。安装发动机的铸铁支架和底板常做成可调节高度和位置的形式,以便迅速拆装和对中。

2. 辅助系统

发动机试验台架要能正常、安全使用,必须配置一些辅助系统。例如,为了保持发动机工作时冷却液温度不变,必须有专门可调水量的冷却系统;燃料应由专用油箱通过油量测量装置供给发动机的燃料供给系统;又如,发动机排出的是高温有毒气体,排气噪声又是主要噪声源,故试验室内须有特殊的通风装置,废气要经消声地坑排出等。

3. 各种测量仪器、仪表及操纵台

随着发动机研究工作的深入和发展,对试验设备和手段均提出了更高的要求,通常要求测试精度高、测量和记录速度快、能同时测量与储存大量数据并能对数据进行处理和分析等。发动机试验台架安装的设备和仪器大致分为三类:基本设备、监测仪器、特

163

殊设备。基本设备包括测功器、转速表和油耗测量装置；监测仪器包括冷却液温度计、机油温度计、机油压力计、排气温度指示器、气压计、室内温度计和湿度计等。特殊设备包括示功器、空气流量计、冷却液流量计、废气分析仪、烟度计、声级计、测振仪等。

目前，台架试验越来越多地采用自动控制系统。例如 AVL 公司的 PUMA 系统、申克公司的 X-MOT 系统、西门子公司的 CATS 系统都是产品化的计算机控制的测试系统，这些系统对试验台架进行控制和数据采集，同时也将相关数据传送给用户网络系统的上位计算机系统，自动完成主要参数监控、试验结果显示、曲线拟合、测点配置等工作，提高了测量的精度和速度。

本节仅介绍最基本的有效功率测量和燃油消耗率测量。

二、有效功率的测量

有效功率是发动机最重要的性能参数之一，在发动机试验参数中大都需要测量有效功率。发动机有效功率的测定属于间接测量，即测定发动机的输出转矩和转速后，由公式 $P_e = \dfrac{T_{tq} n}{9550}$ 求出功率。

发动机在台架试验中通常用测功器来测量发动机输出的转矩。测功器用来吸收试验发动机发出的功，改变其负荷及转速，模拟实际使用的各种工况。常用测功器有水力测功器、直流电力测功器和电涡流测功器三种。

1. 水力测功器

（1）水力测功器的结构与工作原理 我国第一代水力测功器主要是传统的销钉式和闸套式。第二代水力测功器吸收了上述测功器的特点，采用国际上流行的体积小、转动惯量小、吸收功率大的蜗壳结构。图 6-4 所示为 PSI-22 型水力测功器的外形示意图。

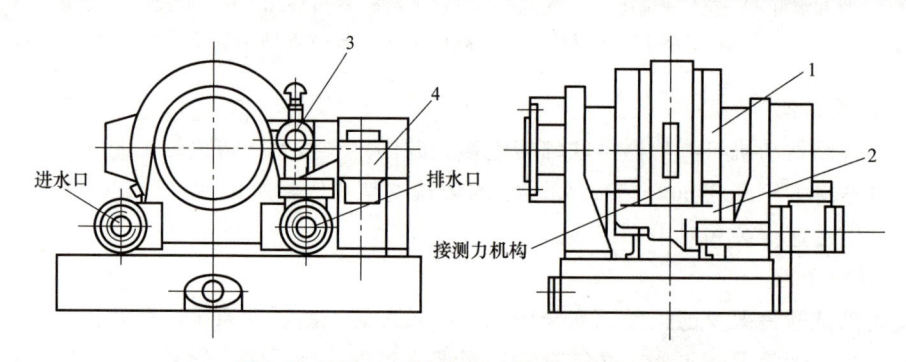

图 6-4 PSI-22 型水力测功器的外形示意图
1—机体部件 2—进排水部件 3—自动调节装置部件 4—拉压传感器部件

测功器由制动器和测力机构两部分组成。制动器的结构如图 6-5 所示，转子 12 由滚动轴承支承于左右轴承外壳 10 上。外壳 13 可来回摆动，并与测力机构（图中未画出）通过一制动臂相连。转子 12 和定子 11 组成偶件，工作时发动机通过万向节 4 使转子与定子产生相对运动。有一定压力的水通过进水管进入转子与定子形成的蜗壳室，由于转子旋转所产生的离心力及转子涡壳的作用,在侧壳与转子之间形成强烈的水涡流,通过水与外壳的摩擦,使外壳摆动。控制排水阀的开度可以调节水层厚度,水层越厚,水与转子和外壳的摩擦力矩越大,吸收功越多,此时外壳摆动的角度也越大,测力机构的读数随之增加。这样,发动机输出的机械能被水吸收变为热能并将转矩传递到外壳上,通过外壳上的制动臂将制动力传递给拉压传感器,经电子显示装置显示制动力的大小。在转子轴两端锥部安装有联轴器(万向节4),其中一侧装有测速齿轮15,通过测速传感器16,转子轴转速可在数字显示表上显示出来。

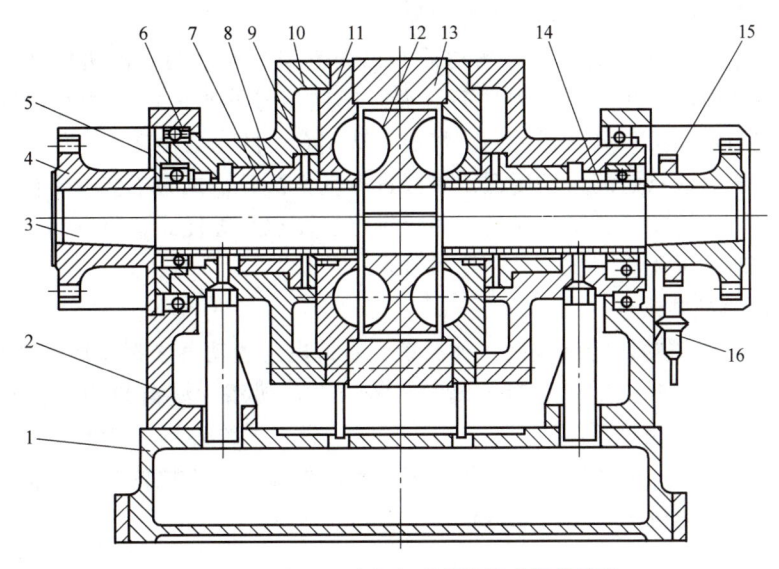

图 6-5 PSI-22 型水力测功器制动器的结构

1—底座 2—左右轴承座 3—转子轴 4—万向节 5—密封组件 6—骨架油封 7—轴套
8、9—双金属轴套 10—左右轴承外壳 11—定子 12—转子 13—外壳
14—封水圈 15—测速齿轮 16—测速传感器

(2) **水力测功器的特性** 测功器特性是指测功器吸收的功率或转矩随转速变化的关系。它是选购合适的水力测功器的依据。PSI-22 型水力测功器的特性曲线如图 6-6 所示。

OA——最大功率线。表示不同转速、满水层时能吸收的功率,它是转速的三次方曲线。水力测功器轴上的转矩与转速的二次方成正比。显然,在 *OA* 线上以 *A* 点工作时转子承受的转矩最大,*A* 点表示了转矩已达到转子转矩强度所允许的限值转矩。

AB——最大转矩线。表示在极限转矩下,增加转速来增加吸收的

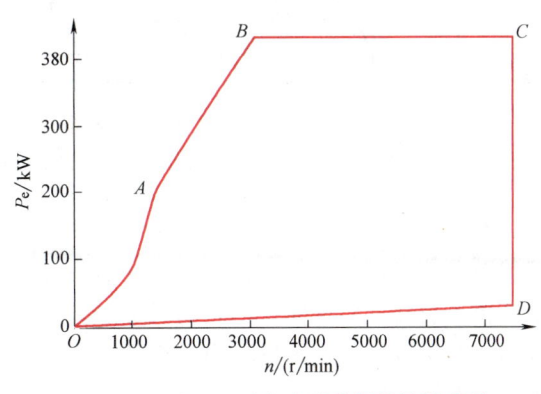

图 6-6 PSI-22 型水力测功器的特性曲线

功率。此时需要相应减少测功器的水层厚度。

BC——额定功率线。表示受测功器排水温度限制的限制功率。水力测功器吸收的功率越大，其排水温度越高，测功器的最高排水温度不得超过70℃。否则，水层中会产生气泡，使测功器指针不稳定。*BC*段内的水层厚度会进一步减少。

CD——最大允许转速线。如果转速再加大，旋转部件的离心惯性力过大，可能引起损坏。

DO——空载特性线。表示测功器中没有水时，空转所吸收的功率。这部分功率用于克服转动的空气阻力和转子轴承的摩擦阻力。

图形*OABCDO*所包围的面积是测功器的工作范围。若被测发动机的功率曲线在所选测功器的特性曲线范围内，则可进行试验。不同型号的水力测功器有不同的特性范围，应根据被测发动机与测功器的匹配情况，选用合适的水力测功器。

水力测功器的缺点是测量精度低，不能进行反拖试验，试验中能量不能回收。但它具有价格便宜、结构简单、操作简便、便于维修、体积小等优点，可以用于精度要求不高的测试或发动机耐久性测试。

2. 直流电力测功器

（1）**直流电力测功器的结构及工作原理**　直流电力测功器大都制成如图6-7所示的平衡电机式结构，主要由平衡电机、测力机构、交流机组、励磁机组、负载电阻等组成。直流电机转子1由发动机带动并在定子（外壳）4的磁场中旋转。定子（外壳）支承在与转子轴同心的滚动轴承上，可自由摆动。外壳与测力机构相连，根据外壳摆动角度的大小，由测力机构指示力矩数值。

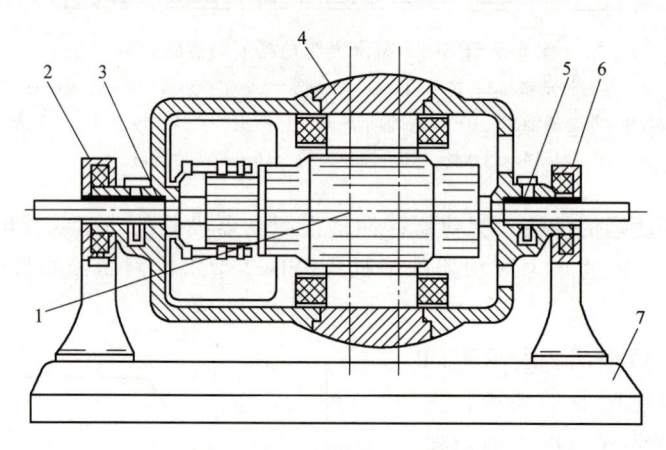

图6-7　平衡电机式结构
1—转子　2、6—滚动轴承　3、5—滑动轴承　4—定子（外壳）　7—基座

当发动机带动转子在定子磁场中旋转时，转子线圈切割磁力线产生感应电流。感应电流的磁场与定子磁场相互作用产生方向相反的电磁力矩，定子（外壳）受到的电磁力矩与转子旋转方向相同，与发动机加于转子的转矩大小相等。因此，通过外壳摆动角度经测力机构可反映发动机输出功率的大小。在一定转速下，改变定子磁场强度及负载电阻便可调节负荷大小。

平衡电机既可作为发电机运行，吸收发动机转矩，也可加一换向机构作为电动机运行而拖动发动机，从而测量发动机的摩擦功率和机械损失，还可用于起动、磨合。

交流机组由交流异步电机和直流发电机组成。当平衡电机作为发电机运行时，其发出的直流电由交流机组变成三相交流电输入电网；当其作为电动机运行时，交流机组又把三相交流电变成直流电进入平衡电机的电枢中。

励磁机组是小型交流机组，它供给平衡电机及交流机组励磁电流以产生磁场。

平衡式电力测功器结构复杂，价格昂贵，但它可回收电能，反拖发动机，且工作灵敏、精度高，因此也得到广泛应用。

（2）直流电力测功器的特性　测功电机所吸收的功率与定子磁场强度的二次方及转速的二次方成正比，与负荷电阻成反比。图 6-8 所示为典型电力测功器特性曲线。

OA——最大励磁电流时所能吸收的功率。

AB——转子所能承受最大转矩时的功率。

BC——电枢所产生的电流不能超过允许限值及其对应的最大功率。

CD——转子绕组所能承受的离心力及其对应的最高转速。

DO——励磁电流为零时吸收的功率。

3. 电涡流测功器

（1）电涡流测功器的结构与工作原理　电涡流测功器是利用涡电流效应将被测发动机的机械能转变为电能，继而又转为热能的装置。它由电涡流制动器、测力机构及控制柜组成。电涡流制动器的工作原理简图如图 6-9 所示，转子盘 1 为圆周上加工有齿槽的钢齿轮，定子包括摆动壳体、

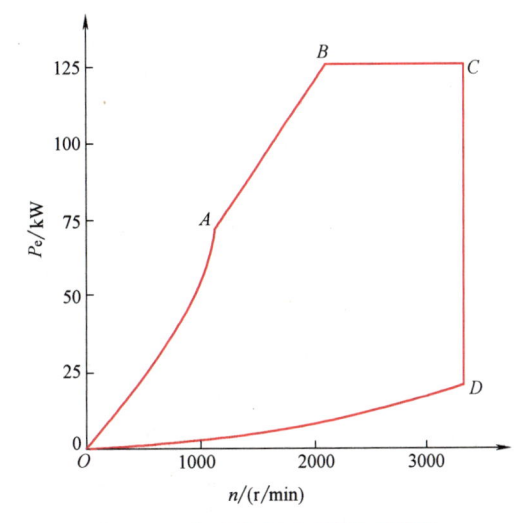

图 6-8　典型电力测功器特性曲线

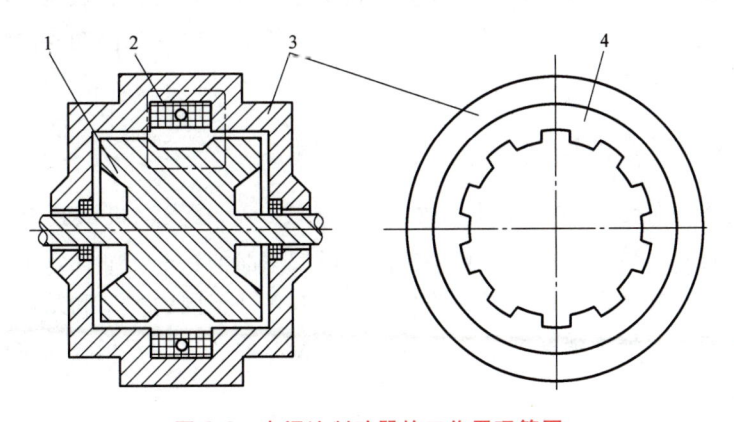

图 6-9　电涡流制动器的工作原理简图

1—转子盘　2—励磁线圈　3—涡流环（摆动体）　4—空气隙

涡流环（摆动体）3、励磁线圈2。当给励磁线圈中通以直流电时，即产生通过外壳、涡流环、空气隙和转子盘的磁力线。发动机带动转子盘旋转，由于转子盘外周涡流槽的存在，会在空气隙4处产生密度交变的磁力线，因而在涡流环内产生感应电动势而形成涡电流。此电流与产生的磁场相互作用即形成一定的电磁力矩，从而使涡流环（摆动体）偏转一定角度，由测力机构可测出力矩数值。

调节励磁电流的大小，即可调节电涡流强度，从而调节吸收负荷的能力。涡流制动器把吸收的功率转换成热能，靠冷却液的流动把这些热量带走，以保证正常运行。

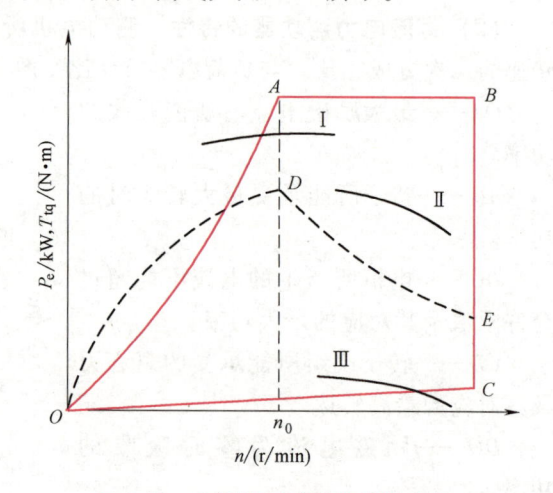

（2）**电涡流测功器的特性**　电涡流测功器的特性曲线如图6-10所示。

OA——达到额定吸收功率之前所能够吸收的最大功率。

AB——所允许吸收的最大功率（额定功率）。

BC——允许的最高转速。

CO——空转时吸收的功率，即励磁电流为零时的吸收功率。

OD——达到额定功率前的最大转矩。

DE——允许的最大转矩。

图中曲线$OABCO$所包括的范围就是测功器所能吸收的功率范围。因此，凡是发动机的特性曲线落在该范围内的都能被测试。选用测功器必须首先根据发动机的特性曲线按以上原则进行，其次还要考虑测量范围的合理选择以保证测量精度。图6-10中曲线Ⅰ、Ⅱ、Ⅲ为三种不同发动机的特性曲线，曲线Ⅱ发动机的选用是正确的，曲线Ⅰ、Ⅲ发动机的选用是不合适的，该测功器无法测试。

图 6-10　电涡流测功器的特性曲线

电涡流测功器操作简便、结构紧凑、运转平稳、精度较高，有很宽的转速范围和功率范围，但不能反拖发动机，能量不可回收，价格较贵。电涡流测功器的性能与价格介于前两者之间，应用较为广泛。

三、燃油消耗率的测量

燃油消耗率（耗油率）是发动机的重要参数之一。在发动机试验中，通过测定发动机的燃油消耗量，可根据公式计算得到发动机的燃油消耗率。油耗仪是测量发动机燃油消耗量的仪器或装置，也称为燃油流量计。它有各种不同的类型和结构式样，适用于不同的目的和要求。燃油消耗量的测量方法按测量原理可分为容积法和质量法。

1. 容积法

容积法是通过测定消耗一定容积V_T（mL）的燃油所需的时间t（s），然后按下式计算：

$$\left. \begin{array}{l} B = 3.6\dfrac{V_T \rho_f}{t} \\ b_e = \dfrac{B}{P_e} \times 1000 \end{array} \right\} \qquad (6\text{-}8)$$

式中　ρ_f——燃油密度（g/mL）；

　　　P_e——消耗容积为 V_T 的燃油时，测得的发动机有效功率（kW）；

　　　B——小时耗油量（kg/h）；

　　　b_e——燃油消耗率［g/(kW·h)］。

其装置示意图如图 6-11 所示。试验时操作如下：

1）打开油箱开关，三通阀处于位置 A，发动机由油箱供油。

2）测量前将三通阀旋至位置 B，油箱同时向发动机和量瓶供油，直到量瓶油面高于选定圆球容积的刻线，将三通阀仍置于位置 A 等待测量。

3）测量开始时，将三通阀旋至位置 C，发动机直接由量瓶供油，量瓶油面下降，记录燃油流过所选圆球上下部刻线间容积 V_T 所用的时间 t，同时测量功率 P_e。

4）测量完毕，将三通阀旋至位置 B，量瓶再次充满燃油，准备下一次测量。

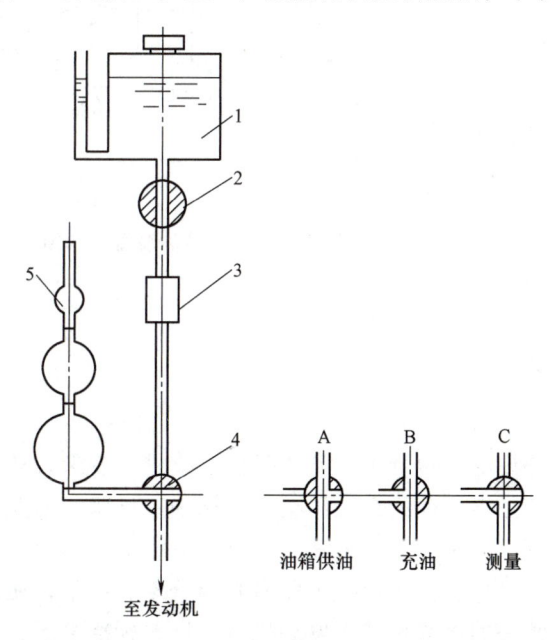

图 6-11　容积法测量燃油消耗量的装置示意图
1—油箱　2—开关　3—滤油器　4—三通阀　5—量瓶

2. 质量法

质量法是通过测量消耗一定质量 m 的燃油所花费的时间 t，然后按下式计算：

$$\left. \begin{array}{l} B = 3.6\dfrac{m}{t} \\ b_e = \dfrac{B}{P_e} \times 1000 \end{array} \right\} \qquad (6\text{-}9)$$

式中　t——消耗 m（g）燃油所需的时间（s）；
　　　P_e——消耗 m（g）燃油时测量的有效功率（kW）；
　　　B——小时耗油量（kg/h）；
　　　b_e——燃油消耗率 [g/(kW·h)]。

其装置示意图如图 6-12 所示。测量方法基本同前。

为了保证测量精度，减轻测试人员的劳动强度，实现远距离操作，发展了数字式自动油耗测量仪，这种油耗仪只要预先设定量瓶容积或砝码质量，油耗仪便能自动进行准备、充油、测量等操作，并以数字显示出消耗时间及燃油容积或质量，经计算就可得出燃油消耗率。

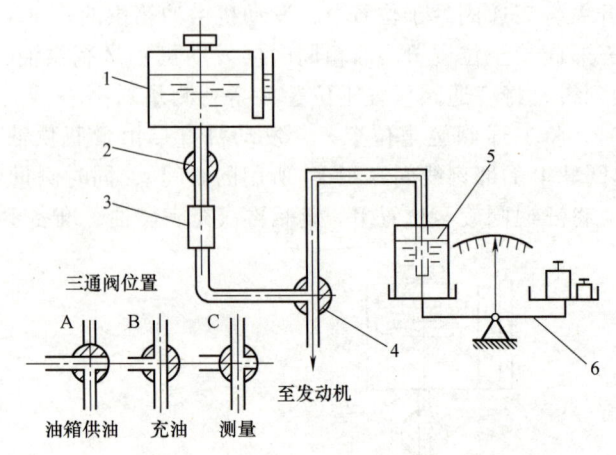

图 6-12　质量法测量燃油消耗量的装置示意图
1—油箱　2—开关　3—滤油器　4—三通阀　5—油杯　6—天平

四、台架试验综述

1. 概述

台架试验内容十分广泛，包括新产品或强化、改进、变形、转厂生产的发动机性能及耐久可靠性试验；产品出厂前的性能调整及定期抽查试验；商业贸易中的验收试验以及各种研究性的试验等。但由于试验方法、试验条件、使用仪表、试验环境等的不同，可以使试验结果有很大差异。为了避免由此引起的争论和混乱，使试验得到客观上可比的结果，就必须规定统一的试验标准。发动机各种试验标准繁多，如有国际标准化组织（ISO）制定的，拟为各会员国统一执行的标准；有各国的国家标准等。我国于 1984 年颁布了机械工业部汽车发动机性能试验方法的标准（JB 3743—1984），并于 1987 年制定了内燃机台架试验方法（GB 1105.1～1105.3—1987）。为避免在发动机功率定义和确定方面出现许多似是而非的 ISO 标准的缺点，我国于 2008 年确立了 ISO 发动机功率测量标准体系，并于 2022 年进行了修订，该体系采用"核心"-"卫星"原理。"核心"标准 GB/T 21404—2022 包含了范围中所述各种用途发动机功率确定和测量方法的共同要求，"卫星"标准（如 GB/T 21405—2008）则包含适于某一特定用途发动机功率测量和标定所须满足的要求。"卫星"标准 GB/T 6072 系列标准规定了往复式内燃机性能试验方法。

各国标准首先明确的是适用范围,因为发动机用途不同,它们的试验方法和项目也不完全相同,所用标准也不一样。在进行试验前,必须详细了解有关标准的内容,制定出试验大纲,严格按照大纲要求进行试验。

发动机使用中允许的最大功率与下列外界因素有关:①发出相应功率的持续时间;②测定时的大气状况;③发动机所带附件;④进气管和空气滤清器阻力、排气背压等。因此,各标准对上述问题都有严格规定,并且对测量仪器的精度、重要参数的测量精度等也有规定。

2. 功率标定

表示功率的主要目的有两种:①用以标定功率的大小;②通过测量验证发动机在相同环境状况下已达到标定的功率,或在不同环境状况下所发出的功率在合适的容许范围内。为了规定达到标定功率时的环境状况,标定时应说明:①功率表示的类型(ISO 功率、使用功率);②功率使用的类别;③功率的类型;④发动机标定转速。功率表示的类别有 ISO 功率和使用功率。ISO 功率(代号 I)是指在制造厂试验台的运转工况下,按制造厂规定调整或修正到标准基准状况下所测得的功率;使用功率(代号 S)是指在发动机使用的环境状况和运转工况下所发出的功率。GB/T 21404—2022 定义的功率使用类型可分为以下三种:

(1) **持续功率**(代号 C) 在制造厂规定的正常维护保养周期内,在规定转速和规定环境状况下,按照制造厂规定进行维护保养,发动机能够持续发出的功率。

(2) **超负荷功率**(代号 O) 在规定的环境状况下,在按持续功率运行后,立即根据使用情况,以一定的使用持续时间和使用频次,按照每 12h 运行 1h 的运行条件,可以允许发动机发出的功率。

(3) **油量限定功率**(代号 F) 在对应于发动机用途的规定时期内,在规定转速和规定环境状况下,限定发动机油量,使其功率不能再超出时所能发出的功率。

功率的类型有两种:①带从属辅助设备但不限于基本辅助设备的有效功率(代号 B);②仅带基本从属辅助设备的有效功率(代号 N)。

功率标记采用功率代号标记方法,如 ICN 1000kW-425r/min,详见 GB/T 6072.1—2008。

3. 大气修正

大气状况是指发动机运行地点的环境大气压力、大气温度和相对湿度。当大气压力降低、大气温度升高和相对湿度增大时,吸入气缸的干空气量都要降低,所以功率会减小,这就使同一台发动机由于在不同大气状况下使用,其性能差别很大。为了使功率标定不至于混乱,产品质量有统一的检验标准,同时也为了比较和选用发动机方便,需要规定一种标准大气基准状况,并且还应有一种办法,把在不同大气状况下试验所得的结果,换算成标准大气基准状况下的数值。

GB/T 21404—2022 规定了一般用途的往复活塞式发动机的标准基准状况:总气压 $p_0=100$kPa,空气温度 $T_0=298$K(或 $t_0=25$℃),相对湿度 $\phi_0=30\%$,增压中冷介质温度 $T_{c0}=298$K(或 $t_{c0}=25$℃)。

如果试验现场的环境状况与标准基准状况不符合,其功率和燃油消耗率应按下列规

定进行校正。

(1) 功率修正 设试验环境状况下实测的功率为 P_e （kW），修正到标准基准状况下的功率为 P_{e0} （kW），则有

$$P_{e0} = \alpha_a P_e \quad \text{或} \quad P_{e0} = \alpha_c P_e \tag{6-10}$$

式中　α_a——火花点燃式发动机的功率修正系数；
　　　α_c——压燃式（柴油）发动机的功率修正系数。

自然吸气和增压（带和不带增压中冷）火花点燃式发动机的修正系数由下式求得

$$\alpha_a = \left(\frac{p_r - \phi_r p_{sr}}{p_y - \phi_y p_{sy}}\right)^{1.2} \left(\frac{T_y}{T_r}\right)^{0.6} \tag{6-11}$$

式中　p_y、p_r——试验环境状况下及标准基准状况下的大气压（kPa）；
　　　p_{sy}、p_{sr}——试验环境状况下及标准基准状况下的饱和蒸气压（kPa）；
　　　T_y、T_r——试验环境状况下及标准基准状况下的环境温度（K）；
　　　ϕ_y、ϕ_r——试验环境状况下及标准基准状况下的相对湿度（%）。

上式适用于带有随环境状况变化能使空燃比保持相对不变的燃料控制装置的发动机，且仅适用于 $0.96 \leq \alpha_a \leq 1.06$。如果超出该限值范围，应给出求得的修正功率值，并在试验报告中确切说明试验状况（温度和压力）。

对于按恒定供油量调定（预调定供油量）的压燃式（柴油）发动机，功率修正系数可由下式求得

$$\alpha_c = (f_a)^{f_m} \tag{6-12}$$

式中　f_a——大气系数；
　　　f_m——每种机型发动机和燃料调定下的特性参数。

大气系数 f_a 用以表示环境状况（压力、温度和湿度）对发动机吸入空气的影响，并随发动机机型的不同而不同。

对自然吸气和机械增压式发动机有

$$f_a = \left(\frac{p_r - \phi_r p_{sr}}{p_y - \phi_y p_{sy}}\right)\left(\frac{T_y}{T_r}\right) \tag{6-13}$$

对不带增压中冷和带空/空增压中冷的涡轮增压发动机有

$$f_a = \left(\frac{p_r - \phi_r p_{sr}}{p_y - \phi_y p_{sy}}\right)^{0.7}\left(\frac{T_y}{T_r}\right)^{1.2} \tag{6-14}$$

对带空/液增压中冷的涡轮增压发动机有

$$f_a = \left(\frac{p_r - \phi_r p_{sr}}{p_y - \phi_y p_{sy}}\right)^{0.7}\left(\frac{T_y}{T_r}\right)^{0.7} \tag{6-15}$$

发动机系数 f_m 取决于发动机机型和相应燃料调定下的实际空燃比，是修正供油率 q_c 的函数，可由下式求得

$$f_m = 0.036 q_c - 1.14 \tag{6-16}$$

其中，

$$q_c = \frac{q}{r_\tau}$$

式中 q——供油量参数,并且有

$$q=\frac{Z\times[\text{燃料流量}(\text{g/s})]}{[\text{排量}(\text{L})]\times[\text{发动机转速}(\text{r/min})]} \tag{6-17}$$

其中,对四冲程发动机 $Z=120000$,对二冲程发动机 $Z=60000$。

r_τ 是标准基准状况下压气机出口与进口绝对静压之比(对于自然吸气发动机 $r_\tau=1$)。对于两级涡轮增压,r_τ 是总压力比。

q_c [mg/(L·循环)] 在下列范围时公式(6-16)才有效:

$$37.2 \leqslant q_c \leqslant 65$$

当 q_c 值小于 37.2 时,f_m 取恒定值 0.2;当 q_c 值大于 65 时,f_m 取恒定值 1.2。

只有当 $0.96 \leqslant \alpha_c \leqslant 1.06$ 时,修正系数公式(6-12)才适用。如果超出该限值范围,应给出求得的修正功率值,并在试验报告中确切说明试验状况(温度和压力)。

对于不包含在上述范围内的发动机,当环境空气密度与标准基准状况下的空气密度相差不超过 ±2% 时,修正系数可取为 1。当环境空气密度超出该限值范围时,则不适用于修正,但应在试验报告中说明试验状况。

若由标准基准状况下的功率修正到试验环境状况的功率,则采用下式:

$$P_y = \alpha P_r \tag{6-18}$$

式中 α——功率修正系数,且有

$$\alpha = k + 0.7(k-1)\left(\frac{1}{\eta_m}-1\right) \tag{6-19}$$

其中,指示功率比 k 为

$$k=\left(\frac{p-a\phi p_{sw}}{p_0-a\phi_0 p_{sw0}}\right)^m \left(\frac{T_0}{T}\right)^n \left(\frac{T_{c0}}{T_c}\right)^q \tag{6-20}$$

式中 η_m——机械效率;

p、p_0——试验环境状况下及标准基准状况下的大气压(kPa);

p_{sw}、p_{sw0}——试验环境状况下及标准基准状况下的饱和蒸气压(kPa);

T、T_0——试验环境状况下及标准基准状况下的环境温度(K);

ϕ、ϕ_0——试验环境状况下及标准基准状况下的相对湿度(%);

T_c、T_{c0}——试验环境状况下及标准基准状况下中冷器介质的进口温度,且 $T_{c0}=298K$ 或 25℃。

系数 a,指数 m、n、q 由表 6-1 给出。

表 6-1 系数 a 及指数 m、n、q

机 型	工作条件	系数 a	指数 m	指数 n	指数 q
非增压柴油机	功率受过量空气限制	1	1	0.7	0
	功率受热力因素限制	0	1	5	0
	自然吸气	1	1	1	0
汽油机				0.5	

（2）燃油消耗率的标定 设现场环境状况下实测的燃油消耗率为 b_e [g/(kW·h)]、标定到标准基准状况下的燃油消耗率为 b_{e0} [g/(kW·h)]，则有

$$b_e = \beta b_{e0} \tag{6-21}$$

式中 β——燃油消耗率换算系数，且有

$$\beta = \frac{k}{\alpha} \tag{6-22}$$

α 和 k 值分别由式（6-19）和式（6-20）计算。

汽车发动机的燃油消耗率应标定在 ISO 标准功率，允差为 +5%。

第三节　发动机的负荷特性

发动机的负荷特性是指发动机转速不变，其性能指标随负荷而变化的关系，以曲线表示，则称为负荷特性曲线。性能指标主要是指燃油消耗率 b_e，有时也加上燃油消耗量 B 和排气温度 t_r 等。当汽车以一定的速度沿阻力变化的道路行驶时，就属于这种情况。此时必须改变发动机节气门来调整有效转矩，以适应外界阻力矩的变化，保持发动机转速不变。

当转速不变时，由式（6-4）和式（6-5）知，有效功率 P_e 与有效转矩 T_{tq}、平均有效压力 p_{me} 均成正比，因此负荷特性横坐标——负荷可用 P_e、T_{tq} 或 p_{me} 表示。纵坐标主要是每小时燃油消耗量 B 或有效燃油消耗率 b_e。根据需要还可以绘出排气温度 t_r、烟度和机械效率等。

一、汽油机的负荷特性

当汽油机保持某一转速不变，而逐渐改变节气门开度（同时调节测功器负荷，如改变水力测功器水量，以保持转速不变）时，每小时燃油消耗量 B 和有效燃油消耗率 b_e 随功率 P_e（或转矩 T_{tq}、平均有效压力 p_{me}）变化的关系称为汽油机负荷特性。测取前，应将汽油机的点火提前角、过量空气系数按理想值调整。测取时应按规定保持冷却液温度、润滑油温度在最佳状态。调节测功器负荷，并改变节气门开度，使汽油机的转速稳定在某一常数。测量各稳定工况下的 b_e、B 以及烟度、噪声、排气温度等参数值。由于汽油机负荷调节是靠改变节气门开度来直接改变进入气缸的混合气量，过量空气系数 ϕ_a 变化不大，故这种负荷调节方法称为"量调节"。图 6-13 给出了汽油机负荷特性的示例。

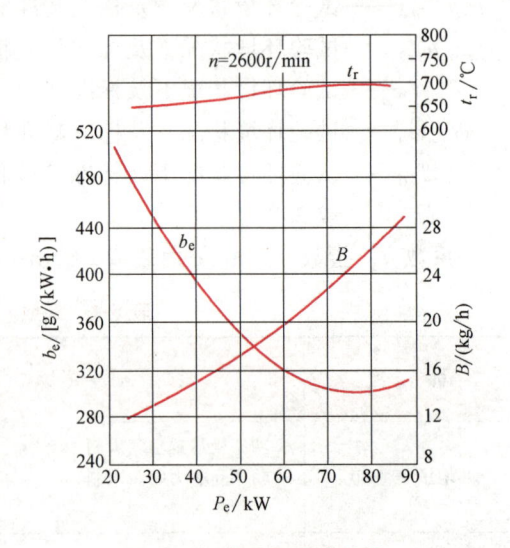

由式（6-6）$b_e = K_3(1/\eta_{it}\eta_m)$ 可知，b_e

图 6-13　汽油机负荷特性

的变化取决于 η_m 和 η_{it} 的变化。随着负荷增加，节气门的开度加大，气缸内残余废气量相对减少，燃烧速度增加，而且由于相对热损失减少及燃油汽化条件改善，使 η_{it} 增大。当转速一定，负荷增加时，机械损失功率 P_m 变化不大，而指示功率 P_i 随负荷成比例加大，因此 $\eta_m = 1 - P_m/P_i$ 迅速增加。η_{it}、η_m 的变化关系如图 6-14 所示。

发动机空转时，其指示功率完全消耗在内部损失上，即 $P_i = P_m$，$\eta_m = 0$，此时 b_e 为 ∞（图 6-13）。逐渐增大节气门开度，由于 η_{it} 和 η_m 同时上升，b_e 迅速下降。在大负荷时需要浓混合气，全负荷时过量空气系数 $\phi_a = 0.85 \sim 0.95$，燃烧不完全，η_{it} 下降，使 b_e 又重新上升。

燃油消耗量 B 曲线的变化趋势如图 6-13 所示。由式（6-7）可知，当汽油机转速一定时，每小时燃油消耗量 B 主要决定于节气门开度（决定充气效率 ϕ_c）和混合气成分（过量空气系数 ϕ_a）。节气门开度由小逐渐加大时，

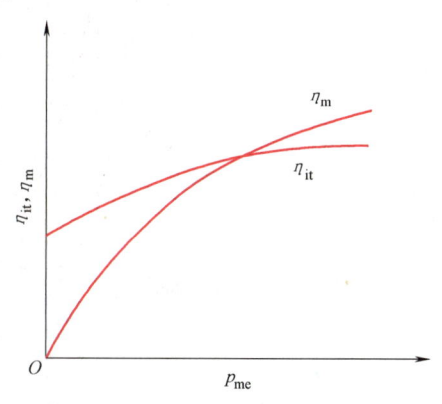

图 6-14 汽油机 η_{it}、η_m 的变化关系

充入气缸的混合气量逐渐增多，由于过量空气系数总体变化不大，因此 B 也随之增加，直至混合气成分变浓后，B 迅速增加（图中曲线变陡）。

二、柴油机的负荷特性

当柴油机保持某一转速不变，而移动喷油泵齿条或拉杆位置，改变每循环供油量 Δb 时，B、b_e 随 P_e（或 T_{tq}，p_{me}）变化的关系称为**柴油机负荷特性**。测取时，应将柴油机的供油提前角、冷却液温度、润滑油温度等调整到最佳状态。由于柴油机只是改变循环供油量（空气量变化不大）来调节负荷，因此，也改变了缸内混合气的浓度，即过量空气系数 ϕ_a，这种负荷调节方法称为"质调节"。图 6-15 给出了柴油机负荷特性的示例。

由式（6-6）可知，b_e 的变化取决于 η_m 和 η_{it}。η_m 和 η_{it} 随负荷的变化关系如图 6-16 所示。随着负荷增加，循环供油量增加，过量空气系数 ϕ_a 值减少。超过一定负荷后，ϕ_a 再减小就会引起燃烧完善程度下降，η_{it} 也随着降低，高负荷时下降的速度更快。η_m 随负荷的增加而上升。当柴油机空转时，η_m 等于零，发动机所发出的功率完全用于自身消耗，b_e 为 ∞。逐渐增加供油量，由于 η_m 迅速上升，b_e 下降，供油量增加到点 1（图 6-15）位置，b_e 达到最低值；再继续增加供油量时，由于过量空气系数 ϕ_a 的减小、燃烧恶化、不完全燃烧及补燃增加，指示热效率 η_{it} 下降较快，致使 b_e 升高。当供油量增到点 2（图 6-15）的位置时，排气冒黑烟，达到国家法规规定的烟度限值，继续加大供油量已为公害，不被允许，而且柴油机大量冒黑烟，活塞、燃烧室会积炭，发动机过热将容易引起故障，影响其寿命。因此，非增压高速柴油机使用中的最大功率，受法规规定的烟度限值限制，排气存在"冒烟界限"。

当转速一定时，柴油机每小时燃油消耗量 B 主要决定于每循环供油量 Δb。Δb 增加，B 随之增加，当负荷接近烟度限值之后，由于燃烧恶化，而使 B 上升得更快一些。

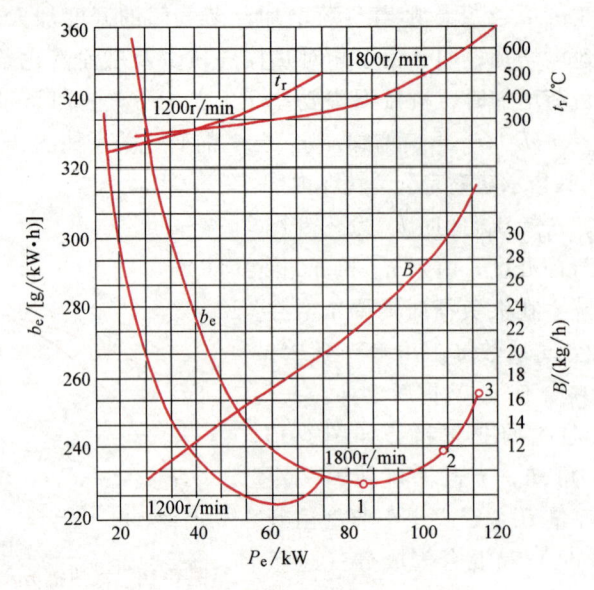

图 6-15　6135Q 柴油机的负荷特性

对于增压柴油机而言，由于随负荷增大，排气能量增大，增压器转速上升，从而使增压压力变大，进气密度提高，所以在高负荷时，ϕ_a 和 η_{it} 变化不大，燃油消耗率曲线较为平坦。与非增压柴油机所不同的是，限制增压柴油机平均指示压力提高的主要因素是最高燃烧压力，而不是排气烟度。增压柴油机的最大烟度一般出现在平均有效压力较低时。

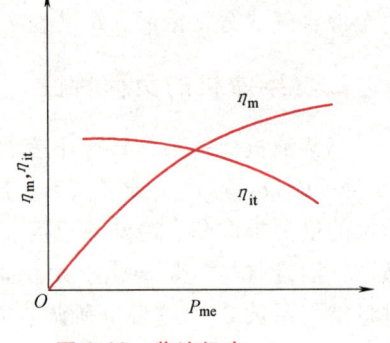

图 6-16　柴油机中 η_{it}、η_m 随负荷变化的趋势

负荷特性是发动机的基本特性，用以评价发动机工作的经济性。特别是对于柴油机，由于它容易测定，在性能调试过程中，如选择气道、燃烧室结构，调整燃油喷射系统等，常用负荷特性作为比较标准。一般发动机只测标定转速下的负荷特性，对于车用发动机，由于工作时转速经常变化，需要测定不同转速下的负荷特性。

由负荷特性可以看出：

1）同一转速下的最低耗油率 b_{emin} 越小，曲线变化越平坦，经济性越好。

2）燃油消耗率 b_e 随负荷的增加而降低，在接近全负荷（常在80%负荷率左右）时 b_e 达到最小。在低负荷区曲线变化得更快一些，汽油机曲线变化比柴油机陡。

第四节　发动机的速度特性

发动机的速度特性，是指发动机在供油量调节机构（油量调节齿条、拉杆或节气门开度)保持不变的情况下,发动机性能指标(功率、转矩、燃油消耗率、排气温度、烟度等)随发动机转速变化的关系。当汽车沿阻力变化的道路行驶时,若驾驶人将加速踏板的位置保持一定,由于道路阻力不同,汽车行驶速度也会改变,上坡时汽车速度逐渐降低,下坡时速度增加,这时发动机即沿速度特性工作。

速度特性也是在发动机试验台架上测出的。测取前,应按规定保持冷却液温度、润滑油温度在最佳状态。测量时,将油量调节机构位置固定不动,调整测功器的负荷,发动机的转速相应发生改变,然后记录有关数据并整理绘制出曲线,一般是以发动机转速作为横坐标。当油量控制机构在标定位置时,测得的特性为全负荷速度特性(简称外特性);油量低于标定位置时的速度特性,称为部分速度特性。由于外特性反映了发动机所能达到的最高性能,确定了最大功率、最大转矩以及对应的转速,因而是十分重要的,所有发动机出厂时都必须提供该特性。

一、汽油机的速度特性

汽油机节气门开度固定不动,其有效功率 P_e、转矩 T_{tq}、燃油消耗率 b_e、每小时燃油消耗量 B 等随转速变化的关系称为汽油机速度特性。此时是用调整测功器,如逐渐改变水力测功器的水量来改变汽油机的转速。

汽油机节气门保持全开,所测得的速度特性称为汽油机外特性。节气门部分开启时所测得的速度特性称为部分速度特性。由于节气门的开启可以无限变化,所以部分速度特性曲线有无数条,而外特性曲线只能有一条。图 6-17 给出了汽油机外特性曲线的示例。

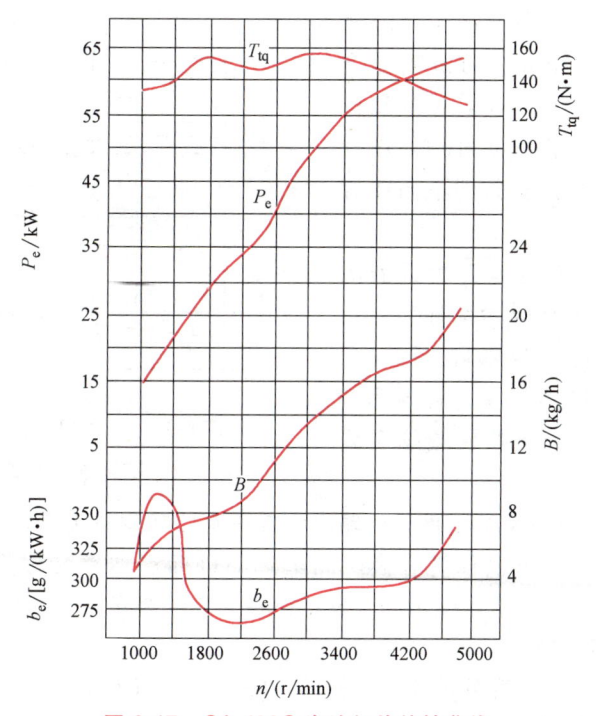

图 6-17 CA-488Q 汽油机外特性曲线

1. 外特性曲线

(1) **转矩 T_{tq} 曲线** 根据式(6-5) $T_{tq}=K_2(\phi_c/\phi_a)\eta_m\eta_{it}$ 可知，T_{tq} 随转速 n 的变化决定于 η_{it}、η_m、ϕ_c/ϕ_a 随 n 的变化。η_{it}、η_m、ϕ_c 的变化趋势如图 6-18 所示。在节气门开度一定时，ϕ_a 值基本不随转速变化，汽油机 T_{tq} 的大小主要决定于 ϕ_c 随 n 的变化。ϕ_c 是在某一中间转速时最大，这是因为在此转速下能最好地利用惯性进气，当转速低于或高于此转速时，ϕ_c 都将降低。指示热效率 η_{it} 的变化是在某一中间转速略为升高，在较低转速下，因缸内气流扰动减弱，火焰传播速度降低，散热及漏气损失增加，使 η_{it} 降低；转速高时，燃烧所占的曲轴转角大，燃烧效率低，也使 η_{it} 下降。不过它的变化比较平坦，对 T_{tq} 的影响较小。转速增加，消耗于机械损失的功增加，因此 η_m 随转速上升而下降（参看第一章第六节）。综合而言，当转速由低速开始上升时，由于 ϕ_c、η_{it} 上升，T_{tq} 有所增加，对应于某一转速时，T_{tq} 达到最大值。转速继续提高，由于 η_m、ϕ_c 同时下降，因此 T_{tq} 随转速升高而较快地下降，即 T_{tq} 曲线变化较陡。

(2) **功率 P_e 曲线** 当转速从很低值增加时，由于 T_{tq} 和转速同时增加，根据 $P_e=T_{tq}n/9550$，P_e 迅速上升；直至转矩达到最高点后，再继续提高转速，则 P_e 上升逐渐缓慢；至某一转速后 $T_{tq}n$ 达到最大值，P_e 达到最大值；若转速再上升，由于 T_{tq} 的降低已超过转速上升的影响，所以功率 P_e 反而下降。

(3) **燃油消耗率 b_e 曲线** 综合 η_{it}、η_m 的变化（图 6-18），b_e 在某一中间转速时最低；当转速高于此转速时，则因 η_{it}、η_m 同时下降而使 b_e 上升。当转速低于此转速时，因 η_{it} 的上升弥补不了 η_m 的下降，b_e 亦增加。由于进气管动态效应影响到 ϕ_c 随 n 的变化规律，因而 T_{tq}、b_e 等随 n 变化的曲线也常呈某些波动现象。

汽油机外特性是在节气门全开时测得的，曲线上每一点表示它在此转速下的最大功率及转矩，所以代表了发动机的最高动力性能，所有汽油机均须作外特性曲线。外特性因试验条件不同而有两种：

1) 发动机仅带维持运转所必需的附件时所输出的校正有效功率称为总功率。例如，试验时可不装风扇、打气泵或空滤器以及消声器等附件（各国标准均有规定）。我国发动机特性数据多属这一种。

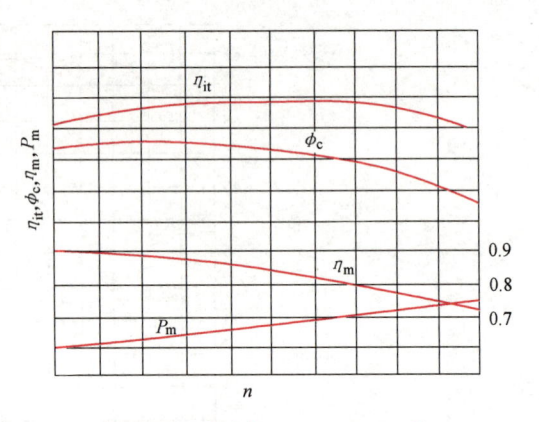

图 6-18 汽油机 η_{it}、ϕ_c、P_m 和 η_m 随转速 n 的变化关系

2) 试验时发动机带全套附件时所输出的校正有效功率称为**净功率**或**使用外特性**。

显然，后者功率较低而油耗较高。汽车发动机标定功率又称为**额定功率**（GB/T 21404—2022），它是由制造厂标定的，发动机在一定环境条件下所能发出的功率值。

2. 部分速度特性曲线

汽车大部分时间是在部分负荷下工作的。随着节气门关小，节流损失增大，进气终了压力 p_a 下降，从而引起 ϕ_c 下降；随着转速提高，ϕ_c 下降的速度更快。因此，节气门开度越小，转矩 T_{tq} 随转速增加而下降得越快，最大转矩点及最大功率点均向低转速方向移动（图 6-19）。

二、柴油机的速度特性

喷油泵的油量调节机构（节气门拉杆或齿条）位置固定不动，柴油机性能指标（主要是 P_e、T_{tq}、b_e、B）随转速 n 变化的关系称为柴油机速度特性。测取时，应将供油提前角、冷却液温度、润滑油温度等调整在最佳状态。

当油量调节机构固定在标定功率循环供油量的位置时，测得的速度特性为标定功率速度特性，习惯上也称为外特性。图 6-20 给出了车用柴油机标定功率速度特性的示例。当油量调节机构固定在小于标定功率循环供油量的各个位置时，所测得的速度特性称为部分速度特性，如图 6-21 所示。标定功率可以理解为使用中允许的最大功率，它是根据用途、使用负荷的情况等确定的。对一具体使用的柴油机标定功率速度特性（或称为外特性）也只有一条，它代表该机在使用中允许达到的最高性能，所有柴油机均须作标定功率速度特性。

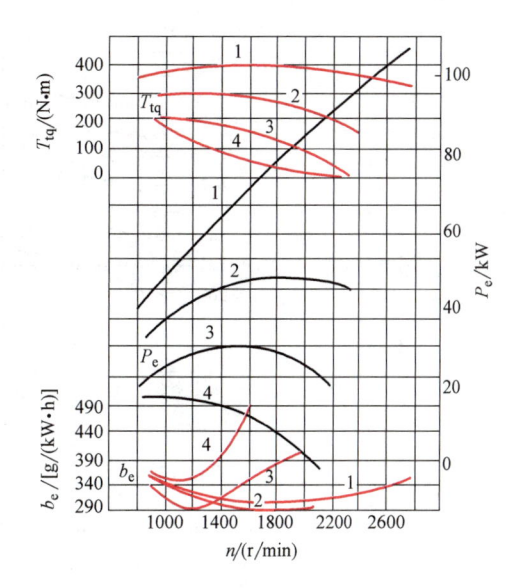

图 6-19 某车用汽油机的速度特性
1—全负荷　2—75%负荷
3—50%负荷　4—25%负荷

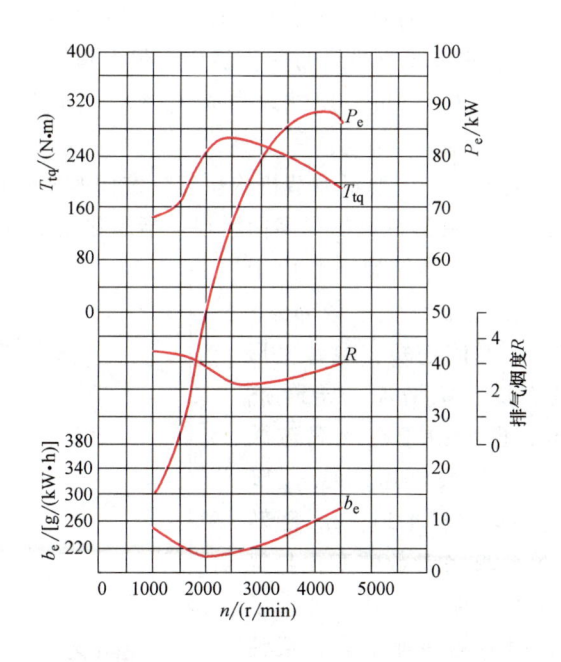

图 6-20 奥迪100轿车增压柴油机外特性

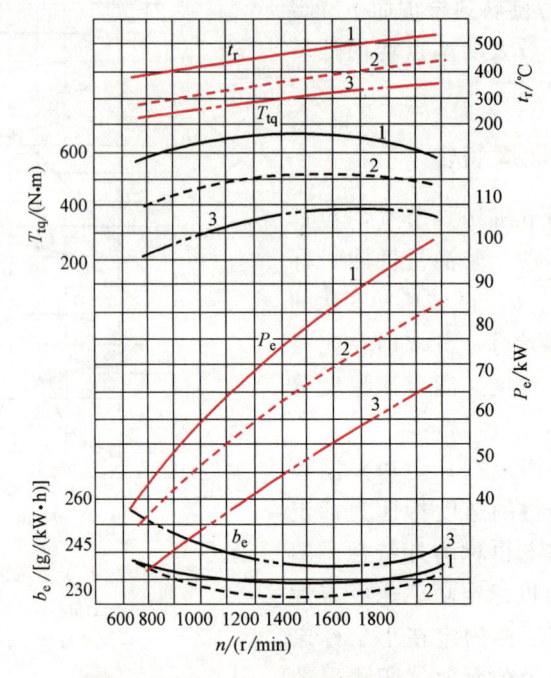

图 6-21　6135 型柴油机部分速度特性
1—90%负荷　2—75%负荷　3—55%负荷

1. 标定功率速度特性曲线

（1）转矩 T_{tq} 曲线　在柴油机中，每循环充气量的大小（即 ϕ_c 的大小）只不过是提供产生多大转矩的可能性，在各种转速下究竟能发出多大转矩，主要取决于每循环供油量 Δb 的多少。因此，柴油机转矩曲线的变化趋势，很大程度上取决于每循环供油量 Δb 随转速变化的情况。式（6-5）可以定性地写成 $T_{tq}=K_2\eta_{it}\eta_m\Delta b$，而 η_{it}、η_m、Δb 及 ϕ_c 的变化趋势如图 6-22 所示。

在常用的柱塞式喷油泵中，当油量调节机构位置一定而改变转速时，每循环供油量 Δb 由油泵速度特性决定，它将随转速的提高而增加。指示热效率 η_{it} 的变化是在某一中间转速时稍有凸起。因为在较高转速下常由于 ϕ_c 下降和 Δb 的上升，使过量空气系数 ϕ_a 下降，加上燃烧过程经历的时间缩短，混合气形成条件恶化，不完全燃烧现象增加，导致 η_{it} 有些下降。转速过低，也会由于空气涡流减弱，燃烧不良及传热漏气损失增加，使 η_{it} 降低。但 η_{it} 曲线的变化趋势比较平坦。η_m 随转速的上升而下降。由图 6-22 各参数的变化趋势可知，由于 Δb 随转速的增加而上升，抵消了 η_m、η_{it} 下降的影响，因而随转速上升，柴油机转矩 T_{tq} 下降不明显，曲线变化平缓甚至有

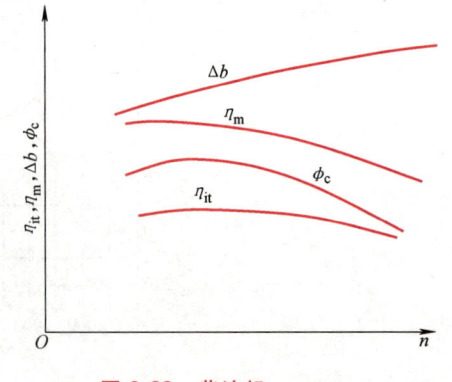

图 6-22　柴油机 η_{it}、η_m、Δb 及 ϕ_c 的变化趋势

的是一直微微上倾。

(2) **功率 P_e 曲线**　由于 T_{tq} 变化平坦，在一定转速范围内，功率 P_e 几乎与转速成正比增加。

(3) **燃油消耗率 b_e 曲线**　综合 η_{it}、η_m 的变化，b_e 是在某一中间转速时最低，但整个曲线变化并不是很大。

2. 部分速度特性

随着油量调节机构固定位置的减小，循环供油量减小，但 Δb 随 n 的变化趋势基本相似，即随 n 的增加而上升，所以柴油机部分特性 T_{tq} 的变化基本与外特性的 T_{tq} 平行，即 T_{tq} 随转速变化不大（图 6-21）。

对于经常在部分负荷下工作的汽车发动机，还应作负荷为 90%、75%、50%、25% 时的部分负荷速度特性或万有特性。

三、转矩特性

汽车、拖拉机在行驶过程中经常会遇到像爬坡这样阻力突然增大的情况，为减少换档次数，要求发动机的转矩随转速的降低而增加。例如，当汽车上坡时，若油量调节拉杆已达最大位置，但所发出的转矩仍感不足，车速就要降低，此时需要发动机随车速降低而能发出更大转矩，以克服爬坡阻力。拖拉机负荷变化更大，任何土壤表面的起伏以及土壤组织的不均，都可能引起短期超负荷的情况，因此，要求发动机转矩有适应这种变化的能力。

1. 转矩储备系数

要充分表明发动机的动力性能，除给出标定功率及其相应的转速外，还要同时考虑发动机的转矩特性，从而引入**转矩储备系数** μ 和**适应性系数** K 的概念，即

$$\mu = \frac{T_{tqmax} - T_{tq}}{T_{tq}} \times 100\% \tag{6-23}$$

$$K = \frac{T_{tqmax}}{T_{tq}} \tag{6-24}$$

式中　T_{tqmax}——外特性曲线上的最大转矩（N·m）；

　　　T_{tq}——标定工况（或最大功率）时的转矩（N·m）。

μ 或 K 值大，表明两转矩之差（$T_{tqmax} - T_{tq}$）大，即随着转速的降低，转矩 T_{tq} 增加较快，从而在不换档的情况下，爬坡能力和克服短期超载能力强。

汽油机的外特性转矩曲线随转速增加而较快向下倾斜，其 μ 值在 10%~30% 范围内，K 值为 1.2~1.4，可以满足汽车的使用要求。

柴油机转矩曲线平坦，若不予以校正，则 μ 值在 5%~10% 范围内，K 值只有 1.05 左右，难以满足汽车的工作需要。

2. 转速储备系数

标定工况（或最大功率）时的转速 n_1 与最大转矩时的转速 n_2 之比称为**转速储备系数**。它的大小也影响了克服阻力的潜力。例如，有 A、B 两台发动机，它们的转矩储备

系数 μ 和最大功率时的转速 n_1 相同，但最大转矩时的转速 n_2 不等，如图 6-23 所示。当外部阻力矩由 T_{R1} 曲线增到 T_{R2} 曲线时，发动机的转速由于外界阻力的增加而下降，这时发动机 B 可以在转速 n_{2B} 下稳定工作，发动机 A 则在转速 n_A 下稳定工作。当外界阻力再增至 T_{R3} 曲线时，发动机 B 就不能适应而需换档，但发动机 A 仍可稳定在 n_{2A} 下工作，并且转速从 n_1 下降到 n_{2A}，还可更多地利用内部运动零件的动能来克服短期超负荷，所以发动机 A 比 B 克服障碍的潜力大。因此，与最大转矩 T_{tqmax} 相应的转速 n_2 越低，即转速储备系数 (n_1/n_2) 越大，在不换档情况下，发动机克服阻力的潜力越强。汽油机转速储备系数为 1.15~2.0，柴油机则在 1.5~2.0 范围内。

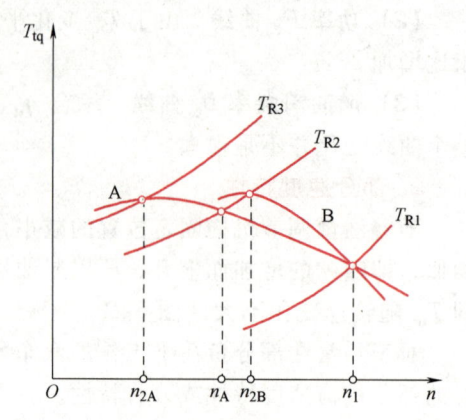

图 6-23 最大转矩时转速对克服阻力的影响
T_R—外部阻力矩

3. 非电控柴油机转矩校正

为了防止柴油机的负荷超过冒烟限值，在喷油泵的油量调节机构上均有一触止装置，限制每循环的最大供油量。这个最大供油量的调整，必须在最大工作转速工况下进行，如图 6-24 中的 A 点，以避免在其他转速下超过冒烟界限供油量。冒烟界限时 Δb 随 n 变化的关系如图 6-24 中的曲线 1 所示，它相当于不同转速下的负荷特性上冒烟界限的连线，其变化趋势与 ϕ_c 随 n 的变化近似（每一点 ϕ_a 大致相同）。曲线 2 是未经校正的标定功率供油量曲线。可以看出，由于油泵速度特性的影响，曲线 2 在转速降低时空气得不到充分利用，使按充气量来计算可能发出的转矩没能发挥出来，而且它的变化趋势也不适应汽车对转矩储备的要求。上述问题的产生是由油泵速度特性造成的，因此，柴油机中都采用油量校正装置来改造外特性转矩曲线。

油量校正装置的作用是：当发动机在标定工况下工作时，如果转速因外界阻力矩不断增加而下降，则喷油泵能自动增加循环供油量，以增大低速时的转矩，提高转矩储备系数。常用的转矩校正方法有两种：①出油阀式校正机构；②附加在调速器上的弹簧校正机构。出油阀式转矩校正方法由于对选择供油提前器不利以及加工误差等原因，目前采用不普遍。

经过校正的 Δb-n 曲线与 ϕ_c-n 曲线相似，就能使 T_{tq}-n 曲线相似于 ϕ_c-n 曲线，即随转速下降，循环供油量增加。由于充

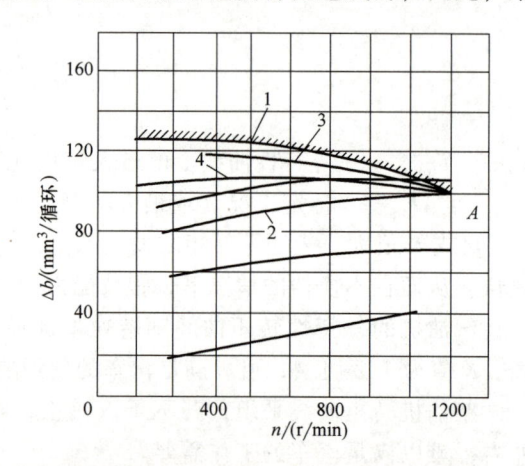

图 6-24 油量校正装置对循环供油量的影响
1—冒烟极限　2—未校正的标定功率供油量曲线
3—用弹簧校正器的供油量曲线
4—带阀式校正器的供油量曲线

分利用了不同转速下进入气缸的空气量，T_{tq} 变化趋势就能适应汽车对转矩储备的需要。

第五节 排放特性

发动机试验中，排气中有害气体含量首先需要分析的通常是 CO、HC 和 NO_x 等，对于柴油机还要分析颗粒物（炭烟）的含量和排气烟度。随着排放法规限值越来越严格，对汽油机的颗粒物（PM）排放也要分析。例如我国第五阶段（国Ⅴ）排放法规对装备缸内直喷汽油机的轻型车辆的颗粒物排放开始加以限制，限制标准是 0.0045g/km；对轻型柴油车的颗粒物质量排放要求达到装备缸内直喷汽油机的水平（0.0045g/km），而且对颗粒物粒子数量（Particle Number，PN）也开始加以限制，限制标准是 $6.0×10^{11}$ 个/km（GB 18352.5—2013，现已废止）。我国第六阶段（国Ⅵ）排放法规则进一步要求所有汽油机的 PN 在 2020 年 7 月应满足 $6.0×10^{11}$ 个/km 的限制标准，PM 满足 0.0045g/km 的限制标准，2023 年 7 月后 PM 应满足 0.0030g/km 的限制标准（GB 18352.6—2016）。虽然发动机的排放性能不是以特性曲线形式进行评估，而是按规定的测试工况加权计算的比排放量或按规定的行驶循环累计的整车单位里程的排放量评估的。此外，用户在使用中也不会刻意寻求排放最低的工况，但是，对于发动机的研发和调试来说，测定排放特性对于拟定改善法定排放指标的途径有一定帮助。

一、汽油机的排放特性

图 6-25 所示为一台具有代表性的 2L 4 气门进气道喷射汽油机的 CO、HC 和 NO_x 排放特性。各种排放都用比排放量［g/(kW·h)］表示（也可用其他单位表示，如小时排放质量（g/h）或排放物体积分数）。

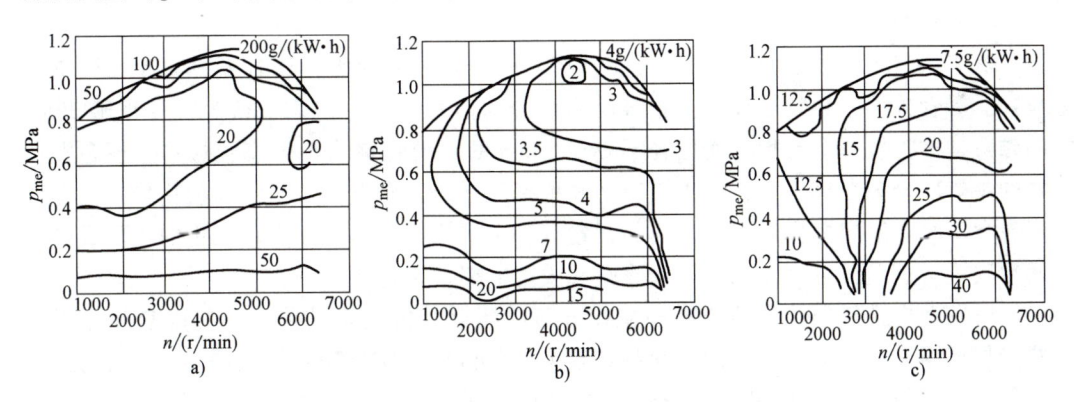

图 6-25 车用汽油机的 CO、HC 和 NO_x 排放特性
a）CO 排放特性　b）HC 排放特性　c）NO_x 排放特性

1. CO 排放特性

图 6-25a 所示为汽油机 CO 比排放量的变化趋势。由图可见，在现代车用汽油机常用的部分负荷区内，CO 排放较低，这是由于过量空气系数 ϕ_a 控制在 1.0 左右，三元催化转化器可以高效工作，有效降低 CO 排放。在负荷很小（$p_{me}<0.2$MPa）时，为保证燃烧稳

定，混合气适当加浓，导致 CO 排放略有上升。当负荷超过全负荷的 95% 左右时，由于混合气显著加浓，CO 的比排放量开始急剧上升（绝对排放浓度和质量则上升更快）。

2. HC 排放特性

图 6-25b 所示为汽油机 HC 比排放量的变化趋势。HC 的变化趋势与 CO 有些类似，都是中等负荷比排放量较小，大负荷和小负荷时相对增加。不同之处有两点：一是全负荷时 HC 的排放增加不如 CO 严重；二是小负荷时 HC 比排放量随负荷的减小增加得比 CO 更快。排放规律不同的原因可用 CO 和 HC 的生成机理不同来解释。大负荷时混合气过浓，主要生成 CO，碳氢燃料完全不氧化是不大可能的。HC 排放主要来自淬熄等多项因素，每循环绝对排放量变化不大，它的比排放量在负荷增大时应下降。在达到全负荷时 HC 的比排放量增大，可能是因为排气中严重缺氧，使 HC 的后期氧化受阻所致；在负荷很小时 HC 的比排放量急剧增加。除了因输出功率减小外，还在于排气温度过低，HC 后期氧化减弱。

3. NO_x 排放特性

图 6-25c 所示为汽油机 NO_x 比排放量的变化趋势。由图可见，汽油机 NO_x 的排放特性与 CO、HC 截然不同。在中等转速以上当转速一定时，NO_x 的比排放量随负荷增大而下降，而且当接近全负荷时下降更快。实际上，在中等负荷区域，由于燃烧温度提高，NO_x 的绝对排放量随负荷增大而增加，但 NO_x 的增加未与负荷成正比，所以比排放逐渐下降。此外，当负荷一定时，NO_x 的比排放量随转速升高而增大，而绝对排放量增加更快。由此可知，转速上升造成的燃烧温度提高，促进 NO_x 的生成，这一影响要超过反应时间下降的影响。

由汽油机的气体排放特性可知，为使车用汽油机排放较少的有害污染物，应尽可能在中等负荷下运行。

4. PM 排放特性

汽车尾气中的颗粒物（PM）按照粒径一般可以分为两类：核态颗粒物和积聚态颗粒物。尽管采用颗粒物粒径大小很难准确区分这两种模式，但一般认为粒径小于 30nm 的颗粒物称为核态颗粒物，而粒径不小于 30nm 的颗粒物称为积聚态颗粒物。核态颗粒物的主要成分为在排气系统中由于冷却和稀释而形成的挥发性有机物和硫化物，但也可能包含一些在缸内燃烧过程中形成的元素碳和金属化合物。积聚态颗粒物的主要成分为元素碳或炭烟，但也可能包含一些冷凝或吸附的挥发性物质。

对发动机排气颗粒物的浓度和粒径分布的测量分析主要是采用一些成套的分析仪器，如英国 Cambustion 公司的颗粒物快速采样分析仪（DMS500）、美国 TSI 公司的扫描迁移颗粒粒径分析仪（SMPS）、芬兰 DEKATI 公司的静电低压冲击仪（ELPI）、悬浮粒子电子分析仪（EAA）和冷凝核计数仪（CNC）等。核态颗粒物受采样温度和稀释比影响较大，在具体的测试中一致性受到很大挑战。为此，欧洲颗粒物测量程序（Particle Measurement Programme，PMP）提出了一套汽车颗粒物测试的方法和规范，并运用于欧洲汽车排放法规中。该方法规定了采样系统的温度和稀释比以使测试系统只测试颗粒物大于 23nm 的积聚态颗粒物或称为固态颗粒物（Solid Particle），从而保证测试结果的一致性。PMP 推荐颗粒物数量测试设备应具备颗粒物直径为 $23\pm1nm$ 的计数效率为

50%±12%，而对颗粒物直径大于 41±1nm 的计数效率要大于 90%。

图 6-26 给出了采用 DMS500 颗粒物快速采样分析仪得到的某进气道喷射（PFI）汽油机和某缸内直喷（GDI）汽油机在转速 1500r/min，不同负荷下的颗粒物数量及粒径分布特性。如图 6-26a 所示，在不同负荷下，PFI 汽油机的颗粒物排放呈现明显的核态和积聚态颗粒物共存的双峰分布特性，而且核态颗粒物数量所占总颗粒物数量的比重较大。与 PFI 汽油机相比，GDI 汽油机的颗粒物排放也表现出类似的双峰分布特性（图 6-26b），但核态颗粒物所占的比例有所下降。图 6-27 给出了上述两种发动机的颗粒物总数。由图可见，GDI 汽油机的颗粒物总数要比 PFI 汽油机高约一个数量级。

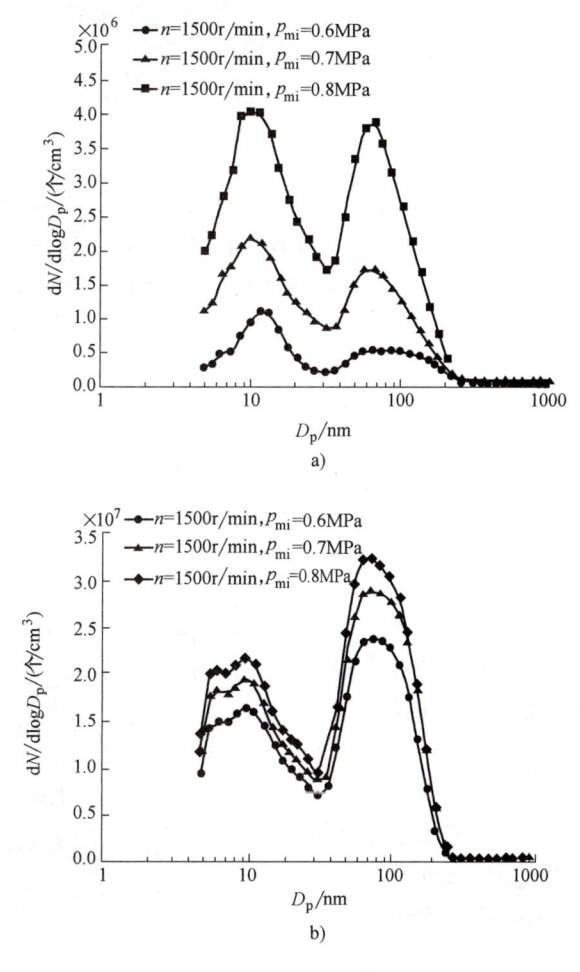

图 6-26 车用汽油机的颗粒物数量及粒径分布特性
a）PFI 汽油机　b）GDI 汽油机

影响 GDI 发动机颗粒物排放的因素有很多，如喷油时刻、喷油压力、点火提前角、空燃比、冷却液和机油温度、发动机转速和负荷等。研究表明，过早或过迟的喷油时刻均会导致颗粒物排放的数量和质量增加。颗粒物排放的数量和质量会随着喷油压力的增加而降低。推迟点火有利于颗粒物数量和质量的降低。稀薄燃烧（增加空燃比）可以

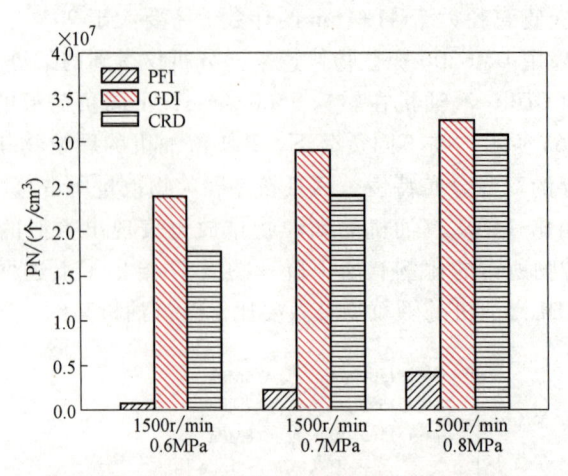

图 6-27 PFI 和 GDI 汽油机的颗粒物总数对比

显著降低颗粒物的排放。降低冷却液和机油温度减缓了燃油雾化的速率，抑制了油气混合的均匀程度，导致了高的颗粒物排放。随着负荷的增加，颗粒物的浓度成比例上升。转速对颗粒物排放的影响比较复杂：增加发动机转速会缩短喷雾蒸发和油气混合的时间，但转速的增加也加强了气流运动，促进了混合气的混合，最终的颗粒物排放取决于这两个方面的竞争。

图 6-28 为某 GDI 汽油机在外特性和部分负荷速度特性（p_{me} = 3bar，1bar = 10^5Pa）下的总颗粒物数浓度。外特性下总颗粒物的平均数浓度高于部分负荷速度特性下总颗粒物的平均数浓度。并且，速度特性下总颗粒物数浓度随转速的升高呈现逐渐降低的趋势，而外特性下则随转速的升高呈现先降低后升高的趋势。

二、柴油机的排放特性

图 6-29 所示为一台具有代表性的 1.9L 增压中冷直喷式车用柴油机的 CO、HC、NO_x 和滤纸烟度 S_F 的排放特性。

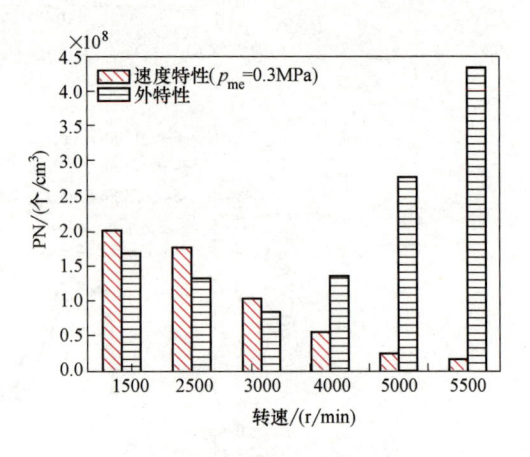

图 6-28 GDI 汽油机在外特性和部分负荷速度特性下的总颗粒物数浓度

1. CO 排放特性

如图 6-29a 所示，柴油机在整个工况范围内排放的 CO 均很少，在绝大多数工况下 CO 比排放量小于 5g/(kW·h)。与此相对照，汽油机 CO 的比排放量一般为 20~100g/(kW·h)，比柴油机大 10~20 倍。对于柴油机，CO 比排放量也是中速中负荷工况下最少。接近全负荷时，部分燃油因与空气混合不足而缺氧，造成 CO 排放急剧增大。当柴油机转速很低时，由于燃烧室内气流运动过弱，混合气形成不均，不完全燃烧产物 CO 较多。柴油机负荷很小时，单位功率的 CO 排放量增大。

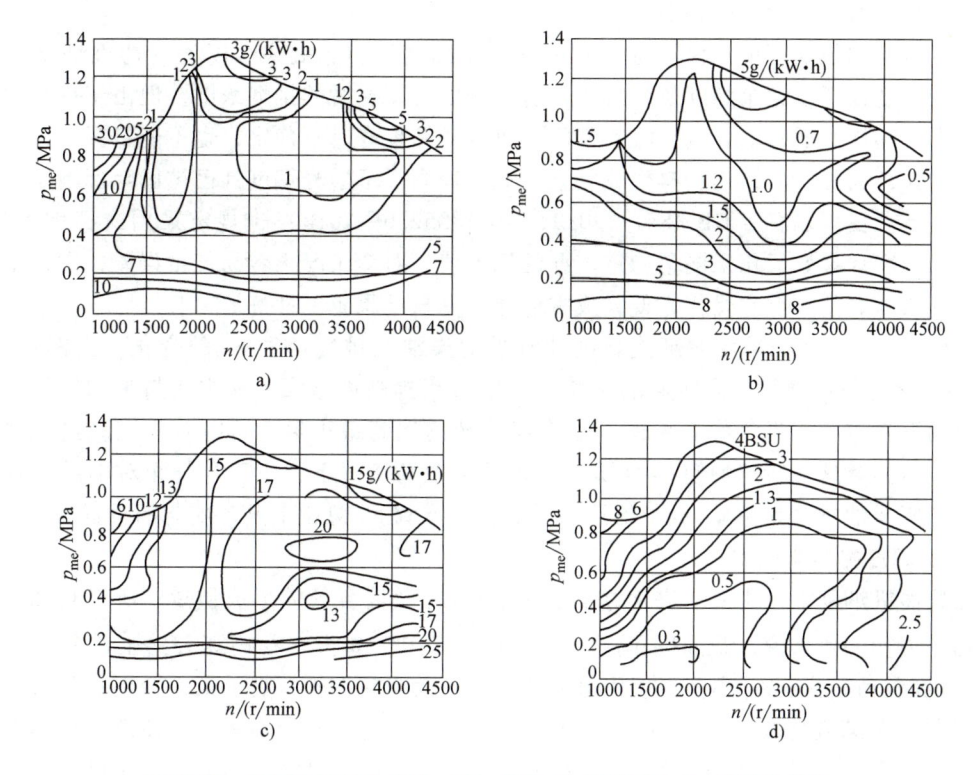

图 6-29　车用柴油机的 CO、HC、NO$_x$ 和滤纸烟度 S$_F$ 的排放特性

a) CO 排放特性　b) HC 排放特性　c) NO$_x$ 排放特性　d) 滤纸烟度 S$_F$ 排放特性

2. HC 排放特性

如图 6-29b 所示，柴油机的 HC 排放也比汽油机低得多，平均来说，后者约为前者的 2~4 倍。还可看出，柴油机的 HC 比排放量基本上随负荷的增大而下降，而绝对排放量大致不变。这是由于柴油机 HC 排放有很大一部分决定于喷嘴的后滴，绝对量与负荷无关。当负荷不变而转速变化时，HC 的比排放量变化不大。

3. NO$_x$ 排放特性

如图 6-29c 所示，柴油机在中等偏大负荷时 NO$_x$ 比排放最大，因为这时燃烧温度高，而且燃气中含氧很多。负荷再加大，则含氧相对减少，NO$_x$ 比排放不再增加甚至略有减少。在中等负荷区，当负荷不变而转速提高到中高转速时，NO$_x$ 比排放不断增大，说明 NO$_x$ 绝对排放量增加更快。在小负荷区域，NO$_x$ 比排放大致不随转速变化，绝对排放量基本上与转速成正比。

4. 烟度排放特性

排气烟度是描述由汽车发动机燃烧产生并经其排气管排出的气体和固体混合物黑暗程度的物理量。我国自 1993 年以来相继制定了一系列的法规和标准控制柴油机烟度排放污染。烟度标准与它的测量方法紧密联系。不同测量方法的主要区别是：①采用何种测量仪器；②测量时柴油机处于何种工况。测量仪器不同，烟度计量的单位也不同，讲烟度必须同时指明用哪种烟度计。

目前常用的烟度测量仪器有两种：不透光烟度计和滤纸式烟度计（博世烟度计）。不透光烟度计可以记录烟度的瞬时值，适合测定变工况时的排烟浓度，但由于排气中油雾及水气同样对通过的光线有吸收作用，故测量结果有时不稳定，也不能将黑、白、蓝烟区别开，另外，其结构、操作较复杂，造价较高。不透光烟度计已被国际标准定为标准烟度计。我国国标（GB 3847—2018，GB 18352.6—2016）也规定采用这种烟度计。滤纸式烟度计最好只用来测量稳定工况的烟度值，对变工况很容易产生误差，因此要严格控制取样时间。但它操作方便，成本低廉，测量结果重复性好。

图6-29d所示为采用滤纸式烟度计测量的柴油机排气烟度S_F的变化。由图可见，S_F的变化比较有规律。当转速不变时，S_F随负荷提高而增大，这主要与平均过量空气系数的下降有关。当负荷不变时，S_F在某一转速达到最小值，这时对应燃烧过程的最优化，而偏离这一转速均使S_F上升。在低速大负荷工况下，由于空气相对不足（这对涡轮增压柴油机尤其明显），气流运动减弱，常导致S_F急剧上升，即柴油机冒烟严重。

5. 烟度排放与工况

柴油机烟度大小主要取决于过量空气系数ϕ_a及混合气的形成质量，所以它和工况密切相关。一般来说，柴油机在标定工况附近工作（如汽车在高速公路上满载全速行驶），因负荷较大，ϕ_a小，烟度比部分负荷大；而当它在外特性上最大转矩点附近工作时（如汽车满载爬坡），则因转速较低，空气涡流较弱而混合不好，致使烟度比标定工况更大。汽车加速时（如超车），驾驶人常将加速踏板踩到底，油量达到或超过（没有限制螺钉时）外特性曲线上的油量，调速系统处于过渡状态，烟度比全负荷时还要大。若汽车由怠速工况加速（公共汽车停站后满载起步），加速踏板踩到底而转速一时跟不上去，则发动机会在低转速（常小于1000r/min）外特性曲线上工作，瞬时出现的烟度更大。可见，柴油机排气中的烟度与工况密切相关，为了使各工况均能满足烟度限值的标准，有时不得不降低柴油机的标定功率，因此烟度是限制柴油机功率标定的主要因素。

6. PM排放特性

对柴油机颗粒物（PM）的排放有重要影响的因素有很多，如喷油压力、喷油时刻及次数、外部排气再循环、发动机转速和负荷等。另外，燃料中的硫含量是影响发动机颗粒物排放的重要原因。

图6-30所示为某柴油机总颗粒物质量比排放率在不同燃油条件下随负荷的变化规律，其中颗粒物质量比排放率（BSPM）是计算发动机发出单位功率时所产生的颗粒物排放质量。对于不同的燃油，颗粒物最小比排放率均出现在中等负荷条件下。在低负荷条件下，低的缸

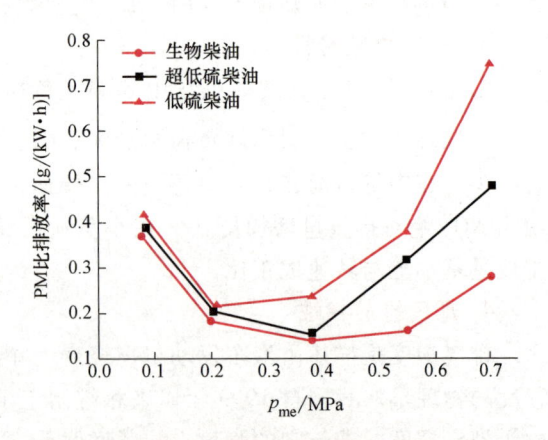

图6-30 柴油机总颗粒物质量比排放率在不同燃油条件下随负荷的变化规律

内温度导致发动机较低的燃油热效率，进而导致较高的颗粒物比排放率。而在较高负荷条件下，颗粒物比排放率迅速上升，这是由于颗粒物主要由干炭烟、可溶性有机物和硫酸盐组成，其中干炭粒是排气颗粒最主要的成分，并且大部分的干炭烟是在扩散燃烧阶段产生的。发动机高负荷所增加的燃油消耗主要用于扩散燃烧，故比排放率在高负荷条件下显著上升。

图 6-31 所示为采用 DMS500 颗粒物快速采样分析仪得到的某高压共轨柴油机在转速 1500r/min，不同负荷下的颗粒物数量及粒径分布特性。相比 PFI 和 GDI 汽油机（图 6-26），高压共轨柴油机的颗粒物粒径分布特性发生了较大变化，绝大多数的颗粒物呈现积聚态，而且柴油机的核态颗粒物数量明显低于 GDI 汽油机。

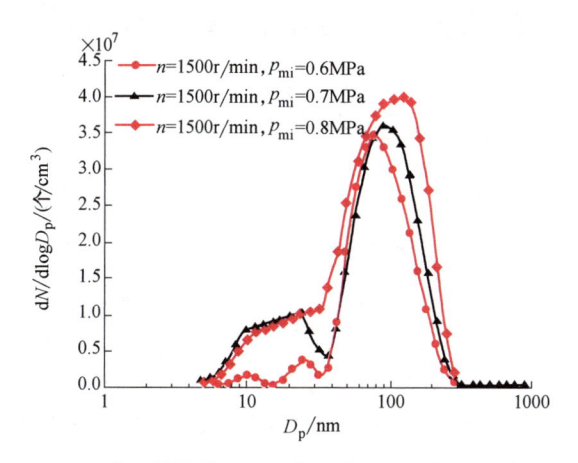

图 6-31 高压共轨柴油机颗粒物的数量及粒径分布特性

图 6-32 所示为在采用满足欧Ⅵ法规要求的 AVL 498 颗粒计数器对某柴油机进行 ESC 试验 13 工况的 PN 排放试验时，不同转速（转速 A<B<C）和不同负荷下的 PN 排放浓度。由图可知，随着转速的升高，相同负荷下 PN 排放浓度逐渐增大。随着负荷的增大，A 和 B 转速下 PN 排放浓度在 75% 负荷之前变化不大，75% 负荷以后明显增大，C 转速下 PN 排放浓度在 75% 负荷之前缓慢增大，75% 负荷以后迅速升高。

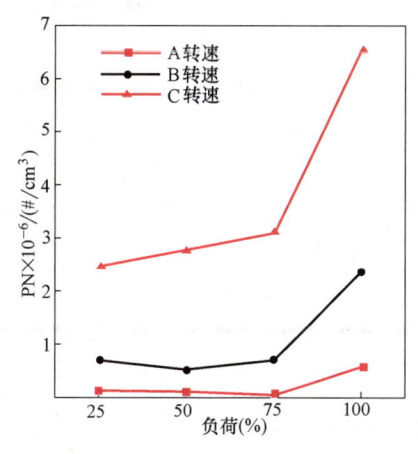

图 6-32 柴油机 ESC 试验中不同转速、负荷下 PN 的排放差异

第六节 调整特性

一、柴油机装置调速器的必要性

发动机稳定工作的条件是其发出的转矩与外界阻力矩相等，如图 6-33 中的 A 点。如果发动机转矩曲线能随转速增加而迅速下降，则当外界阻力矩有暂时变化时，这种曲线便具有自动保持稳定工作的能力，如图 6-33a 所示。如果转矩曲线变化平缓，甚至微微上倾，则在阻力变化急剧时，理论上虽可恢复稳定工作，实际上转速变化很大，恢复稳定也慢，难以满足正常工作的需要。这样曲线实际上不具备自动保持稳定工作的能力，如图 6-33b 所示。

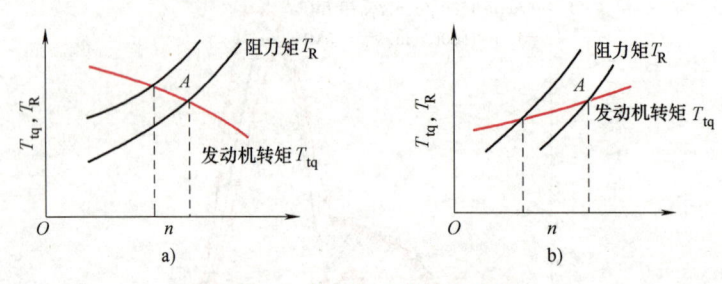

图 6-33 发动机稳定工作条件
a）转矩曲线随转速增加而迅速下降　b）转矩曲线变化平坦

汽车、拖拉机发动机还经常遇到负荷突变的情况，例如拖拉机所带农具突然卸去负荷，就可能引起发动机转速很快上升，甚至超过允许的限度，即所谓飞车。对于汽油机，转速升高时，因 ϕ_c 急剧下降，转矩迅速降低，超速不会过高；而且超速时混合气成分变化不大，对工作过程影响较小；运动零件也轻巧，所以短时间超速的危害不大，一般允许超速 10%。对柴油机来说，超速就很危险，因转矩曲线平坦，使转速大幅上升，循环供油量又随转速增高而加大，混合气变浓，工作过程恶化，排气冒黑烟，零件过热，同时由于运动机件较重，超速时产生很大的惯性力，可能引起零件损坏。因此，柴油机上必须有防止超速的装置。

汽车、拖拉机低速空转频繁，如短暂停车、起动、暖车等。如果发动机经常熄火，将会给驾驶人带来极大的困难。低速空转时，喷油泵只供给很少的燃油，这些燃油发出的能量只能克服发动机本身运转的机械损失，这时发动机运转的稳定性主要取决于发动机机械损失与气缸内发出指示功之间的相互配合关系，如图 6-34 所示。汽油机怠速（能稳定运转的最低空车转速）工作时，由于节气门开度很小，造成强烈节流，使平均指示压力 p_{mi} 随转速升高而迅速下降。这时，如果平均机械损失压力稍有变化（如因温度改变而使全损耗系统用油黏度变化），引起转速变化（从 n_1 变到 n_2 或 n_3）是不大的，可以认为是稳定运转（图 6-34a）。但柴油机情况不同，如图 6-34b 所示，由于每循环供油量是随转速增加而略有增加，因而 p_{mi} 也随之稍有增加。不难看出，如果 p_m 稍有变化，会引起转速很大的波动，柴油机极易熄火或过速，因此必须有保证怠速稳定运转的装置。

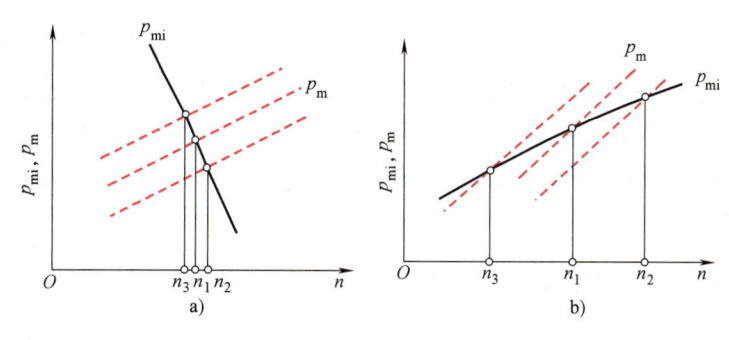

图 6-34 低速空转情况
a) 汽油机　b) 柴油机

总之，为了怠速稳定和高速不飞车，在柴油机上必须安装调速器。调速器可以根据外界负荷的变化，通过转速感应元件，自动调节喷油泵供油量，使柴油机转速保持在极小的变化范围内稳定工作。

汽车、拖拉机柴油机上所用调速器，可分为两极式和全程式两类。按其构造又分机械式、气动式、液压式和电气式，最常用的是机械式调速器。近年来，采用微机控制的电控调速器也在增多。

二、全程式调速器的调速特性

柴油机装置全程式调速器后，在所有的转速范围内，调速器都能根据外界负荷的变化，通过转速感应元件，自动调节喷油泵供油量，保证在驾驶人选定的任何转速下，使柴油机在极小的转速变化范围内稳定运转。在矿区、林区、大型建筑工地使用的车辆，所遇到的行驶阻力变化很大，这类车辆宜采用全程式调速器。

在调速器起作用时，保持喷油器调速手柄位置一定，柴油机性能指标（主要是指 T_{tq}、P_e、b_e、B 等）随转速或负荷变化的关系称为调速特性。调速特性一般有两种表达形式，一种以负荷作为横坐标，相当于负荷特性的形式。按负荷特性所述，其横坐标可以用 P_e、T_{tq} 或 p_{me} 表示，如图 6-35 所示。这种方式对分析装有调速器柴油机的经济性是很方便的。另一种方式是以转速为横坐标的调速特性，相当于速度特性的形式，如图 6-36 所示。

装有全程式调速器的柴油机，其调速特性如图 6-36 所示。当柴油机在某一工况下稳定运转时，若外界阻力矩减

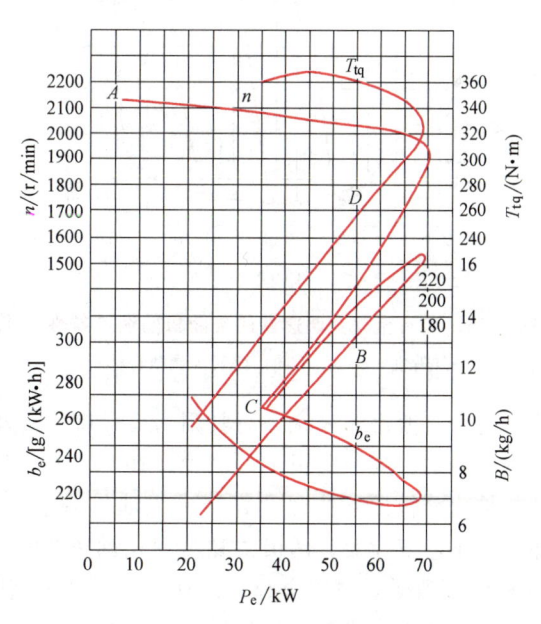

图 6-35　6100 柴油机的调速特性

少，由于转速上升，调速器将带动供油量调节装置使供油量减少，柴油机输出有效转矩迅速减小；反之，若外界阻力矩增加，由于转速下降，调速器使循环供油量增加，柴油机输出的有效转矩迅速增加。可见，由于调速器的作用，使柴油机在较小的转速变化范围内，有效转矩可从零变化到最大值或从最大值变化到零，从根本上改善了柴油机的转矩特性，它不仅能使柴油机保持怠速稳定和限制最高转速，而且可使柴油机在任意转速下保持稳定运转。

三、两极式调速器的调速特性

两极式调速器只在柴油机最低转速和最高转速时起作用，以防止怠速熄火和高速飞车。调速器在中间转速不起作用，由驾驶人根据需要直接操纵油量调节机构来控制。

装有两极式调速器的柴油机，其调速特性如图6-37所示。由图可见，只有在最低转速和最高转速附近两个很小的转速范围内，在调速器的作用下，柴油机的转矩曲线产生急剧变化；在中间转速范围内，调速器不起作用，转矩曲线按速度特性变化。

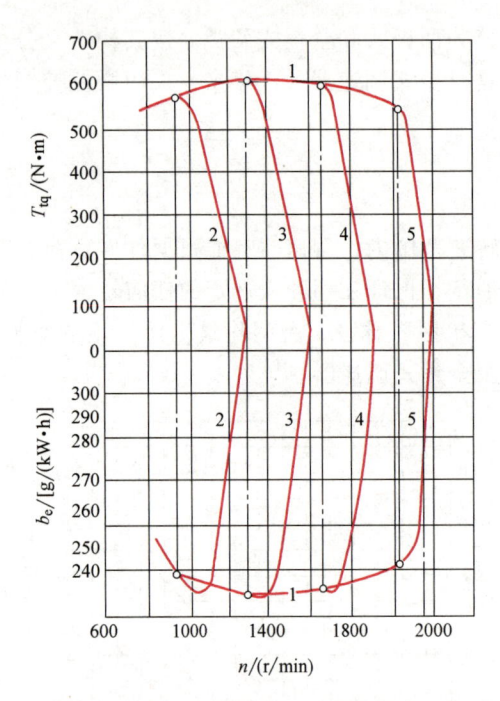

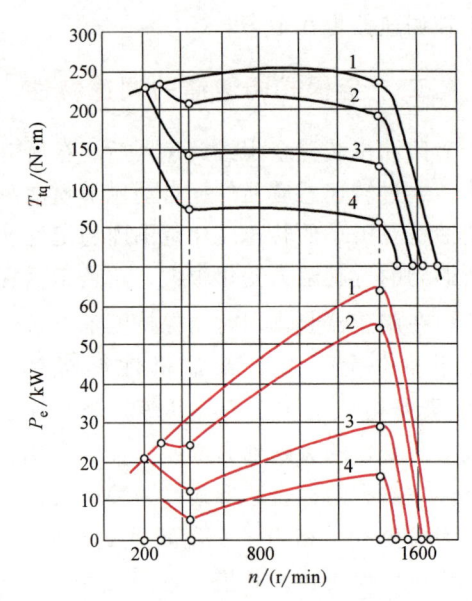

图6-36 装有全程式调速器的柴油机的调速特性
1—外特性　2~5—不同负荷时的调速特性

图6-37 装有两极式调速器的柴油机的调速特性
1~4—不同负荷时的调速特性

对于一般汽车来说，行驶阻力变化幅度较小而且缓慢，但车速却需不断变化，加上车身的振动，加速踏板不可能稳定在一个确定位置，汽车惯量又大，所以由驾驶人不断调节加速踏板压下的程度直接操纵油量调节机构，可以保持汽车相当稳定地行驶。另外，当车速变化时，两极式和全程式调速器响应方式不同，其效果也有区别，工作情况如图6-38所示。对于全程式调速器，踩下加速踏板相当于加大弹簧预紧力，调速器起作用，很快加大供油量，转矩迅速上升，然后再下降达到新的平衡点。这样，加速踏板

稍有变动，汽车便以很大加速度移向新的平衡点，这往往使客车等交通工具上的乘客感到不舒适，加速时也易冒黑烟，操作时要十分小心。此外，感应不直接，弹簧力直接由加速踏板操纵，加速踏板较重，会产生操纵不快感。对于两极式调速器，驾驶人直接操纵油泵齿条，达到新平衡点的加速度小，反应快，加速性能好，操纵方便，所以除重型汽车外，一般汽车上常用两极式调速器。

四、调速器的工作指标

（1）**调速率** 调速器的工作好坏，通常用调速率来评定。调速率可通过柴油机突变负荷试验测定。试验时，先让柴油机在标定工况下运转，然后突卸全部负荷，测定突变负荷前后的转速得到结果。根据测定条件不同，调速率可分为稳定调速率和瞬时调速率两种。

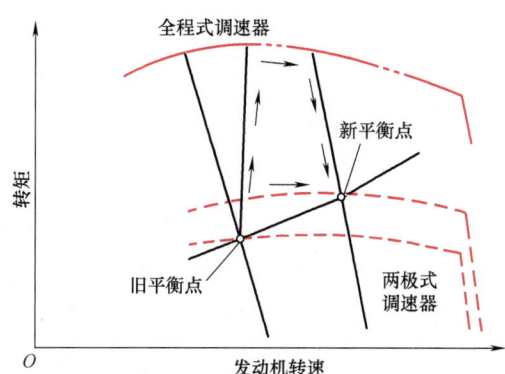

图 6-38 两极式和全程式调速器的工作情况（使平衡点移动时）

1）稳定调速率 δ_2。其表达式如下：

$$\delta_2 = \frac{n_3 - n_1}{n_b} \tag{6-25}$$

式中 n_1——突变负荷前柴油机的稳定转速（r/min）；
n_3——突变负荷后柴油机的稳定转速（r/min）；
n_b——柴油机的标定转速（r/min）。

稳定调速率表明柴油机实际运转时的转速波动相对于全负荷转速的变化范围。如果稳定调速率太大，不仅对工作机械的稳定工作不利，而且对于空转时柴油机零件的磨损也是有害的。一般规定，对于农业排灌及工程机械用的柴油机，要求 $\delta_2 < 8\%$；对于汽车、拖拉机柴油机，$\delta_2 \leq 10\%$；对于交流发电机组用柴油机则要求高一些，希望 $\delta_2 < 5\%$。

2）瞬时调速率 δ_1。它是评定调速器过渡过程的指标。柴油机在负荷突然变化时，转速经过数次波动后，如果要求它能在新的转速下稳定工作，就必须使调速器推力盘移到一个新的平衡位置，这个过程称为过渡过程。图 6-39 所示为突卸负荷时转速变化的情况。瞬时调速率 δ_1 是表示过渡过程中转速波动的瞬时增长百分比，即

$$\delta_1 = \frac{n_2 - n_1}{n_b} \tag{6-26}$$

式中 n_2——突变负荷时柴油机的最大（或最小）瞬时转速（r/min）；
n_1——突变负荷前柴油机的转速（r/min）；
n_b——柴油机的标定转速（r/min）。

一般 $\delta_1 \leq 12\%$，对发电用的柴油机，要求 $\delta_1 \leq 8\%$。

过渡过程不好时，调节的转速不能稳定在某一转速下，有较大的波动，严重时还会发出转速忽高忽低的响声，这种现象常称为"游车"。调速器一旦发生"游车"现象，工作就会失灵，必须设法消除。

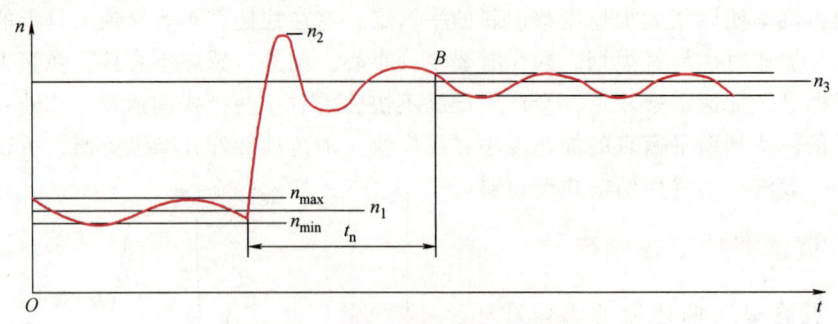

图 6-39 突卸负荷时转速变化的情况

（2）不灵敏度 调速器工作时，调速系统中有摩擦存在，需要有一定的力来克服摩擦，才能移动调整油量机构。不论柴油机转速增大或减小，调速器都不会立即得到反应以改变供油量，因为机构中的摩擦力阻止着推力盘的运动。例如，发动机转速为 2000r/min 时，调速器可能对转速 $n_1' = 1970$r/min 到 $n_2' = 2030$r/min 范围内的变动都不起反应，这样两个起作用的极限转速之差对发动机平均转速之比就称为调速器的**不灵敏度** ε_v，即

$$\varepsilon_v = \frac{n_2' - n_1'}{n} \tag{6-27}$$

式中　n_2'——当柴油机负荷减小时，调速器开始起作用时的曲轴转速（r/min）；
　　　n_1'——当柴油机负荷增大时，调速器开始起作用时的曲轴转速（r/min）；
　　　n——柴油机的平均转速（r/min）。

不灵敏度 ε_v 主要是由于调速系统中存在摩擦力所致，因而它还可用下式表示：

$$\varepsilon_v = \frac{F_R}{F_E} \tag{6-28}$$

式中　F_E——调速器起作用时，作用在推力盘上的推动力；
　　　F_R——调速器推力盘移动时所受的摩擦力。

不灵敏度过大，会引起柴油机转速不稳，在极端的情况下，甚至会导致调速器失去作用，有使柴油机产生飞车的危险。低速时调速器的推动力小，喷油泵调节杆移动时的摩擦力增大，结果调速器不灵敏度 ε_v 显著增加。一般规定 ε_v 在标定转速时不超过 1.2%～2%，最低转速时不超过 10%～13%。

第七节　万有特性

负荷特性和速度特性只能用来表示某一转速或某一齿条位置（或节气门开度）时发动机参数随负荷或转速的变化规律，而汽车、拖拉机的工况变化范围很广，要分析各种工况下的性能就需要许多负荷特性或速度特性图，这样做极不方便，也不清楚。

为了能在一张图上较全面地表示发动机的性能，经常应用多参数的特性曲线，称为**万有特性**。应用最广的万有特性是以转速 n 为横坐标，以平均有效压力 p_{me}（或转矩

T_{tq}）为纵坐标，在图上画出许多重要特性参数的等值曲线，其中最重要的是等燃油消耗率曲线和等功率曲线，根据需要还可以画出等过量空气系数曲线、等进气管真空度曲线、冒烟极限等。图 6-40 所示为汽油机万有特性示例。

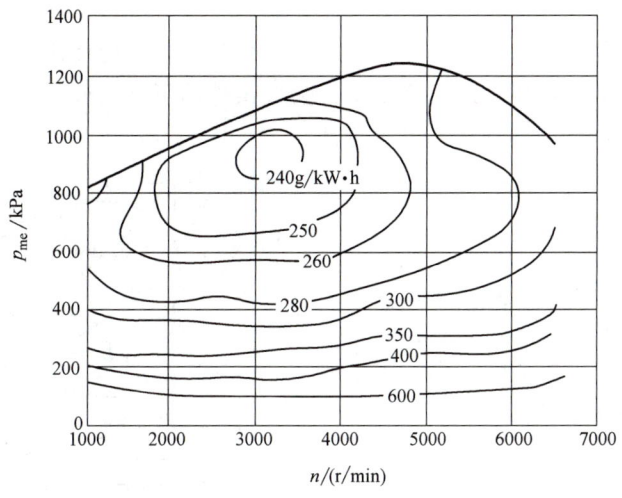

图 6-40 汽油机万有特性示例

等燃油消耗率曲线可以根据各种转速下的负荷特性曲线用作图法得到。具体方法如图 6-41 所示。

1）将不同转速的负荷特性以 p_{me} 为纵坐标，b_e 为横坐标，用同一比例尺画在一张坐标图上。注意：绘制万有特性图时，p_{me}-b_e 曲线图沿逆时针方向旋转 90°。

2）在万有特性图的横坐标轴上，以一定比例标出转速数值。纵坐标 p_{me} 的比例应与负荷特性 p_{me} 的比例相同。

3）将负荷特性图横放在万有特性图左方，并将与负荷特性曲线上燃油消耗率 b_e 相等的各点移至万有特性图中，标上记号，再将 b_e 值相等的各点连成光滑曲线，即等燃油消耗率线。各条等燃油消耗率曲线是不能相交的。

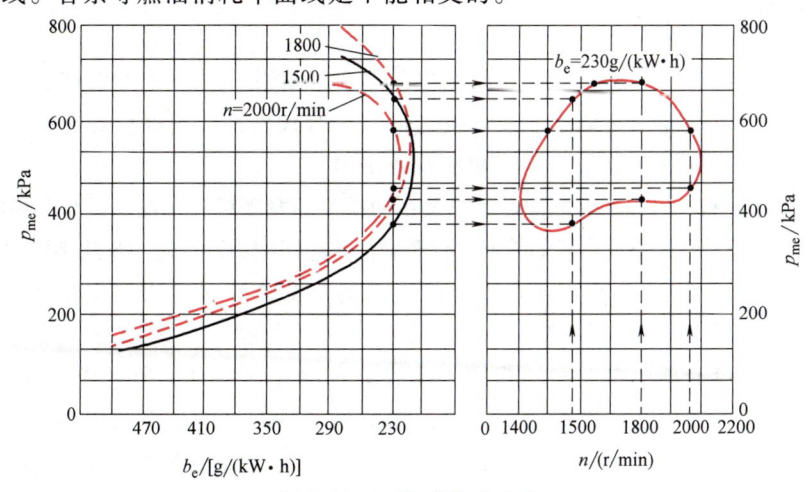

图 6-41 万有特性的作法

等功率曲线根据 $P_e = \dfrac{p_{me}V_s ni}{120} \times 10^{-3} = Kp_{me}n$ 作出，在 p_{me}-n 中，它是一组双曲线。将外特性（或标定功率速度特性）中的 p_{me}（或 T_{tq}）曲线画在万有特性图上，构成上边界线，如图 6-40 中的粗实线所示。

要想获得光滑的万有特性曲线图，必须在测录各种转速的负荷特性时，保持发动机冷却液温度和全损耗系统用油的温度稳定，大气条件尽可能接近。

图 6-42 所示为 Sofim 柴油机的万有特性。

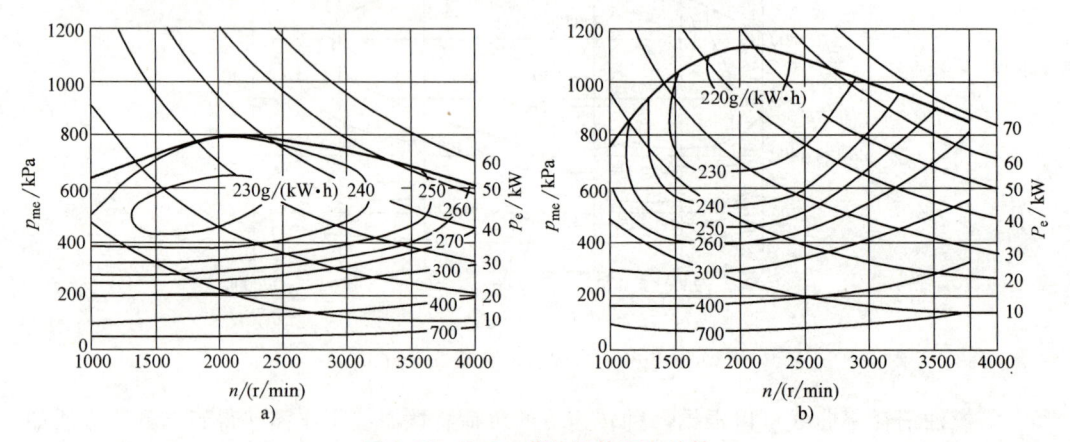

图 6-42 Sofim 柴油机的万有特性
a）非增压 b）增压

在万有特性图中，最内层的等燃油消耗率曲线是最经济的区域，耗油率最低。曲线越向外，经济性越差，从中很容易找出最经济的负荷和转速。

第八节　发动机与车辆的匹配

一、概述

发动机是车辆的一个总成，是汽车动力的来源。因此，整车的动力性和经济性既取决于发动机自身的性能，又依赖于发动机与汽车的合理匹配。前面已经介绍过的发动机的各种特性，是分析发动机与车辆匹配的有效工具。

同样的汽车底盘，可以匹配不同类型以及不同排量的发动机。在发动机与车辆的匹配中，应根据具体的使用要求以及发动机的特点进行选型，并在匹配中进行进一步的必要调整。

图 6-43 表示了 2000 年欧洲市场上匹配不同类型发动机（汽油机、直喷式与非直喷式式柴油机）的轿车车重与其燃油经济性关系的统计数据。一般而言，随着车重的增加，轿车的百公里油耗也有上升的趋势，近似呈线性变化关系。但从图中也可以看到，匹配不同类型的发动机对轿车燃油经济性的影响是十分明显的。在同样的车重下，以柴油机为动力的轿车的百公里油耗要较汽油机的低 1/3 左右，而直喷式柴油机的燃油经济性又要好于非直喷式柴油机，这一差距至少在 10% 以上。匹配增压直喷式柴油机的轿

车 Lupo 和 Smart，其百公里油耗达到或接近 3L/100km。

在发动机与车辆的匹配中，始终存在着车辆动力性与经济性之间的矛盾。从匹配发动机的排量上来看，匹配的发动机排量越大，则动力性越好，而经济性则会变差；反之则经济性提高，而在动力性方面则要做出一定程度的牺牲。

在匹配中，应分析发动机工作点的变化，尽量使发动机的常用工况位于经济性较好的运行区域内。在不能满足要求时可考虑对发动机进行必要调整。例如，通过调整发动机配气相位改变充气效率的变化规律，进而达到改变发动机特性的目的。

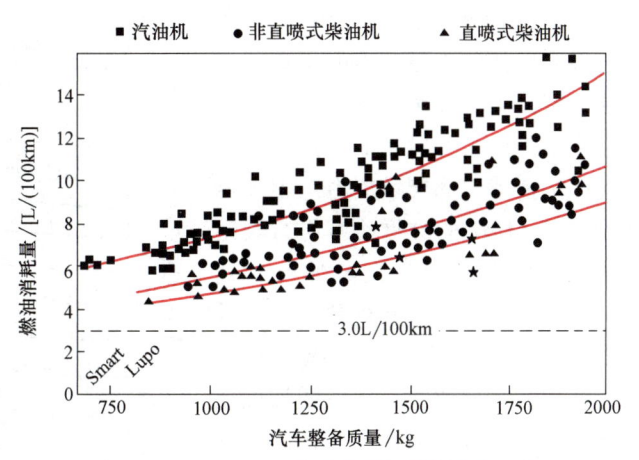

图 6-43 匹配不同类型发动机的轿车车重与其燃油经济性关系的统计数据

同时，在匹配中应具有全局、系统的观点。局部的最优并不一定表示着全局的最优。例如，发动机的一些附件驱动改为电驱和电控后，并不一定使其经济性提高，因为若不做其他变动，就意味着发动机负荷率的降低，可能使发动机工作于经济性更差的运行区域。在匹配中，变速系统也起到十分重要的作用。为了提高汽车的性能就需要将汽车动力装置，即发动机与变速器的集成，作为一个整体来进行设计与优化。

汽车发动机的工作环境复杂多变，同一类型的汽车在不同地区将面临道路、气候等条件的很大差别。我国国土辽阔，地形复杂，不同的气候地理条件对汽车发动机提出了一些特殊的要求。例如，在高原地区，希望采取增压等功率恢复的措施或匹配更大排量的发动机；寒冷地区需特别注意冷起动性能；而在气候炎热地区，则要保证发动机有足够的冷却能力。

二、发动机与车辆的动力性匹配

1. 动力性匹配

整车动力性是各类车辆行驶性能中最基本、最重要的性能。从获得尽可能高的平均行驶速度的观点出发，汽车的动力性可由最高车速、加速时间、最大爬坡能力三方面的指标评价。

1) 汽车的最高车速（km/h），是指在水平良好的路面上汽车能达到的最高行驶速度。

2) 汽车的加速时间（s），用原地起步加速时间与超车加速时间表示。

3) 最大爬坡能力，用满载时汽车在良好路面上的最大爬坡度表示。

由于汽车驱动力来源于发动机的输出转矩，考虑到变速器各档有不同的传动比，可将发动机外特性转换成不同档位的驱动力与车速的曲线。另一方面，汽车行驶需克服各种阻力（包括滚动阻力、空气阻力、坡道阻力及加速阻力），将不同坡度的行驶阻力曲线与驱动力的平衡关系画在一张图上，即可确定某一汽车在发动机节气门全开时可能达到的最高车速、加速能力和爬坡能力。图6-44所示为某2L轿车的驱动力与行驶阻力平衡图。横坐标为汽车的行驶速度，纵坐标为驱动力和行驶阻力，并将发动机转速作为另一个纵坐标给出。图中的三族曲线分别是随坡度变化的行车阻力线、随档位变化的驱动力线以及发动机转速与车速关系线。由图可见，该车在5档的驱动力与平道阻力曲线的交点为最高车速，在180km/h以上；在1档能爬上的最大坡度为55%，相应地还能计算其加速时间。

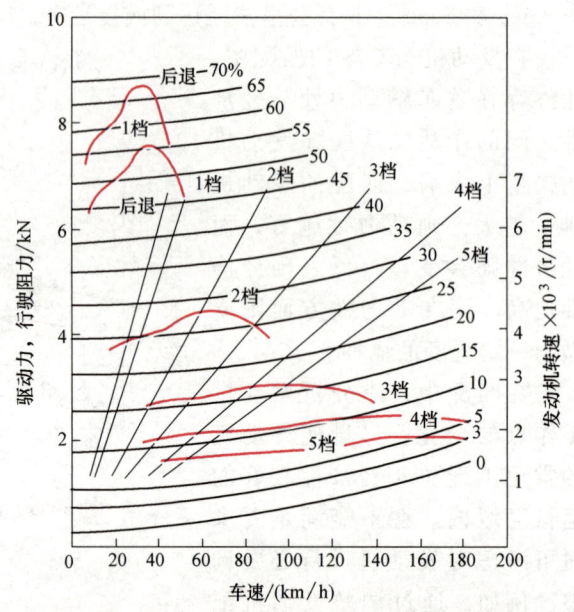

图6-44 某2L轿车的驱动力与行驶阻力平衡图

汽车行驶时，不仅驱动力和行驶阻力相平衡，发动机功率与汽车行驶的阻力功率也总是平衡的。图6-45所示为发动机外特性功率曲线与汽车行驶阻力功率的关系。曲线1表示行驶阻力的功率曲线，曲线2表示外特性的功率曲线，A点表示在该道路条件下所能达到的最高车速，图中阴影部分表示发动机所拥有的后备功率。汽车行驶需要一定的后备功率，后备功率越大，爬坡、加速性能越好。现代高级轿车着重于动力性能，要求加速性能好，最大车速高，有很强的超车能力，因而常选用高速、强化、大排量的发动机。例如，V8缸，排量可在5.5L以上，并具有很大的后备功率，但行驶中负荷率极低，因而行驶的经济性差。

对于不同种类、不同排量的车辆，不可能用驱动力-行驶阻力平衡图直接比较其动力性的好坏，必须把驱动力与汽车质量结合起来，而且还须考虑它们在行驶中遇到的空气阻力的差异。将单位汽车质量的受力状况整理成一个量纲为一的量（称为动力因数 D），用以比较不同车辆的动力性。表6-2中列出了不同类别汽车在直接档的动力

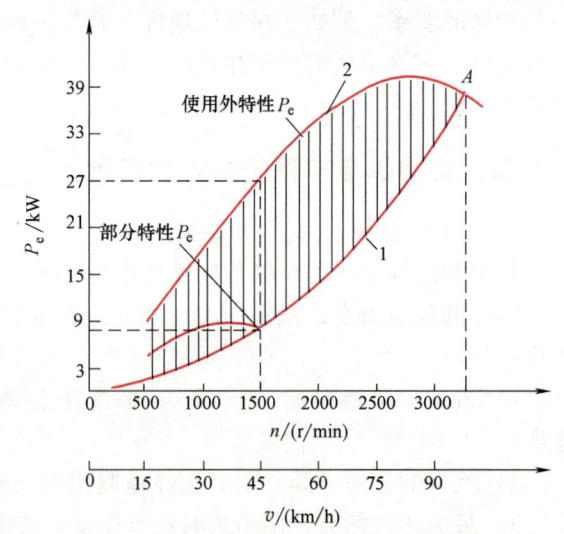

图6-45 发动机外特性功率曲线与汽车行驶阻力功率曲线的关系

因数 D_0，其中轿车的 D_0 值最高，而且与各类车辆比较，最高车速、比功率、比转矩也是最高的。通过选择合适的比功率与汽车总质量的乘积，可以估算出应配备的发动机功率。

表 6-2 汽车动力性能参数一般范围

汽车类别		发动机类别	直接档动力因数 D_0	最高车速/(km/h)	比功率/(kW/t)	比转矩/(N·m/t)
微型轿车		G	0.07~0.14	95~145	25~38	50~60
轿车（不包括赛车）		G	0.10~0.18	135~240	30~90	70~238
		D	0.07~0.12	110~165	22~40	60~75
载货汽车	轻型	G	0.07~0.10	105~165	24~48	56~90
		D	0.05~0.08	85~120	9.6~15	34~64
	中型	D	0.04~0.06	75~110	7.5~12	30~60
	重型	D	0.04~0.06	70~110	7.5~12.6	30~70
大客车	轻型	G	0.07~0.10	105~165	24~48	56~90
		D	0.05~0.08	80~120	14~24	45~80
	大、中型	D	0.04~0.06	70~100	7~12	30~60
	特大型	D	0.04~0.06	55~85	4.5~8	20~40
矿用自卸车		D	0.03~0.05	45~70	4.5~6	20~32

注：1. 载货汽车总质量分级：轻型 1.6~6t，中型 6~14t，重型>14t。
2. 大客车总长度分级：轻型 3.5~7m，中型 7~10m，重型>10m。
3. 发动机类别：G 为汽油机，D 为柴油机。

2. 从提高动力性的角度改善发动机与车辆的匹配

从整车匹配的角度看，发动机的动力性直接关联着发动机结构的紧凑性及质量指标（如体积功率与比质量）。所谓体积功率，是指发动机功率与其外形尺寸（长×宽×高）所决定的体积之比，它影响了发动机在车辆中的安装空间。比质量即单位功率的质量，发动机相对质量的减少，意味着整车自身质量的减少，对整车性能至关重要。因此，增大体积功率及减小比质量，一方面依赖于发动机结构设计的紧凑化、轻量化；另一方面靠发动机强化使升功率不断提高。

从结构紧凑性及减小比质量的角度看，汽油机明显优于柴油机。现代轻型车及轿车汽油机转速比同类柴油机高 1/3，汽油机的升功率一般比自然吸气柴油机高 45%~65%。因此，如果装用与汽油机等排量的柴油机，汽车的加速时间将增加一倍以上；如果装用等功率的柴油机，则其排量比汽油机大 40%，汽车的加速时间也要增加 10% 左右；柴油机升功率低，同时又引起比质量比汽油机高 50%~120%，同等功率的柴油机净质量约为汽油机的 1.6 倍，由汽油机派生的柴油机（同缸心距），其净质量为汽油机的 1.1 倍。

提高发动机动力性（增加升功率、降低比质量）的有效措施是采用增压。以排量为 1.2L 的增压柴油机的转矩外特性为例，与其基本上等功率的自然吸气柴油机（最大功率的偏差在10%以内），排量要在1.6L才能满足。如图6-46所示，曲线1为1.2L涡轮增压机型的转矩外特性，曲线2为1.6L非增压机型的转矩曲线，可以认为两者基本上是接近的；而1.2L非增压机型的转矩外特性（曲线3）明显要低得多。同时看到，与涡轮增压机型相比，同排量的气波增压机型，无论是否带中冷（曲线4、5），均具有较高的低速转矩储备，这对提高汽车动力性非常有利。柴油机在采用增压以及增压中冷后，可接近或达到汽油机的强化程度。

汽油机增压以及增压中冷，同样可以使整机动力性大幅提高，虽然目前应用还不广泛，却是一种发展趋势。如图6-47所示的增压和自然吸气发动机与轿车匹配的比较，发动机体积、质量均可减小，而动力性（转矩、功率得到较大幅度提高）与经济性（发动机自身经济性好的区域扩大以及通过变速系统匹配使汽车更多地运行于经济性好的区域）都得到提高，这也是增压技术得到越来越广泛应用的原因所在。此外，采用多气门机构、汽油喷射等，也是改善发动机动力性的有效措施。图6-48所示为改善汽油机动力性的一些措施。

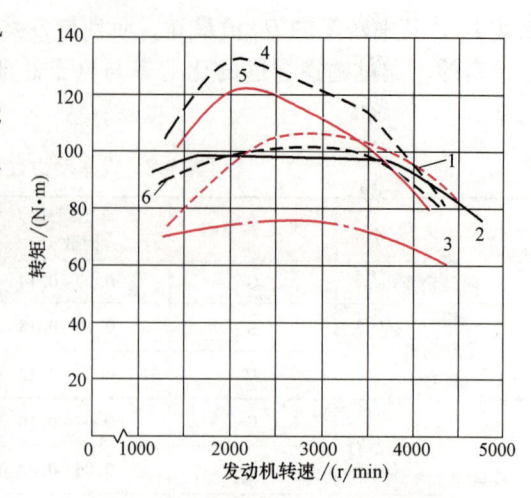

图6-46 不同增压方式的转矩外特性
1—1.2L涡轮增压机型 2—1.6L非增压机型
3—1.2L非增压机型 4—1.2L气波增压（带中冷）机型
5—1.2L气波增压机型 6—1.2L机械增压机型

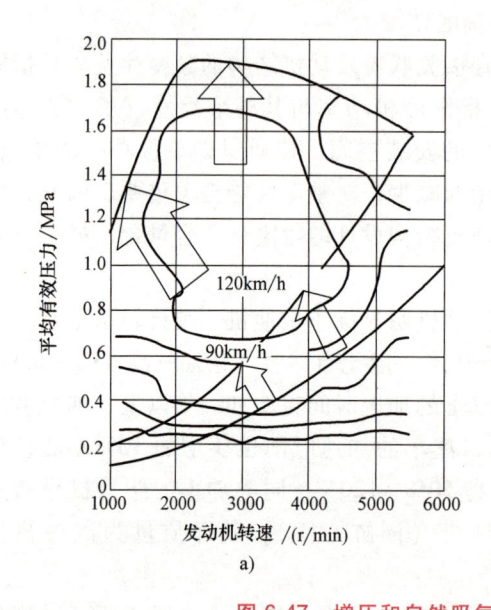

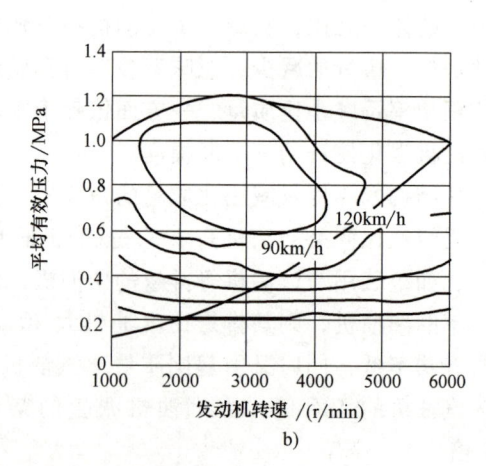

图6-47 增压和自然吸气发动机与轿车匹配的比较
a) 增压发动机 b) 自然吸气发动机

三、发动机与车辆的经济性匹配

1. 燃油经济性匹配

汽车的燃油经济性常用按一定行驶规范行驶百公里的燃油消耗量,或消耗一定量燃油行驶的里程来衡量。例如,我国及欧洲均使用 L/100km 作为单位,而美国则用 mile/USgal(1mile=1609.344m,1USgal=3.78541dm³)(或 MPG)为单位。

在汽车与发动机匹配时,必须从发动机的排量、平均有效压力、有效燃油消耗率与底盘的主传动比、各档传动比、轮胎半径等诸多方面进行考虑,才能获得良好的经济性能,实现发动机与汽车的经济性匹配。发动机自身具备较好的燃油经济性以及通过合理匹配使发动机经常工作于经济性好的运行区域,是改善整车燃油经济性的两个基本方面。

从车辆对动力选型的角度看,如图 6-49 所示,将柴油机轿车与汽油机轿车在不同汽车当量总质量下相比较,其柴油机轿车比汽油机轿车节油 25%~35%。同时可以看出,由 ECU 控制的稀薄燃烧汽油机的行驶油耗已接近分隔式柴油机的水平;柴油机轿车要继续显示其经济性,进一步发展必然是直喷式燃烧系统,并普及增压及增压加中冷技术,以进一步提高热效率及升功率。

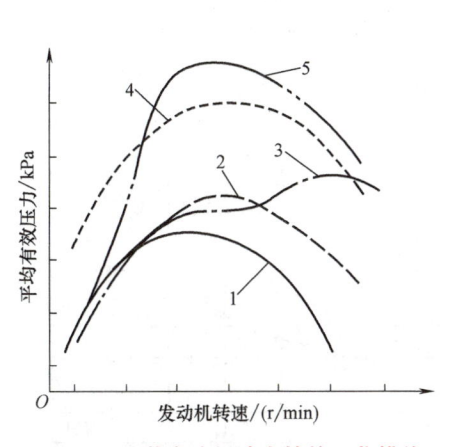

图 6-48 改善汽油机动力性的一些措施
1—化油器式 2—汽油喷射式 3—双顶置凸轮轴四气门机构(DOHC4) 4—机械增压 5—涡轮增压

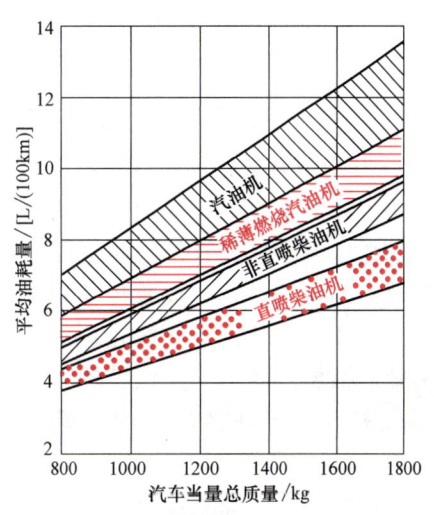

图 6-49 各种轿车的行驶油耗

下面举例说明在同一轿车上选择不同机型的使用经济性,如图 6-50 所示。在同一轿车上分别装用 50kW 的 1.5L 汽油机,40kW 的 1.6L 非增压分隔式柴油机,以及超过 60kW 的 1.4L 涡轮增压直喷式柴油机,并将该车的行驶阻力曲线与各自的万有特性匹配。由于变速器差别很大,各机型的最高车速分别是:汽油机为 160km/h,非增压柴油机为 140km/h,增压柴油机为 180km/h。比较这三种机型均按同一车速(120km/h)时的等速行驶油耗(图 6-51),汽油车为 9L/100km,非增压柴油车为 6.75L/100km,增压柴油车为 4.5L/100km。此时，三种机型在万有特性上的配合点均为 A（120km/h，22kW）。汽油机相应的油耗率为 0.51L/(kW·h)，非增压柴油机为 0.37L/(kW·h)，增压柴油机为 0.255L/(kW·h)。由此可见，无论就发动机自身的特性，还是与车辆配合的结果，增压柴油机都是最省油的。

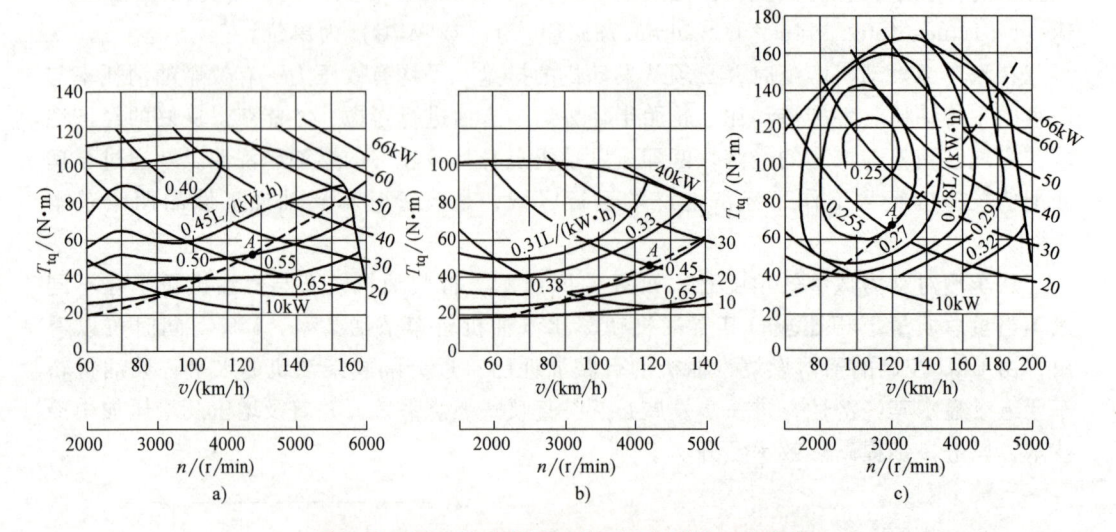

图 6-50　同一轿车装用三种不同机型的匹配曲线
a）1.5L 汽油机　b）1.6L 非增压分隔式柴油机　c）1.4L 涡轮增压直喷式柴油机

2. 从提高经济性的角度改善发动机与车辆的匹配

为了降低汽车的行驶油耗，从整车技术的角度看，降低车辆自身质量，改进车辆的外形与结构，改善传动系统与发动机的匹配，使用子午线轮胎等，都是有效的措施。然而，降低发动机的油耗是改善汽车行驶经济性的关键因素之一。

发动机自身节油是改善整车燃油经济性的基础。例如，在汽油机中提高压缩比（20 世纪 90 年代国外轻型及轿车发动机的压缩比多为 8.2~10.3，目前已提高到 12~13），实现稀燃，采用电喷技术，兼顾高、低负荷及不同转速工况

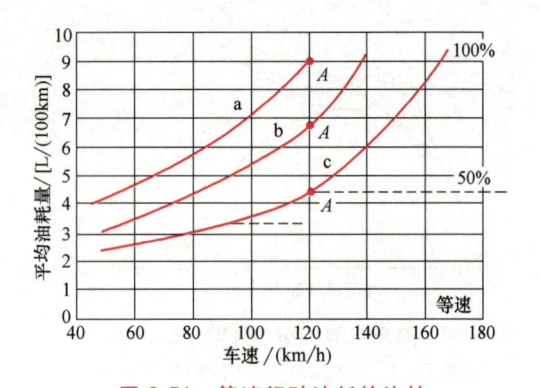

图 6-51　等速行驶油耗的比较
a—1.5L 汽油机　b—1.6L 非增压分隔式柴油机
c—1.4L 涡轮增压直喷式柴油机

的可变技术，减少摩擦损失及附件损耗等；在柴油机中采用无涡流直喷式燃烧系统及泵喷嘴，采用高喷射压力提高喷油速率，采用增压及中冷技术，利用电控技术实现节能、排放及噪声的综合控制等，都为汽车节能开拓了广阔的前景。

为改善整车燃油经济性，发动机与传动装置的匹配十分重要。对于传统的手动变速

器，发动机负荷调节（节气门开度）与变速器传动比（档位）是分开调节的，因而很难根据车辆总质量、道路及运行工况进行组合调节，无法保证发动机经常处于经济运行区工作。为了降低车辆的油耗，最理想的控制是利用 ECU 根据驾驶人操作加速踏板的信号，组合控制节气门开度及变速器的传动比，使满足车辆行驶工况的发动机经常沿着理想的经济运行线运行。图 6-52 所示为发动机与无级变速传动时的经济运行线，同时还可看出使用手动变速器各档阻力曲线与发动机万有特性的配合曲线。这些运行线都经常远离发动机在万有特性上的经济区。

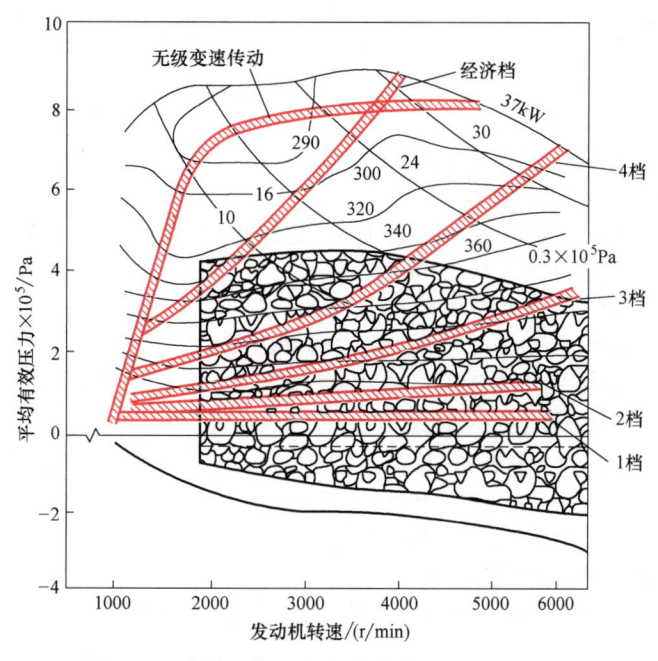

图 6-52 发动机与无级变速传动时的经济运行线

值得强调的是，提高发动机的负荷率以改善车辆与发动机的匹配是节能的关键环节之一。由本章讲到的负荷特性曲线可知，发动机经常使用的负荷过低，燃油经济性极差。轿车经常使用的负荷很低，特别是在城内道路工况下使用的车辆更是如此。随着各国所制定的油耗法规限值逐渐严格，迫使轿车选用发动机趋向小型化。为了提高车辆的负荷率，进而以轻量化为目标的微型车（一般排量<1L）或超微型车将显示出节能的优点。

为了节油，发动机停缸（Cylinder Deactivation）控制技术已在一些汽车发动机产品中得到广泛应用。该技术应用电控技术在汽车负荷率较低（车速较低且车辆加速度低于一定值）时停止一部分发动机气缸的工作，仅由余下的部分气缸工作，从而使这部分气缸工作的发动机具有较高的负荷率。停缸控制技术特别适合于气缸数≥6 的发动机，气缸数过少，则在停缸转换时可能影响发动机工作的平稳性。另外，在车速过低时也不宜采用停缸。因此，成功应用停缸技术的首要前提是选择好合适的停缸区域，保证发动机的动力性、经济性、排放性，同时兼顾整车的 NVH（噪声、振动、平稳性）。

【课程思政】 深悉发动机特性，实现节能减排

请扫码阅读

复习思考题

1. 研究发动机特性的意义是什么？
2. 如何测量燃油消耗量并计算出燃油消耗率？
3. 发动机主要做哪些台架性能试验？
4. 为什么对发动机的性能指标要进行大气修正？怎样修正功率和燃油消耗率？
5. 试分析汽油机和柴油机负荷特性的区别。
6. 试分析汽油机和柴油机速度特性中转矩曲线的区别。
7. 根据试验条件的不同，发动机的外特性有几种形式？
8. 发动机转矩曲线陡，对车辆性能有什么影响？有什么办法可以改善转矩特性？
9. 为何汽油机不用调速器也能稳定怠速运转，而柴油机则不行？
10. 什么是发动机的万有特性？它有什么作用？
11. 万有特性、负荷特性和速度特性有何实用意义？
12. 汽车排放中的颗粒物按照粒径如何分类？
13. 车用汽油机的颗粒物排放特性有何特点？
14. 发动机与汽车从哪些方面进行匹配？汽车对发动机有何特殊要求？

第七章

车用发动机废气涡轮增压

第一节 概　　述

一、发动机增压简介

发动机所能发出的最大功率主要是由气缸内燃料有效燃烧所放出的热量决定的，而这受到每循环吸入气缸内实际空气量的限制。如果空气在进入气缸前得到压缩，从而使其密度增加，则在相同气缸工作容积条件下，可以获得更多的新鲜空气，因而使得发动机循环供油量增加，最终提高发动机功率。

增压具有以下优点：

1）增压能够有效提高发动机的动力性和经济性。

2）增压可以使发动机在总质量和体积基本保持不变的情况下，输出功率得到大幅度提高，升功率、比质量功率和比体积功率都有较大增加，因而可以降低单位功率的造价。

3）增压柴油机一般采用较大的过量空气系数，HC、CO 和炭烟排放降低。

4）柴油机增压后，缸内温度和压力水平提高，可以使滞燃期缩短，有利于降低压力升高率和燃烧噪声。

5）增压有利于高原稀薄空气条件下恢复功率，因此增压对补偿高原功率损失十分有利。

但是车用发动机增压仍然存在着一些技术上的难题，主要表现如下：

1）增压使发动机主要零部件的机械负荷与热负荷增高。

2）要满足车辆对转矩适应性及瞬变工况的要求，需要大量的研究工作。

3）增压发动机性能的进一步优化，受到增压器及中冷器的限制，其中增压器的问题集中在材料的机械强度、耐热性能、润滑等方面，而对中冷器的要求是体积小、质量小、效率高。

4）车用汽油机增压在发动机爆燃、热负荷以及增压器等方面仍需克服很多技术难题。

二、基本概念

1. 增压度 ϕ_k

增压度是指发动机在增压后增长的功率与增压前的功率之比。增压度反映了发动机

增压后功率提高的程度，即

$$\phi_k = \frac{P_{e-k} - P_{e-0}}{P_{e-0}} \qquad (7-1)$$

式中　P_{e-k}——增压后的功率；

　　　P_{e-0}——增压前的功率。

四冲程柴油机可高达 $\phi_k = 3.0$；车用柴油机 $\phi_k = 0.1 \sim 0.6$。

2. 增压比

增压比 π_k，是指增压器压气机前后的压力之比，反映了气体在压气机中的压缩程度，即

$$\pi_k = p_k / p_0 \qquad (7-2)$$

式中　p_k——压气机压缩后空气的压力；

　　　p_0——压缩前空气的压力。

三、内燃机的增压方式

增压分类的方法有两种：

一种是按增压比分类，将 $\pi_k < 1.6$ 的称为低增压；$\pi_k = 1.6 \sim 2.5$ 的称为中增压；$\pi_k > 2.5$ 的称为高增压。

另一种是根据压气机能量的来源分类，可以分为机械增压、气波增压、废气涡轮增压和复合增压（图7-1）。

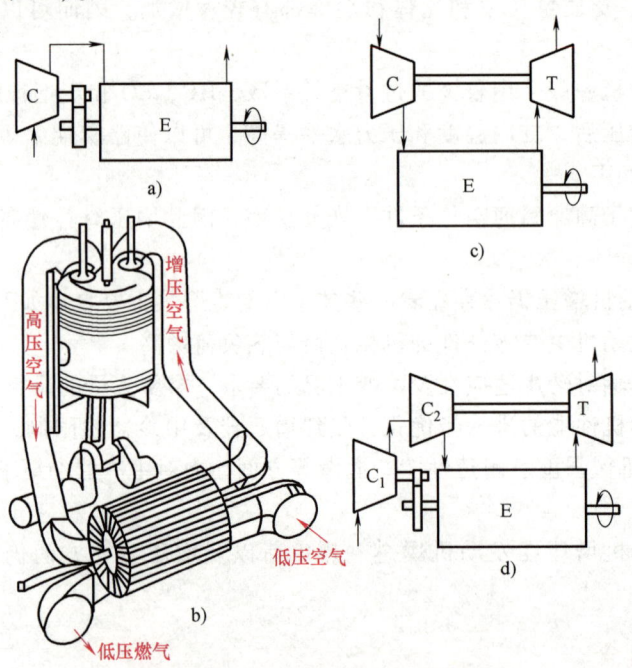

图7-1　内燃机增压的几种基本形式

a) 机械增压　b) 气波增压　c) 废气涡轮增压　d) 复合增压

E—发动机　C—压气机　T—涡轮机

1. 机械增压

发动机输出轴直接驱动机械增压装置（如螺杆式、离心式、滑片式、涡旋式、转子活塞式等压缩机），实现对进气的压缩。机械增压的特点是响应速度快，缺点是需消耗发动机的部分功率。

2. 气波增压

利用排气系统中的压力波动效应来压缩进气，如气波增压器（Comprex）。可变长度进气管可以直接利用进气压力波和气流惯性来增加缸内进气量，某种意义上也是一种气波增压。气波增压的特点是利用了废气能量，效率高。

3. 废气涡轮增压

压气机与涡轮同轴相连，构成涡轮增压器，涡轮在内燃机排气能量的推动下旋转，带动压气机工作，实现进气增压。内燃机废气涡轮增压系统包含压气机、涡轮机、中冷器等部件。废气涡轮增压的特点是回收了原具有一定热能、压力能以及噪声的废气能量，缺点是在发动机起动和低速时响应性差、能量回收率差。

4. 复合增压

复合增压将上述多种增压方式加以组合，以获得更好的增压效果。

第二节　废气涡轮增压器的工作原理与特性

废气涡轮增压器根据废气在涡轮机中不同的流通方向，分为径流式涡轮增压器与轴流式涡轮增压器两类。大中型柴油机多采用轴流式涡轮增压器，而车用内燃机则采用径流式涡轮增压器，以适应高转速及较高响应性能的要求。

图 7-2 所示为径流式涡轮增压器的结构图。它主要由同轴的离心式压气机和径流式

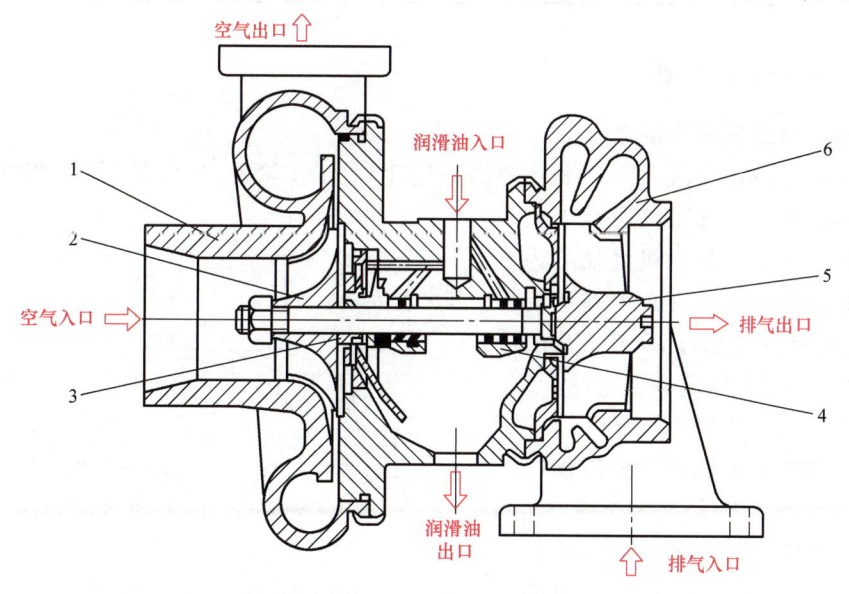

图 7-2　径流式涡轮增压器结构图
1—压气机蜗壳　2—压气机叶轮　3—推力轴承　4—浮动轴承　5—涡轮叶轮　6—涡轮蜗壳

涡轮机，以及支撑装置、密封装置、冷却系统、润滑系统等组成。目前各国绝大多数径流式涡轮增压器的结构均大同小异，即两叶轮悬臂布置；总布置呈哑铃形，轴承体为油冷，采用径向进油、双列全浮动轴承和活塞式密封装置；压气机端采用后弯叶轮和无叶扩压器，蜗牛形压气机壳；涡轮端采用星形盘式涡轮和双梨形的360°全进气无叶涡轮。为适应增压器与车用发动机的匹配，一般在增压器上设有放气阀。

在图7-2中，发动机排气经过涡轮机后，废气的热能、压力能和动能转换为涡轮机轴的机械能；涡轮机与压气机同轴，从而涡轮机的机械能传递给压气机；在压气机中，压气机的机械能转化为气体的压力能，从而提高新鲜气体的压力。通过压气机后，气体的温度T、压力p和速度c均有所提高，为降低气体温度，进一步提高气体的密度，可加装中冷器。

部分小型径流式涡轮增压器的主要参数见表7-1。

表7-1　部分小型径流式涡轮增压器的主要参数

型号	制造厂	流量范围（在$\pi_k=2$时）/(kg/s)	最高增压比	压气机叶轮直径/mm	最高转速/(r/min)	质量/kg	配机功率范围/kW
J65	（中）黎明、无锡	0.005~0.25	2.9	65	130000	8.0	45~125
J70	（中）凤城、黎明	0.1~0.3	3.0	70	130000	9.0	59~147
K2	（德）K.K.K	0.06~0.29	3.4	60~87	160000	5.2~1.09	40~220
H1A	（英）Holset	0.048~0.23	2.9	60~65	125000	5.8	75
GT1749	（美）霍尼韦尔	0.039~0.172	3.2	49	226000	5.0	75~100
GT2056		0.050~0.251	3.2	56	197000	5.5	90~130
GT2560		0.060~0.320	3.2	60	184600	6.0	110~165
TD05	（日）三菱重工	0.05~0.22	2.9	58	170000	5.0	30~130
TD06		0.08~0.28	3.0	68	145000	6.5	50~170
RHB3	（日）IHI	0.014~0.09	2.9	35~38	250000	2	8~36

一、离心式压气机

1. 离心式压气机的结构

如图7-3所示，离心式压气机主要由进气管1、工作轮2、扩压器3和出气蜗壳4等组成。离心式压气机比较适合于大流量低压比的车用发动机增压。为了获得高效率，压气机必须高速旋转，其最高转速可超过10万r/min，因此很适合与排气涡轮联合运行。

2. 空气在压气机中的流动

（1）空气在进气管中的流动　进气管前端的大气参数为温度T_0、压力p_0、速度c_0；进气管后端的大气参数为温度T_1、压力p_1、速度c_1。空气沿收敛的轴向进气管流入，

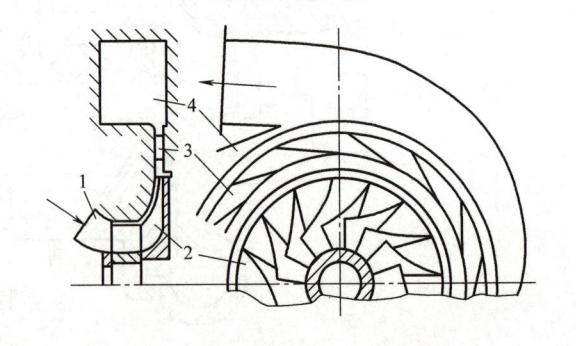

图7-3　离心式压气机简图
1—进气管　2—工作轮　3—扩压器　4—出气蜗壳

速度升高。

空气通过进气管后，$T_1<T_0$，$p_1<p_0$，$c_1>c_0$。

（2）空气在工作轮中的流动 工作轮出口端气体参数为温度 T_2、压力 p_2、速度 c_2。工作轮高速旋转，空气进入工作轮叶片流道后，受离心力压缩甩向工作轮外缘。空气在工作轮上获得能量，将工作轮的机械能转换为气体的动能、压力能和势能。

因此空气通过工作轮后，$c_2>>c_1$，$p_2>p_1$，$T_2>T_1$。

（3）空气在扩压器中的流动 扩压器出口端气体参数为温度 T_3、压力 p_3、速度 c_3。扩压器流通截面逐渐增大，导致气体流速迅速降低，压力急剧升高，温度相应升高，气流的大部分动能转变为压力能。

因此空气通过扩压器后，$c_3<<c_2$，$p_3>>p_2$，$T_3>T_2$。

（4）空气在出气蜗壳中的流动 出气蜗壳出口端气体参数为温度 T_4、压力 p_4、速度 c_4。蜗壳流通截面增大，导致气体流速进一步降低，压力和温度升高。

因此空气通过出气蜗壳后，$c_4<c_3$，$p_4>p_3$，$T_4>T_3$。

整个变化过程如图 7-4 所示，并且有以下结论：

1）通过压气机后，气体的压力升高 $p_4>p_0$，$p_k=p_4>p_0$，达到增加气体压力的目的。气体压力升高，则密度增加，所以经过压气机压缩的气体进入发动机进气道后压力升高，进气密度增加，达到增压的目的。

2）$T_k=T_4>T_0$，压气机出口的气体温度升高，不利于气体密度的提高，故需降低进入发动机进气道的气体温度，所以在压气机出口到发动机进气道间可加装中冷器，冷却气体。

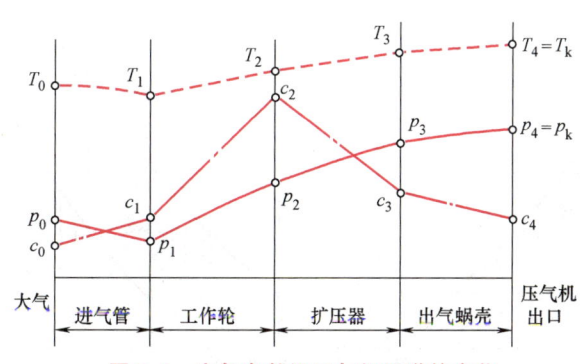

图 7-4 空气参数沿压气机通道的变化

3. 扩压器的工作原理

扩压器通常由无叶扩压器与叶片扩压器组成（图 7-5）。

无叶扩压器实际是工作轮与蜗壳两侧壁形成的环形空间，高速气流在此环形空间中沿对数螺线运动，气流速度与圆周切线之间的夹角 α_2 总是保持不变，它的流动轨迹较长，扩压比较缓慢。为此，在无叶扩压器外侧设置叶片扩压器，这时空气的流动轨迹是由叶片所限定的。叶片的存在迫使空气不能沿对数螺线直线运动，而使其沿着比 α_2 角增大的方向偏移，因而在相同的直径下，可以获得较大的扩压比，减小了气流运动轨迹的长度和摩擦损失，提高了扩压器效率。

4. 压气机的热效率

压气机的绝热效率是评价压气机性能的基本指标。

图 7-6 所示为压气机的压缩过程。途中的 0 点（p_0，T_0）表示压气机进口处的空气状态；点 4′（$p_{4'} = p_k$，$T_{4'}$）表示空气按绝热过程压缩后压气机出口处的状态；点 4 表示（$p_4 = p_k$，T_4）空气按多变过程压缩后压气机出口处的状态。

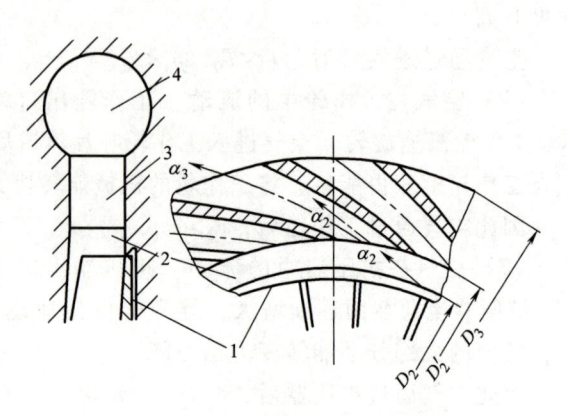

图 7-5 扩压器的结构及原理图
1—工作轮 2—无叶扩压器 3—叶片扩压器 4—蜗壳

（1）**压缩功** 按理想情况，将 1kg 空气从压力 p_0 压缩到压力 $p_4(p_k)$ 耗功最小的为可逆绝热过程，所需的绝热压缩功（J/kg）为

$$h_{ad-k} = \frac{\kappa}{\kappa-1} R T_0 \left[\left(\frac{p_k}{p_0} \right)^{\frac{\kappa-1}{\kappa}} - 1 \right] = c_p (T_{4'} - T_0) \tag{7-3}$$

式中 κ——绝热指数；
c_p——比定压热容 [J/(K·kg)]。

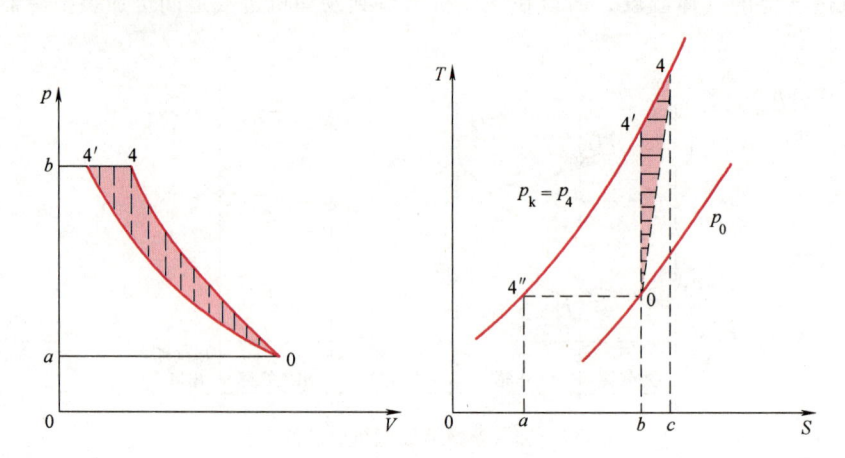

图 7-6 压气机的压缩过程
a) p-V 图 b) T-S 图

绝热压缩功在 p-V 图上相当于面积 $a04'ba$，在 T-S 图上相当于 1kg 气体在等压下从温度 T_0 加热到 $T_{4'}$ 所需的热量，相当于面积 $a4''4'ba$。

实际压缩是个多变过程，伴随有摩擦及流动损失，所以将 1kg 空气从 p_0 压缩到 p_k 消耗的实际压缩功（J/kg）为

$$h_k = c_p (T_4 - T_0) \tag{7-4}$$

实际压缩功在 T-S 图上相当于面积 $a4''4ca$，也可以理解为 1kg 空气在等压下从温度

T_0 加热到 T_4 所需的热量。

（2）**绝热效率** 实际压气机工作过程完善的程度是通过与理想压气机相比较来评定的。通常以绝热效率 η_{ad-k} 来评定，即压缩到同一压力时，在理想压气机中压缩空气的绝热压缩功与在实际压气机中消耗的实际压缩功之比，即

$$\eta_{ad-k} = \frac{h_{ad-k}}{h_k} \tag{7-5}$$

目前在涡轮增压器上应用的离心式压气机，其绝热效率为 $\eta_{ad-k} = 0.60 \sim 0.80$。

（3）**压气机功率** 如果已知 1kg 空气的绝热压缩功为 h_{ad-k}（J/kg），空气的质量流量为 q_{mk}（kg/s），压气机的绝热效率是 η_{ad-k}，则压气机功率 P_k（W）为

$$P_k = \frac{q_{mk} h_{ad-k}}{\eta_{ad-k}} \tag{7-6}$$

5. 压气机的特性曲线

（1）**定义** 压气机流量特性是指压气机的转速不变时，压气机增压比 π_k 和绝热效率 η_{ad-k} 随空气流量的变化关系。将压气机不同转速的流量特性表示在同一幅图上，并将效率线转换成等效率线，可得到压气机的特性曲线。

（2）**压气机特性曲线分析** 由图 7-7 可以看出，随着空气流量的减小，初始阶段增压比增加，达到某一最大值后，增压比下降，当流量减小到低于一定数量时，压气机工作开始变得不稳定，流过压气机的气流开始出现强烈的脉动，引起压气机产生强烈的振动，并有可能导致压气机的破坏，这个现象称为压气机的喘振。将各种转速下的喘振点连接起来就可确定一条压气机不稳定的工作边界线，称为喘振线，或喘振边界，压气机只能在喘振线右边的范围内工作，左边为非工作区；而且压气机在某一流量（设计工况）时，增压比达到最大，无论流量增加还是减少，增压比都会下降，增压比特性曲线呈抛物线状；从特性曲线的等效率曲线看，中间是高效率区，高效率区一般比较靠近喘振边界，沿高效率区向外，效率逐渐下降，特别是在大流量及低压比区，效率下降很多。通过采用具有无叶扩压器的压气机或后弯式叶片工作轮（又称为后掠式工作轮），使之更符合气流在工作轮流道中的流动规律，可以增大压气机高效率的工作范围。

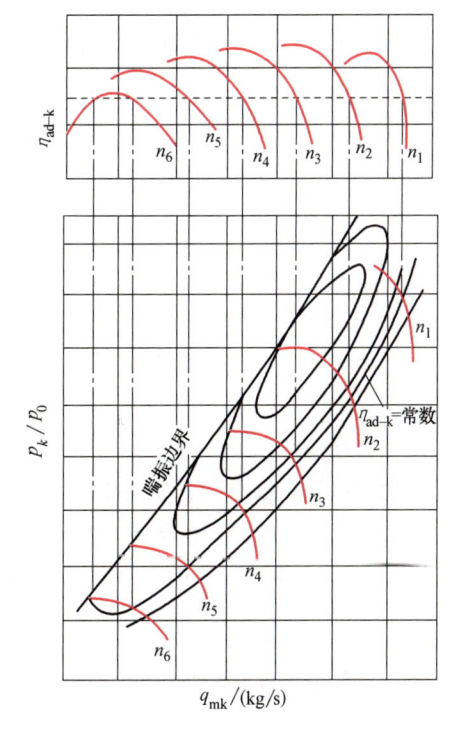

图 7-7 离心式压气机的特性曲线

离心式压气机的有效功实际上与流量无关。在压气机没有损失时，完全用来压缩空气，因此在任何空气流量下，增压比不变。但实际上，必然有一部分有效功要消耗在克

服各种损失上。如图 7-8 所示，在空气流过压气机工作轮时，主要发生两种损失：一是摩擦损失，它是由空气和工作轮表面产生摩擦而产生的损失，这一损失将随空气流量的加大而加大；二是撞击损失，它是由于实际流量偏离设计而产生的，偏离越大损失越大。

（3）通用特性曲线 上述压气机特性曲线中的参数（p_k/p_0，η_{ad-k}，n_k 及 q_{mk}）都是在试验条件的外界大气状况下测得的。当大气状况变化时，这些参数以及由这些参数所作的压气机特性曲线也跟随变化。为了使试验曲线与实践应用一致，引进了相对的折合参数的概念，就是把试验测得的上述参数根据气流动力相似理论来换算成标准大气状况（标准大气压 $p = 101.33\text{kPa}$，标准大气温度 $T = 293\text{K}$）下的参数值，换算后的质量流量称为折合流量，即

$$q_{mk-np} = q_{mk} \frac{101.33}{p_0} \sqrt{\frac{T_0}{293}} \tag{7-7}$$

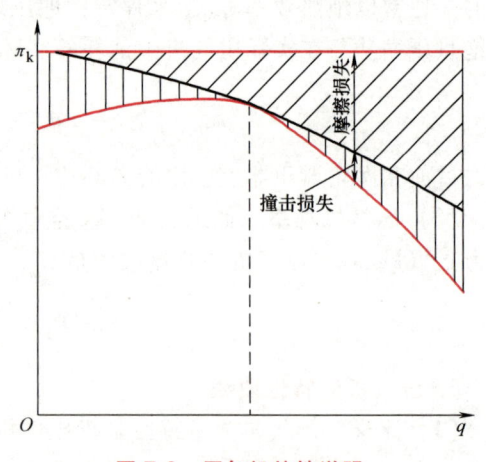

图 7-8 压气机特性说明

换算后的转速称为折合速度，即

$$n_{k-np} = n_k \sqrt{293/T_0}$$

式中 　p_0——试验测量时的大气压力（kPa）；

　　　T_0——试验测量时的温度（K）。

至于增压比 π_k 和绝热效率 η_{ad-k} 是量纲为一的参数，仍保持不变。由这些量纲为一的参数整理的曲线称为通用特性曲线（图 7-9）。

二、径流式涡轮机

1. 燃气在涡轮机中的流动

径流式涡轮机主要由进气蜗壳 1、喷嘴环 2、工作轮 3 及出气道 4 等组成，如图 7-10 所示。

进气蜗壳的作用是引导发动机的排气均匀地进入涡轮。根据

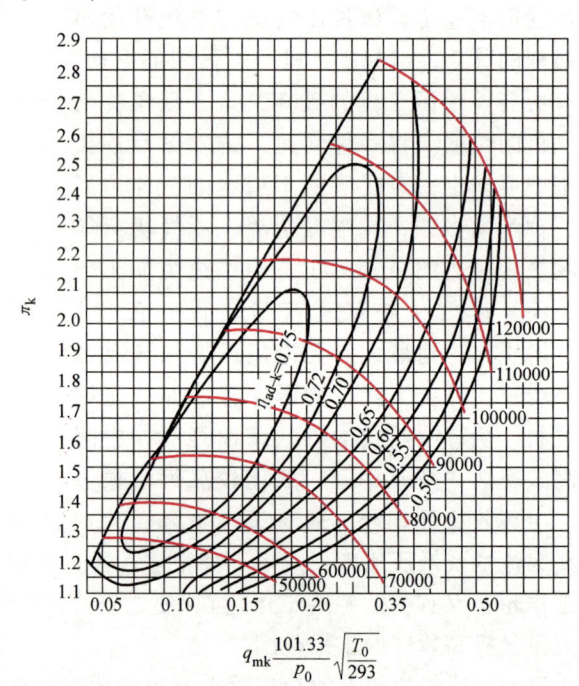

图 7-9 通用特性曲线

增压系统的要求，蜗壳可以有一个、两个甚至多个进气口。

由发动机排气管中排出的气体具有压力 p_T、温度 T_T，并以速度 c_T 经进气蜗壳流入喷嘴环。在喷嘴环上均匀布置了具有一定角度的叶片，这就使燃气经过叶片间的通道后更具有方向性，使气流更加均匀且有秩序地流入涡轮机工作轮。叶片间的通道面积是渐缩的，使部分压力势能转变为气体的动能，即气体的压力降低到 p_1，温度降低到 T_1，流动速度增加到 c_1（图7-11）。

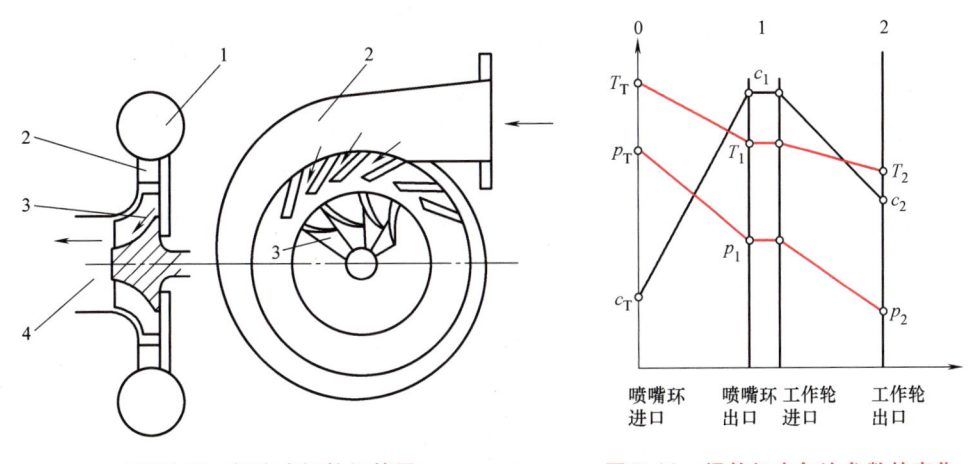

图7-10 径流式涡轮机简图
1—进气蜗壳 2—喷嘴环 3—工作轮 4—出气道

图7-11 涡轮机中气流参数的变化

由于气流在工作轮中是向心流动的，所以在工作轮叶片之间的通道也是呈渐缩的形状，气体在通道中继续膨胀，在工作轮出口处压力下降到 p_2，温度降低到 T_2，此时气体的绝对速度下降到 c_2，经工作轮后气体的绝对速度 c_2 远小于 c_1，这说明燃气在喷嘴环中膨胀所获得的动能已大部分传给了工作轮。

燃气离开工作轮时还具有一定的速度 c_2，即还有一部分动能未能在涡轮机中得到充分利用，这部分动能损失称为余速损失 $c_2^2/2$。

由图7-11可以看出，具有一定热能及压力能的燃气，在喷嘴环通道中仅部分得到加速而转变为燃气的动能；而从喷嘴环中流出的具有一定动能及压力能的燃气，在工作轮中将所具有的能量大部分转变为机械能。

2. 涡轮机的特性

增压器的涡轮机是利用发动机排出的废气能量转换为机械能的一种动力机械。将废气能量转换为机械能的有效程度便是涡轮机效率，即

$$\eta_T = W_T / H_T \tag{7-8}$$

式中 W_T——涡轮机轴上的有用功（J/kg）；

H_T——1kg 废气所具有的能量（以可用焓降表示，J/kg）。

可用焓降 H_T 可理解为1kg 废气在涡轮机入口处具有的状态内能的总和。当它在涡轮机中绝热膨胀至出口背压时所做之功，实际上是废气可用能量转换为机械能的最高限额。

涡轮机效率一般很少直接测定，而是通过测定涡轮增压器总效率来确定的，涡轮增压器的总效率为

$$\eta_{Tk} = \eta_{ad-k} \eta_T \eta_m \tag{7-9}$$

现代废气涡轮增压器的涡轮机效率为 $\eta_T = 0.65 \sim 0.85$。

如果已知1kg废气的可用焓降 h_T，废气的质量流量 q_{mT}，涡轮机效率 η_T，机械效率 η_m，则涡轮机发出的功率为

$$P_T = q_{mT} h_T \eta_T \eta_m \tag{7-10}$$

燃气可用焓降的转换是通过在涡轮机中的膨胀过程来实现的，因此，膨胀比也是涡轮机特性中的一个重要参数。膨胀比是指燃气在涡轮前后的压力之比。

涡轮机作变工况运行时，燃气在涡轮机中流动，随着膨胀比增大，流量增加，当膨胀比增加到某一临界值时，流量达到最大值，不再增加，该现象即为涡轮机的阻塞。一般来说，涡轮机流量特性虽然受阻塞现象的限制，但涡轮机的工作范围常比压气机大得多，一种涡轮机可以和多种不同的压气机配套使用。

第三节　废气能量的利用

一、废气涡轮增压系统的两种基本形式

废气涡轮增压系统有两种基本形式，分别是恒压系统和变压系统（脉冲系统），如图 7-12 所示。

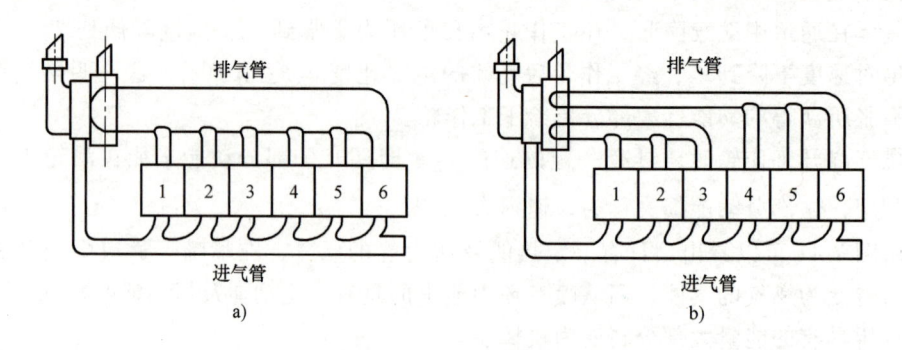

图 7-12　涡轮增压系统的两种基本形式
a）恒压系统　b）变压系统（脉冲系统）

1. 恒压系统

如图 7-12a 所示，这种增压系统的特点是涡轮前排气管内压力基本恒定。它把发动机所有气缸的排气管都连接至一根排气总管，而排气总管的截面尽可能做得粗。排气管实际上起到了集气箱的作用，这时虽然各气缸的排气时间是分开的，但是由于集气箱的稳压作用，因而排气总管内的压力振荡较小。

2. 变压系统（脉冲系统）

如图 7-12b 所示，这种增压系统的特点是使排气管中的压力产生尽可能大的变动。

为此，把涡轮增压器尽量靠近气缸，把排气管做得短而细，并且几个气缸（通常2缸或3缸）接一根排气管。这样在每一根排气管中就形成几个连续的互不干扰的排气脉冲波（或称为排气压力波）进入废气涡轮机中。同时把涡轮的喷嘴环，根据排气管的数目分组隔开，使它们互不干扰。

二、恒压系统废气能量的利用

恒压系统四冲程涡轮增压柴油机的理论示功图（图7-13）说明了发动机废气能量的利用情况。图中3-a是柴油机的吸气过程，进气压力为p_k。a-c-z'-z-b是柴油机气缸中的压缩、燃烧、膨胀过程。由于废气涡轮的存在，排气背压为p_T。面积3-a-5-4为充量更换正功。面积2-3-a-0为压缩进入柴油机气缸空气所需的能量。面积i-g'-3-2则为压缩扫气空气所需的能量（ϕ_s为扫气系数），故压气机消耗的总能量为面积i-g'-a-0。因为在废气涡轮增压柴油机中，压气机由涡轮驱动，而与柴油机无任何机械联系，因此压气机消耗的功率P_K必须等于涡轮机发出的功率P_T。

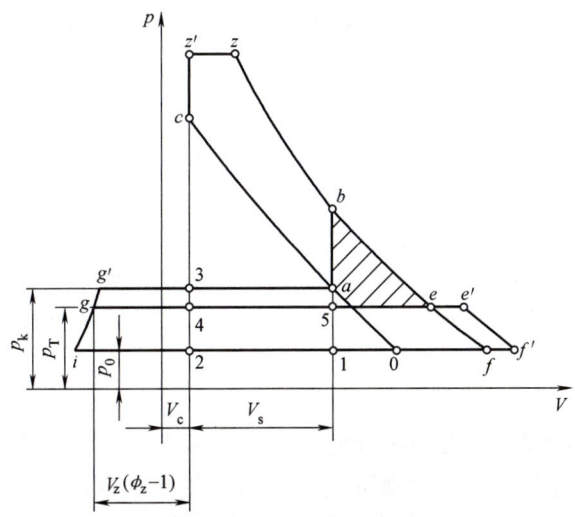

图7-13 恒压系统四冲程增压柴油机的理论示功图

排气阀开始打开时，气缸中燃气状态为b。如果让这些燃气在理想的内燃机或涡轮机[一]中完全膨胀到大气压力，燃气所具有的做机械功的最大能力可在p-V图上以三角形面积1-b-f表示，即称此面积为废气拥有的可用能量。从物理概念上看，它实际上是代表了废气涡轮理论上有可能从废气中取得并用来做功的最大能量。

恒压涡轮前的燃气参数以e点表示。这是由于气缸中的燃气经过排气阀节流和排气管中不可逆的自由膨胀到p_T所产生的结果。恒压涡轮的功以面积2-4-e-f表示，面积i-g-4-2为扫气空气在涡轮中所做的功，因此恒压涡轮的总功为i-g-e-f。

涡轮所做功的能量来源由三部分组成：

[一] 所谓理想的内燃机或涡轮机指燃气在其中能实现等熵膨胀而不出现任何损失的理想动力机。

① 面积 i-g-4-2 是扫气空气提供的能量；
② 面积 2-4-5-1 是活塞强制推出废气所做的推出功，由发动机活塞所给予；
③ 真正自废气中取得的能量仅为面积 1-5-e-f，而废气拥有的可用能量为 1-b-f，因此，在恒压系统中面积 5-b-e 的可用能量是损失掉了。

在恒压系统中排气管中维持着恒定的压力 p_T。在排气阀刚打开时，压力 p_b 远高于 p_T。随着气体自气缸中排出，气缸中的压力不断下降。在气缸压力下降至 p_T 以前，气流通过排气阀将产生强烈的节流作用。节流损失在超音速阶段表现为流出气门时的高速气流进入排气管后由于管子较粗，流速大大降低，大量的动能通过气体分子相互撞击、摩擦和形成涡流而损失，这就是可用能量损失的主要原因；还包括流入排气总管时，所产生的不可逆膨胀损失；在亚临界阶段（包括排气行程活塞推出废气的阶段），主要表现也为动能损失，亦即流出排气阀时的摩擦损失。超临界阶段的节流损失是所有损失中最主要的部分，亚临界流动时的动能损失数值不大，此外还包括气体在管道中的摩擦损失和通过排气管壁的散热损失，但是它们在数量上更是属于次要方面。

损失能量所产生的热量将加热气体，必将导致涡轮前的燃气温度较等熵膨胀后 e 点的温度高，以 e' 点表示。涡轮功的面积将增加 e-e'-f-f'，这就是损失 b-5-e 中的复热回收部分。不过它仅是损失中的一小部分而已，恒压系统中可用能量的损失为

$$W_K = S_{b\text{-}5\text{-}e}$$

在恒压系统中，p_T 越高，则复热回收的比例越大，也就是恒压系统越有效。

在实际情况下，涡轮实际所做之功等于面积 i-g-e'-f' 乘以涡轮机有效效率 η_T，而压气消耗的功却是面积 i-g'-a-0 除以压气机效率 η_K。因此在增压压力 p_k 较低，而涡轮增压器的综合效率 $\eta_T\eta_K\eta_M$ 又不高时，恒压系统就较难实现压气机和涡轮机的功率平衡要求。究其原因，就是在于面积 b-5-e 那块能量没有很好地加以利用。

三、变压系统废气能量的利用

设计变压系统的目的，是尽量改善面积 b-5-e 那部分能量的利用情况。图 7-14a 给出了排气管容积小的情况。当排气阀开启后，随着气体流出，气缸中压力 p 从 p_b 很快下降。开始是超临界流动，但由于变压系统排气管容积小，因此排气管中的压力 p_T 也迅速提高，此后随着燃气流出涡轮，气缸压力 p 和排气管压力将一起下降。由图 7-14 可以看到，在排气最初阶段，因为 p 和 p_T 的压差很大，因此节流损失很大，但由于 p_T 上升很快，节流损失很快减少；同时由于排气管截面较细，排气管中气流速度也较高，因而部分气流的动能也可以在涡轮中加以利用，使涡轮机拥有的能量增加，增压压力 p 得以提高。反之如果增大排气管容积（图 7-14b），这时排气管中压力 p_T 的建立变慢，p_T 的数值降低，从而增大了节流损失，降低了增压压力。

从以上分析中可以看到，变压系统比恒压系统可以较好地利用柴油机的废气能量。排气管容积较小，废气能量利用也就较好。一般当排气系统正确设计时，在恒压系统中损失的可用能量 b-5-e 中有 40%~50% 可以在变压系统中获得利用，因此涡轮的拥有能量就大，建立的 p_k 就高。反之，如果要求同样的 p_k，那么在变压系统中就可以加大喷嘴环的截面积，加快排气管排空，减少活塞推出废气所做之功，使充量更换正功更大，

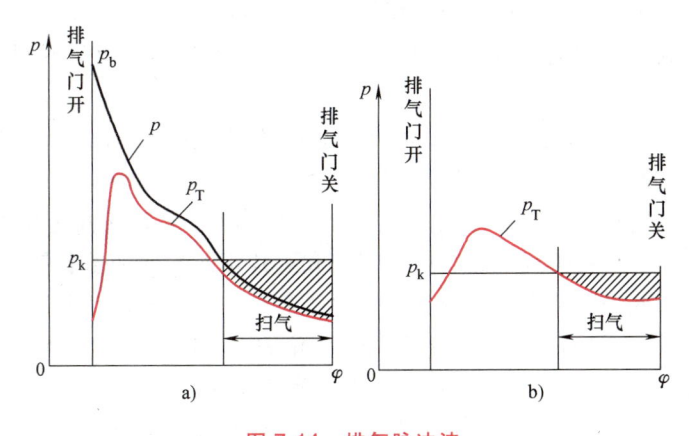

图 7-14 排气脉冲波

a）排气管容积小 b）排气管容积大

从而改善柴油机的机械效率，使柴油机比油耗进一步下降。

四、恒压系统与变压系统的比较

恒压系统及变压系统的优缺点比较如下所述。

1) 由于变压系统部分利用了废气的脉冲能量，所以系统的可用能量比恒压系统大。如果按脉冲能量 E_1 的 50% 得到利用进行计算，则变压系统可用能量与恒压系统可用能量之比为

$$K_E = \frac{E_2 + 0.5E_1}{E_2} = 1 + \frac{0.5E_1}{E_2} \tag{7-11}$$

显然，K_E 表示脉冲能量利用的程度，当废气温度 $T_T = 350℃$ 时，系数 K_E 与增压压力 p_k/p_0 的关系如图 7-15 所示。由图可见，从增加可利用能量的角度看，在低增压时，例如 $p_k/p_0 < 1.5$，采用变压系统的效果比较显著；当 $p_k/p_0 \geq 2.5$ 时，$0.5E_1/E_2$ 的比值较小，采用变压增压的优点就不明显了。

2) 变压系统对气缸中的扫气有明显的好处。在柴油机扫气期间，变压系统的 p_T 正处于波谷，因此即使在低增压和高增压的部分负荷工况下，仍保持足够的扫气压力差（$p_k - p_T$），保证气缸内良好的扫气。而在恒压系统中，由于 p_T 波动小，扫气压力差就大为减小，所以不容易保证气缸的扫气。

3) 在变压系统中，由于排气管容积较小，当柴油机负荷改变时，排气的压力波立刻发生变化，并迅速传递到涡轮机，引起增压器转速较快地变动，所以变压系统的加速性能较好。此外，在柴油机转速降低时，变压系统可用能量与恒压系统可用能量之比增大，有利于柴油机的转矩特性。在排气管

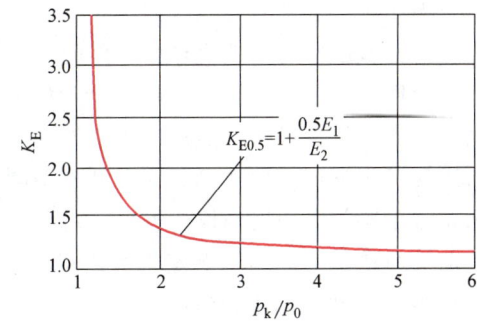

图 7-15 系数 K_E 与 p_k/p_0 的关系

容积较大的恒压环境中,涡轮前压力变化比较缓慢,加速性就比较差,特别是在低增压时,排气能量的利用程度差,加速性能就更差。恒压系统的转矩特性显然也不如变压系统。

4) 从废气涡轮的效率来看,变压系统的涡轮平均绝热效率比恒压环境的略低。这是因为在柴油机开始排气时,废气以很高的流速进入涡轮。流动损失很大,特别是涡轮前的废气压力和温度都在周期性地变化,进入工作轮叶片的废气方向也周期性地改变,而工作轮叶片的安装角都是固定的,所以气流和叶片不断发生冲击和气流分离,造成比较大的撞击损失。此外,在有些情况下,涡轮机还存在着部分进气损失。

5) 变压系统的废气瞬时流量也是周期性变化的,其瞬时最大流量比恒压系统的流量(相当于脉冲系统的平均流量)大。因此,脉冲涡轮的尺寸较大,其排气管的结构也复杂,受每根排气管连接气缸数目的限制,在一台柴油机上有时不得不采用几个废气涡轮增压器,这就使得整个增压系统变得复杂,柴油机的轮廓尺寸加大。

综上所述,在低增压时,采用变压涡轮增压较为有利,而在高增压时,则宜采用恒压涡轮增压。然而,考虑到车用柴油机大部分时间在部分负荷(此时增压压力较低)下工作,对其转矩特性、加速性能要求比较高,所以即使是在高增压的车用柴油机上仍常采用变压增压系统。

第四节　车用增压柴油机的性能

从事车辆设计研究的人员总是把增压发动机作为一个总成,与底盘配套。因此,掌握增压发动机的整机性能是至关重要的。可是,涡轮增压器与活塞式发动机是两种不同性质的动力机械,它们靠进、排气管道连接,构成增压系统。在联合使用时,各自性能的相互影响以及它们之间的配合,对整机性能将产生深刻影响。

一、涡轮增压器与柴油机联合运行的基本特点

1. 特点

在涡轮增压器与柴油机联合工作时,彼此没有机械联系,它们通过空气流或燃气流来传递能量。整个系统存在这样一个工作关系,即发动机的不同工况要求压气机有不同的供气能力,涡轮机做功能量来源于发动机排出废气的合理组织,而涡轮机的功率则全部为压气机所消耗,压气机又为发动机不同功率提供其所需的空气流量与增压比。为了使涡轮增压器与车用发动机能够良好地配合,使它们在各种工况下合理工作,首先是根据发动机的特定工况(如额定工况或最大转矩工况)确定其在压气机特性曲线上的位置(即根据发动机选用合适型号的增压器);其次是要解决发动机在整个运行区与增压器实现良好的配合。所以选好增压器是前提,增压器选择不当,发动机可能达不到预期的增压效果。

在选用增压器时,可根据发动机特定工况所需的空气流量(包括扫气空气量)及增压比,判断该工况在某一压气机特性曲线上的位置,使该工况点落在压气机特性曲线的高效率区,即可初步选定增压器型号。

与活塞式发动机不同的是，在涡轮及压气机这类叶片机械中，叶片前缘的结构角由设计工况的气流参数决定。由工况变化引起的气体流量变化将使气体流入的方向偏离叶片前缘结构角，发生撞击损失，使叶轮机的高效率区变窄。所以不可能使发动机所有工况都处于压气机的高效率区，只能顾及柴油机的某些特定工况。例如，车用发动机选配增压器时，常以最大转矩工况作为设计工况，把最大转矩工况点放在高效率区，而额定工况常偏离在高效率区之外（图 7-16）。

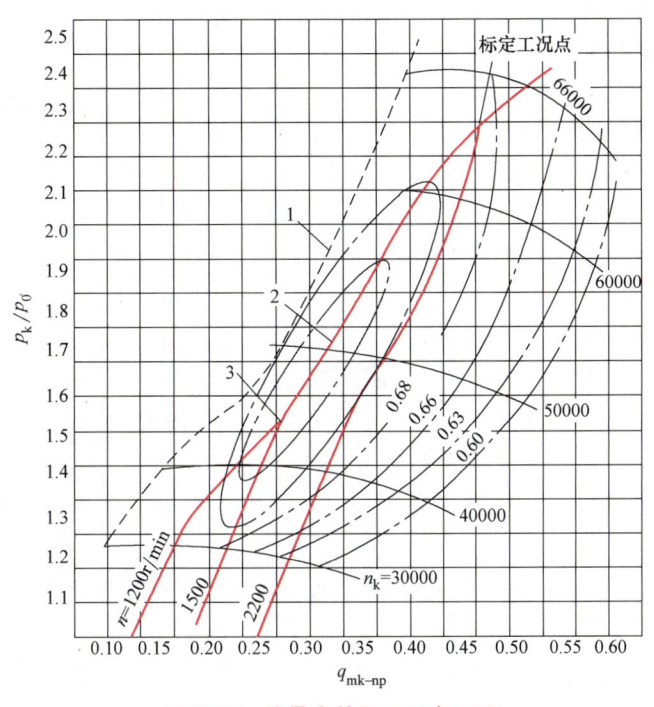

图 7-16 按最大转矩工况点匹配
1—喘振线　2—外特性　3—最大转矩点

每一种涡轮增压器都有确定的工作范围。在小流量范围，压气机受喘振限制；在大流量范围，压气机因效率下降过多，亦受到限制；在增压器的高速、高负荷范围内，可能由于废气能量过高，使涡轮增压器超过机械强度允许的转速，或者由于排气温度过高，超过了涡轮机叶片所能承受的温度，使涡轮增压器受到了超速或超温的限制。由此可以大致确定涡轮增压器的工作范围（图 7-17）。

在此允许的工作范围内，根据与发动机联合运行的位置，可以判断增压器与柴油机的配合是否良好。

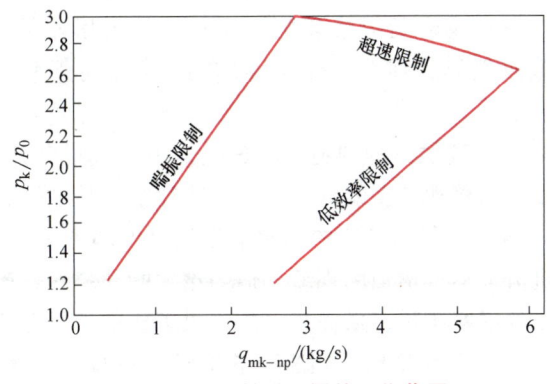

图 7-17 涡轮增压器的工作范围

图 7-18 所示为一台车用增压发动机的联合运行区。对于车用增压发动机来说，其负荷与转速都在较大范围内变化，该联合运行区在压气机特性曲线上占有面积偏大，配合的困难相对较大。

如果联合运行区与压气机特性曲线配合不够理想，则需要进行局部调整。常用的办法是改变涡轮喷嘴环出口截面积，或改变压气机通道截面积。例如，减小喷嘴环出口截面积可以使联合运行线从压气机低效率区移向高效率区（向喘振线靠近）。但上述调整是有限的，如果联合运行线与压气机的最佳匹配相差很远，则只能以更换增压器型号为宜。

2. 根据特性曲线进行匹配

根据特性曲线进行匹配主要考虑以下因素：

1）增压器选型确定，即可得压气机特性曲线（图 7-16）。

2）将发动机的速度特性和负荷特性转换为空气流量与增压比的关系，表示在压气机特性曲线上。

3）压气机的工作范围（图 7-17）主要考虑喘振限制、超速限制和低效率限制（一般取 $\eta_k = 55\%$）。

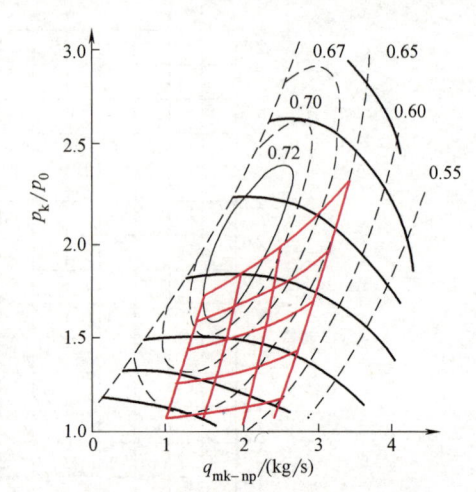

图 7-18 车用增压发动机的联合运行区

4）联合运行的范围（图 7-18）主要考虑发动机的工况范围应在压气机的工作范围内以及发动机常用工况在高效率区。

为了达到匹配要求，尽管改变发动机的某些参数（如排气管设计、配气系统参数等），可以调整联合运行区，但改变涡轮增压器的某些参数（如喷嘴环截面积、压气机有叶扩压器叶片安装角度等），也可以调整联合运行区和喘振线位置，以满足匹配要求。匹配一般可采用以下方法。

(1) **流量范围的选择**　每个型号的涡轮增压器都有其合适的使用流量范围，它通常是指从喘振线至某一等效率线或堵塞线所包围的区域。

(2) **联合运行线调整**　调整涡轮增压器的某些结构参数，如增大涡轮喷嘴环出口截面积等，将发动机的联合运行线向下移动，使其离开喘振线而进入正常工作区。

(3) **喘振线的调整**　喘振线是由压气机叶片引起的，所以改变叶片的结构参数就可以达到移动喘振线的目的，如改变扩压器的进口角、喉部面积等。

(4) **压气机堵塞的控制**　压气机的堵塞是由于气体速度达到了当地音速而导致压气机流量不再增加的现象。适当增大叶片扩压器喉部面积和叶轮喉部面积，可以提高压气机的堵塞流量，从而扩大压气机工作的流量范围。

(5) **涡轮增压器超速和增压压力的调整**　涡轮增压器在工作过程中会出现超速现象，即增压器的功率尚未达到标定值时，增压器转速已经达到上限，若继续增加发动机功率，增压器将处于超速状态，势必损坏增压器。解决办法是增大涡轮喷嘴面积，减小涡轮前的排气流量；或采用放气调节，即放掉涡轮前部分废气或压气机后部分增压空气，放气调节同时还可以大大改善发动机的低速转矩。

为了适应车用发动机的特殊要求，可采用一种可变几何参数的涡轮增压器（Variable Geometry Turbocharger，VGT）。VGT 可以实现在低速时减小涡轮喷嘴面积以提高增压压力，改善低速转矩性能；高速时扩大涡轮喷嘴面积，降低排气压力，避免增压器超速。VGT 一般是在涡轮入口加装可调节的滑片或叶片可调的喷嘴环，实现气体的流通截面随工况变化。

通过以上方法便可确定发动机与增压器的联合运行区。但是无论修改压气机任何部位的尺寸，都只能改变压气机本身的特性曲线位置及形状，而对涡轮机的特性曲线则毫无影响，反之亦然。但压气机或涡轮特性的改变都会影响与它们匹配的发动机工作区域。

二、增压柴油机在结构上的变动

对于增压度很高的车用发动机，其结构上的变动可能是很大的，甚至需要为适应高增压而重新进行设计。这时，机体和主要零件在结构上要加强，活塞可能要通油冷却，供油、配气、冷却、润滑等各部分都要重新考虑。

1. 增大供油量、调整供油系统

为了增加循环供油量，如果仍采用非增压的喷油泵，势必会增加供油持续角，使燃烧过程拉长，经济性变坏。缩短供油持续时间的方法有增大柱塞直径、增加供油速率（使喷油泵凸轮廓线变陡）以及加大喷油器孔径等。提高喷油压力和加大喷孔直径还可以增加油雾的穿透能力，保证在气缸空气密度增大的情况下有足够的射程，从而适应油束、气流及燃烧室尺寸间配合的需要。

从限制最高爆发压力的角度考虑，应适当减小喷油提前角，即减少上止点前燃烧的燃料量。但过多地减小喷油提前角，可使燃烧大量地延续至膨胀线上，以致发动机经济性和涡轮工作条件变坏。

2. 改变配气相位

合理地增加气门叠开角，可加强气缸的扫气作用，有助于降低燃烧室零件的表面温度，增加充气效率，改善涡轮的工作条件。气门叠开角也不宜过大。研究表明，当气门重叠角超过 80°曲轴转角以后，其扫气冷却效果将不会进一步改善；叠开角过大将使扫气空气量增加，加重压气机的工作负担，引起发动机在低速、低负荷时的废气倒流，影响整机的加速及变工况性能；当叠开角过大，为了避免气阀与活塞碰撞，要在活塞顶上挖过深的凹坑，使燃烧恶化。

3. 减小压缩比、增大过量空气系数

为了降低爆发压力，宜适当减小压缩比 1~2 个单位。过多地减小，不仅会恶化整机经济性，也会使起动性能变差。增大过量空气系数，可降低热负荷，改善经济性，一般适宜将过量空气系数增大 10%~30%。

4. 设置分支排气管

在变压增压系统中，为了充分利用脉冲能量，使各缸排气互不干扰，排气管必须分支。分支的原则是一根排气管所连各缸排气必须不互相重叠（或重叠很少）。例如，一般四冲程柴油机的排气脉冲延续时间为240°曲轴转角，这时一根排气管所连接气缸的数目不宜超过三个，同时应使相邻发火的各缸排气相互隔开，如发火次序为1—5—3—6—2—4的六缸机，就可采用1、2、3缸及4、5、6缸各连一根排气管。表7-2给出了四冲程变压增压柴油机排气管分支的示例。

表7-2中所列一根排气管连接两个气缸的情况，例如直列4缸或V8缸，由于所连接气缸的发火间隔大于一个气缸的排气延续角，所以排气管有一段时间并不向涡轮机的喷嘴环供气，此时工作轮叶片产生鼓风作用而损耗能量，称为鼓风损失（或称为脉冲涡轮的部分进气损失）。所有气缸数目为三的倍数的柴油机，一般安排一根排气管连接三个气缸。这样，涡轮机虽在脉冲压力下工作，但涡轮机各段喷嘴环的进气都是连续的。

表7-2 四冲程变压增压柴油机排气管分支

气缸数	排气管的连接	排气管数	发火顺序
4		2	1—3—4—2 1—2—4—3
6		2	1—5—3—6—2—4
V8		4	
V12		4	

5. 冷却增压空气

将增压器出口的增压空气加以冷却，一方面可以提高充气密度，从而提高柴油机的功率；另一方面也可以降低柴油机压缩始点的温度和整个循环的平均温度，从而降低柴油机的热负荷和排气温度。实践表明，增压空气每降低10℃，柴油机的循环平均温度可降低25～30℃。在增压比为1.5～2时，供气量可以比不采用增压空气冷却的增压柴油机提高10%～18%。

冷却增压空气的方法一般是用水或空气在中间冷却器中进行间接冷却。采用独立水冷却系统使结构庞大而复杂，在汽车上布置困难，而采用空气冷却的方案比较可取，如

图 7-19 所示。被涡轮增压器压缩的空气经中冷器 2 进入柴油机，冷却空气 3 由一个空气涡轮所驱动的轴流式风扇 5 所提供，而驱动空气涡轮的压缩空气就取自涡轮增压器 7 所压缩的工质（由图中抽气管道 6 引出）。为了使结构紧凑，空气涡轮的叶片就装在风扇的边缘，二者合为一体，称为轮缘空气涡轮风扇。

冷却增压空气尽管是降低热负荷合理的措施之一，但它只有在增压压力较高时（如 $p_k \geq 200\text{kPa}$）才适用。在低增压时没有必要设置中冷器。

6. 其他改动部分

对于不同的增压机型，可能还会有若干针对性的结构改进，如加粗进气管、加强冷却系统等。

三、车用增压柴油机的性能

增压发动机具有升功率高、油耗较低、排污较少等优点。可是从车辆应用的角度而言，对增压发动机在不同运行工况下的整机性能还需作进一步分析。

1. 低速转矩性能变化

正如前面所述，车用柴油机沿外特性运行时要求低速转矩储备高，但是一般涡轮增压柴油机在低速时转矩性能差，这正是早期车用增压柴油机发展的主要困难之一。其主要原因是低速时增压压力不足，致使循环供气量不足。采用变压增压，充分利用低速时的脉冲能量，使增压器与柴油机在较低转速下实现最佳配合以及用低速气门定时等，可以改善其低速转矩。如图 7-20 所示，近代各种增压机型可以获得较好的转矩储备，但增压后最大转矩所在的转速比非增压机型均有所增加，这对改善载货汽车的牵引性能仍有不利之处。

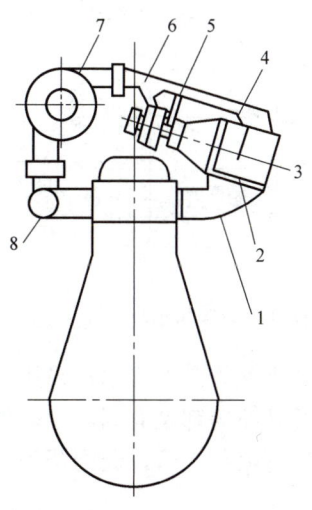

图 7-19 车用增压柴油机的一种空气冷却的方案
1—进气管 2—中冷器 3—冷却空气 4—吸入空气 5—轴流式风扇 6—抽气管道 7—涡轮增压器 8—排气管

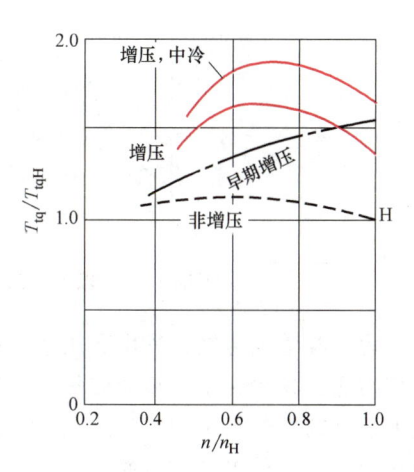

图 7-20 增压与非增压机型的转矩曲线
H—非增压机型在最高转速时的有效转矩

增压发动机的转矩储备不好，也受高速、高负荷区的废气能量过高，或压气机供气量过多影响。在发动机高速运行时放掉涡轮机前部分废气，或者放掉压气机后部分增压空气，即所谓放气调节，可以大大改善低速转矩（图7-21）。近年来，在车用增压发动机上采用放气调节方案日渐增多，有的将放气阀与增压器设计在一起，使结构大为紧凑。图7-19为放掉压气机后部分增压空气，并利用放气空气驱动冷却风扇的方案。

2. 加速性能变差

发动机若能对负荷与转速做出迅速响应，这对车辆行驶安全性、经济性都是有利的。可是由于涡轮增压器与发动机没有机械联系，增压器自身的惯性使其对突变负荷的响应能力变差。因此，增压柴油机的加速性比非增压的差。图7-22所示为增压柴油机带负荷加速时各项参数的变化情况。在加速过程中增压压力上升缓慢，使柴油机转速及平均有效压力的增加都要经历一段较长的时间，而且在加速过程中导致烟度增加。为了防止在加速过程中冒烟，需加装在增压压力未到达规定值时限制供油量的装置，结果进一步减缓了整个加速过程。

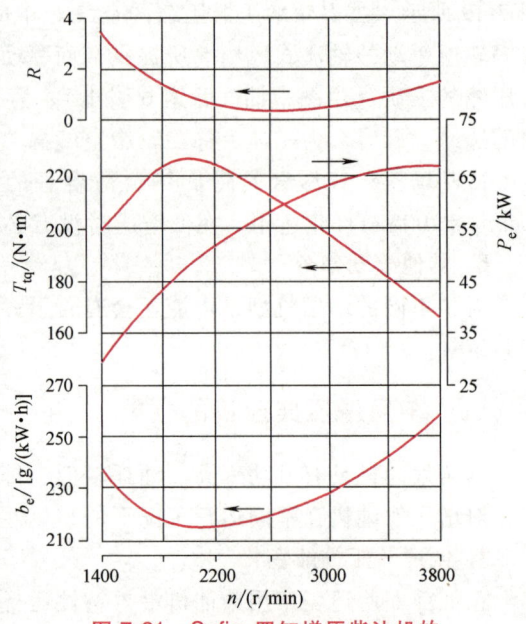

图 7-21　Sofim 四缸增压柴油机的外特性曲线（采用放气调节）

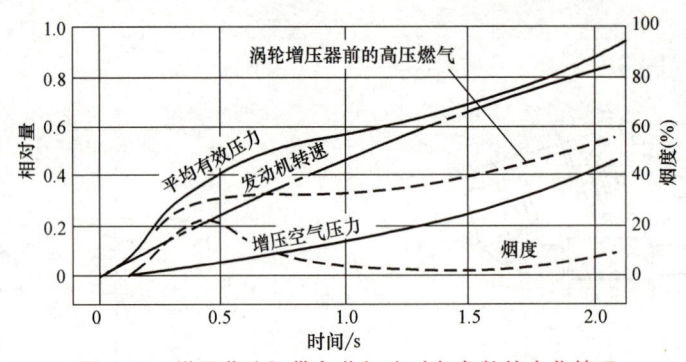

图 7-22　增压柴油机带负荷加速时各参数的变化情况

为了改善加速性，采用变压增压系统，减少进、排气管道的容积；采用放气调节或可变喷嘴；减少转子的转动惯量；采用较小的气门叠开角等都是有利的。另外，利用车辆上的制动空气系统中的高压空气向压气机工作轮进行喷射，可以起到帮助增压器加速的作用，也是简单且有效的。

3. 经济性有所改善

车辆采用增压柴油机可以改善车辆的经济性。但是增压柴油机在不同运行区的经济性是不同的，一般非增压柴油机在最大转矩点的平均有效压力大致为 p_{me} = 800～900kPa，进一步提高 p_{me}，将由于空气量不足而受到冒烟的限制，对于同一排量的增压柴油机来说，p_{me}可以达到1100～1300kPa。增压提高了指示功率及有效功率（即提高机械效率），可以明显改善高负荷区的运行经济性。图7-23a所示为对于同一排量增压与非增压机型的经济性比较，增压不仅使功率范围扩大，而且高负荷的经济运行范围也扩大了；但是在低负荷区涡轮增压器的能量转换不好，柴油机进、排气阻力及换气损失增加，此时增压对低负荷经济性已没有明显的好处。增压柴油机的这一特点，对经常处于高速满载运行的长途运输用重型载货汽车是有利的。

如果对同一功率的增压与非增压发动机进行比较，采用增压可以减少排量（减少缸数或缸径），使同一功率的机械损失降低，因而在广阔的运转范围内，增压机型的油耗都比非增压的低，等油耗的经济运行区域扩大（图7-23b），而且由于同等功率的增压发动机排量、体积、质量减小，给车辆带来的好处也是明显的。增压发动机的这一特点，对中、轻型载货汽车及经常处于中等或部分负荷运转的车辆来说，也是有利的。

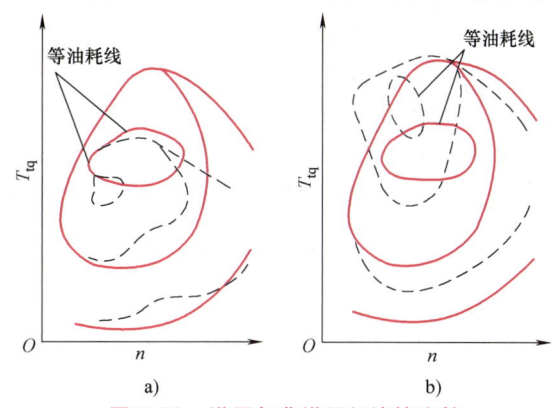

图7-23 增压与非增压经济性比较
a）同一排量 b）同一功率
实线—增压 虚线—非增压

增压促使经济性改善，还在于可以在保持原有功率和较高转矩的情况下，适当降低发动机转速，因为降低转速，可以减少机械损失和磨损，不仅改善了整机的经济性，而且使其可靠性及寿命提高，维修费用降低。因此，一般非增压机型改增压后，转速均有所降低，不过此时车辆后桥传动比宜有相应改动。

增压促使经济性改善，是需要通过重新组织发动机的工作过程，并与车辆参数合理配合才能实现的。就增压本身来说，诸如增压空气中间冷却（图7-24），改善压气机效率（图7-25）等，对于改善增压柴油机的经济性也有一定好处。

4. 降低了排气污染及噪声

增压柴油机通常在较充裕的过量空气下工作，使高负荷冒烟的可能性、排出CO及HC等有害成分大为减少。增压柴油机有害气体的排放量一般为非增压的1/3～1/2，如果措施得当（例如采用高喷射率并延迟喷射），NO_x的排放量也可明显降低，尤其是在采用增压及中冷以后，对减少排放物更为有利。

增压柴油机着火的滞燃期缩短，压升率降低，可以减少燃烧噪声；涡轮增压器的设置，可以减少进、排气噪声。在稳定的高负荷工况下，增压柴油机总的噪声级比非增压机低3～5dB（A）；但在低负荷时降低噪声的效果没有这么明显。

5. 起动与制动有一定困难

柴油机起动时，因无高温排气驱动涡轮机工作，所以压气机也不能供气。这时增压柴油机在起动瞬时的进气压力及温度均不高，加上增压柴油机的压缩比较低，使起动时压缩终了温度降低，造成着火与起动的困难。

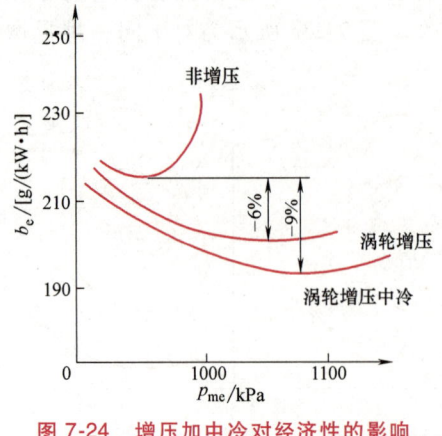

图 7-24 增压加中冷对经济性的影响

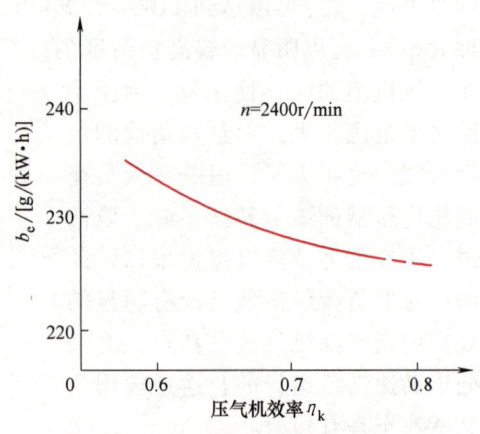

图 7-25 压气机效率对经济性的影响

重型车下坡时，常采用不脱档发动机制动。按汽车总质量配用的非增压柴油机，其制动力与气缸排量成正比。但增压柴油机升功率的提高，使得按增压后功率配置的载货汽车发动机的制动力有所降低。为此，在使用发动机制动时，应借助一定的自动装置，在活塞压缩行程终了时将排气门打开，从而减少气体膨胀功而增大发动机的制动力。

第五节　汽油机增压概述

增压技术应用于汽油机历来困难较多，这是因为汽油机混合气形成与燃烧的特殊性制约了涡轮增压在汽油机上的应用。近年来，由于电控技术广泛应用，小型增压器耐高温能力及自身特性的改善，对爆燃控制能力的提高等，大大地推动了汽油机增压技术的发展。

一、汽油机增压的困难

1. 爆燃倾向增大

增压使压缩终点及燃烧气体的温度与压力升高，致使爆燃的倾向增大。

2. 热负荷增高

受爆燃限制，汽油机压缩比较低，因而燃烧的膨胀比也低，致使排气温度较高；其次，因为汽油机混合气的浓度范围窄（$\phi_a = 0.85 \sim 1.05$），与柴油机相比，燃烧时的过量空气少，造成单位数量混合气的发热量大，再加上汽油机又不能用加大扫气来冷却受热零件。因此导致增压后的热负荷偏高。

3. 汽油机增压系统比柴油机复杂

车用汽油机的转速和功率范围宽广，工况变化频繁，转矩储备大，这些在采用涡轮增压后，如不采取特殊措施，很难保证车用发动机的正常运转。

4. 存在"反应滞后"的现象

非增压汽油机的加速性一般比柴油机好，但采用增压后，"反应滞后"的现象却比柴油机严重，因为增压器在进气系统中与进行负荷调节的节气门串接在一起，当节气门突然开启，要求混合气量迅速变化时，增压器供气往往跟不上，特别是从节气门关闭到全开，空气流量变化很大，也促使涡轮机的反应滞后。随着增压汽油机强化水平的提高，发动机加速性问题更加突出。完全消除增压后的"反应滞后"现象比较困难，但合理的结构可使其减小。

二、汽油机增压系统的常用措施

1）电控汽油喷射系统在增压汽油机上的应用，成功地摆脱了增压器与化油器匹配的困难，为汽油机增压技术奠定了基础。通过电控技术的应用，还为在汽油机增压系统中实现爆燃控制、放气控制、排放控制、增压器可变技术的应用等综合控制带来了方便。另外，现代汽油机上多气门机构的普遍采用（如双顶置凸轮轴四气门机构 DOHC4），更加充分地发挥了增压技术的优势，对促进整机高速动力性起到了重要的作用。

2）为克服因增压而带来的爆燃倾向增大的问题，可采用为消除爆燃的点火提前角自适应控制。

3）增压空气进行中冷，对增加充量、降低热负荷和消除爆燃均十分有利。

4）采用增压压力控制系统。与柴油机相比，汽油机运转的转速范围宽，从低速到高速的流量变化范围大，这就使得涡轮增压器的选配变得困难，可能出现低速时增压压力不足，高速时增压压力过高的情况；另一方面，汽油机混合气浓度范围窄，其空燃比接近化学当量比，即使在满负荷时也比柴油机小得多，从而造成排温高，涡轮入口的废气可用能大。因此，为了避免爆燃及限制热负荷，汽油机容许的增压压力常比柴油机低。为此必须对汽油机增压压力进行控制。对增压压力进行控制的方案有很多，例如采用进气或排气的放气系统、进气或排气的节流控制、可变喷嘴环截面的涡轮等。

【课程思政】 排气循环利用，发展循环经济

请扫码阅读

复习思考题

1. 试分析内燃机增压的优势。
2. 比较内燃机不同增压方式的结构和性能特点。
3. 分析废气涡轮增压系统的能量转化过程。
4. 分析废气涡轮增压器中气体性能参数在压气机和涡轮机中的变化情况。
5. 何谓压气机特性曲线？为什么要采用通用特性曲线？
6. 分析废气涡轮增压器发生喘振的原因。
7. 分析废气涡轮增压系统废气的利用方式，并进行比较。
8. 分析恒压涡轮增压四冲程柴油机的理论示功图。
9. 简述增压器匹配的原则以及工作范围的确定方法。
10. 分析增压柴油机在结构上的变动。
11. 分析增压柴油机的性能特点。
12. 分析汽油机增压的困难和解决方案。

第八章

发动机排气污染与噪声控制

第一节 概 述

以发动机为动力的汽车是城市大气污染和噪声的主要来源,其中汽车排气污染物主要包括 CO、NO_x、HC 和颗粒物,这些污染物对环境和人体危害较大。

CO 主要是在缺氧环境下的不完全燃烧产物,是一种无色无臭无味的气体,它与血色素的结合能力比 O_2 大 300 倍,人体吸入微量,将破坏造血功能,呈中毒症状;吸入含体积浓度 0.3% 的 CO 气体,则可在 30min 内使人致命。

NO_x 主要是指 NO 和 NO_2,发生在与燃料燃烧反应相伴的高温与富氧的环境中,NO 的毒性比 NO_2 小,但 NO 在大气中缓慢氧化形成 NO_2,NO_2 是褐色有刺激性的气体,空气中含 $10×10^{-6} \sim 20×10^{-6}$(体积分数)时可刺激口腔及鼻道黏膜,含量达 $50×10^{-6} \sim 300×10^{-6}$(体积分数)时则头痛出汗、损伤肺组织,大于 $500×10^{-6}$(体积分数)时,几分钟就可使人出现肺浮肿而死亡。

HC 包括未燃和未完全燃烧的燃油、润滑油及其裂解产物和部分氧化产物,如包括多环芳香烃、醛、酮、酸等在内的多种成分。HC 中的大部分对人体健康不产生直接影响,但其中的某些醛类和多环芳香烃对人体有严重危害,如甲醛等损伤眼睛、上呼吸道及中枢神经;3,4 苯并芘是一种强致癌物质。另外,HC 可在阳光作用下与 NO_x 进行光化学反应,形成一种毒性较大的光化学烟雾。其中最主要的生成物是臭氧(O_3),O_3 具有很强的氧化力和特殊的臭味,易使橡胶老化开裂,植物受损,可见度降低,并刺激眼睛及咽喉。

排气中的颗粒物(PM)是指经空气稀释后的排气,它是在低于 52℃ 温度下,在涂有聚四氟乙烯的玻璃纤维滤纸上沉积的除水以外的物质,如柴油机的炭烟粒子,汽油机的铅及硫酸盐等。细颗粒物 PM2.5 能较长时间悬浮于空气中,与较粗的颗粒物相比,PM2.5 粒径小、表面积大、活性强,易附带有毒有害物质,对人体健康和环境质量影响更大。总体上,柴油机的颗粒物排放比汽油机的要高。对于柴油机,随着喷油压力的提高和缸内燃烧过程的完善,PM 的质量排放量变少;对于汽油机,由于缸内直喷技术的使用,也有 PM 生成。随着汽车排放标准的日趋严格,对 PM 的质量排放量控制越来越严格,在欧Ⅵ排放法规中,对颗粒物的数量(PN)将进行限制。

汽车有害排放物对城市大气污染构成严重影响,因此制定法规对其进行控制十分必要。影响有害排放物生成的因素很复杂,特别是由于汽油机与柴油机在燃烧机理上的差异,使这两类机型的有害排放物的生成显示出不同的特点。

为了评定发动机的排放特性,掌握排放法规中的有关内容,本文中将用到下列排放指标。

1. 排放物的浓度 C

在一定排气容积中，有害排放物所占的容积（或质量）比例，称为排放物的浓度。通常表示浓度的方法有%或 mg/m³ 等，浓度较大时用%，浓度较小时用×10^{-6} 表示。

规定的有害排放物的限制浓度，称为有害排放物的容许浓度（C）。各国排放法规对有害排放物的容许浓度都有相关规定。

2. 排放物的质量排放量 G

只用排气中有害排放物的浓度，还不能表示其对空气污染的严重程度。例如发动机空转时，虽然排出 CO 的浓度很大，但由于排气总量不大，所以有害排放物的总量也不大，因此需要用单位时间内（或一次试验）有害排放物的质量排放量 G 来衡量，单位是 g/h（或 g/试验），即

$$G = CQ_r \tag{8-1}$$

式中　C——排气中的排放物浓度（g/m³）；

　　　Q_r——发动机排出的废气量 [m³/h（或 m³/试验）]。

3. 排放物的比排放量 g

单位功率小时排出污染物的质量称为比排放量 [g/(kW·h)]，即

$$g = \frac{G}{P_e} \tag{8-2}$$

式中　P_e——发动机有效功率（kW）。

本章着重介绍以下内容：介绍有害排放物的生成，重点分析影响汽油机、柴油机排放物生成的主要因素；介绍排气净化的治理措施，着重介绍车辆上常用的机外处理方法；说明排放法规与试验方法。

第二节　有害排放物的生成

一、氮氧化物

发动机排出的氮氧化物（NO_x）主要是 NO，NO_2 排出量较少。

NO 的产生：可以认为，氮的氧化反应发生在燃料燃烧反应所形成的环境中，其主导反应过程是

$$O + N_2 \underset{逆向}{\overset{正向}{\rightleftharpoons}} NO + N$$

$$N + O_2 \underset{逆向}{\overset{正向}{\rightleftharpoons}} NO + O$$

促使上述反应正向进行而生成 NO 的因素有以下三个：

（1）**温度**　高温时，NO 的平衡浓度高，生成速率也大。在氧充足时，温度是生成 NO 的重要因素。

（2）**氧的浓度**　在高温条件下，氧的浓度是生成 NO 的重要因素。在氧浓度低时，即使温度高，NO 的生成也会受到抑制。

(3) 反应滞留时间 由于 NO 的生成反应比燃烧反应慢，所以即使在高温下，如果反应停留的时间短，则 NO 的生成量也会受到限制。

在实际发动机中，因为燃烧过程经历的时间极短（ms 级），温度上升和下降都很迅速，尽管 NO 的生成（正向反应）没有达到平衡浓度，但由于 NO 分解（逆向反应）所需的时间也不足，使缸内 NO 的实际浓度由于逆向反应速率太低而几乎没有下降。这种反应"冻结"使实际排出 NO 的浓度大大高于排气温度相对应的平衡浓度。在柴油机中发生冻结的速度，比在汽油机中更快。

二、一氧化碳

一氧化碳（CO）是碳氢燃料在燃烧过程中生成的重要的中间产物。CO 生成的机理比较复杂，但一般认为，燃料分子（RH）经高温氧化生成 CO 要经历如下步骤：

$$RH \rightarrow R \rightarrow RO_2 \rightarrow RCHO \rightarrow RCO \rightarrow CO$$

这里 R 代表碳氢根。

CO 在火焰中及火焰后，以缓慢的速率氧化成 CO_2。

从化学当量的角度看，CO 的生成率主要受混合气浓度的影响。对于浓混合气而言（$\phi_a<1$），没有足够的氧使燃油中的碳完全燃烧生成 CO_2。即使在稀混合气中（$\phi_a>1$），由于燃烧室局部氧气不足及燃烧产物 CO_2 和 H_2O 的高温离解反应，也可能生成一部分 CO。在膨胀过程后期，随着燃烧气体温度的降低，CO 的氧化过程也有冻结现象，不过 CO 的冻结温度比 NO 低。

三、未燃碳氢化合物

未燃碳氢化合物（HC）的生成与排出有三个渠道，其中 HC 总量的 60%（体积分数）以上由废气（尾气）排出，另外的 25% 左右通过曲轴箱窜气，从供油系统及其管路等处的油蒸气漏泄占 15% 左右。

在燃烧过程中 HC 的生成，主要有以下途径：

1）在压缩与燃烧过程中，气缸内压力升高，把一部分未燃混合气压入与燃烧室相通的狭缝中（例如活塞顶环上面和气缸壁形成的狭缝）。由于燃烧时火焰不能进入狭缝，因此不能完全燃烧，在膨胀和排气行程中，在气缸压力降低后，以未燃 HC 的形式进入排气。这是生成 HC 的主要来源，称为**缝隙效应**。

2）相对冷态的气缸壁对火焰产生的热与活化基物质起着吸收的作用，火焰在气缸壁表面产生激冷与淬熄现象，于是在离气缸壁小于 0.1mm 的薄层内留下未燃 HC。

3）存在于气缸壁、活塞顶以及气缸盖底面上的一层润滑油膜，有可能在燃烧前、后吸收或放出燃料中的 HC 成分。

4）在发动机处于加、减速等瞬态工况下运行时，点火定时、空燃比以及排气再循环值均不处于最佳状态，有可能使燃烧品质恶化，使 HC 排放增加。特别是在减速及怠速工况下，HC 的排放量高。

四、颗粒物

柴油机排气中颗粒物的主要成分见表 8-1。炭烟粒子的形成过程如图 8-1 所示。它

是燃料在燃烧过程中经历了一系列物理化学变化后形成的。首先燃料分子在高温中裂解或氧化裂解，所生成的裂解产物主要是乙炔，乙炔是生成炭烟的重要中间物，接着形成炭烟核心，以上为成核阶段，成核后同时经历表面增长和凝聚两个过程。当炭烟粒子长大到某一尺寸时，增长速度急剧下降。以后便以集聚方式形成链状结构物。从核的萌发到成长、集聚这一系列的生成过程，都伴随着炭烟的氧化。因此，发动机排出的炭烟浓度是炭烟生成和氧化相竞争的结果。

表 8-1　柴油机排气中颗粒物的主要成分

成分	质量分数	成分	质量分数
干炭烟（DS）	40%～50%	硫酸盐	5%～10%
可溶性有机成分（SOF）	35%～45%		

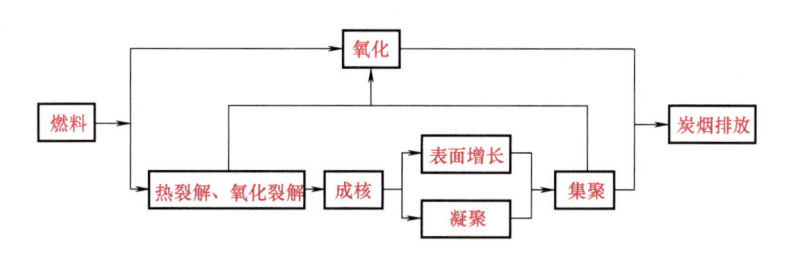

图 8-1　炭烟粒子的形成过程

第三节　影响汽油机有害排放物生成的主要因素

影响汽油机有害排放物生成的因素有很多，其中与发动机运转有关的主要因素如下所述。

一、混合气成分

正如前面章节所述，汽油机是一种预混燃烧，靠电火花进行外源点火，火核形成后，以火焰传播为特征，其可燃混合气的浓度范围比较窄，而且在一些工况下（如怠速、全负荷等）处于浓混合气工作，因而混合气成分是影响排放的最主要的因素。由图 8-2 可以看到，由于 CO 是缺氧条件下的不完全燃烧产物，随着空燃比 A/F 的增加，CO 浓度逐渐下降；在大于理论 A/F 以后，CO 浓度已经很低了。

同时从图中可以看到，NO_x 浓度两头低，中间高，NO 浓度峰值出现在理

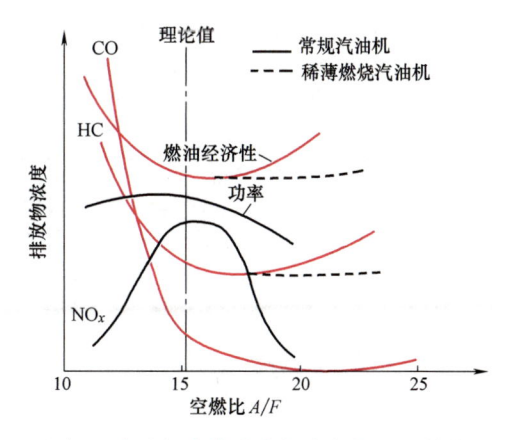

图 8-2　汽油机有害排放物浓度与 A/F 的关系

论 A/F 靠稀的一侧，反映出高的 NO 生成率必须兼具高温、富氧两个条件，缺一不可。

HC 的走向则是两头高，中间低，与燃油消耗率的变化趋势基本一致。当浓混合气逐渐变稀时，在缝隙容积与激冷层中的混合气燃料比例减少，因此 HC 量减少。在最佳燃烧的 A/F 范围内，HC 及油耗均为最低。但当混合气过稀，燃烧因不能稳定运行而失火，致使 HC 及油耗又重新回升。

从图 8-2 中的虚线看出，为了兼顾降低排放（减少 CO、HC、NO）与节能（减少油耗），最有效的措施是组织好汽油机在较大 A/F（如 $A/F>20$）下的稀薄燃烧。组织稀薄燃烧还有些特定的困难，但这是当代汽油机燃烧组织的重要方向。

二、点火正时

减少点火提前角对降低 NO 及 HC 均有利（图 8-3 及图 8-4），但以牺牲动力性为代价。从示功图（图 8-5）上可以看出，减小点火提前角，不仅降低燃烧最高温度、减少燃烧反应滞留时间，对降低 NO 的体积分数十分有利；而且由于点火推迟，膨胀时的温度及排气温度均上升，这对降低 HC 的体积分数也很有利。

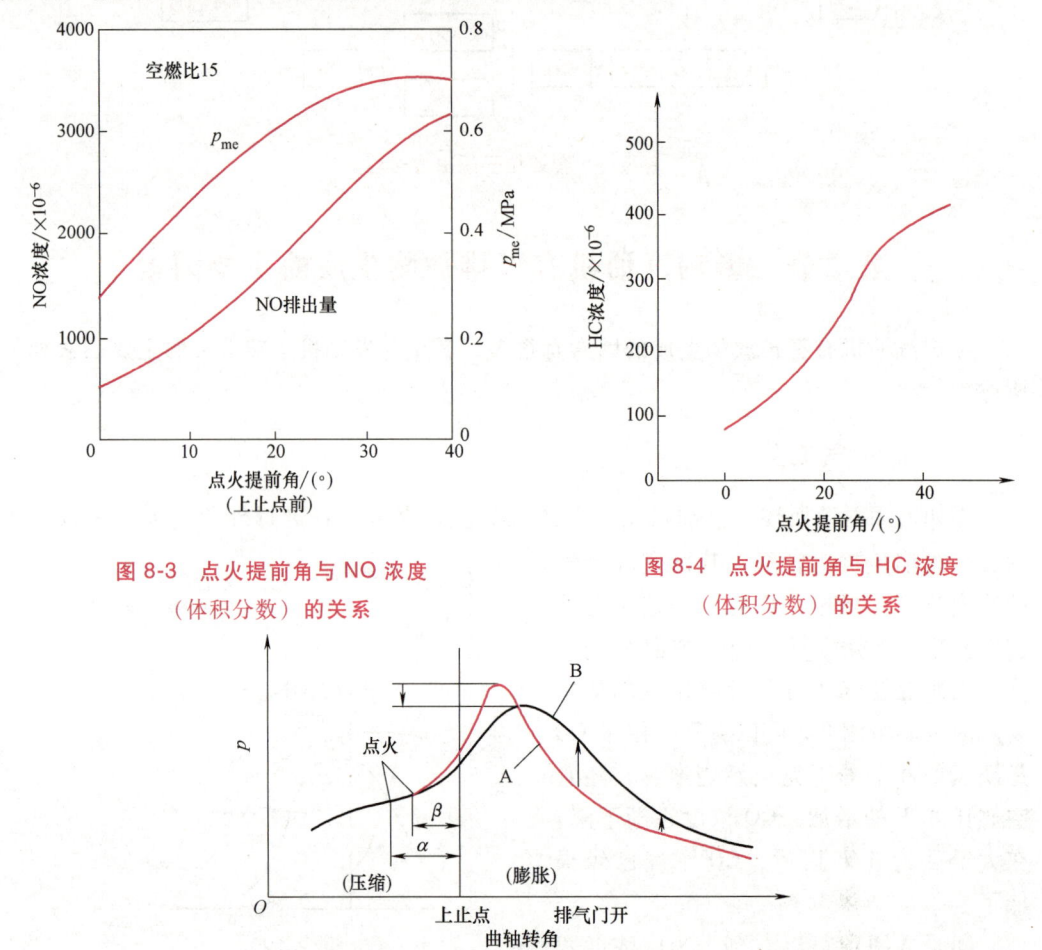

图 8-3 点火提前角与 NO 浓度（体积分数）的关系

图 8-4 点火提前角与 HC 浓度（体积分数）的关系

图 8-5 不同点火提前角的示功图

三、吸入废气量的影响

为了抑制燃烧的最高温度，将一部分排气回送至燃烧室，将有利于抑制 NO 的生成。由图 8-6 可以看出，随着吸入废气量的增大，NO 的浓度（体积分数）逐渐下降，但燃烧效率降低，动力性变差。

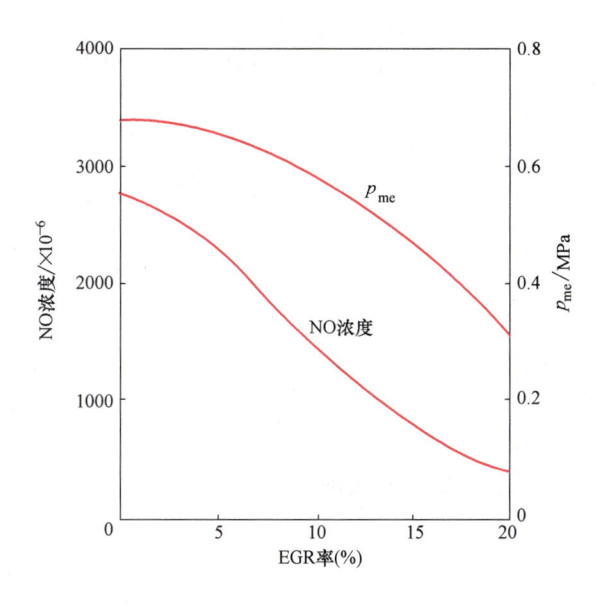

图 8-6　吸入废气量对 NO 生成及动力性的影响

四、工况

由表 8-2 可以看出，对于不同的运行工况，各种有害排放物的差异很大。例如，怠速与减速工况，是 HC 生成的主要工况。在怠速工况下，燃烧温度较低，缸内残余废气量较大，混合气较浓，致使燃烧恶化，HC 排放浓度增加；在减速工况下，很高的进气管真空度使进气管内沉积的燃料油膜蒸发，这也是 HC 增加的重要原因。

表 8-2　不同工况下的排气成分

排气成分	怠速	加速	定速	减速
HC/×10^{-6}（以正己烷计算）	800	540	485	5000
	3000~10000	300~800	250~550	3000~12000
NO_x/×10^{-6}（以 NO_x 计算）	23	1543	1270	6
	8~50	1000~4000	1000~3000	5~50
CO(%)	4.9	1.8	1.7	3.4
CO_2(%)	10.2	12.1	12.4	6.0

第四节 影响柴油机有害排放物生成的主要因素

一、柴油机燃烧及排放物生成的特点

柴油机燃烧是一种多相非均匀混合物的不稳定的燃烧过程。喷雾过程、油束形成、混合气的浓度与分布以及燃烧室形式等,对排放物生成均有复杂的影响。由于油束在燃烧室空间内的浓度分布、着火部位及局部温度各处都不同,可以对油束人为地分区并将其与排放物生成的关系进行说明。

如图 8-7 所示,当油束喷入有进气涡流的燃烧室中时,由于喷雾及燃油蒸气在空间内的浓度分布不同,可大致分为稀燃火焰熄灭区、稀燃火焰区、油束心部、油束尾部和后喷区以及壁面油膜,从油束边缘到油束核心部分,局部空燃比可从 ∞ 变到零。发动机工况不同,各区排放物生成的特征也不同。

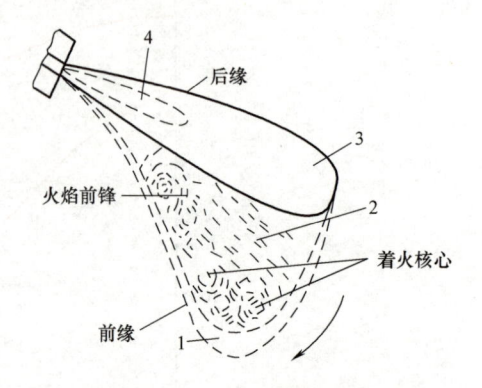

图 8-7 油束各区的燃烧情况
1—稀燃火焰熄灭区 2—稀燃火焰区
3—油束心部 4—油束尾部和后喷区

1)未燃 HC:低负荷时,由于喷油量少,混合气稀,缸内温度低,HC 主要产生在稀燃火焰熄灭区;高负荷时,混合气浓,HC 主要产生在油束心部、油束尾部和后喷区及壁面油膜处。

2)CO:低负荷时,由于缸内温度低,部分燃油难以氧化形成 CO_2,CO 主要在稀燃火焰熄灭区及稀燃火焰区的交界面上生成;高负荷时,在油束心部、油束尾部及后喷区,因局部缺氧而产生 CO。

3)NO_x:在燃烧完全、供氧充分及温度较高的稀燃火焰区及油束心部产生较多的 NO_x。

4)颗粒物:高负荷时,在油束心部、油束尾部和后喷区的氧浓度低,气体温度高,燃油分子容易发生高温裂解而形成颗粒物。

二、混合气成分

从宏观上讲,柴油机在运转中总有一定数量的过量空气,另外柴油蒸发性比汽油小,因此柴油机的 HC 及 CO 排放浓度一般比汽油机低得多(图 8-8)。但在接近全负荷时(A/F 减小),CO 浓度骤增。

如图 8-8 所示,与汽油机不同的是,柴油机 NO 的生成浓度较高,NO 生成率最高处仍出现在油量较大的高负荷工况,之后 NO 浓度随 A/F 增加而减少。

柴油机排气中有炭烟排出,随着混合气变浓,排气烟度增多。

三、喷油时刻

延迟喷油是降低 NO_x 的主要措施之一。如图 8-9 所示,延迟喷油可减少 NO 的生成,但减小喷油提前角将导致燃烧效率下降,最高爆发压力降低,因而使油耗及排气烟度增加。为了在延迟喷油以后燃烧不致恶化,加强缸内气流运动、促进混合气形成、提高喷油速率以及改善喷雾质量是很有必要的。实践证明,延迟喷油的同时提高喷油速率,要比单纯延迟喷油定时的效果好。在各种工况下,NO 排放浓度都随喷油速率的增加而降低,CO 浓度也随喷油速率的增加而降低,HC 的生成量则变化不大。

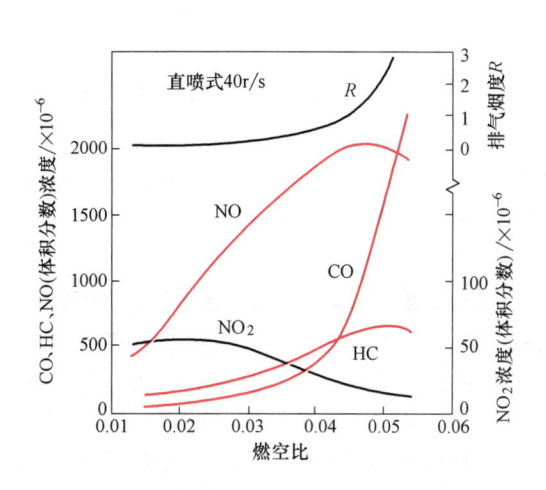

图 8-8 柴油机混合气成分与排放的关系

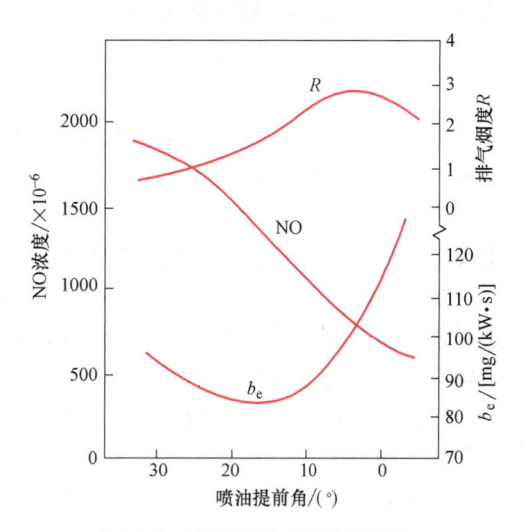

图 8-9 喷油定时对排放的影响

四、燃烧室类型

两类燃烧室污染物排放量的比较见表 8-3。分隔式燃烧室生成的 NO_x、CO、HC 的排放浓度均低于直喷式的,特别是 NO_x 的排放浓度一般比直喷式燃烧室的低 50% 左右。分隔式燃烧室排放低的原因是:这类燃烧室的燃烧及排放物的生成分两个阶段进行。在喷油开始和燃烧初期,副燃烧室的空燃比较小,氧浓度较低,燃料不可能燃烧完全,从而形成较多的 CO 及未燃 HC。副燃烧室在着火后温度较高,但氧浓度低,对生成 NO_x 仍有不利的影响。主燃烧室内有充足的新鲜空气,使来自副燃烧室的 CO 及 HC 进一步氧化。高温燃气进入主燃烧室后,温度有所下降,抑制了 NO_x 的生成。

表 8-3 两类燃烧室污染物排放量的比较　　[单位:g/(kW·h)]

燃烧室类型	NO_x	CO	HC
直喷式	5.2~9	2~6	1.1~3
分隔式	3~6	1.5~4	0.4~1.5

第五节　发动机排放污染的控制

为了降低汽车的排放污染，在20世纪70年代中期以前主要是采用以改善发动机燃烧过程为主的各种机内处理方法，这些方法对降低排气污染起到了很大作用，但效果是有限的。随着排放法规的日益严格，汽车开始采用包括催化转化器在内的各种机外处理方法。由于汽车排放污染物分别来自于排气管（燃烧过程）、曲轴箱和燃油系统。因此，发动机机外处理包括对发动机燃烧排出污染物，在排气系统等处进行后处理和对曲轴箱窜气或燃油蒸气部分进行处理。

一、排气的后处理

排气的后处理是指气体排出发动机气缸以后，在排气系统中进一步减少有害成分的措施，主要是指催化转化器。它包括用来减少HC、CO和颗粒物（PM）排放的氧化催化转化器，减少NO_x排放的还原催化转化器和同时减少HC、CO及NO_x排放的三元催化转化器，以及柴油机的颗粒物净化装置等各种发动机排气后处理装置。

1. 氧化催化转化器

催化转化器的一般结构如图8-10所示，一般由载体、减振密封垫、外壳等组成。载体有金属载体和整体式多孔性陶瓷蜂窝载体两类。催化剂活性材料涂覆在载体表面。

氧化催化转化器主要用于氧化排气污染物中的HC、CO和PM。早期汽油机曾采用氧化催化转化器，现代汽油机基本采用三元催化转化器。柴油机排气后处理采用两类氧化催化转化器，净化CO、HC的一般称为DOC（Diesel Oxidation Catalyst），净化PM的一般称为POC（Particulate Oxidation Catalyst）。

氧化催化转化器的作用是把排气中的CO、HC和PM中的可溶性有机物（SOF）氧化成CO_2和H_2O。由于贵金属活性高，低温时的活性损失小，同时抗高温和燃料中硫污染的能力强，因此最适于作催化材料。目前应用最广泛的氧化催化材料是铂（Pt）、钯（Pd）或二者的混合物。这些氧化催化剂的转化效率随温度而变化，如图8-11所示。在

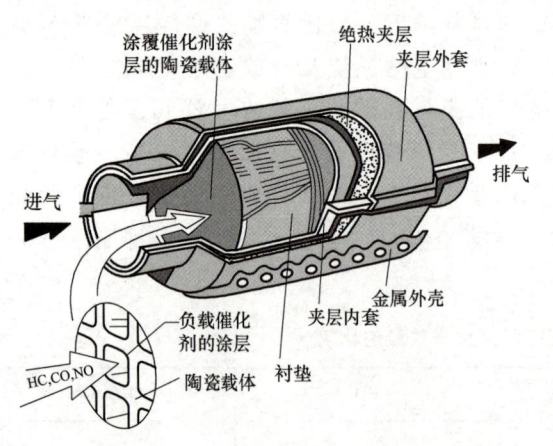

图8-10　催化转化器的一般结构

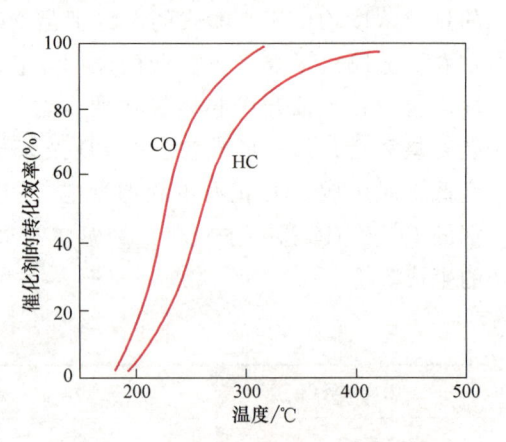

图8-11　氧化催化转化器中CO、HC的转化效率和温度的关系

温度足够高时使用新的催化剂，对 CO 的转化效率可达 98%~99%，对 HC 的转化效率可达 95%，但在温度低于 250~300℃时，其转化效率急剧下降。

柴油机 POC 的结构原理如图 8-12 所示，一般有前级 DOC 加后级半通式过滤器的结构形式。前级 DOC 将 HC、CO 和 PM 中的部分有机物进行氧化，后级捕集部分 PM。后级半通式过滤器是一个褶皱但不堵塞的通道，便于捕集 PM。

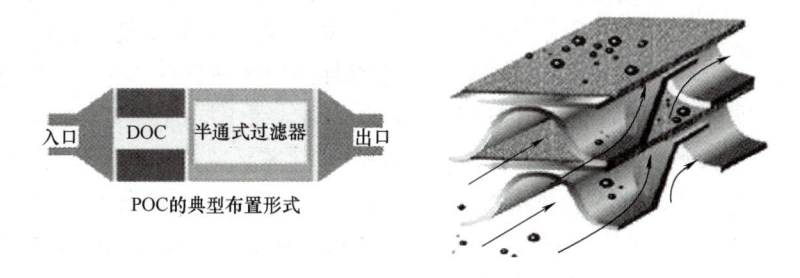

图 8-12 柴油机 POC 的结构原理

2. 三元催化转化器

三元催化剂包含铂（Pt）和铑（Rh）、钯（Pd），此外还含有稀土氧化物等材料。使用三元催化剂时，应将混合气成分严格控制在理论空燃比附近，这样催化剂才能促使 CO 及 HC 的氧化反应和 NO_x 的还原反应同时进行，生成 CO_2、H_2O 及 N_2。而且，只有在接近理论空燃比的窄狭范围内（图 8-13），对这三种有害成分才有高的转化效率。这是目前车用汽油机上应用最广泛的机外净化措施。

为了使空燃比保持在理论空燃比附近的狭窄空燃比范围内，使用了电子空燃比反馈控制系统。由排气系统安装的氧传感器，检出排气系统中的氧浓度，与同时得到的吸入空气量、冷却液温度等信息一起被送到控制单元处理，并同上述狭窄空燃比范围内的空燃比进行比较。通过电子控制的燃料供给系统向气缸喷入适当的燃料量。

3. NO_x 还原催化转化器

柴油机 NO_x 净化技术方案有氨类选择性催化还原 NO_x（NH_3-SCR）、HC 选择性催化还原 NO_x（HC-SCR）、贮存-还原技术（NSR）、NO_x 和 PM 组合净化技术与四效催化剂等。

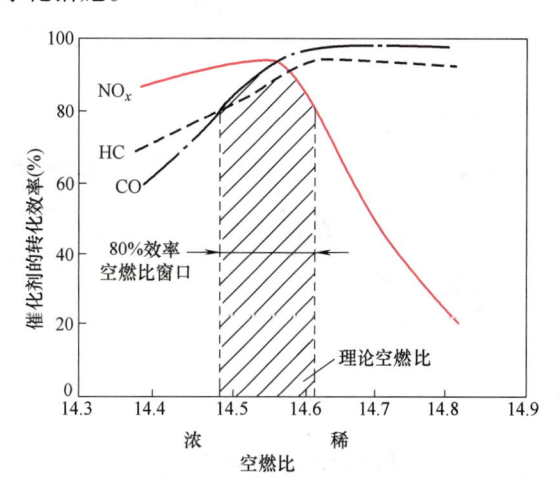

图 8-13 三元催化转化器的转化效率

（1）氨类选择性催化还原 NO_x（NH_3-SCR） NO_x 的 NH_3-SCR 技术始于 20 世纪 70 年代，国外已广泛应用于固定源烟气脱硝。它的原理是利用 V_2O_5/TiO_2 催化剂，在氧气大大过量的条件下让 NH_3 选择性地还原 NO_x 到 N_2，使用了以 TiO_2 为基础的催化剂保证了催化转化器对 SO_2 有很强的耐受性。目前，NH_3-SCR 已经实际应用于重型柴油

机尾气 NO_x 的控制。考虑到氨的强刺激性与毒性为公众难以接受,氨的碱性对设备有较强的腐蚀性,实际使用时采用尿素(质量分数为 32.5% 的尿素水溶液,业内称为 Addblue 或添蓝)代替氨选择性催化还原柴油机尾气中的 NO_x(Urea-SCR)。为了提高 Urea-SCR 体系净化 NO_x 的效率,减少氨的泄漏,MAN 公司提出了基于 Urea-SCR 体系的 VHRO 系统。"V" 为前置的氧化催化剂,该催化剂的作用是将排气中的部分 NO 氧化为 NO_2,以提高 SCR 催化剂的低温活性;"H" 为尿素水解催化剂,其作用在于加速尿素水解,从而有利于随后的 NO_x 选择性还原;"R" 为 SCR 催化剂,在该催化剂床层中,排气中的 NO_x 与尿素水解形成的氨发生选择性还原生成 N_2;"O" 为氨选择性氧化催化剂,可将排气中的氨转化为 N_2 以减少氨的泄漏。在不同的测试工况下,Urea-SCR 体系的 NO_x 净化效率达 85%~90%。目前 Urea-SCR 体系已成为满足欧 V 与 US2007 的重型柴油车 NO_x 净化首选技术,并得到实际应用。Urea-SCR 系统如图 8-14 所示。尿素溶液通过尿素泵到达喷射模块,在压缩空气辅助作用下通过喷射模块喷入排气系统,在催化剂的作用下,将排气中的 NO_x 还原成为 N_2。

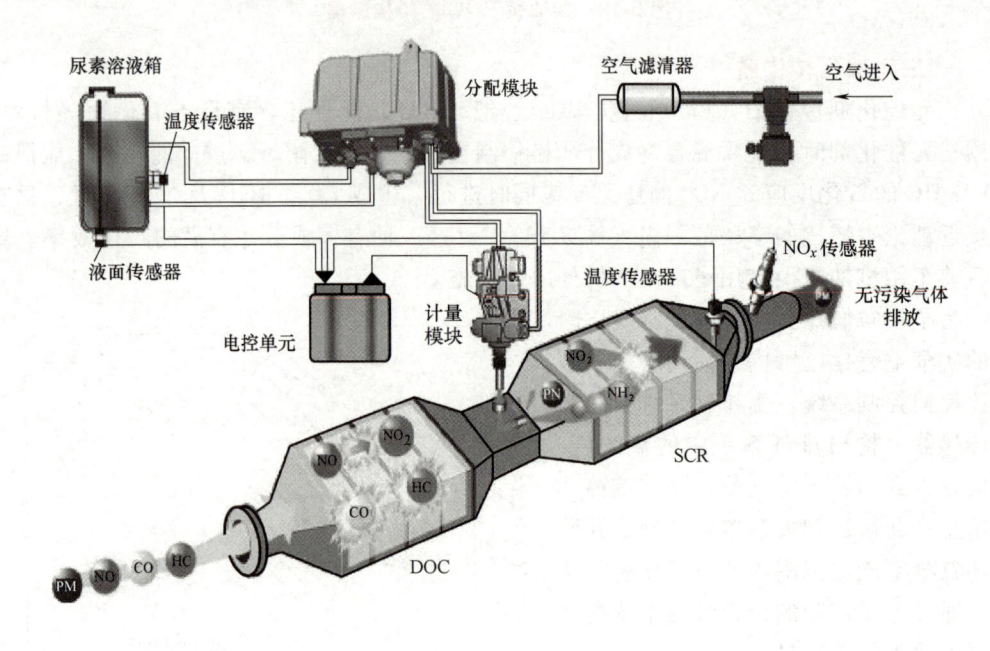

图 8-14 Urea-SCR 系统

(2) HC 选择性催化还原 NO_x(HC-SCR) NO_x 的 HC-SCR 技术始于 20 世纪 90 年代,是当今 NO_x 催化净化的研究热点之一。其原理和 NO_x 的 NH_3-SCR 技术类似,在催化剂的作用下 HC 选择性地将 NO_x 还原成 N_2,众多的催化剂均能催化 HC 选择性还原 NO_x,其中,银/氧化铝-乙醇的组合体系活性最佳,同时具备了良好的抗水耐硫性能,是具有应用前景的消除重型柴油机尾气 NO_x 的技术方案之一。与 Urea-SCR 相比,银/氧化铝-乙醇体系还原 NO_x 具有不会产生氨的泄漏和设备的腐蚀、单位体积催化剂的活性较高等优点。鉴于我国已经推广使用乙醇汽油,今后也有可能推广使用乙醇柴油燃料,届时可以通过乙醇柴油的加热分离,获取 SCR 所需的乙醇还原剂,因而有可能无须在车辆上装载燃料以外的还原添加剂,也不需要另行布建类似于尿素水溶液的附加设施,从而大大节约基本建设的投资成本。

(3) NO_x 贮存-还原技术(NO_x Storage-Reduction,NSR) NSR 技术立足于三效催化剂优异的同时去除 HC 和 NO_x 的能力,配合以 NO_x 吸附剂,在发动机稀燃状态下将 NO_x 吸附下来;周期性调整发动机成为浓燃状态,利用尾气中的 HC 还原 NO_x,达到同时去除的目的。要使该技术付诸实施,必须精确控制发动机的工况,周期性地营造稀燃、浓燃的氛围以最大限度地发挥该催化剂的 NO_x 净化效率,这样就增加了发动机控制的难度;同时,浓燃气氛的营造增大了燃油的消耗,降低了柴油机的燃油经济性。福特公司的 NSR 在净化重型柴油机排气中的 NO_x 时,满足欧Ⅳ和欧Ⅴ的燃油经济性损失分别为 5% 与 7%,按美国重型车行驶(USHD)工况测试时,NO_x 转化效率高于 90% 的燃油经济性损失约为 7%。

(4) NO_x 和 PM 组合净化技术与四效催化剂 近些年来,开发能同时消除柴油机主要污染物 NO_x、PM 以及 HC、CO 的多功能后处理技术引起了研究者的广泛兴趣,开发多功能技术的方案之一是将现有成功的单项技术进行优化整合,发展成为一种具有综合性能的单一技术装置,即四效催化剂系统。为满足不同时期的排放法规,研究人员设计了不同的组合方式,而 DPF-SCR、DPF-NSR 已成为满足未来排放标准的优势组合,前者倾向于对重型柴油车 PM 和 NO_x 的同时消除,而后者因具备了良好的低温活性更适于轻型柴油车 PM 和 NO_x 的同时消除。

为净化重型柴油车尾气,Johnson 等公司开发出 SCRT 系统,该系统是连续催化再生的柴油机颗粒捕集器(DPF)与选择性催化还原的整合(CR-DPF+SCR)。位于 DPF 前端的 DOC 催化剂将部分 NO 氧化为 NO_2,NO_2 促进了颗粒物的氧化使 DPF 得以再生,随后 NO 与未反应完的 NO_x 在尿素的作用下经历选择性催化还原转化为 N_2,选择性还原过程中 NO_2 的存在提高了 SCR 催化剂的低温活性;前置 DOC 对 HC 与 CO 的消除也有利于 NO_x 的低温还原。丰田公司开发出的 DPNR 技术可视为 DPF 与 NSR 组合技术的典型,该技术将 Pt/(Ba+K)/($Al_2O_3+TiO_2+Rh/ZrO_2$) 负载于壁流式 DPF 的表面,设计出 NO_x 贮存-还原与 PM 消除的一体式催化剂,以净化柴油机尾气。

4. 颗粒物过滤与捕集器

颗粒物是柴油机排放的突出问题,对车用柴油机排气颗粒物的处理,主要采用过滤法,典型的蜂窝状陶瓷颗粒捕集器如图 8-15 所示。在滤芯上积存的颗粒物需及时清除,过滤器再生的原理是:将颗粒物尽可能烧掉,变成 CO_2 随排气一起排入大气。DPF 的应用主要集中在过滤材料和过滤体再生这两个关键技术上,目前这两大关键技术都有突破:碳化硅壁流式过滤体在国外已经广泛使用,与此同时,新型的金属型过滤体以及性能更佳的钛酸铝材料也已被开发出来。

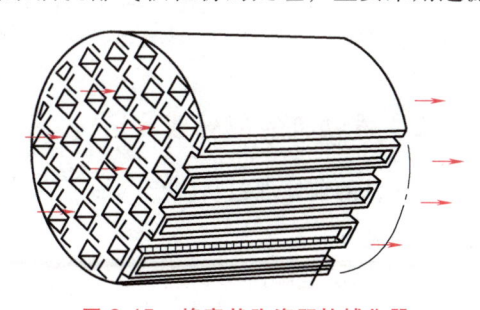

图 8-15 蜂窝状陶瓷颗粒捕集器

部分过滤式金属过滤体、堇青石过滤体、碳化硅过滤体和钛酸铝过滤体在国内外都有研究和应用，但由于材料的特性不同，其用途有所差别。碳化硅材料热容量大且耐高温，通常与主动再生方法配合使用，一般用于轿车柴油机和轻型柴油车的颗粒物控制。堇青石过滤体热容量比较小，易于提高涂覆催化剂的温度，通常与被动式再生方法配合使用，但过滤体内积炭过多时易损坏过滤体。金属过滤体与堇青石过滤体特性类似，钛酸铝过滤体与碳化硅过滤体特性相似，这两种过滤体有较好的应用前景。

柴油机颗粒捕集器的再生技术分为主动再生和被动再生两种结构形式。在主动再生方面，依靠柴油机控制为基础的催化再生和燃油添加剂催化再生已有相当的使用经验和很好的应用前景。在被动再生方面，有喷油助燃再生、电加热再生、逆向喷气再生等形式。图 8-16 所示为燃油喷射式再生系统，即在颗粒物捕集器的前方喷射燃油点燃，提高温度，将捕集器中的颗粒物燃烧。图 8-17 所示为带电加热器的颗粒物捕集器，其特点是对捕集的颗粒物从捕集器的出口侧到入口侧进行燃烧的逆向再生方式。

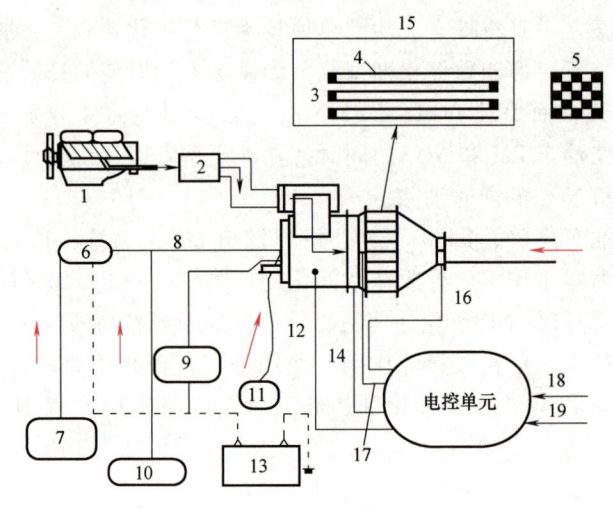

图 8-16　燃油喷射式再生系统

1—发动机　2—消声器　3—气体入口　4—过滤器　5—出口　6—燃油泵
7—燃油罐　8—燃油及空气　9—点火线圈　10—空气罐　11—空气泵　12—燃烧器温度信号　13—电池　14—入口温度传感器　15—放大图　16—出口温度传感器
17—压力传感器　18—发动机负荷信号　19—发动机转速信号

二、发动机的前处理

发动机的前处理包括防止汽油蒸发的措施，以及为降低 NO_x 生成而采取的排气再循环的措施。

1. 曲轴箱强制通风系统（PCV 系统）

如图 8-18 所示，从空气滤清器引出一股新鲜空气进入曲轴箱，再经流量调节阀（PCV 阀）把窜入曲轴箱的气体和空气的混合气一起吸入气缸烧掉。PCV 阀是真空操作的一个可变喷嘴控制的阀。其作用是在怠速、低速小负荷时减少送入气缸的抽气量，避

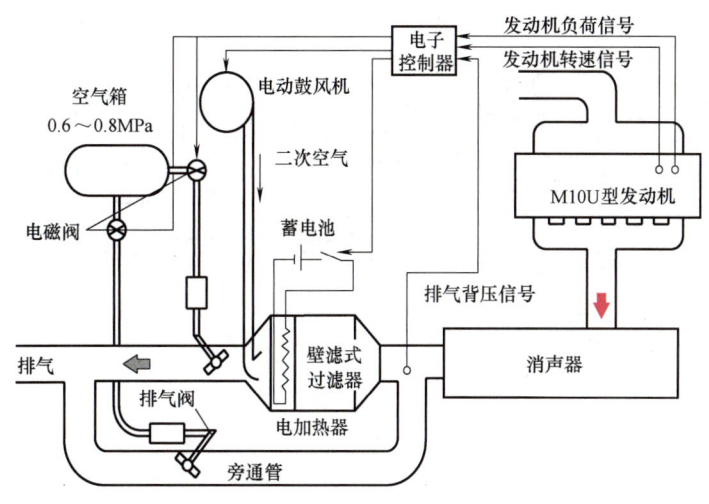

图 8-17 带电加热器的颗粒物捕集器

免混合气过稀而造成失火。在节气门全开时，即进气管真空度低，气缸窜气量大时，提供足够的流量。

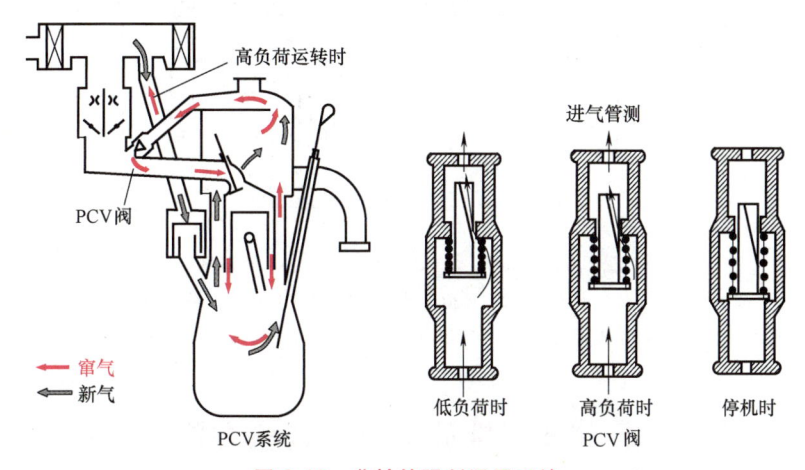

图 8-18 曲轴箱强制通风系统

2. 燃油蒸气吸附装置

图 8-19 所示为一种常用的活性炭罐式燃油蒸气吸附装置。从油箱蒸发出来的燃油蒸气流入炭罐被活性炭所吸附。当发动机工作时，由进气负压控制（或电子控制）开启净化控制阀，在炭罐内被吸附的燃油蒸气与从炭罐下部流入的空气一起被吸入进气管。

3. 排气再循环装置（EGR）

使少量废气（5%～20%）再次循环进入气缸，降低燃烧温度，可抑制 NO_x 的生成。对排气再循环量的控制方法有进气负压控制式、排气压力控制式、负荷比例式及电子控制式。应根据不同工况决定是否采用排气再循环，或确定排气再循环量的多少。图 8-20 所示为排气再循环（EGR）系统示意图。

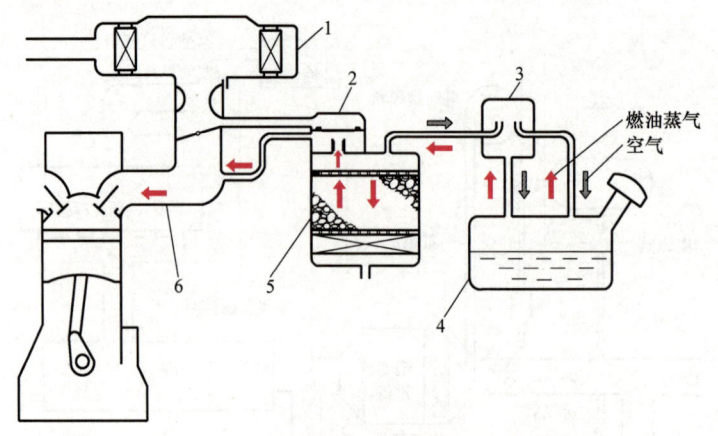

图 8-19 活性炭罐式燃油蒸气吸附装置
1—空气滤清器 2—控制阀 3—储气罐 4—油箱 5—炭罐 6—进气管

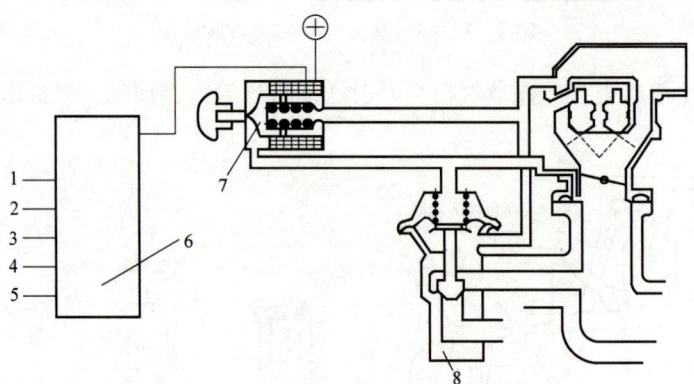

图 8-20 排气再循环（EGR）系统示意图
1—冷却液温度传感器 2—负荷传感器 3—转速传感器 4—怠速开关
5—节气门位置传感器 6—电控单元（ECU） 7—电磁阀 8—EGR 阀

第六节　排放法规与试验方法

  1943 年，拥有数百万辆汽车的美国洛杉矶出现了严重的公害事件——光化学烟雾事件。这次事件是美国环境管理历史上的转折点，促使加利福尼亚州成为世界上第一个实施控制汽车排放法规的地区，也使得世界深刻认识到汽车排放对环境的危害。1960年，美国加利福尼亚州颁布限制汽车排放的新法规。1968 年，美国联邦政府制定了第一个联邦汽车排放法规，继美国之后，日本和欧洲分别于 1966 年和 1970 年制定了机动车排放法规。我国从 20 世纪 80 年代开始着手制定排放法规，并于 1983 年颁布了首个国家排放标准 GB 3842—1983。

一、各国排放法规简介

1. 美国排放标准

  美国排放法规分为联邦排放法规（环境保护局（EPA）排放法规）和加利福尼亚

州空气资源委员会（CARB）排放法规。加州排放法规比联邦排放法规严格，一般提前2~3年颁布。

美国的轻型汽车标准是在1990年的空气清洁法（Clean Air Act Amendments）中确定的，分为Tier1和Tier2两个标准。乘用车和轻型货车的排放标准Tier1于1991年6月公布，1997年执行。Tier2于1999年12月通过，部分于2004年执行。对于新乘用车和轻型货车，Tier2标准于2007年全部实施。对于重型车和中型乘用车，Tier2标准于2008年开始部分实施，2009年全部实施。美国乘用车和轻型货车的排放标准中规定的污染物为NMOG、CO、PM、HCHO、NO_x共5种，与我国标准相比对污染物的控制更加严格。

美国的轻型汽车油耗及排放评定标准采用的是CAFE（Corporate Average Fuel Economy）标准，CAFE包括城市行驶循环（Federal Test Procedure, FTP）和公路行驶循环（Supplemental Federal Test Procedure, SFTP）两部分，其中FTP所占比例为0.55，而SFTP则是0.45，经过运算能够得到综合燃油经济性。

为模拟城市道路情况，目前美国采用的试验工况是FTP-75工况，如图8-21所示。FTP城市行驶循环总测试时间为1877s，包括505s冷起动（发动机周围平均温度20~30℃）、867s稳定状态以及505s热起动三个阶段。通过测算每个阶段的碳排放量从而得到城市行驶燃油经济性，其中，冷起动占0.43比重因子，稳定状态占1个比重因子，而热起动则占0.57比重因子。FTP测试总行程为17.77km，平均车速为34.12km/h，最高91.25km/h。配合定容取样系统CVS-3进行三次取样，并按照下式计算废气成分排放率Y_{wm}（g/mile, 1mile=1609.344m），即

$$Y_{wm} = (0.43Y_{ct} + 0.57Y_{ht} + Y_s) \tag{8-3}$$

式中　Y_{ct}——冷起动最初505s间的排放率（g/mile）；

Y_{ht}——热起动最初505s间的排放率（g/mile）；

Y_s——冷起动最初505~1372s间的排放率（g/mile）。

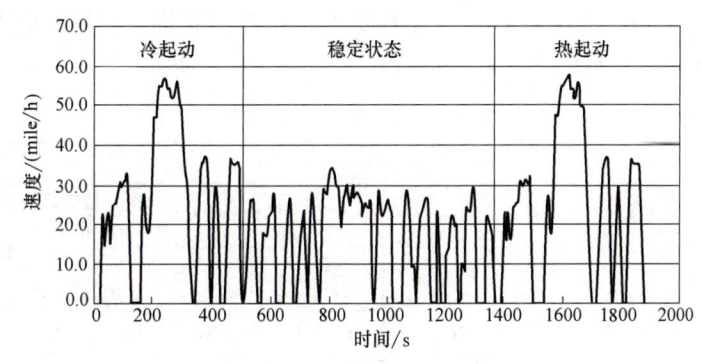

图8-21　FTP-75试验工况

相对FTP，SFTP（图8-22）的曲线轮廓更加平缓，振荡幅度与频次都明显小过FTP。SFTP总测试时间为1545s，包括765s正式测试时间、15s急速时间以及765s取样时间，测试总行程为33km，平均车速为77.4 km/h，最高车速为96.4 km/h。

美国联邦排放法规对于重型发动机的排放标准见表8-4，生效时间为2007年，要求

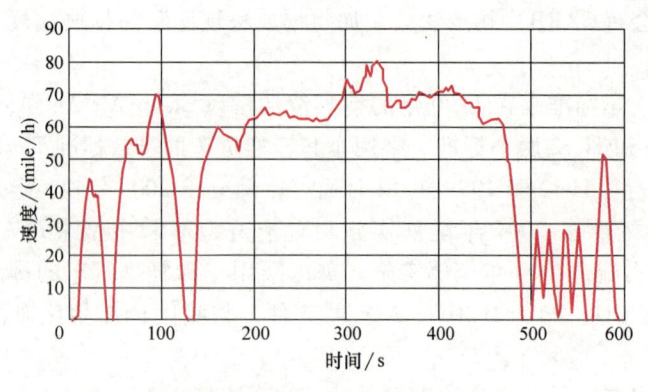

图 8-22 SFTP 试验工况

2010年全部达标，重型发动机的认证试验为瞬态联邦发动机台架循环试验。

表 8-4 重型发动机的排放标准（联邦法规） [单位：g/(hp·h)]

NMHC	NO_x	PM
0.14	0.20	0.01

注：1hp·h=2.68452MJ。

2. 欧洲排放标准

欧洲排放标准是由欧洲经济委员会（Economic Commission of Europe，ECE）的排放法规和欧共体（European Economic Community，EEC）的排放指令共同加以实现的，欧共体（EEC）即是现在的欧盟（European Union，EU）。ECE 从 1972 年开始以 ECE-R15 法规形式对轻型汽油车排放污染物和曲轴箱污染物排放进行控制，以后每隔 3~4 年修订加严一次。从 1988 年起的排放法规分为 ECE-R83 和 ECE-R15-04 两部分。为了达到 ECE-R83 法规的要求，1989 年起 ECE 开始使用无铅汽油。ECE 在 1991 年修改了 ECE-R83-00 法规，1992 年以后，EU 轻型汽车开始实行的标准为 Euro1、Euro2、Euro3、Euro4、Euro5、Euro6，也就是通常所说的欧 I、欧 II、欧 III、欧 IV、欧 V、欧 VI。目前已实施欧 VI 标准，排放限值见表 8-5。

表 8-5 欧 VI 标准排放限值

类别	级别	基准质量(RM)/kg	CO L_1/(g/km) PI	CO L_1/(g/km) CI	THC L_2/(g/km) PI	THC L_2/(g/km) CI	NMHC L_3/(g/km) PI	NMHC L_3/(g/km) CI	NO_x L_4/(g/km) PI	NO_x L_4/(g/km) CI	THC+NO_x (L_2+L_4)/(g/km) PI	THC+NO_x (L_2+L_4)/(g/km) CI	颗粒物质量 PM L_5/(g/km) PI	颗粒物质量 PM L_5/(g/km) CI	颗粒数量 PN L_6/(个/km) PI	颗粒数量 PN L_6/(个/km) CI
第一类车	—	全部	1	0.5	0.1	—	0.068	—	0.06	0.08	—	0.17	0.0045	0.0045	—	$6.0×10^{11}$
第二类车	I	<1305	1	0.5	0.1	—	0.068	—	0.06	0.08	—	0.17	0.0045	0.0045	—	$6.0×10^{11}$
第二类车	II	1305~1760	1.81	0.63	0.13	—	0.09	—	0.075	0.105	—	0.195	0.0045	0.0045	—	$6.0×10^{11}$
第二类车	III	>1760	2.27	0.74	0.16	—	0.108	—	0.082	0.125	—	0.215	0.0045	0.0045	—	$6.0×10^{11}$

注：PI=点燃式；CI=压燃式。

欧洲轻型车辆测试循环是从1992年开始采用的,考虑道路交通情况的变化,把试验规范定为ECE15(市区)工况+EUDC(市郊)工况试验循环,其中市区运转循环又是由四个小的市区运转循环单元组成,每个循环单元的测试时间为195s,包括怠速、起动、加速以及减速停车等几个阶段,最高车速为50km/h,平均车速为18.35km/h,最大加速度为1.042m/s^2,平均加速度为0.599m/s^2。市郊运转循环时间为400s,最高车速为120km/h,平均车速为62km/h,最大加速度为0.833m/s^2,平均加速度为0.354m/s^2。欧洲排放测试循环工况如图8-23所示。

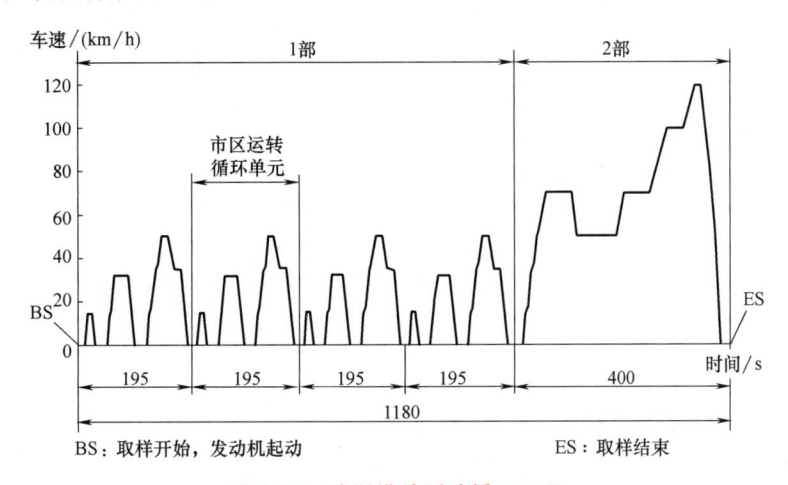

图 8-23 欧洲排放测试循环工况

欧洲对于柴油机和重型汽油机、气体发动机在1992年也制定了相应的排放标准。对于重型车用发动机在1998年10月前使用稳态发动机试验循环ECE R49。从2002年10月开始,普通车辆采用欧洲固定循环试验(European Stationary Cycle,ESC)、欧洲瞬态循环试验(European Transient Cycle,ETC)。环境友好车辆EEV(Enhanced Environmentally friendly Vehicle)于1999年10月开始使用ESC、ETC、ELR(The European Load Response)试验循环。从欧Ⅵ开始,重型车辆排放限值的测试采用世界统一的稳态测试循环(World Harmonized Stationary Cycle,WHSC)和瞬态测试循环(World Harmonized Transient Cycle,WHTC)。

此外,从欧Ⅲ开始,要求车辆必须装备OBD系统,规定:当车辆出现故障、排放系统损坏或排放超标时,车辆必须显示告知驾驶人。通常欧洲的OBD称为EOBD,以区分于美国的OBD。

3. 日本排放标准

日本从1966年起实施汽车排放法规,采用4工况法控制CO的体积百分比。1973年对乘员11人以下的客车和总质量小于2500kg的轻型货车改用市区10工况热起动法,增加控制HC和NO$_x$的排放限值,用炭罐收集法控制汽油蒸发。1975年起增加了城郊11工况冷起动试验法,这是用于模拟汽车冷起动后由郊外向市区前进的平均行驶模式,并加严了10工况限值。日本于1989年提出了更加严格的汽车排放法规,将试验规范改为10-15工况,用于模拟汽车在城市道路的平均行驶状况,污染物限值标准的修改主要针对轿车。2005 年日本引入了更接近于实际行车情况的 JC08 工况。图 8-24 所示为日本各测试工况。

目前，日本排放标准中限定的污染物为 NMHC、CO、NO_x、PM 共 4 种。乘用车采用一样的限值要求；货车及客车则根据 GVW（Gross Vehicle Weight，车辆总重量）的不同划分为：轻型车、微型车（GVW≤1.7t）、中型车（1.7t<GVW≤3.5t）、重型车（GVW>3.5t），分别执行不同的排放限值。

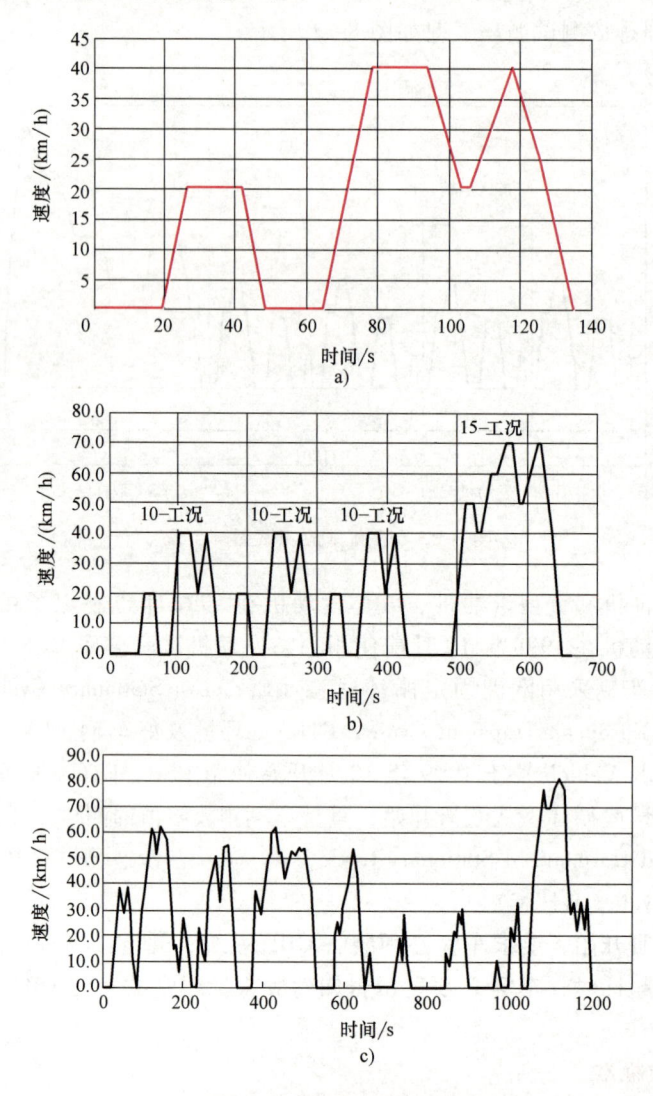

图 8-24 日本各测试工况
a) 10 工况　b) 10-15 工况　c) JC08 工况

二、我国汽车的排放法规

我国汽车污染排放控制工作始于 1979 年《中华人民共和国环境保护法（试行）》颁布以后，在 1983 年颁布了首个国家排放标准 GB 3842—1983。世界三大排放体系中，欧洲法规在标准的宽严程度、道路交通情况等方面都相对适用于我国实际情况，我国在充分吸收欧美的经验后，形成了中国排放法规体系。我国与欧洲排放标准的实施时间见表 8-6。

表 8-6　中国与欧洲排放标准的实施时间

标准	中国实施年份	欧洲实施年份	相差时间(年)
国Ⅰ（欧Ⅰ）	2000	1992	8
国Ⅱ（欧Ⅱ）	2004	1996	8
国Ⅲ（欧Ⅲ）	2007	2000	7
国Ⅳ（欧Ⅳ）	2010	2005	5
京Ⅴ（欧Ⅴ）	2013	2008	5
国Ⅵ（欧Ⅵ）	—	2013	—

注：2016 年 4 月 1 日起，我国在东部 11 省实施国五标准。

1. 排放标准中的相关术语

根据 GB/T 15089—2001《机动车辆及挂车分类》、GB 14762—2008《重型车用汽油发动机与汽车排气污染物排放限值及测量方法（中国Ⅲ、Ⅳ阶段）》、GB 18352.6—2016《轻型汽车污染物排放限值及测量方法（中国第六阶段）》、GB/T 3730.2—1996《道路车辆　质量　词汇和代码》中的相关术语规定：

1) M 类车辆：至少有四个车轮并且用于载客的机动车辆。

M_1 类车辆：包括驾驶人座位在内，座位数不超过九座的载客车辆。

M_2 类车辆：包括驾驶人座位在内座位数超过九个，且最大设计总质量不超过 5000kg 的载客车辆。

M_3 类车辆：包括驾驶人座位在内座位数超过九个，且最大设计总质量超过 5000kg 的载客车辆。

2) N 类车辆：至少有四个车轮且用于载货的机动车辆。

N_1 类车辆：最大设计总质量不超过 3500kg 的载货车辆。

N_2 类车辆：最大设计总质量超过 3500kg，但不超过 12000kg 的载货车辆。

N_3 类车辆：最大设计总质量超过 12000kg 的载货车辆。

3) 重型汽车：最大总质量大于 3500kg 的 M 类和 N 类车辆。

4) 轻型汽车：最大总质量不超过 3500kg 的 M_1 类、M_2 类和 N_1 类车辆。

5) 第一类车：包括驾驶人座位在内，座位数不超过六座，且最大总质量不超过 2500kg 的 M_1 类汽车。

6) 第二类车：除第一类车以外的其他所有汽车。

7) 整备质量：汽车的净重，通常是指空车，不包括货物、驾驶人及乘客的重量，但是包括汽车本身的油箱（含汽油）、机油、冷却液及汽车本身自有装备及内饰、备胎工具。

8) 基准质量：汽车的"整备质量"加 100kg。

9) 最大总质量：汽车制造厂提出的技术上允许的最大质量。

2. 我国轻型汽车排放法规

2016年12月23日，我国颁布《轻型汽车污染物排放限值及测量方法（中国第六阶段）》（GB 18352.6—2016，简称"国六"），自2020年7月1日起实施。表8-7为国Ⅵ型式检验试验项目。

表 8-7 国Ⅵ型式检验试验项目

型式检验试验类型	装用点燃式发动机的轻型汽车（包括HEV）			装用压燃式发动机的轻型汽车（包括HEV）
	汽油车	两用燃料车	单一气体燃料车	
Ⅰ型-气态污染物	进行	进行	进行	进行
Ⅰ型-颗粒物质量	进行	进行（只试验汽油）	不进行	进行
Ⅰ型-粒子数量	进行	进行（只试验汽油）	不进行	进行
Ⅱ型	进行	进行（只试验汽油）	进行	进行
Ⅲ型	进行	进行（只试验汽油）	进行	进行
Ⅳ型[①]	进行	进行（只试验汽油）	不进行	不进行
Ⅴ型[②]	进行	进行（只试验气体燃料）	进行	进行
Ⅵ型	进行	进行（只试验汽油）	进行	进行
Ⅶ型	进行	进行（只试验汽油）	不进行	不进行
OBD系统	进行	进行	进行	进行

① Ⅳ型试验前，还应按GB 18352.6—2016中的5.3.4.2的要求对炭罐进行检测。
② 对于使用GB 18352.6—2016中的5.3.5.1.1.3和5.3.5.1.2.2中规定的劣化系数（修正值）通过型式检验的车型，不进行此项试验。

表中：

Ⅰ型试验是指常温下冷起动后排气污染物排放试验。

Ⅱ型试验是指实际行驶污染物排放试验。

Ⅲ型试验是指曲轴箱污染物排放试验。

Ⅳ型试验是指蒸发污染物排放试验。

Ⅴ型试验是指污染控制装置耐久性试验。

Ⅵ型试验是指低温下冷起动后排气中CO、THC和NO_x排放试验。

Ⅶ型试验是指加油过程污染物排放试验。

我国排放法规规定所有汽车必须进行Ⅰ型试验，汽车放置在带有负荷和惯性模拟的底盘测功机上，按照相关规定进行试验。在试验工况的选择上，采用的是欧盟的NEDC（New European Driving Cycle）循环，如图8-23所示。

运转循环由1部（市区运转循环）和2部（市郊运转循环）组成，工况分解后如图8-25所示。

在排气取样方法上，采用的是1978年欧洲经济委员会采用的定容取样法。这是一种接近于汽车排气扩散到大气中实际状态的取样方法，又称为变稀薄度取样法。它是将排气与稀释气体相混合，再以固定不变的容积流量输入分析系统，用以测定排气成分的真实浓度。这种方法易于进行连续测量以及对有害成分质量排放率的自动实时计算。同时排放法规对气体分析都有明确的要求，见表8-8。

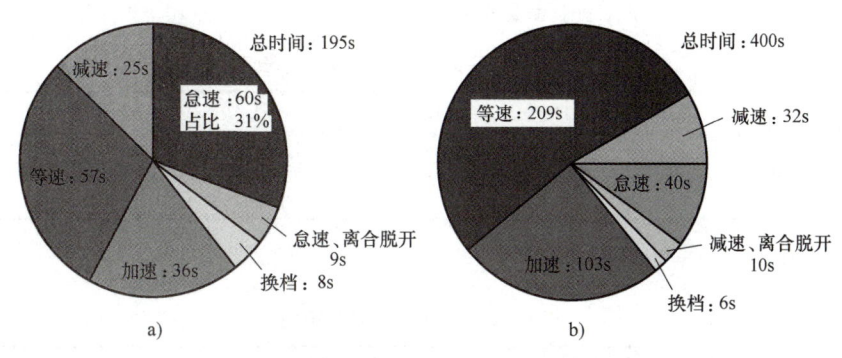

图 8-25 NEDC 运转循环分解

a) 市区运转循环　b) 市郊运转循环

表 8-8　气体分析要求

分析对象	要求
$CO+CO_2$	分析仪采用不分光红外线吸收（NDIR）型
THC（点燃式发动机）	分析仪采用氢火焰离子化（FID）型。用丙烷气体标定，以碳原子当量表示
THC（压燃式发动机）	分析仪采用加热式氢火焰离子化（HFID）型。用丙烷气体标定，以碳原子当量表示
CH_4	分析仪采用气象色谱（GC）+氢火焰离子化（FID）型，或非甲烷截止器（NMC）+氢火焰离子化（FID）型。用丙烷气体标定，以碳原子当量表示
NO_x	分析仪采用化学发光（CLD）型或非扩散紫外线谐振吸收（NDUVR）

Ⅰ型试验排放限值见表 8-9、表 8-10。

表 8-9　Ⅰ型试验排放限值（6a 阶段）

车辆类别		测试质量 (TM)/kg	限值						
			CO/ (mg/km)	THC/ (mg/km)	NMHC/ (mg/km)	NO_x/ (mg/km)	N_2O/ (mg/km)	PM/ (mg/km)	PN[①]/ (个/km)
第一类车		全部	700	100	68	60	20	4.5	$6.0×10^{11}$
第二类车	Ⅰ	TM≤1305	700	100	68	60	20	4.5	$6.0×10^{11}$
	Ⅱ	1305<TM≤1760	880	130	90	75	25	4.5	$6.0×10^{11}$
	Ⅲ	1760<TM	1000	160	108	82	30	4.5	$6.0×10^{11}$

① 2020 年 7 月 1 日前，汽油车过渡限值为 $6.0×10^{12}$ 个/km。

表 8-10　Ⅰ型试验排放限值（6b 阶段）

车辆类别		测试质量 (TM)/(kg)	限值						
			CO/ (mg/km)	THC/ (mg/km)	NMHC/ (mg/km)	NO_x/ (mg/km)	N_2O/ (mg/km)	PM/ (mg/km)	PN[①]/ (个/km)
第一类车		全部	500	50	35	35	20	3.0	$6.0×10^{11}$
第二类车	Ⅰ	TM≤1305	500	50	35	35	20	3.0	$6.0×10^{11}$
	Ⅱ	1305<TM≤1760	630	65	45	45	25	3.0	$6.0×10^{11}$
	Ⅲ	1760<TM	740	80	55	50	30	3.0	$6.0×10^{11}$

① 2020 年 7 月 1 日前，汽油车过渡限值为 $6.0×10^{12}$ 个/km。

Ⅴ型试验中劣化系数的限值见表8-11。

表8-11 Ⅴ型试验中劣化系数的限值

发动机类别	CO	THC	NMHC	NO_x	N_2O	PM	PN
点燃式	1.8	1.5	1.5	1.8	1.0	1.0	1.0
压燃式	1.5	1.0	1.0	1.5	1.0	1.0	1.0

Ⅵ型试验排放限值见表8-12。

表8-12 Ⅵ型试验排放限值

车辆类别		测试质量(TM)/kg	CO/(g/km)	THC/(g/km)	NO_x/(g/km)
第一类车		全部	10.0	1.20	0.25
第二类车	Ⅰ	TM≤1305	10.0	1.20	0.25
	Ⅱ	1305<TM≤1760	16.0	1.80	0.50
	Ⅲ	1760<TM	20.0	2.10	0.80

纵观我国排放法规发展历程，从最开始简单的限制CO、HC和烟度到如今的限制CO、THC、PM、PN、NMHC、NO_x等，法规日益完善，要求更加严格。

3. 我国重型汽车排放法规

2008年4月2日，颁布了《重型车用汽油发动机与汽车排气污染物排放限值及测量方法（中国Ⅲ、Ⅳ阶段）》（GB 14762—2008）。

2018年6月22日，我国发布了GB 17691—2018《重型柴油车污染物排放限值及测量方法（中国第六阶段）》，自2019年7月1日起实施。2021年5月26日，生态环境部举行例行发布会通报，2021年7月起，我国全面实施重型柴油车国六排放标准。重型柴油车国六排放标准同样对NO_x、NMHC、PM和CO进行了限值要求。相比于国五标准，重型柴油车国六排放标准在限值要求上有了明显提高。

根据GB 17691—2018，发动机进行型式试验时，要求进行的试验项目见表8-13。

表8-13 发动机型式试验项目

	试验项目		柴油机	单一气体燃料机	双燃料发动机①
标准循环	稳态工况（WHSC）	气态污染物	进行	—	进行
		颗粒物（PM）			
		粒子数量（PN）			
		CO_2和油耗			
	瞬态工况（WHTC）	气态污染物	进行	进行	进行
		颗粒物（PM）			
		粒子数量（PN）			
		CO_2和油耗			
非标准循环	发动机台架非标准循环（WNTE）	气态污染物	进行	—	进行
		颗粒物（PM）			
	整车车载法（PEMS）试验②		进行	进行	进行

(续)

试验项目	柴油机	单一气体燃料机	双燃料发动机①
曲轴箱通风	进行	进行	进行
耐久性	进行	进行	进行
OBD	进行	进行	进行
NO_x 控制	进行	—	进行

① 按 GB 17691—2018 中附录 N 的要求进行型式检验。

② 发动机的整车 PEMS 试验，可以是 GB 17691—2018 中 6.2.2 规定的该发动机所安装车型的 PEMS 试验之一。

下面以标准循环为例来介绍我国重型汽车排放测量的试验循环。发动机标准循环包括瞬态循环（World Harmonised Transient Cycle，WHTC）和稳态循环（World Harmonised Steady State Cycle，WHSC）两种工况。发动机标准循环的排放限值见表 8-14。

表 8-14 发动机标准循环排放限值

试验	CO (mg/kW·h)	THC (mg/kW·h)	NMHC (mg/kW·h)	CH_4 (mg/kW·h)	NO_x (mg/kW·h)	NH_3 (ppm③)	PM (mg/kW·h)	PN (#/kW·h)
WHSC 工况（CI①）	1500	130	—	—	400	10	10	$8.0×10^{11}$
WHTC 工况（CI①）	4000	160	—	—	460	10	10	$6.0×10^{11}$
WHTC 工况（PI②）	4000	—	160	500	460	10	10	$6.0×10^{11}$

① CI = 压燃式发动机。

② PI = 点燃式发动机。

③ ppm = 10^{-6}。

（1）瞬态循环（WHTC） WHTC 试验循环全称为世界统一瞬态试验循环，是欧洲针对欧六阶段排放标准提出的测试循环，WHTC 试验循环分别由冷起动排放试验、热浸以及热起动排放试验三部分构成，冷起动循环和热起动循环的运行时间均为 1800s，工况由一组逐秒变换的转速和转矩的规范百分值来设定，如图 8-26 所示。WHTC 循环充分考虑了世界各地的道路情况，以及各种车辆的行驶特征。

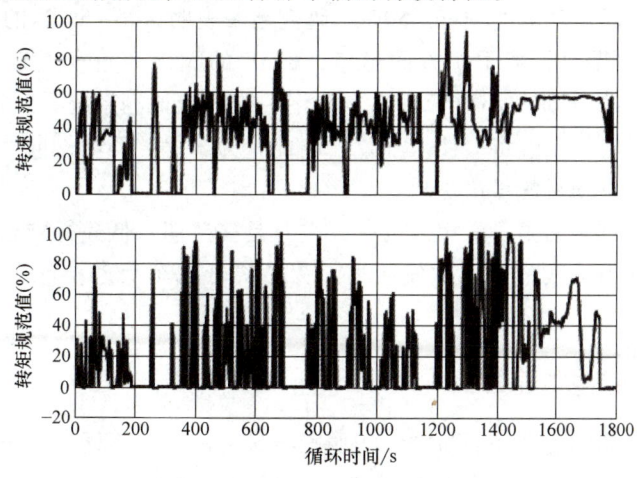

图 8-26 WHTC 试验循环转速和转矩规范百分值

(2) 稳态循环（WHSC） WHSC 试验循环是由 13 个稳态的工况点组成的试验循环，见表 8-15。进行 WHSC 试验循环稳态试验时，需要对发动机运行边界条件进行控制，设定发动机进气压力为 101kPa、进气温度为 22℃、进气湿度为 45%，设定发动机冷却液温度为 85℃、中冷后温度为 50℃，发动机在额定点维持运转 10min 左右。WHSC 试验循环转速和转矩的规范百分值，如图 8-27 所示。

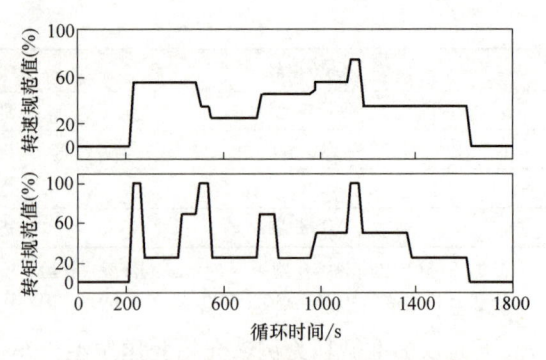

图 8-27 WHSC 试验循环转速和转矩的规范百分值

表 8-15 WHSC 试验循环

序号	转速规范值（%）	转矩规范值（%）	工况时间/s	序号	转速规范值（%）	转矩规范值（%）	工况时间/s
1	0	0	210	8	45	25	150
2	55	100	50	9	55	50	125
3	55	25	250	10	75	100	50
4	55	70	75	11	35	50	200
5	35	100	50	12	35	25	250
6	25	25	200	13	0	0	210
7	45	70	75	合计			1895

第七节　发动机噪声及其控制

随着机动车保有量的增加，在人口比较集中的大、中城市，机动车辆的噪声已成为主要的噪声源，占城市环境的 30%~50%。研究结果表明，45~50dB 的噪声就会影响人们的睡眠；50dB 的噪声就能干扰人的思考；60dB 的噪声开始令人心烦；长期生活在 65dB 的噪声中，会使人体的心血管系统、消化系统以及神经系统受到损害；若在 90dB 以上的噪声环境下连续工作将会使人耳聋。因此，为了保护环境，世界各工业发达国家和我国都已制定了发动机的噪声法规。

发动机噪声是汽车的主要噪声源之一，尤其是在急速、低速行驶和车辆起动加速过程中，发动机及动力总成的噪声越发明显。为了降低汽车噪声，首先应控制发动机的噪声。

一、发动机噪声的来源

发动机是多声源的复杂动力机械，按照噪声辐射的方式不同，可把发动机的主要噪声源分为直接向大气辐射（空气动力噪声）和通过发动机表面向外辐射（表面结构噪声）两大类，如图 8-28 所示。其中空气动力噪声主要为进、排气噪声和风扇噪声，它们是由气流的振动而产生的空气动力噪声。表面结构噪声，根据产生的机理，分为燃烧噪声和机械噪声，是发动机工作时，内部结构的振动而产生的噪声，通过发动机的外表面以及与发动机外表面刚性连接的零部件的振动向大气辐射。

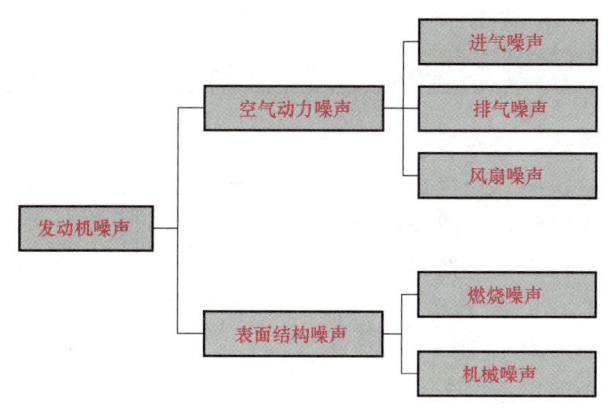

图 8-28　发动机噪声分类

1. 燃烧噪声

燃烧噪声是由在燃烧时，气缸内压力急剧上升的气体冲击所产生的，其中包括由气缸内压力剧烈变化引起的动力载荷，以及冲击波引起的高频振动。四冲程发动机的工作循环由进气、压缩、燃烧（做功）和排气行程构成，从点火开始到燃烧结束期间是燃烧噪声的主要产生期，快速燃烧冲击和燃烧压力振荡构成了气缸内压力谱的中高频分量。

一般认为燃烧噪声经由两条路径传播并辐射出来。一条是经气缸盖及气缸套由气缸体上部向外辐射；另一条是经曲柄连杆机构，即活塞、连杆、曲轴和主轴承由气缸体下部向外辐射。由于气缸套、机体、气缸盖这些结构件的刚性较大，自振频率处于中、高频范围，低频成分不能顺利传出。因此，人耳听到的燃烧噪声的主要成分处于中、高频范围内。

在功率相同的条件下，柴油机由于压缩比高，压力升高率大，其燃烧噪声要比汽油机大得多。柴油机燃烧噪声主要集中在速燃期，其次是缓燃期。

汽油机在压缩比高、汽油品质不良和点火提前角过大时，易引起爆燃，加上因燃烧室积炭引起表面点火等，都会使燃烧最高压力及压力升高率剧增而产生噪声。柴油机在转速升高、喷油推迟、负荷增大时还会引起工作粗暴产生噪声。在使用过程中，对于结构一定的发动机来说，噪声的强度受发动机转速、负荷、点火或喷油时间、加速运转和不正常燃烧等因素影响。转速升高，负荷加大则噪声增大，点火或喷油推迟则噪声减小，加速和不正常燃烧时噪声增大。

2. 机械噪声

发动机的机械噪声，是指在气体压力和惯性力的作用下，使运动部件产生冲击和振动而激发的噪声。发动机的机械噪声随着转速的提高而迅速增强，随着发动机的高速化，机械噪声显得越来越突出。发动机机械噪声的分类见表 8-16。

表 8-16 发动机机械噪声的分类

零部件	活塞组件	配气机构	柴油供给系统	传动件	其他
组成	活塞敲击噪声 活塞环摩擦声	气门开、闭传递声 配气机构冲击声 气门弹簧振动声	喷油泵噪声 喷油器噪声 喷油管内压力传递声	正时齿轮撞击声 链传动噪声 带传动声	发电机噪声 空压机噪声 冷却器噪声 液压泵噪声
频率范围	2~8kHz	0.5~2kHz	>2kHz	<4kHz	

(1) 活塞敲击噪声 活塞对气缸壁的敲击往往是内燃机最强的机械噪声源。由于活塞与缸壁之间有间隙，在燃烧时气体压力及运动惯性力的作用下，使活塞对缸壁的侧向推力在上、下止点处改变方向，且呈现周期性变化（见图 8-29），所产生的侧压力敲击不但在上止点和下止点附近发生，而且也发生在活塞行程的其他位置上，从而形成活塞对缸壁的强烈敲击声。当气缸内的最大压力及缸壁间隙增大、转速及负荷提高、缸壁润滑条件变差时，敲击声随之增大。此外，活塞对气缸壁的敲击还能引起气缸壁的高频振动。

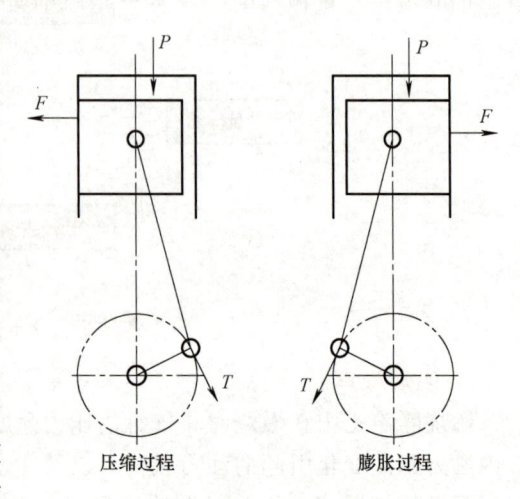

图 8-29 压缩、膨胀过程中侧向推力的变化

活塞的敲击声主要取决于气缸的最大爆发压力和活塞与缸壁之间的间隙，所以这种噪声既与燃烧有关，又与发动机的具体结构有关。在使用过程中，活塞与缸壁的间隙、发动机的转速、负荷以及气缸的润滑条件是主要的影响因素。

活塞敲击声随转速的增高而增大。当转速一定时，撞击能量与缸壁间隙 C 成比例增长，其关系为

$$E = KC^{1.3} \tag{8-4}$$

式中 K——常数。

(2) 配气机构噪声 发动机配气机构也是重要的机械噪声源，配气机构噪声包括：气门与气门座的冲击、气门间隙引起的机械冲击、配气机构本身在上述周期性冲击力作用下产生的振动。

配气机构产生的噪声，在低速和中速内燃机中，一般并不突出，气门开启的噪声主要是由气门落座时的冲击产生的，气门的噪声级和气门运动的速度成正比。对高速内燃机来说，配气机构的噪声主要与气门的不规则运动有关，往往会在机械噪声源中占有较高份额。

(3) 正时齿轮噪声 正时齿轮噪声是在齿轮啮合过程中，齿与齿之间的撞击和摩擦产生的。正时齿轮噪声与齿轮的结构形式、设计参数、制造精度及运转状态有很大关系。

（4）不平衡惯性力引起的机械振动及噪声　内燃机中的活塞曲柄连杆机构在运转过程中将产生往复运动惯性力、离心惯性力及其惯性力矩。这些周期性变化的惯性力和惯性力矩将通过曲轴主轴颈传给机体及其支承（或动力装置），引起振动和噪声。

（5）喷油系统及其他机械噪声　喷油系统噪声主要由喷油泵、喷油器和高压油管系统的振动引起，是柴油机的噪声源之一。喷油系统噪声可分为流体性的噪声和机械性的噪声。流体性的噪声包括油泵压力脉动激发的噪声、空穴现象激发的噪声和喷油系统管道的共振声。机械性的噪声主要是喷油泵凸轮和滚动轮体之间的周期性冲击和摩擦声。此外，凸轮轴、轴承的振动、调速机构等也会产生噪声。喷油系统噪声随着发动机转速的不断提高，也相应增大，同时这些噪声的主要频率产生在人耳敏感的几千 Hz 的高频区域，因此，它也是不可忽视的噪声源。此外，内燃机还附加有若干种机械装置，诸如压气机、发电机、水泵等，它们在运转时同样会产生机械噪声，但与前述几种机械噪声相比所占份额较小。

3. 进、排气噪声

进、排气噪声的来源包括：发动机在进、排气过程中，进、排气管中流动气流的压力脉动所产生的低、中频噪声；气流以高速流过气门的进气截面时，形成涡流，产生高频噪声；在气缸内气体产生动力振动的过程中，当气门迅速关闭时，进、排气系统中也会产生气体振动，并通过表面传出噪声。

进气噪声主要频率范围为 0.05~0.5kHz，其主要成分为低频噪声。进气噪声随转速的提高而迅速增强，转速增加，吸入空气的流速提高，同时在进气管入口处空气脉动的强度和频率也随之提高；进气噪声受负荷的影响不大，随负荷的增加稍有增加。

排气噪声的主要频率范围为 0.05~5kHz，对非增压发动机来说，排气噪声可高达 110~120dB（A）（距排气口 1m）。排气噪声随发动机的排量、有效功率、有效转矩以及平均有效压力与排气口面积的乘积的增大而增大。

排气噪声由于加装消声器而得到很大的降低，但消声器的阻抗大，会使发动机的性能恶化，因此必须选用阻抗小而消声效果好的消声器。此外，在使用过程中，要注意进、排气系统的紧固和接头的密封状况，以减小表面辐射噪声和漏气噪声。

4. 风扇噪声

风扇噪声由旋转噪声和涡流噪声组成。旋转噪声是由风扇叶片对空气分子的周期性扰动而产生的，它的强弱与风扇转速和叶片数成正比；涡流噪声是空气在受叶片扰动后产生的涡流所形成的，它的强弱主要与风扇气流速度有关。风扇噪声在空气动力噪声中，一般都小于进、排气噪声，但由于普遍装设空调系统和排气净化装置，冷却风扇负荷加大，该噪声变得更为严重。

二、噪声控制措施

1. 控制燃烧最高压力和压力升高率，减少不正常燃烧

1）适当推迟喷油或点火时间。喷油或点火时间推迟，使着火延迟期缩短，喷入气缸的燃油量减少，燃烧剧烈程度减弱，燃烧噪声减小。

2）选用十六烷值较高的柴油和辛烷值较高的汽油。十六烷值高和辛烷值高的燃

油，其蒸发性好，使着火延迟期缩短。

3）改变燃烧室形式。采用分隔式燃烧室和球形燃烧室都能降低燃烧噪声。因为根据燃烧规律，它们都能降低压力升高率，从而减少了燃烧噪声。

2. 控制转速及减小惯性力

为了提高发动机功率，发动机设计转速不断升高。转速加快，在着火延迟期内形成的混合气数量增加，燃烧剧烈，噪声增大；同时，活塞平均速度加快，与其相连的零件一起产生周期性变化的惯性力也会增大，由惯性力激发而引起的活塞敲击、轴承撞击、缸盖、机体变形等机械振动，从而使机械噪声加强。此外，配气机构也将因转速升高、惯性力增大而使气门开闭撞击声、振动声加大。因此，应合理设计发动机的转速，减小活塞等往复运动零件的质量，采用平衡轴减小惯性力，尽量使发动机平衡，可达到降低噪声的目的。

3. 减少配合零件的撞击和振动

由于某些运动件存在着间隙，如活塞与缸壁、气门机构、轴与轴承、齿轮等，在燃烧爆发力和惯性力的作用下，将引起强烈的撞击和振动，并由此引起内部机构的振动，形成较大的机械噪声。减少这些配合零件在运动时的撞击和振动，可降低机械噪声。因此，必须正确选择运动件间的配合间隙。在维修中，要保持配合副间隙合适、良好的几何精度和尺寸精度，以减小噪声。

对于活塞敲缸噪声，可以采取以下措施：

1）减小活塞与气缸壁的间隙（如采用可控膨胀活塞）。
2）使活塞销孔向气缸壁的主推力面偏移。
3）加长活塞裙部和减少活塞环数量。
4）增加气缸套的刚度。
5）增加活塞敲击气缸壁时的阻尼，如在裙部外表面增加润滑油的积存等方法可以降低活塞敲击噪声。

在柴油机供给系统中，由于喷油泵、高压油管、喷油器的高压系统会引起噪声，可通过提高泵体刚度、减小油泵压力脉动、减少喷油泵凸轮与滚轮之间的冲击和摩擦等，降低其噪声。

适当增加曲轴刚度、减小曲轴转动惯量、合理排列发火次序、采用抗扭振性能好的球墨铸铁材料，以及加装扭转减振器等，可减小曲轴的扭转振动，也可降低机械噪声。

4. 降低配气机构噪声的措施

降低配气机构噪声可采用预置凸轮；采用液力挺柱以消除气门间隙；采用新型函数凸轮轮廓线以及对缓冲过渡曲线合理设计，使气门升起和落座时的速度控制在较低值，以有效抑制气门的跳动。

正时齿轮一般都采用斜齿，由于其重叠系数较大，轮齿上分担的载荷较小，较直齿噪声大为降低。有些汽油机采用夹布胶木材料制造凸轮轴正时齿轮，也可有效地降低齿轮噪声。

5. 降低风扇的噪声措施

对风扇形式、叶片形状、布置及材料的改进，如采用叶片均匀分布的风扇、用塑料风扇代替钢板风扇、在车用内燃机上采用风扇自动离合器等措施,均可取得较好的降噪效果。

6. 降低进、排气噪声的措施

合理选择进、排气管,减少压力脉动及涡流强度,并避免发生共振;采用性能良好的进、排气消声器,均有利于降低噪声。有些轿车的内燃机采用 2~3 个不同类型的消声器串联等措施可大大降低进、排气噪声。

7. 采用隔声、防振措施

在机体侧壁加装隔声罩;采用双层油底壳;在壳体表面涂覆减振层;进、排气管设置防振支承等,均可降低噪声。

【课程思政】 识排放污染物,远离噪声污染

请扫码阅读

复习思考题

1. NO 的生成主要受哪些因素影响?
2. 发动机中 HC 的生成有几条途径?其中哪一条为 HC 的主要来源?
3. 分析空燃比、点火时间对汽油机排放的影响。
4. 汽油车的蒸发及曲轴箱漏气通常采取什么办法控制?
5. 汽油机怠速、常用工况及全负荷时排气温度大致范围为多少?
6. 画出汽油机三种有害排放污染物(CO、HC、NO_x)生成量与过量空气系数之间的关系曲线,并对曲线走势进行分析。
7. 三元催化转化器在理论空燃比附近转化效率最高的原因是什么?
8. 与汽油车相比柴油车的排气污染物有何特点?
9. 柴油机的排气污染物有哪些?简述 NO_x 的形成机理,分析喷油提前角、转速、负荷等因素对 NO_x 的影响,降低 NO_x 的具体措施有哪些?
10. 举例说明降低柴油机排放污染物的措施。
11. 简述发动机 EGR 系统的结构并说明各部分的作用。
12. 简述发动机噪声的来源。
13. 分析活塞敲击噪声的产生及控制措施。
14. 分析降低发动机噪声的主要措施。

第九章

新型汽车动力装置

第一节 概 述

内燃机从发明到现在已经有一百多年的历史，这期间随着技术的不断进步经历了诸多改进。特别是电子控制技术在内燃机上的成功应用，使内燃机由一种简单机械产品发展成为集高新技术于一体的高科技产品。内燃机的效率和排放性能也得到了很大提高，并且从单纯依靠石油燃料扩大到多种燃料来源。然而，随着汽车保有量的急速攀升，石油能源的日渐紧张和环境污染的日益严重，内燃机作为汽车主要动力已经不能解决这种越来越严重的矛盾。能够满足社会与自然和环境协调发展要求的新型汽车动力装置成为人们研究的重点。能源问题、环保问题和安全问题成为困扰汽车业发展的三大难题，所以，未来适应市场需求的必定是多能源、高效率、少污染和高安全性的汽车。

在多种能源消耗模式方面，电动汽车动力装置因其效率高和清洁性成为未来汽车动力的主要发展方向。发展电动汽车成为减缓环境污染和解决石油危机的一项有效、可行的途径，已经被世界各国所关注；同时，伴随现代高技术的发展、各种新材料的诞生以及电子、电机、电池和计算机技术的广泛应用，也极大地促进了电动汽车自身技术的更新与发展，电动汽车正在世界范围内迎来一个全新的发展时期。

电动汽车除了在能源、环保和节能方面显示出优越性和具有强大的竞争力外，在车辆性能方面也显示出了巨大的优势。电动汽车的转矩响应迅速、加速快，比内燃机汽车高出2个数量级，电机可分散配置，通过线控技术直接控制车轮转速，易实现四轮独立驱动和四轮转向，提高了系统的道路适应性。

电动汽车在广义上可分为3类，即纯电动汽车（Battery Electrical Vehicle，BEV）、混合动力电动汽车（Hybrid Electrical Vehicle，HEV）和燃料电池电动汽车（Fuel Cell Electrical Vehicle，FCEV）。目前，这3种电动汽车都处于不同的发展阶段，面临着不同的困难和挑战。BEV由于储能电池能量密度不够高，续驶里程受到电池重量和体积的限制，比起传统燃油汽车而言电动汽车一次充电的续驶里程短是其致命的弱点。HEV将内燃机和电动机的动力耦合在一起驱动汽车，运用电机的高效率优势弥补了内燃机部分负荷率工况下效率低下的缺陷，相比内燃机而言提高了系统的能量效率和降低有害排放，保持汽车的动力性能和一次能量补给下的长续航里程。在目前的技术水准和应用条件下，混合动力系统是实现节能减排较为可行的汽车动力系统，但它必须具备2个动力源，制造成本较高。FCEV运用氢燃料与氧气的化学反应发电，能量转换效率因不受热力学循环的限制而很高，生成产物是水，没有污染，具有很大的潜力，但目前仍然受到成本、性能、氢气生产储运等方面的限制，技术成熟尚需时日，被认为是未来的绿色汽车动力。本章将对这三种电动汽车动力装置的基本原理进行叙述。

第二节　纯电动汽车的动力装置

纯电动汽车是指以车载电源为动力，用电机驱动车轮行驶，符合道路交通、安全法规各项要求的车辆。纯电动汽车的动力装置主要包括动力电源、电源管理系统、电机及其控制系统等。目前，纯电动汽车的主要是动力电池作为储能动力源，向电机提供电能，驱动电机运转，通过电机推动汽车前进。电动汽车在运行时不生成污染物，可以说是零排放汽车。

一、纯电动汽车动力装置的原理

现代电动汽车是融合了电子、机械、控制以及化工等多种高新技术的综合产品。按照传动系统的不同，纯电动汽车可以分为单电机集中驱动式和多电机分布驱动式电动汽车。

纯电动汽车动力装置的原理如图 9-1 所示。其能量来源主要为外部的充电，外部电能通过车载充电机给二次电源（如蓄电池等）充电，供给车辆能量。同时，还有一部分能量来自于制动能量回收。在汽车制动时，电机转换为发电机工作模式，通过功率转换单元给二次电源进行充电。

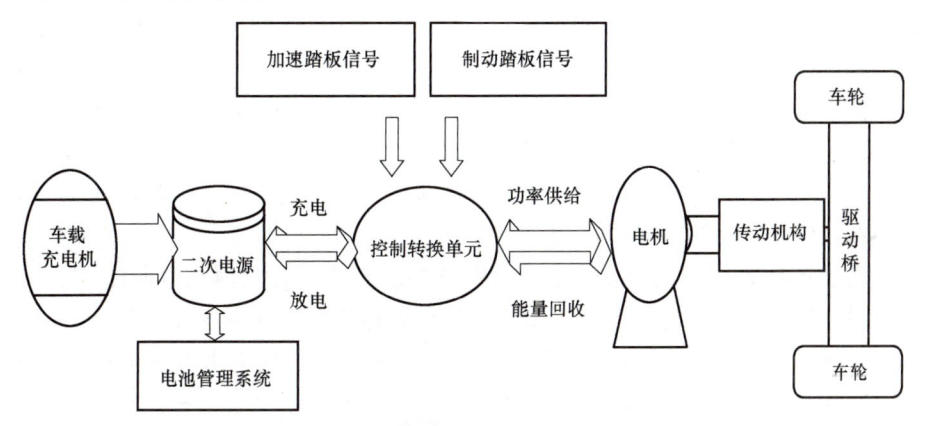

图 9-1　纯电动汽车动力装置的原理

在纯电动汽车运行时，加速踏板信号被发送到控制转换单元，二次电源通过控制转换单元向电机供电，在电机中电能转化为机械能，并经传动机构传至车轮，驱动车辆前进。在车辆制动时，制动踏板信号被发送到控制转换单元，驱动电机转为发电机进行发电制动，发电机把车轮经由传动机构传递来的动能转化为电能，所发出的电能经控制转换单元给二次电源充电，完成制动能量回收。控制转换单元包括控制器、DC-DC 变换器和 DC-AC 逆变器。

以上为单电机集中驱动式电动汽车的工作原理。对于多电机分布驱动式（如电动轮驱动式）电动汽车，动力和能量的传递路线变化较大，电机安装在车轮上，省去了

所有的传动机构。在驱动上由于没有差速器，所以采用电子差速，就是根据车辆转弯时的转向运动方程，由控制器控制内外车轮的转速差，以保持车辆转弯时的平稳运行。

二、动力电源

纯电动汽车的动力装置依靠动力电源来提供能量，电动机将电源的电能转化为机械能，通过传动装置或直接驱动车轮和工作装置。目前，电动汽车上应用最广泛的电源是锂离子动力电池，其他可用的电源还有镍-氢电池、超级电容等。

1. 动力电源的主要性能指标

电动汽车用电池的主要性能指标有能量密度（比能量）、比功率、循环寿命和成本等。电动汽车具有足够竞争力的关键就是要开发出比能量高、比功率大、使用寿命长的高效电池。车用动力电池的常用评价指标如下：

（1）**电池的容量**　它是指电池在一定放电条件下所能放出的电量。它分为实际容量和额定容量，用 C 表示，单位为 $A·h$。实际容量是指电池在一定条件下所能输出的电量，它等于放电电流和放电时间的乘积。额定容量也称为公称容量，是指在一定标准所规定的放电条件下电池应放出的最低限度的电量。

（2）**电池的能量**　它是指在一定标准所规定的放电条件下，电池所能输出的电能，单位为 $W·h$ 或 $kW·h$。它分为实际能量和标称能量，实际能量等于电池的实际容量与平均工作电压的乘积，标称能量等于电池的额定容量与其额定电压的乘积。

（3）**能量密度**　它分为质量能量密度和体积能量密度。质量能量密度是指电池单位质量所能输出的电能，单位为 $W·h/kg$。体积能量密度是指电池单位体积所能输出的电能，单位为 $W·h/L$。

（4）**循环使用寿命**　它是指在规定条件下，电池的有效寿命。由于电池的内部短路或容量达不到额定要求而造成电池使用实效，称为寿命终止。电池充电和放电一次称为一个循环，按一定的测试标准，电池容量降到某一规定值之前，电池所能承受的充放电循环次数，称为电池的循环使用寿命。

（5）**电池的功率**　它是指在规定的放电条件下，单位时间内电池所能输出的电能，单位为 W 或 kW。单位质量的电池所能输出的功率称为质量功率密度，又称为质量比功率，单位为 W/kg。单位体积的电池所能输出的功率为体积功率密度，又称为体积比功率，单位为 W/L。

目前商业化的电动汽车动力蓄电池的性能比较见表9-1。

表9-1　目前商业化的电动汽车动力蓄电池的性能比较

种类	能量密度 (Wh/kg)	能量密度 (Wh/L)	质量功率密度 /(W/kg)	寿命（充电次数）/次	成本	特点	缺点
密封铅酸	35	80	200	400~800	低	功率密度较大，安全	能量密度低
镍-氢	30~80	140~300	250~1000	600~1200	较高	功率密度和能量密度大	成本高，温度特性差
锂离子	110~200	250~530	300~1500	500~2000	很高	高电压，高能量密度	成本高

2. 常用的动力电源

（1）**铅酸蓄电池** 铅酸蓄电池是目前应用最多的电动汽车电池。铅酸蓄电池的正极采用二氧化铅（PbO_2），负极采用海绵状铅（Pb），电解液是稀硫酸溶液（H_2SO_4），单体电池标称电压为2V。其充放电化学反应方程式为

$$PbO_2+Pb+2H_2SO_4 \Longleftrightarrow 2PbSO_4+2H_2O$$

放电时正极板上的PbO_2和负极板上的Pb都变成$PbSO_4$，电解液中的H_2SO_4减少，密度相对下降。充电时上式反向，正、负极板上的$PbSO_4$分别还原为原来的PbO_2和Pb，电解液中的H_2SO_4增加，密度相对上升。

铅酸蓄电池性能可靠，技术成熟，价格低，过充电和过放电性能差，且容易自放电，能量密度和寿命都不够理想，快速充电困难。

（2）**镍-氢蓄电池** 镍-氢蓄电池正极的活性物质为$Ni(OH)_2$（充电时）和NiOOH（放电时），负极的活性物质为H_2O（充电时）和H_2（放电时），电解质采用30%（质量分数）的氢氧化钾溶液。其充放电化学反应方程式为

$$Ni(OH)_2+M \Longleftrightarrow NiOOH+MH_x$$

其中，M为储氢合金，MH_x为储有氢的储氢合金。

蓄电池充电时，正极的氢进入负极的储氢合金中，放电时产生反向过程，充放电过程不会发生电解液的增加或减少现象。其单体电池标称电压为1.2V。镍-氢蓄电池的性能介于铅酸蓄电池和锂离子蓄电池之间，能量密度和功率密度均高于铅酸蓄电池，循环使用寿命和充放电效率较高。但其成本较高，价格为相同容量铅酸蓄电池的3~4倍；单体电压低（1.2V），自放电损耗大；对环境温度敏感，电池组热管理要求较高。

（3）**锂离子蓄电池** 锂离子电池是一种新型高能量蓄电池。其正、负极均由可嵌入和脱出锂离子（Li^+）的化合物或材料组成，正极是锂化过渡金属氧化物，负极是球状石墨或球状石墨与片状石墨的锂碳化合物，电解质是锂盐和有机溶液或固体聚合物。其充放电化学反应方程式为

$$C+LiMO_2 \Longleftrightarrow Li_xC+Li_{(1-x)}MO_2$$

其中，M代表Co、Mn或Ni等跃迁金属。

在电池充电时，Li^+从正极脱出，经过电解质嵌入负极；电池放电时，Li^+则从负极脱出，经过电解质再回到正极。电池的充放电过程实际上是Li^+在两极之间来回脱出和嵌入的过程，所以，锂离子蓄电池又称为"摇椅式电池"。锂离子蓄电池的比能量和比功率高，充放电性能好，已在电动汽车上获得推广应用；此外，由于具有工作电压高、循环寿命长、自放电率低、无记忆效应、无污染等其他动力电池无与伦比的优越性，现已成为世界公认的电动汽车动力电池的研发重点。

电动汽车用锂离子蓄电池推广应用的障碍之一是其价格太高，其中正极加隔膜的成本占锂离子蓄电池总成本的60%以上。因此，如何努力降低隔膜及正极的成本将是今后努力的方向。同时，锂离子蓄电池的安全性对其在电动汽车中的应用也非常关键，在过充或过放电情况下，锂离子蓄电池可能发生火灾或爆炸。其安全性与散热密切相关，因此，对电池管理系统要求很高。

（4）超级电容 超级电容是一种介于传统电解质电容器和电化学电池之间的新型储能组件，其储能方式与传统电解质电容器不同。传统电容器是通过电极间的电解质在电势能作用下产生极化效应而存储能量，而电化学电容器则是依靠电解质与电极间形成特有的双电层结构（Electric Double Layers）和电极表面的氧化还原反应来存储能量。电化学电容器的容量远大于传统电容，达到 $10^3 \sim 10^4$ 法拉级，因此得名超级电容。

如图 9-2 所示，当导体电极插入电解液中时，由于库仑力、分子间作用力或原子间作用力（共价力）的作用，其表面上的静电荷将从溶液中吸引部分不规则分配的带异种电荷的离子，使它们在电极/溶液接口的溶液一侧，离电极一定距离排成一排，形成一个电荷数量与电极表面剩余电荷数量相等而符号相反的接口层，从而形成了一层在电极上，另一层在溶液中的两个电荷层，称为双电层。由于接口上存在一个位垒，两层电荷都不能越过边界彼此中和，双电层结构将形成一个平板电容器。其电容量为

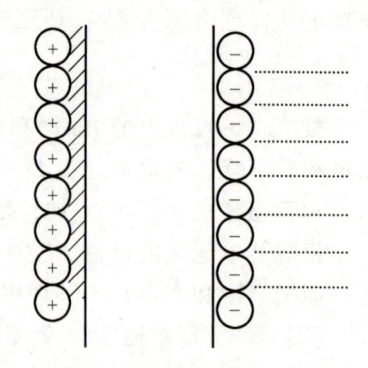

图 9-2 双电层结构示意图

$$C = Q/\Delta\varphi_{M\text{-}S} = Q/\Delta\varphi_\alpha \tag{9-1}$$

式中　$\Delta\varphi_{M\text{-}S}$——固体与液体之间双电层的电位差，且有 $\Delta\varphi_{M\text{-}S} = \Delta\varphi_M - \Delta\varphi_S$；
　　　Q——双电层的电荷量；
　　　φ_α——从零电荷电位算起的电极电位。

电容器的存储能力为

$$E = \frac{1}{2}CV_w^2 \tag{9-2}$$

式中　V_w——电容器的最大工作电压。

超级电容存储量大，而且能在短时间内大电流充放电（一次充放电只需几分钟），循环寿命长（反复充放电使用寿命 10000 次，极限寿命达 10 万次），充放电效率高，能够工作在正常温度（-35~75℃）下。目前，超级电容已开始应用于电网的负载调配和电动汽车的动力装置以及其他需要的不间断电源（UPS）上。

3. 电池管理系统

电池技术的进步与性能的提高对于电动汽车用动力电源具有非常重要的意义，现有的研究主要分为两个方面，一是开发高性能的电池；二是采用电池管理系统，在使用方面进行优化，充分发挥电池的性能，提高电池的寿命。

电池管理系统应有的主要功能包括显示荷电状态（State Of Charge，SOC）、电池温度管理、显示电解液状态、电池性能异常报警、提供电池老化信息、记录电池关键数据。一个好的电池管理系统可以大大提高动力电源的使用安全性和寿命。为此，电动汽车界进行了不懈的研究，比较实用的电池管理系统的主要功能有数据采集、电池状态估计、能量管理、热管理和安全管理，如图 9-3 所示。

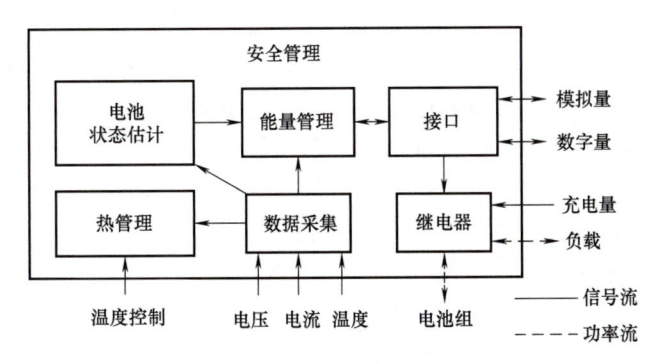

图 9-3 电池管理系统功能简图

(1) **数据采集** 数据采集系统所采集的数据是电池管理系统算法的基础,采样频率、精度和滤波特性是影响电池管理系统的重要指标。电动汽车电池管理系统的采样频率一般要求大于 200Hz。

(2) **电池状态估计** 电池状态估计包括 SOC 和 SOH(State of Health)两方面。SOC 显示电池的荷电状态,以此可以估计汽车的行驶里程;SOH 显示电池的寿命信息。SOC 和 SOH 是进行电池能量管理的基础。最常用的 SOC 估计方法是 A·h 计量结合效率补偿。但由于电池的荷电状态与电池的使用状况密切相关,使 SOC 估算精度难以提高。

(3) **能量管理** 在能量管理中,电流、电压、温度、SOC 和 SOH 等参数作为输入来控制充电过程,保持均衡充电;用 SOC、SOH 和温度信息限制电池的放电电流。

(4) **安全管理** 安全管理主要监测电池的电压、电流是否超过限制;防止电池过渡放电,尤其是防止个别电池单体过渡放电;防止电池过热而发生热失控,进行高压回路上下电管理。

(5) **热管理** 热管理系统主要是使电池单体温度均衡,保持在合理的范围之内,对高温电池实施冷却,对低温电池实施加热等。该功能对于大功率放电和高温条件下使用的电池尤为重要。

三、电机驱动系统

电机驱动系统的作用是通过电机将电源的电能转化为机械能,通过传动装置或直接驱动车轮和工作装置。其基本构成主要有两部分,即电机和控制器。电机由控制器控制,可以将电能转化为机械能。控制器的作用是将动力源的电能转变为适合电机运行的另一种形式的电能,所以控制器本质上是一个电能转换控制装置。目前,电动汽车上使用的基本都是交流电机,在驱动过程中,电能转换装置按照 DC-AC 逆变器模式工作,把蓄电池的直流电变换为交流电供给交流电机;在制动能量回收过程中以 AC-DC 变换器模式工作,把交流发电机发出的电能转换为直流电,向蓄电池充电。

通常要求电动汽车用电机能频繁地起动、停止、加速和减速,转矩和转速的变化范围都很大,对电动汽车驱动电机要求过载能力能满足短时间内加速行驶与最大爬坡度的要求,最高转速应能达到基速的 3~5 倍;电机功率密度高,在较宽的转速和转矩范围内都有较高的效率;可控性高,稳态精度高,动态性能好;能在较恶劣的环境中正常工

作等。一般电机的转矩和功率随转速的变化特性如图9-4所示。

目前，电动汽车主要采用的电机驱动系统有直流电机驱动系统、三相交流感应电机驱动系统、永磁电机驱动系统和开关磁阻电机驱动系统。

1. 直流电机驱动系统

直流电机驱动系统具有控制简单、调速性能好、技术成熟和成本低等优点，以前在中、小功率电动汽车中有广泛应用。

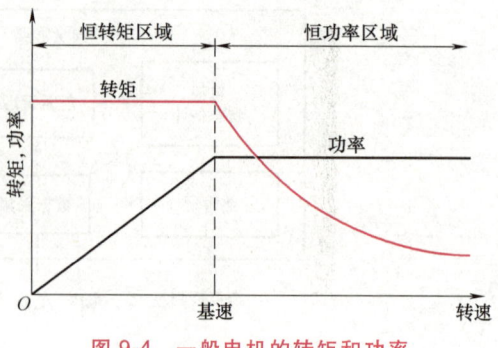

图9-4 一般电机的转矩和功率随转速的变化特性

电动汽车直流电机驱动系统中的直流电机通常采用串励电机（起动转矩大）或他励电机（效率高）。利用直流电机可以从电动机运行状态平滑地转换到发电机状态这一特性，当电动汽车制动和减速时，很容易采用再生制动。此时，电机转矩方向与转速方向相反，电机吸收机械能，把机械能转化为电能储存于动力电源中。

但由于直流电机存在电刷和机械换向器，限制了电机过载能力与速度的进一步提高，而且如果长时间运行，势必要经常维护和更换电刷和换向器。另外，由于损耗存在于转子上，使得散热困难，限制了电机转矩质量比的进一步提高。因此，其最高转速较低、体积大、功率密度低、成本高，需要定期维护。鉴于直流电机存在以上缺陷，在电动汽车上已经基本不再使用。

直流电机常采用PWM的控制方式，其控制器称为斩波控制器（又称为电压斩波器）。它是直流电源和负载电机之间的一个周期性通断的开关控制装置，利用电力电子元件的可控性能，采用脉宽调制技术，直接将恒定的直流电压调制成极性可变、大小可调的直流电压，用于实现直流电机电枢端电压的平滑调节，构成直流脉宽调速系统。它的作用是通过改变供给直流电机的电压，来控制电机的转速和转矩。

2. 三相交流感应电机驱动系统

三相交流感应电机驱动系统主要由三相功率逆变器、三相交流感应电机、电机控制器和辅助系统组成。交流系统比相同峰值功率的直流他励电机系统体积更小、更轻，效率更高。

三相功率逆变器一般采用绝缘栅极晶体管IGBT以及驱动、自检测、自保护功能融合在一起的智能功率模块IPM。其主要作用是把车载动力电源的直流电逆变为交流电，供给三相交流感应电机。

三相交流感应电机是应用最广泛的电机之一。其定子和转子采用硅钢片叠压而成，在转子和定子之间没有相互接触的滑环、换向器等部件，结构简单，运行可靠，经久耐用。三相交流感应电机的功率覆盖面很广，转速达到12000~15000r/min。

感应电机可采用空气冷却或液体冷却方式，冷却自由度高，对环境的适应性好，并能够实现再生反馈制动。与相同功率的直流电机相比，具有效率高，质量减少50%左右，价格便宜，维修方便等优点。

由于感应电机没有独立的励磁绕组，其电枢绕组（定子绕组）既是励磁绕组又是转矩绕组。因此感应电机属于多变量、强耦合的非线性系统，其励磁与转矩之间的耦合使得感应电机的控制比较困难。

目前，感应电机主要应用于中、大功率的驱动系统中，其转速公式为

$$n = \frac{60f}{p_n}(1-s) \tag{9-3}$$

式中　n——转速；

　　　f——供电频率；

　　　p_n——极对数；

　　　s——转差率。

由该式可知，为了调节电机的转速，可以采用变极、变转差率和变频调速等方式。其中，变频调速具有调速范围宽、转速可以连续调节、效率高、转矩特性好等优点，更适于电动汽车使用。

感应电机变频驱动的关键是能为电机提供变压变频电源，同时，其电压和频率应按照一定的控制策略进行调节，使得驱动系统具有良好的转矩转速特性。其变频系统可以采用不同的控制方式，主要有标量控制和矢量控制两种。在高性能电动汽车上，更倾向于采用矢量控制。

矢量控制的基本原理是通过测量和控制感应电机定子的电流矢量，根据磁场定向原理将感应电机的定子电流矢量分解为产生磁场的电流分量（励磁电流）和产生转矩的电流分量（转矩电流），分别加以控制，并同时控制两分量间的幅值和相位，即控制定子电流矢量，所以称这种控制方式为矢量控制方式。

目前，由于交流电机的变频调速控制器价格较高，在一定程度上限制了交流电机驱动系统的应用。

3. 永磁电机驱动系统

永磁电机包括永磁无刷直流电机和永磁同步电机两种。

永磁无刷直流电机采用梯形波三相电流向定子绕组供电，如图 9-5a 所示，其最大特点就是具有直流电机的外特性而没有换向器和电刷组成的机械接触结构。它采用永磁体转子，没有励磁损耗；发热的电枢绕组又装在外面的定子上，散热容易。因此，永磁无刷直流电机没有换向火花，寿命长，运行可靠，维修简便。永磁无刷直流电机与直流电机和感应电机系统相比，具有更高的能量密度和效率。

永磁同步电机，采用正弦波三相电流向定子绕组供电，如图 9-5b 所示。其恒转矩区比较长，一直延伸到电机最高转速的 50% 处左右，这对提高汽车的低速动力性能有很大帮助；电机最高转速较高，能达到 10000r/min 以上。永磁同步电机功率密度高、调速性能好，在宽转速范围内运行效率高（90%~95%），比永磁无刷直流电机具有更加优越的性能，是理想的电动汽车驱动电机之一。

永磁同步电机低速时常采用矢量控制，包括气隙磁场定向、转子磁链定向、定子磁链定向。其中电动汽车用中小容量电机常采用转子磁链定向控制，高速时用弱磁控制。

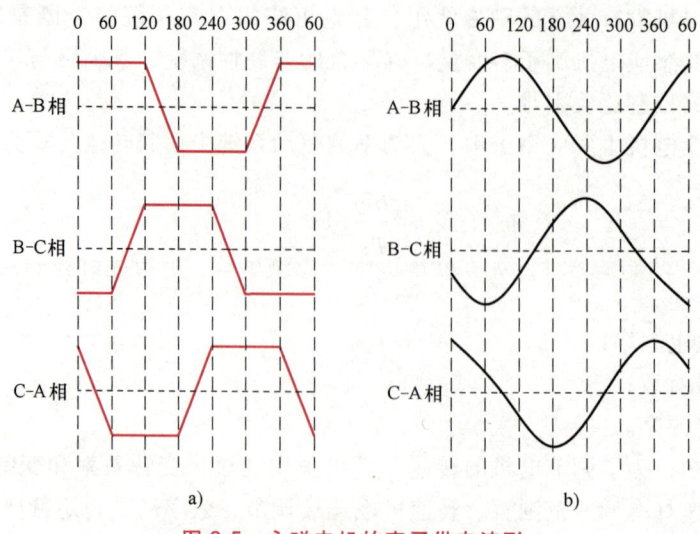

图 9-5 永磁电机的定子供电波形
a) 永磁无刷直流电机 b) 永磁同步电机

由于永磁同步电机的转子励磁磁场由永磁体产生,不能像异步电机一样直接减弱转子磁场,所以弱磁控制便成了永磁同步电机的研究热点。其弱磁控制原理是通过增加定子直轴电流,利用直轴电枢反应使电机气隙磁场减弱,以达到等效于减弱磁场的效果,从而达到弱磁增速的目的。

永磁电机受到永磁材料工艺的影响和限制,使得永磁电机的功率范围较小,最大功率仅几十千瓦。永磁材料在受到振动、高温和过载电流作用时,其导磁性能可能会下降或发生退磁现象。这将降低永磁电机的性能,严重时还会损坏电机,在使用中必须严格控制,使其不发生过载。永磁电机在恒功率模式下,操纵复杂,需要一套复杂的控制系统,从而使得永磁电机的驱动系统造价较高。

4. 开关磁阻电机驱动系统

开关磁阻电机由磁阻电机和开关电路控制器组成。它具有结构简单、可控相数多、实现四象限控制方便、成本低、效率高等优点。开关磁阻电机采用集中绕组结构,转子无任何绕组,适用于频繁正反转及冲击的负载。功率电路采用的功率开关元件较少,电路较简单。功率元件与电机绕组串联,不易发生短路,因此成本较低,工作可靠,控制电路较简单,能够实现宽调速、低速大转矩和制动能量反馈等特性。整个系统效率高,起动转矩大,电流小。

由于开关磁阻电机具有高度的非线性,因此,它的驱动系统较复杂。它由 SRM 电机、功率变换器、控制器、位置检测器四大部分组成。位置检测器是开关磁阻电机的关键器件,其性能对开关磁阻电机的控制操作有重要影响。由于开关磁阻电机为双凸极结构,不可避免地存在转矩波动,噪声是开关磁阻电机最主要的缺点。但近年来的研究表明,采用合理的设计、制造和控制技术,开关磁阻电机的噪声可以得到良好的抑制。另外,由于开关磁阻电机输出转矩波动较大,功率变换器的直流电流波动也较大,所以在直流母线上需要装置一个很大的滤波电容器。

第三节　混合动力电动汽车的动力装置

混合动力电动汽车是指由两种或两种以上的储能器和能量转换器作为驱动能源，其中至少有一种能提供电能的车辆。一般意义上的混合动力电动汽车是指在一辆汽车中同时采用了电机和内燃机作为动力装置的汽车。它采用内燃机和电机两种动力，将现有内燃机与一定容量的储能器件，如高性能电池或超级电容，通过先进控制系统相结合，提供车辆行驶所需要的动力。

一、混合动力电动汽车动力装置的分类

混合动力电动汽车的动力装置有多种分类方法，可以按照驱动系统的结构划分，或按照混合度的大小划分，或按照是否可以外接充电划分等。

1. 按驱动系统的结构分类

混合动力电动汽车的动力装置按照驱动系统的结构可以分为：

（1）**串联式混合动力装置**　它是指发动机输出的机械能首先通过发电机转化为电能，转化后的电能一部分用于给蓄电池充电，另一部分经由电动机和传动装置驱动车轮。

（2）**并联式混合动力装置**　它采用发动机和电动机两套独立的驱动系统驱动车辆。

（3）**混联式混合动力装置**　它在结构上综合了串联式和并联式的特点，与串联式相比，它增加了机械动力的传递路线，与并联式相比，它增加了电能的传输路线。

2. 按混合度的大小分类

按照电池在混合动力装置中的作用可分为轻度混合动力和全混合动力两种。轻度混合动力装置中电池的能量有限，一般不提供纯电动行驶范围，电机不能单独驱动车辆前进；在全混合动力装置中电池可以提供车辆一定的纯电动行使范围，电机可以单独驱动车辆前进。

3. 按是否可以外接充电分类

按照是否可以外接充电可以分为插电式混合动力装置和非插电式混合动力装置。插电式混合动力装置可以通过电网进行充电，电池电量充足时可以按纯电动工况行驶，当电池能量消耗到一定程度后可以转入电量平衡的混合工作模式继续行驶，主要依靠内燃机进行驱动。非插电式混合动力装置一般不依赖来自电网的电能充电，而是通过车载内燃机和电机的配合工作达到自我电量平衡，动力电池和电机系统的作用是优化发动机的工况，提高系统的能效。

二、混合动力电动汽车动力装置的工作模式

1. 串联式混合动力装置

按照辅助动力源（发动机/发电机组）功率值的大小不同，串联式混合动力装置有两种典型的类型。

（1）**电力主动型**（电量消耗型）　发动机功率占整个系统功率的比例较小，不足以维持电池组的荷电状态（SOC），因此属于电量消耗型。车辆行驶后的电池组，当其

SOC 低于初始值时，需外界能源补充充电，该种类型又可称为增程式混合动力汽车。

（2）**发动机主动型**（电量维持型）　发动机功率占整个系统功率的比例较大，电池组仅提供车辆行驶时超出平均行驶功率部分的功率。车辆行驶前后，电池组的 SOC 基本维持不变，相应的车载电池组容量较小。

如图 9-6 所示，典型串联式混合动力装置的工作模式包括以下几种：

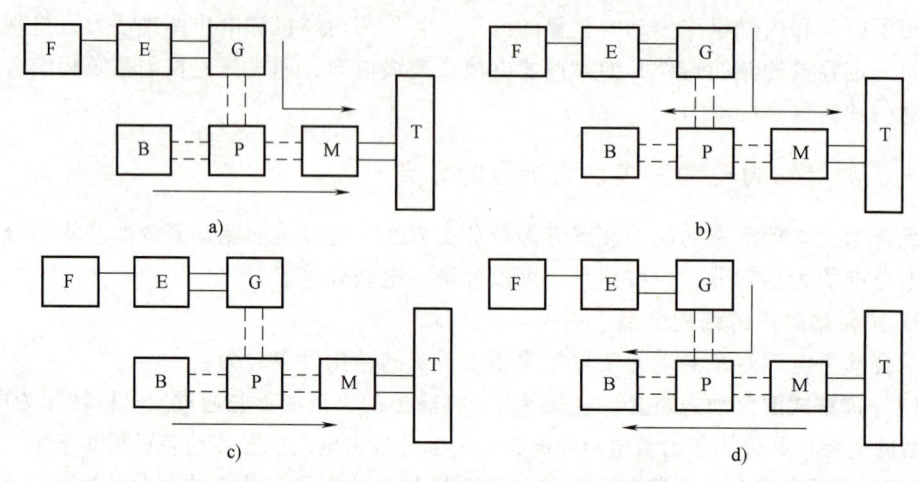

图 9-6　典型串联式混合动力装置的工作模式

B—车载电池组　E—内燃机　F—燃油箱　G—发电机　M—电动机　P—功率转换器　T—变速器
═══—机械连接　─ ─ ─—电缆连接　⟶—功率流

1）当车辆处于起步、加速行驶，以及高速和爬坡行驶工况时，发动机带动发电机发电，发出的电能和来自车载电池组的电能共同向车辆提供功率输出，工作模式如图 9-6a 所示。

2）当车辆正常行驶（中等功率需求）以及车辆滑行时，发动机驱动的发电机组向车载电池组和车辆提供功率输出，同时弥补 SOC 的衰减，工作模式如图 9-6b 所示。

3）当车辆行驶于对排放要求较高的路段时，整车功率需求全部由车载电池组供给，车辆为纯电动工作，这时车辆的 SOC 降低较快，工作模式如图 9-6c 所示。

4）车辆在减速/制动工况下，当车载电池组电量偏低时，驱动电动机回收车辆部分动能存储到电池组中，同时发动机-发电机组的全部功率输出到电池组，工作模式如图 9-6d 所示。

2. 并联式混合动力装置

在典型的并联式混合动力装置中，发动机以常规模式（传统汽车的工作模式）工作，但只承担部分车辆的驱动行驶功率。

如图 9-7 所示，典型并联式混合动力装置的工作模式包括以下几种：

1）当车辆起动、轻载行驶时，发动机关闭，车辆由电动机单独驱动，工作模式如图 9-7a 所示。

2）车辆正常行驶时由发动机单独驱动，加速、爬坡时，电动机和发动机同时工作，工作模式如图 9-7b 所示。

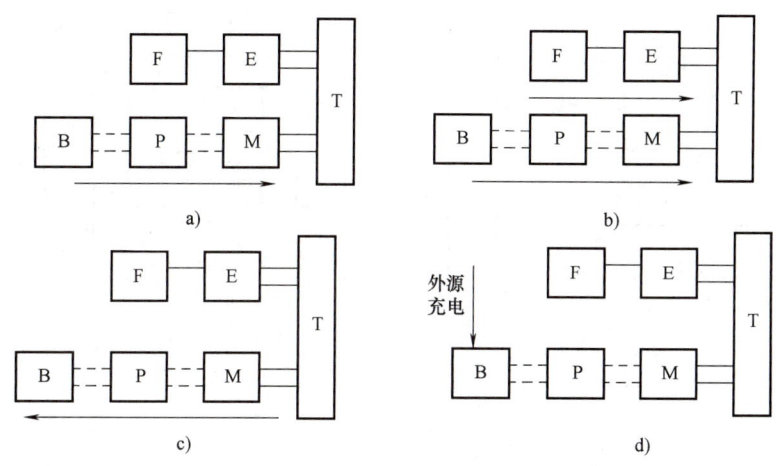

图 9-7　典型并联式混合装置的工作模式

B—车载电池组　E—内燃机　F—燃油箱　M—电动机　P—功率转换器　T—变速器
——机械连接　- - -—电缆连接　——→功率流

3）车辆在减速/制动工况下，当车载电池组电量偏低时，电动机回收车辆部分动能以向电池组充电，工作模式如图 9-7c 所示。

4）典型并联式混合动力装置在电池组 SOC 过低时，不能利用发动机对其随车充电，只能采用外界电源补充充电，工作模式如图 9-7d 所示。

3. 混联式混合动力装置

混联式混合动力装置兼有串联式和并联式混合动力装置的特点，其控制方式一般可分为两种，一种是发动机主动型，另一种是电力主动型。在车辆运行时，前一种主要是发动机起作用，而后一种主要是电动机起作用。下面以丰田 Prius 混合动力装置为参照，对混联式混合动力装置进行分析。

丰田 Prius 混合动力装置为典型的单轴驱动并联式（双轴联合式）混合动力装置，如图 9-8 所示，其工作模式有以下几种：

1）当车辆处于起动或轻载工况下时，由于发动机很难保证在经济区工作，所以发动机处于关闭状态，而由电动机单独驱动车辆，工作模式如图 9-8a 所示。

2）当车辆正常行驶或节气门全开、车辆加速行驶时，发动机和电动机一起工作，共同提供车辆所需的功率。两种工况的区别在于，车辆正常行驶的功率仅由发动机提供，同时驱动发电机；而节气门全开加速行驶时，其功率由车载电池组和发动机共同提供，通常用行星齿轮机构分流发动机的输出功率，一部分用于驱动车辆，另一部分则用来驱动发电机，工作模式如图 9-8b、c 所示。

3）当车辆制动或减速行驶时，电动机工作于发电模式，在车载电池组电量较低时回收车辆部分动能，工作模式如图 9-8d 所示。

4）在车辆行驶中，当车载电池组电量较低时，发动机一部分功率用于驱动车辆，另一部分功率则用于给车载电池组充电，工作模式如图 9-8e 所示。

5）当车辆驻车时，发动机在车载电池组电量较低时通过发电机为其充电，工作模式如图 9-8f 所示。

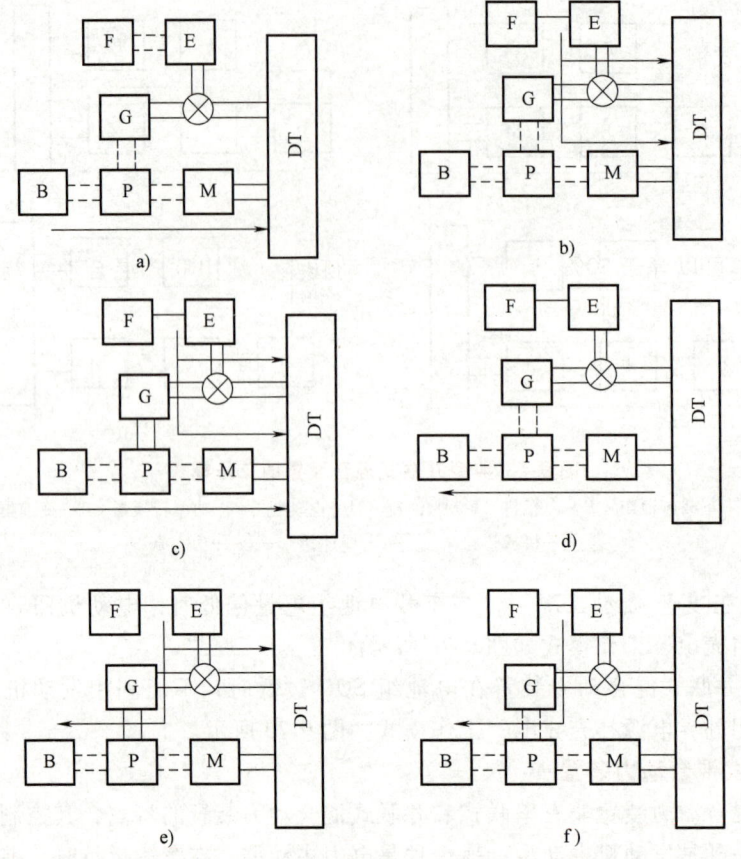

图 9-8 丰田 Prius 混合动力装置的工作模式

B—车载电池组　E—内燃机　F—燃油箱　G—发电机　M—电动机　P—功率转换器　DT—双轴输入变速器
——机械连接　----电缆连接　→功率流

三、混合动力装置的特性比较

1. 串联式混合动力装置的特性

1) 发动机-发电机组所发出的电能为电池组充电,用于补充电池组的电量损耗,大大延长了续航里程。

2) 串联式混合动力装置的发动机并不跟随外界工况而大范围波动,能够保持在稳定、高效和低排放的经济区工作,可以获得较高的燃油经济性和低排放。

3) 串联式混合动力装置采用电动机直驱的动力驱动方式,实现了车辆的无级变速,具有良好的操作性和加速动力性。

4) 两大原动力没有机械连接,一方面使其在车辆的布置上有较大自由度,另一方面免去了二者的动力合成,这也是其他形式的混合动力装置的一大难点,从而使串联式混合动力装置的控制相对简单。

5) 串联式混合动力装置依靠电动机驱动,可以以电池组为主动力源,使其在城市中实现"零污染"状态的行驶。这对于在工况比较复杂的城市道路上有频繁起步、加速的城市车辆来说，具有较大的发展空间。

6）串联式混合动力装置的能量通过发动机带动发电机发电，然后供给驱动电机或向电池充电，能量传递路径较长，中间损失环节较多。在汽车中、高速巡航工况下系统能效较低，并且系统需要至少两个电机，成本较高。

2. 并联式混合动力装置的特性

1）并联式混合动力装置只有发动机和电动/发电机两个动力总成，这两个动力总成各自的功率可以等于50%~100%的车辆驱动功率，比串联式混合动力装置的三个动力总成的功率、质量和体积要小得多。

2）发动机驱动模式是并联式混合动力装置的基本驱动模式，从发动机到轮胎之间的动力传递过程中，除机械损失外没有机械能-电能-机械能的能量转换损失，能量转换中的综合效率要比串联式高。在车辆大功率输出时，驱动电动机可以与发动机协同为车辆提供动力输出，因此并联式混合动力装置的发动机功率可以选择较小。

3）电动机是并联式混合动力装置的辅助动力，因而电动机的功率根据多能源动力总成匹配的要求可以选择较小。与此对应的电动机质量和体积较小，与它们配套的电池组的容量也较小，使整车的整备质量得到控制。

4）并联式混合动力装置的机电耦合装置控制以及能量的分配控制较为复杂。

3. 混联式混合动力装置的特性

1）混联式混合动力装置是在并联式混合动力装置的基础上，再增加电动/发电机，因此混联式混合动力装置是由三个动力总成组成，三个动力总成的功率各自可等于50%~100%的车辆驱动功率，比串联式混合动力装置动力总成的功率、质量和体积要小得多。混联式混合动力装置可以有串联驱动、并联驱动、混联驱动模式供选择，可使其节能最佳，有害气体的排放达到最低。

2）发动机驱动模式是混联式混合动力装置的基本驱动模式之一，从发动机到车轮之间的动力传递过程中除机械损耗外，没有机械能-电能-机械能的能量转换损失，能量转换中的综合效率要比内燃机汽车高。驱动电动机可以独立驱动车辆行驶。在车辆起步时，发挥电动机低速大转矩的特性，带动车辆起步，在城市中实现"零污染"的行驶。

3）在车辆需要最大输出功率时，驱动电动机可以为发动机提供额外的辅助动力，因此混联式混合动力装置的发动机功率可以选择较小，燃油经济性比串联式混合动力装置要高。

4）混联式混合动力装置较为复杂，控制难度较高。

第四节　燃料电池电动汽车的动力装置

燃料电池是一种将氢和氧的化学能通过电极反应直接转换为电能的装置。由于其转换过程不经过燃烧，不受"卡诺循环"的限制，转换效率可高达60%~70%，实际热效率是内燃机的2倍左右。转换效率高是燃料电池的主要特点之一。

燃料电池在工作过程中将外界供给的活性物质的化学能用电化学方式直接转换为电能，只要外部活性物质的供给不间断，燃料电池就会持续输出电能。质子交换膜燃料电

池（Proton Exchange Membrane Fuel Cell，PEMFC）作为燃料电池的一种，被认为是最有前途的汽车驱动电源。它的燃料是氢气，生成物是清洁的水，它本身工作不产生 CO 和 CO_2，也没有硫和微粒排出，没有高温反应，也不产生 NO_x；燃料电池本身工作没有噪声，没有运动性，没有振动，其电极仅作为化学反应的场所和导电的通道，本身不参与化学反应，没有损耗。所以说，质子交换膜燃料电池是 21 世纪最有前途的电动汽车动力装置之一。

一、燃料电池的基本原理

燃料电池（Fuel Cell）本质上不是一种电池，而是一种"发电装置"，它通过电化学反应将燃料电池的化学能不经过燃烧直接转换为电能。这种能量转换是通过氧化还原反应来完成的。氢氧燃料电池装置可以说是水电解的一个"逆"装置。氢和氧通过电化学反应生成水，并释放出电能。燃料电池的基本结构主要由阳极、阴极、电解质和外部电路四部分组成，其阳极为氢电极，阴极为氧电极，两电极间是电解质。通常，阳极和阴极上都含有一定量的催化剂，以加速电极上发生的电化学反应。

燃料电池工作时要持续向电池内供应燃料和氧化剂，使用的燃料和氧化剂均为流体。通常在电动汽车中应用的燃料电池的燃料和氧化剂均为气体，常用的燃料为纯氢气或富含氢气的气体，常用的氧化剂为经过净化的空气。燃料（还原剂）在阳极氧化，氧化剂在阴极还原，从而完成上述由两部分组合而成的化学反应。如图 9-9 所示，氢气通过管道或导气板到达阳极，在阳极催化剂的作用下发生氧化反应，一个氢分子分解为两个氢离子，并释放出两个电子，阳极的反应为

$$H_2 \rightarrow 2H^+ + 2e^-$$

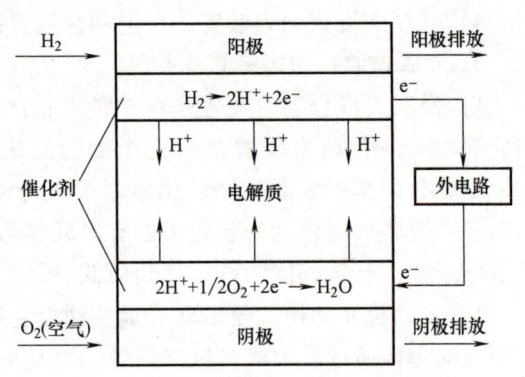

图 9-9 燃料电池的基本原理示意图

在电池的另一端，氧气（或空气）通过管道或导气板到达阴极，同时阳极产生的氢离子经电解质迁移至阴极，而电子则通过外部电路（负载）也到达阴极。在阴极催化剂的作用下，氧和氢离子与电子发生还原反应生成水，阴极反应为

$$\frac{1}{2}O_2 + 2H^+ + 2e^- \rightarrow H_2O$$

与此同时，电子在外电路的连接下定向流动形成电流，通过适当处理，可以向负载输出电能。还原反应中产生的水，随气体排出。在燃料电池中，阳极即为电池的负极，阴极即为电池的正极。

燃料电池的工作原理和普通的电化学原电池有类似之处，都是通过电化学反应将化学能转换为电能，但两者之间还是存在本质的区别。普通的原电池或充电电池是一个封闭的系统，封装后，它与外界只存在能量交换，不存在物质交换。当电池内部的化学能耗尽或反应条件发生变化时，系统就无法继续输出能量。而燃料电池是一个开放的系

统，参与反应的化学物质，如氢和氧，是由燃料电池的外部供气系统供给的，只要保证气体供应的连续性，就可以保证电能输出的连续性。这正是燃料电池与普通电化学原电池的最大区别。

二、燃料电池的分类

燃料电池的种类有很多，根据所使用的电解质类型的不同，可以把目前正在开发的商用燃料电池分为以下五类：碱性燃料电池（Alkaline Fuel Cell，AFC）、磷酸燃料电池（Phosphoric Acid Fuel Cell，PAFC）、熔融碳酸盐燃料电池（Molten Carbonate Fuel Cell，MCFC）、固体氧化物燃料电池（Solid Oxide Fuel Cell，SOFC）、质子交换膜燃料电池（Proton Exchange Membrane Fuel Cell，PEMFC），具体性能见表9-2。

其中，碱性燃料电池是最早进入实用的燃料电池之一，美国在20世纪60年代就曾将碱性燃料电池用于阿波罗飞船上，现在航天飞机和潜艇上也广泛应用碱性燃料电池，它是目前技术最为成熟的燃料电池。磷酸燃料电池是目前使用最多的燃料电池，以天然气和甲醇为燃料的磷酸燃料电池多用于分散的发电站等。熔融碳酸盐燃料电池和固体氧化物燃料电池的工作温度都较高，而且燃料转换效率较高，余热利用率也高，主要用作电厂。质子交换膜燃料电池以比功率和比能量高、结构紧凑、质量小、无腐蚀性、可室温快速起动、不受二氧化碳的影响、可按负载要求快速改变输出功率等优点，成为电动汽车选择较多的燃料电池。质子交换膜燃料电池最大的优势是工作温度较低，其最佳工作温度是80~90℃，但在室温下也可以正常工作，所以特别适合用作交通车辆的移动电源。下面将对质子交换膜燃料电池进行详细介绍。

表9-2 五种类型燃料电池的对比

类型	电解质	导电离子	工作温度	燃料	氧化剂
碱性燃料电池	$KOH-H_2O$	OH^-	80℃	纯氢	纯氧
磷酸燃料电池	H_3PO_4	H^+	200℃	重整气	空气
熔融碳酸盐燃料电池	Na_2CO_3	CO_3^{2-}	650℃	净化煤气、天然气、重整气	空气
固体氧化物燃料电池	$ZrO_2-Y_2O_3$	O^{2-}	1000℃	净化煤气、天然气	空气
质子交换膜燃料电池	含氟质子交换膜	H^+	80~100℃	氢气、重整氢	空气

三、质子交换膜燃料电池

质子交换膜燃料电池单体主要由膜电极（阳极和阴极、质子交换膜）和集流板组成。如图9-10所示，PEMFC工作时，经加湿的H_2和O_2分别进入阳极室和阴极室，经电极扩散层到达催化层和质子交换膜的界面，分别在催化剂作用下发生氧化和还原反应。阳极反应生成的质子（H^+）通过质子交换膜传导到达阴极，阳极反应产生的电子通过外电路到达阴极。产生的水以水蒸气或冷凝水的形式随过剩的阴极反应气体从阴极室排出。

1. 质子交换膜

质子交换膜（Proton Exchange Membrane，PEM）是质子交换膜燃料电池的核心

部件，它与一般化学电源中使用的隔膜不同，是一种厚度为 50~180μm 的薄膜片。PEM 不仅是一种隔膜材料，它还是电解质和电极活性物质（催化剂）的基底；另外，PEM 还是一种选择透过性膜，而通常的隔膜则属于多孔薄膜。PEM 通过其复杂的微观结构，在一定的温度和湿度条件下，具有选择透过性，即只允许 H^+ 离子（质子）透过，不允许 H_2 分子和其他离子透过。

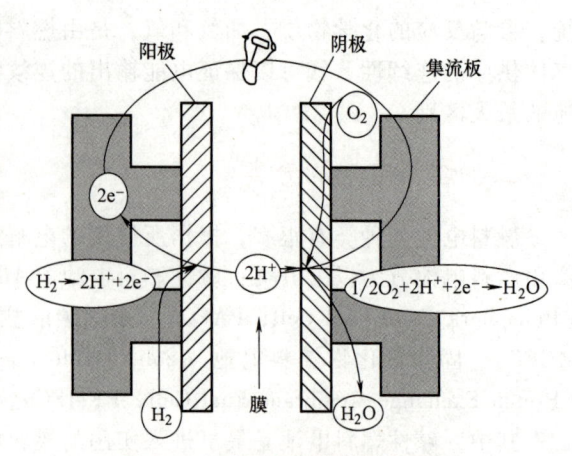

图 9-10 质子交换膜燃料电池的基本原理示意图

对于 PEM 的微观结构，一种较易被接受的理论是"离子簇网络模型"。质子交换膜主要由高分子母体、离子簇和离子簇间形成的网络结构组成。离子簇之间的间距一般是 5nm 左右，各离子簇间形成的网络结构是离子和水分子迁移的唯一通道。由于离子簇间的通道窄而短，因而对带负电的 OH^- 离子的迁移阻力远大于 H^+ 离子。所以，H^+ 离子容易透过 PEM 到另外一侧，而 OH^- 离子和其他离子及分子均被隔在 PEM 的这一侧，这样就形成了带正电的 H^+ 离子和带负电的 OH^- 离子分处 PEM 两侧，形成 PEMFC 的正、负两极。

用作 PEM 的材料，应当满足以下条件：

1）良好的离子导电性，可以降低电池内阻并提高电流密度。

2）材料的分子量充分大，即材料的互聚和交联程度高，以减弱高聚物的水解作用。

3）水分子在膜中的电渗作用小，H^+ 在其间的迁移速度高，防止膜中的浓度梯度过大。

4）水分子在平行离子交换膜表面的方向上有足够大的扩散速度，避免电池局部缺液。

5）气体（尤其是氢气和氧气）在膜中的渗透性尽可能小，以免氢气和氧气在电极表面发生反应，造成电极局部过热，影响电池的电流效率。

6）膜的水合/脱水可逆性好，不易膨胀，否则电极的变形将引起质子交换膜局部应力增大和变形。

7）膜应对氧化、还原和水解具有稳定性，能够阻止聚合链在活性物质氧化/还原和酸性作用下降解。

8）足够高的机械强度和结构强度，可以将质子交换膜在张力下的变形减至最小。

9）膜的表面性质适合于与催化剂结合。

由于膜的结构、工艺和生产批量问题，PEM 的成本到目前为止还是非常的高，它占到 PEMFC 成本的 20%~30%，随着技术的进步和工艺的发展，PEM 的成本正在大幅下降，使人们看到了商业化的希望。

2. 催化剂

催化剂是 PEMFC 的另一项核心技术。PEMFC 的阳极反应为氢的氧化反应，阴极为氧的还原反应。为了加快电化学反应的速度，气体扩散电极上都含有一定量的催化剂。电极催化剂包括阴极催化剂和阳极催化剂两类。阴极催化剂和阳极催化剂总的选用原则是：要有足够的催化活性和稳定性。但阳极催化剂，应具有足够的抗 CO 中毒能力。因为 PEMFC 对燃料气体中的 CO 非常敏感。对于直接使用甲醇（DMFC）或其他烃类燃料重整的 PEMFC 系统，在阳极参与反应的燃料不可避免会含有 CO，其阳极催化剂尤其要注意有足够的抗 CO 中毒能力。

目前，PEMFC 主要采用铂作为 PEMFC 的催化剂，它对于两个电极反应均具有催化活性，而且可长期工作。由于铂的价格昂贵，资源匮乏，使得 PEMFC 成本居高不下，限制了其大规模应用。PEMFC 催化剂研究的两个主要方向如下：

1）提高铂的利用率，降低其用量。
2）寻找新的价格较低的非贵重金属催化剂。

另外，除了催化剂本身的性质对电极反应起决定性的作用外，其他一些因素如电池工作温度、电极制作工艺、催化剂制备方法和催化剂载体的选择等，对催化剂的催化效果也有很大影响。

3. 膜电极和集流板

（1）膜电极 膜电极（Membrane Electrode Assembly，MEA）为 PEMFC 的心脏，它由质子交换膜和其两侧的多孔气体扩散电极（阳极和阴极）复合而成。其结构示意图如图 9-11 所示。膜电极主要由五部分组成，即阳极扩散层、阳极催化剂层、质子交换膜、阴极催化剂层和阴极扩散层。

在 PEMFC 的工作过程中，增湿后的氢气（$H_2(H_2O)_n$）穿过阳极扩散层，到达阳极催化剂层，并吸附于催化剂层中，然后，在阳极铂催化剂的作用下解离为 H^+ 离子（质子）和带负电的电子，氢离子以水合质子（$H^+(H_2O)_n$）的形式，在质子交换膜中从一个磺酸基（-SO_3H）转移到另一个磺酸基，最后到达阴极，实现质子导电。与此同时，阴极增湿的氧气也穿过阴极扩散层，到达阴极催化剂层，吸附于阴极催化剂层中，氧分子（O_2）与催化剂激发产生的电子发生反应，变成氧离子，使得阴极变成带正电的端子（正极），其结果就是在阳极的带负电终端和阴极的带正电终端之间产生了一个电压。如果此时通过外部电路将两极相连，电子就会通过回路从阳极流向阴极，从而产生电能。同时，氢离子与氧离子发生反应生成水。

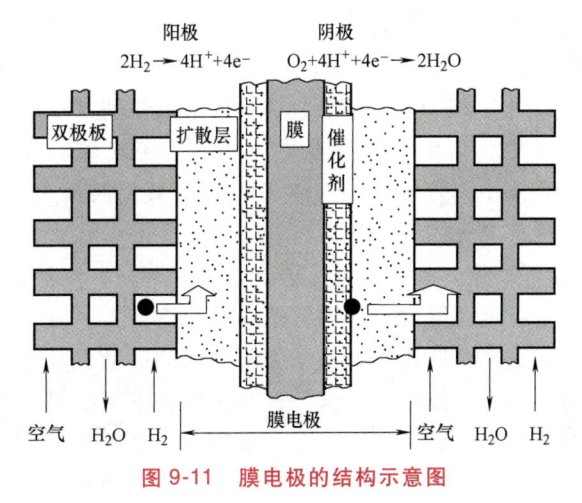

MEA 是影响 PEMFC 性能、能量密度分布和工作寿命的关键因素。而组成 MEA 的电极材料、电极的制备工艺及方法等则决定了其基本性能。同时，电池工作过程中环境

图 9-11 膜电极的结构示意图

条件的选择与控制，对发挥 MEA 中电催化剂和质子交换膜的功能及气体分子扩散、质子传递速度都有较大的影响。MEA 的性能除了决定于制备工艺外，还受以下电极参数的影响：①电极结构；②碳载体类型；③导电网类型；④聚四氟乙烯（PTFE）含量；⑤全氟磺酸（Nafion）含量；⑥极板类型。

（2）**集流板** 集流板放置在膜电极的两侧，包括阳性集流板和阴性集流板，所以又称为双极性集流板，简称双极板和集流板。集流板的主要作用除了导电外，还包括导流燃料、氧气以及冷却液。

集流板主要有石墨集流板、金属集流板和复合型集流板等不同形式。集流板面向电极表面的一侧表面刻有用于燃料和氧气（空气）流动的沟槽，中间则是导流冷却液的沟槽。集流板的设计主要是考虑导电性能、密封、气体分布和水、热的排出等。目前，用来制作集流板的主要材料有石墨、表面改性的金属、炭黑-聚合物合成材料等，其制作工艺已经比较成熟。现在对于汽车用 PEMFC 主要采用碳或碳的合成材料，成本相对较低。

4. 质子交换膜燃料电池的工作特性

燃料电池的效率在理论上可以达到 83%，在实际中由于受到电池内阻和电极工作时极化现象等的影响，效率在 50%~70% 之间。质子交换膜燃料电池对工作环境的要求比较苛刻，必须把其工作条件严格控制在一个合理的范围内，才能使其发挥最佳的工作特性。

因为 PEMFC 的燃料（H_2）和氧化剂（O_2 或空气）均为气体，要想获得更高的功率密度，PEMFC 必须在更高的压力下工作。通常来说，压力越高，PEMFC 的性能越好。另外，为了减少燃料（H_2）和氧化剂（O_2 或空气）通过质子交换膜相互扩散，要尽量减少两侧气体的压力差。

PEMFC 在工作时，随着温度的升高，电池内阻减小，在相同电流密度条件下，工作电压随之增大，即燃料电池的功率增大。温度的升高，还可以加快反应气体向催化剂层的扩散，加速质子从阳极向阴极的运动以及生成物水的排出，这些都会对电池性能的提高起到积极作用。但是，为保证质子交换膜具有良好的质子传导性能，必须保持其具有适当的湿润条件，因此，反应生成的水应尽量为液态。受此限制，PEMFC 在常压下工作温度不能超过 80℃，在 0.4MPa~0.5MPa 下不能超过 102℃。

燃料气体中 CO 的含量对燃料电池性能的影响非常大，CO_2 的含量也同样有很大影响，这主要是因为阳极催化剂上吸附的 H_2 与 CO_2 相互作用生成了 CO。氧化剂用空气替代 O_2 同样会造成燃料电池性能的大幅下降。

PEMFC 中的水管理系统和热管理系统非常重要，随着进入燃料电池的气体增湿程度、工作温度、气室压力、气体流速和电流密度的变化，要及时调整水、热的管理，以保证燃料电池处于最佳性能状态。

图 9-12 所示为某 1kW PEMFC 电堆以 H_2 作为燃料，空气作氧化剂，H_2 与空气的工作压力比为 0.3MPa/0.3MPa，φ 燃料/φ 氧化剂为 70%/20% 条件下的电压、电流及功率特性。

从图中可以看出，随着电流增大（即电流密度增大），工作电压下降，但功率增

大。电流增至100A（电流密度500mA/cm²）时，达到设计的最高功率1.2kW（0.3W/cm²）。由于燃料电池的效率主要与工作电压有关，在燃料电池工作电压高时，能量效率高，但功率低。对燃料电池电动汽车用的PEMFC，要求高功率密度和低成本，这只有在大电流密度的情况下才能实现。

四、燃料电池电动汽车的动力装置

燃料电池电动汽车的动力装置按驱动形式可分为纯燃料电池驱动和燃料电池与蓄电池混合驱动两种；按照能量来源可分为车载纯氢和燃料重整两种。

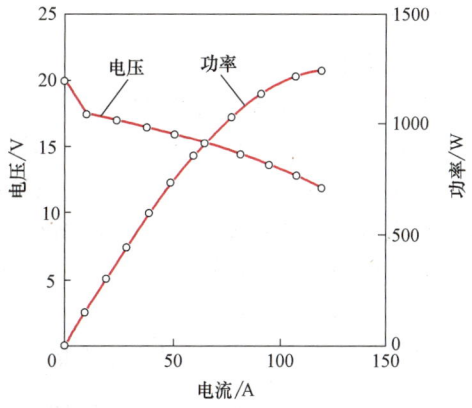

图9-12 PEMFC的电压、电流及功率特性

纯燃料电池驱动系统只有燃料电池一个动力源，汽车的所有负荷都由燃料电池承担，要求燃料电池功率大，对燃料电池的动态特性和工作可靠性提出了很高的要求，并且成本高、不能进行制动能量回收。所以，现在比较可行的方案是燃料电池加蓄电池或超级电容。该方案在车辆起动时，蓄电池可以向空压机、加热器、加湿器等需要供电的设施供电，并可以回收制动能量。在车辆加速、爬坡和最高车速等大功率需求时，燃料电池与蓄电池共同工作，可以降低燃料电池的设计功率，对燃料电池的动态特性和可靠性要求也有所降低。

1. 燃料电池电动汽车动力装置的基本结构

燃料电池与蓄电池混合驱动型动力系统主要由整车控制器、燃料电池、燃料电池控制器、DC-DC变换器、DC-AC逆变器、电动机/发电机、电机控制器、蓄电池、电池管理系统等组成，如图9-13所示。系统中采用的电机可以是直流电动机，也可以是变频交流电动机。

该系统的整车控制器按照驾驶人的操作指令，确定动力系统应提供的动力大小或回收的制动能量。燃料电池发出的电力经DC-AC逆变器后进入电动机（交流电动机）驱动汽车行驶，或经DC-DC变换器后进入电动机（直流电动机）驱动汽车行驶，又或是向蓄电池充电，当汽车行驶所需的动力超过电池的发电能力时，蓄电池也参加工作，其电流经DC-AC变换器、DC-AC逆变器后进入电动机驱动汽车行驶（对于直流电动机不需要DC-AC逆变器）。当制动时，发电机发出的电力经AC-DC变换器和DC-AC变换器向蓄电池充电。蓄电池也可用其他储能装置（如超级电容）替代。

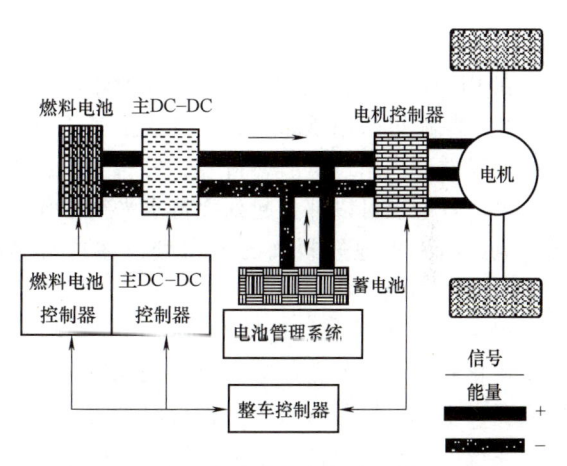

图9-13 燃料电池电动汽车动力装置示意图

2. 燃料电池系统

燃料电池电堆只有与燃料供给与循环系统、氧化剂供给与循环系统、水/热管理系统和控制系统有机结合成燃料电池系统（Fuel Cell System）才能对外输出功率。该系统由一套包括传感器、阀、泵、调节控制装置、管路、控制单元等的控制系统协调运作。

图 9-14 所示为一个典型 PEMFC 系统的示意图。由图可知，燃料供给与循环系统和氧化剂供给与循环系统主要是向 PEMFC 提供燃料和氧化剂，同时循环回收未反应完全的气体；水/热管理系统主要用来保证电池内部的水平衡和热平衡状态；控制系统则根据负载对电池功率的要求，或随电池工作条件（压力、温度、电压等）的变化，对反应气体的流量、压力、水/热循环系统的水流速等进行控制，保证电池正常有效地运行。

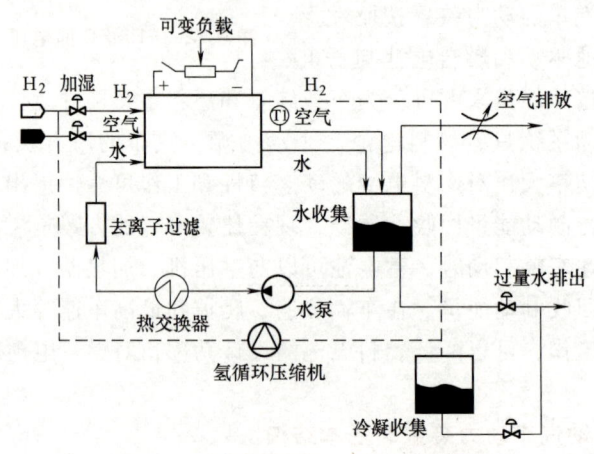

图 9-14 典型 PEMFC 系统的示意图

在 PEMFC 系统中，如果以纯氢为燃料，则该系统由氢源、稳压阀和循环回路组成，其中氢源可采用压缩氢、液氢或金属氢化物储氢；稳压阀控制燃料气的压力；循环回路用以循环利用过量的燃料气，燃料气的过量一方面是为了保证电化学反应的充分进行，另一方面也可以部分起到保持水平衡的作用，通常是采用一个循环泵或喷射泵将这部分氢送回到电池燃料气的入口处，在这种情况下，可认为由氢源系统所提供的氢 100% 被用来发电。

PEMFC 的氧化剂可选用纯氧，其系统组成和控制与纯氢作燃料气相类似。然而，从实用化和商业化的角度来考虑，PEMFC 均采用空气作氧化剂，其中对应于不同的应用需要，空气可以是常压的，也可以是压缩的。通常，采用常压空气作氧化剂，可简化电池系统的结构，考虑到电池性能随氧压力的增大而升高，因而在获得同等电池性能的前提下，采用常压空气作氧化剂的 PEMFC 系统必须具有较大的尺寸和更高的制造成本。采用常压空气带来的另外一个问题是增加了电池系统水/热管理的难度，这种缺点对小型低功率电池系统的影响不是十分明显，但对大型商用电源来说，其负面影响不可忽视。正是由于上述原因，在 PEMFC 的众多应用中，均采用压缩空气作为氧化剂，尽管这样会增大氧化剂及其循环系统的复杂性。通常，这样一个系统都包含一个由 PEM-FC 驱动的压缩机和一个可从排放气中回收部分能量的超级压缩器。一般来说，采用何种形式的氧化剂，取决于特定应用场合下系统效率、质量及制造成本之间的平衡。

水/热管理系统对于 PEMFC 系统的正常工作具有非常重大的意义。以压缩空气为氧化剂的 PEMFC，其大部分的反应产物水通过过量的空气流从阴极排出。通常，氧化剂的流量是 PEMFC 发生反应所需化学计量流量的 2 倍。由于 PEMFC 的最佳工作温度为 70~90℃，反应产物均以液态形式存在，易于收集，因而相对于其他类型的燃料电池（如磷酸燃料电池），PEMFC 的水管理系统更为简单，另外，在其他的一些系统中反应产物水也可由阳极排出。

在多数 PEMFC 系统中，反应产物水被用于系统的冷却，部分用来加湿燃料气和氧化剂。产物水首先通过燃料电池堆的反应区冷却电池堆本身，在冷却的过程中水蒸气被加热至燃料电池的工作温度，被加热的水再与反应气体接触，起到增湿的效果。除了在增湿过程中，部分热量被反应气体带走外，还需要一个进一步的热交换过程，将水中多余的热量带走，防止 PEMFC 系统热量逐渐积累，造成电池温度上升，性能下降。这种热交换过程通常是采用一个水/空气热交换器来完成，当然在一些特殊的 PEMFC 系统中，这部分过多的热量也可用作空调（加热）来使用。

【课程思政】 大力发展新能源动力装置，促进新能源汽车工业发展

请扫码阅读

复习思考题

1. 电动汽车的动力装置有哪些种类？各自的特点是什么？
2. 影响电动汽车发展的主要因素是什么？有哪些可能的解决途径？
3. 什么是混合动力电动汽车？
4. 混合动力电动汽车与传统汽车相比，具有什么优势？
5. 燃料电池有哪些种类？各自的特点是什么？
6. 燃料电池动力系统与燃料电池的区别是什么？
7. 质子交换膜的特点是什么？
8. 什么是质子交换膜燃料电池？
9. 电动汽车动力装置中为什么要用 DC-AC 变换器？
10. 被认为是 21 世纪最有前途的汽车动力装置之一的是什么？

第十章

发动机动力学

本章内容主要包括：曲柄连杆机构的运动与受力分析、发动机的平衡和曲轴系统的扭转振动三部分。其中，受力分析是零部件计算的基础，也是平衡分析和扭振分析的出发点。

第一节 曲柄连杆机构的运动与受力分析

一、曲柄连杆机构的运动规律

曲柄连杆机构由活塞和活塞销 A、连杆 AB、曲轴 BO、主轴承 O 构成，如图 10-1 所示。它把活塞的往复运动转化为曲轴的旋转运动。当活塞销的运动轨迹平面与曲轴轴线重合时，称为中心曲柄连杆机构（图 10-1a）。有些内燃机的曲柄连杆机构，将曲轴轴线相对气缸轴线作微小的偏移，或将活塞销轴线相对活塞轴线作微小的偏移，此种机构称为偏心曲柄连杆机构（图 10-1b）。本节主要介绍中心曲柄连杆机构的运动规律与受力分析。

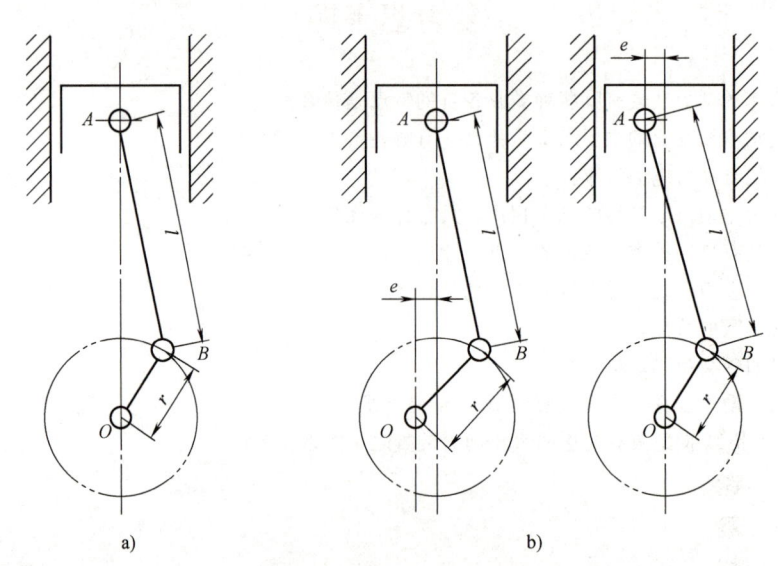

图 10-1 曲柄连杆机构简图
a) 中心曲柄连杆机构 b) 偏心曲柄连杆机构

图 10-2 所示为中心曲柄连杆机构的运动分析简图。图中，气缸中心线 A_1B_2 通过曲

轴中心 O。A 为活塞销中心，AB 为连杆，BO 为曲柄，α 为曲柄转角（曲柄与气缸中心线间的夹角，顺曲轴旋转方向为正），β 为连杆摆角（连杆中心线与气缸中心线间的夹角，顺曲轴旋转方向向右偏移为正）。R 为曲柄半径，L 为连杆长度，$\lambda=R/L$ 为连杆比，是一个重要的结构参数，一般在 $1/5 \sim 1/3$ 范围，汽车发动机多在 $1/3.8 \sim 1/3.2$ 之间。运动时，A 做往复运动，BO 以等角速度 ω 旋转，对应活塞在上止点 A_1 的位置时，$\alpha=0°$；活塞在下止点 A_2 的位置时，$\alpha=180°$。

1. 活塞位移 x

$$x = A_1O - AO = A_1O - AC - OC = R + L - R\cos\alpha - L\cos\beta$$

$$= R\left[(1-\cos\alpha) + \frac{1}{\lambda}(1-\cos\beta)\right] \tag{10-1}$$

图 10-2 中心曲柄连杆机构的运动分析简图

由图 10-2 可知，$\sin\beta = (R/L)\sin\alpha = \lambda\sin\alpha$，则有

$$\cos\beta = \sqrt{1-\lambda^2\sin^2\alpha}$$

将上式按牛顿二项式展开，并忽略展开式高阶项，取前二项，得

$$\cos\beta \approx 1 - \frac{1}{2}\lambda^2\sin^2\alpha$$

将上式代入式（10-1），可得到活塞位移的近似值为

$$x = R\left[(1-\cos\alpha) + \frac{\lambda}{2}\sin^2\alpha\right] \tag{10-2}$$

$$= R\left[(1-\cos\alpha) + \frac{\lambda}{4}(1-\cos2\alpha)\right]$$

2. 活塞速度 v

精确值

$$v = \frac{dx}{dt} = \frac{dx}{d\alpha}\frac{d\alpha}{dt} = R\omega\left(\sin\alpha + \frac{\lambda}{2}\frac{\sin^2\alpha}{\cos\beta}\right) \tag{10-3}$$

近似值

$$v = R\omega\left(\sin\alpha + \frac{\lambda}{2}\sin2\alpha\right) \tag{10-4}$$

3. 活塞加速度 a

精确值

$$a = \frac{dv}{dt} = \frac{dv}{d\alpha}\frac{d\alpha}{dt} = R\omega^2\left(\cos\alpha + \lambda\frac{\sin2\alpha}{\cos\beta} + \frac{\lambda^3}{4}\frac{\sin2\alpha}{\cos^3\beta}\right) \tag{10-5}$$

近似值

$$a = R\omega^2(\cos\alpha + \lambda\cos2\alpha) \tag{10-6}$$

图 10-3 给出了活塞位移、速度、加速度随曲轴转角 α 和连杆比 λ 的变化关系。

4. 连杆的角位移、角速度与角加速度

由图 10-2 知 $\sin\beta = \lambda\sin\alpha$，则有

$$\beta = \arcsin(\lambda\sin\alpha) \tag{10-7}$$

角速度 $\dot{\beta}$ 为

$$\dot{\beta} = \frac{d\beta}{dt} = \omega\lambda\frac{\cos\alpha}{\cos\beta} = \omega\lambda\frac{\cos\alpha}{\sqrt{1-\lambda^2\sin^2\alpha}} \quad (10\text{-}8)$$

角加速度 $\ddot{\beta}$ 为

$$\ddot{\beta} = \frac{d^2\beta}{dt^2} = -\lambda(1-\lambda^2)\omega^2\frac{\sin\alpha}{\cos^3\beta} \quad (10\text{-}9)$$

二、曲柄连杆机构的质量换算

惯性力的大小决定于运动零件的加速度和质量分布。为了便于分析，通常将实际机构的质量分布换算成动力学上等效的集中质量系统，曲柄连杆机构的质量系统可简化如下。

1. 活塞组

活塞组的质量 m_p，包括活塞、活塞环、活塞销以及装在其上的附件的质量，即沿气缸中心线做往复运动零件的质量。可以认为 m_p，集中于活塞销轴线的中心，因为活塞销中心线是活塞组的传力点。

2. 曲柄组

如图 10-4 所示，曲轴在绕轴线旋转时，曲柄销、一部分曲柄臂（图上绘有阴影的部分）以及装在其上的其他附件的不平衡质量将产生不平衡离心惯性力。这些曲柄上的不平衡质量应按离心力相等的条件换算到曲柄销中心处，并以 m_k 表示。对于图 10-4 所示的曲柄，其换算质量 m_k 为

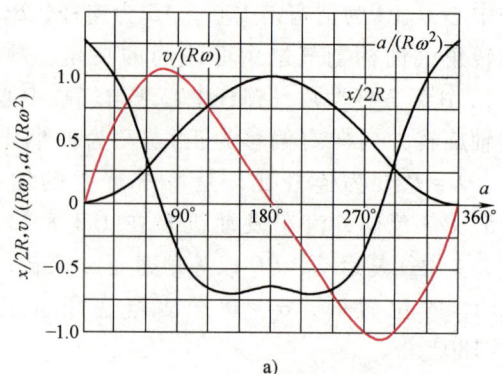

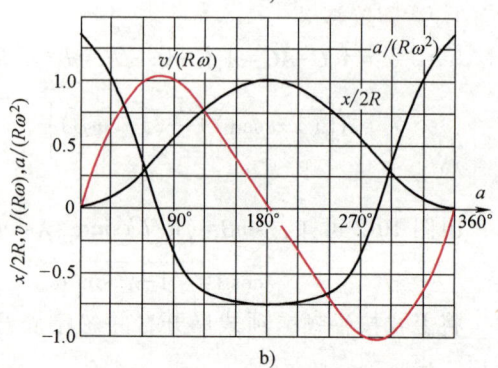

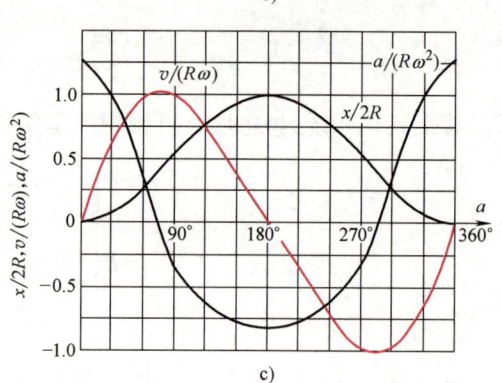

图 10-3 活塞运动规律曲线
a) $\lambda = 1/3$ b) $\lambda = 1/4$ c) $\lambda = 1/5$

$$m_k = m_{k1} + 2m_{k2}\frac{\rho}{R} \quad (10\text{-}10)$$

式中　m_{k1}——曲柄销质量；
　　　m_{k2}——一个曲柄臂不平衡部分（十字阴影部分）的质量；
　　　ρ——曲柄臂不平衡部分的质心与曲轴旋转中心的距离。

m_{k1}、m_{k2}、ρ 等数值，可根据曲轴图样资料或 CAD 三维模型计算得到。

3. 连杆组

连杆组的质量包括连杆体、连杆小头衬套、连杆盖以及连杆螺栓等的质量。连杆做

复合平面运动，为了计算简便，将连杆质量 m_L 简化为大、小头处的两个集中质量，称为连杆的双质量系统，如图 10-5 所示。m_1 是假设集中在连杆小头中心处并只做往复运动的质量，m_2 是假设集中在大头中心处并只做旋转运动的质量。替代后的质量系统需与原连杆的质量系统在力学上是等效的，则须满足下列条件：

1) 连杆质量不变，即 $m_L = m_1 + m_2$。
2) 连杆质心位置 G 不变，即 $m_1 L_1 = m_2 (L - L_1)$。
3) 连杆相对于质心 G 的转动惯量 I_G 不变，即 $m_1 L_1^2 + m_2 (L - L_1)^2 = I_G$。

这里 L 为连杆长，L_1 为连杆质心至小头中心 A 的距离。

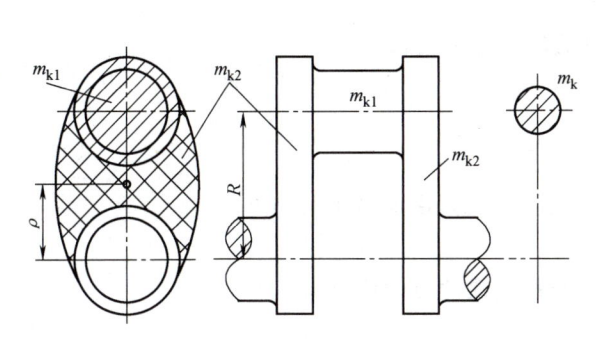

图 10-4 曲柄不平衡质量及其换算质量 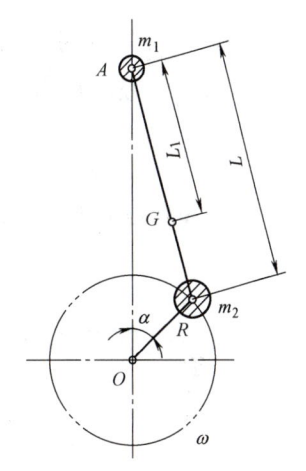 图 10-5 连杆组双质量换算系统

实际上，双质量系统不能同时完全满足上述三个等效条件，一般只按前两个条件得出，即

$$m_1 = m_L \frac{L - L_1}{L}$$
$$m_2 = m_L \frac{L_1}{L}$$

(10-11)

因产生的误差不大，故被广泛采用。

连杆的质心可根据连杆实物或图样，用天平称量或 CAD 三维模型计算求出。

4. 曲柄连杆机构的质量换算

曲柄连杆机构中通常采用双集中质量来替代实际机构的质量分布。做往复直线运动的质量 m_j，包括活塞组零件的质量 m_p 和连杆组换算到小头中心的质量 m_1，集中作用在活塞销中心，即

$$m_j = m_p + m_1 = m_p + m_L \frac{L - L_1}{L}$$

(10-12)

做旋转运动的不平衡质量 m_r，包括曲柄换算质量 m_k 和连杆换算到大头中心的质量 m_2，集中作用于曲柄销中心，即

$$m_r = m_k + m_2 = m_{k1} + 2 m_{k2} \frac{\rho}{R} + m_L \frac{L_1}{L}$$

(10-13)

三、曲柄连杆机构的受力分析

1. 惯性力

(1) **往复惯性力** F_j(N) 它是往复运动的质量 m_j 与活塞加速度 a 的乘积,方向始终沿气缸中心线与活塞加速度方向相反,即

$$F_j = m_j a = -m_j R\omega^2(\cos\alpha + \lambda\cos2\alpha) = -m_j R\omega^2\cos\alpha - \lambda m_j R\omega^2\cos2\alpha$$

$$= F_{jI} + F_{jII} \tag{10-14}$$

式中 $F_{jI} = -m_j R\omega^2\cos\alpha$ ——一阶往复惯性力;
  $F_{jII} = -\lambda m_j R\omega^2\cos2\alpha$ ——二阶往复惯性力;
  R ——曲柄半径(m);
  ω ——曲柄旋转角速度(rad/s)。

(2) **旋转惯性力** F_r(N) 它是以曲柄角速度旋转的离心力,即

$$F_r = m_r R\omega^2 \tag{10-15}$$

当 m_r 等于常数时,F_r 大小不变,其方向总是沿曲柄半径向外。

2. 沿气缸中心线的总作用力 F

总作用力 F 是缸内气体作用力 F_g 与往复惯性力的代数和,即

$$F = F_g + F_j \tag{10-16}$$

往复惯性力 F_j 由式(10-14)计算而得。
气体作用力 F_g(N)为

$$F_g = \frac{\pi D^2}{4}(p_g - p'_g) \tag{10-17}$$

式中 p_g ——气缸内的气体压力(kPa),从展开示功图上获得;
  p'_g ——曲轴箱内的气体压力(kPa);
  D ——活塞直径(mm)。

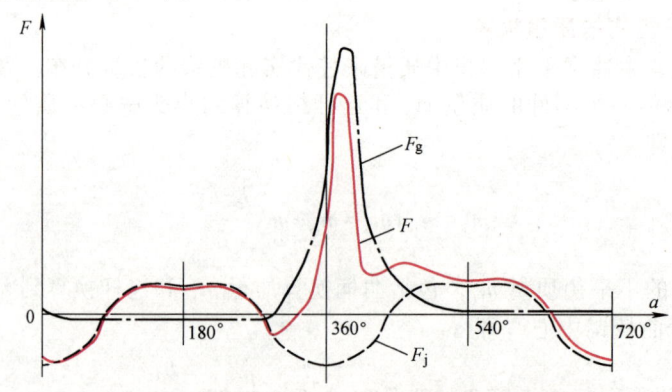

图 10-6 气体作用力 F_g 和往复惯性力 F_j 的合成

图 10-6 给出了 F_g、F_j、F 随曲轴转角的变化关系。

3. 总作用力 F 的分解与传递

如图 10-7 所示，总作用力 F 可分解成两个分力：

1) 沿连杆方向作用，使连杆受到压缩或拉伸的连杆力 F_K（N），即

$$F_K = \frac{F}{\cos\beta} \tag{10-18}$$

2) 垂直于气缸壁并将活塞压向缸壁的侧向力 F_N（N），即

$$F_N = F\tan\beta \tag{10-19}$$

连杆力 F_K 传至曲柄销中心再分解为垂直于曲柄的切向力 F_T（N）和沿曲柄半径的径向力 F_Z（N），即

$$F_T = F_K \sin(\alpha+\beta) = F\frac{\sin(\alpha+\beta)}{\cos\beta} \tag{10-20}$$

$$F_Z = F_K \cos(\alpha+\beta) = F\frac{\cos(\alpha+\beta)}{\cos\beta} \tag{10-21}$$

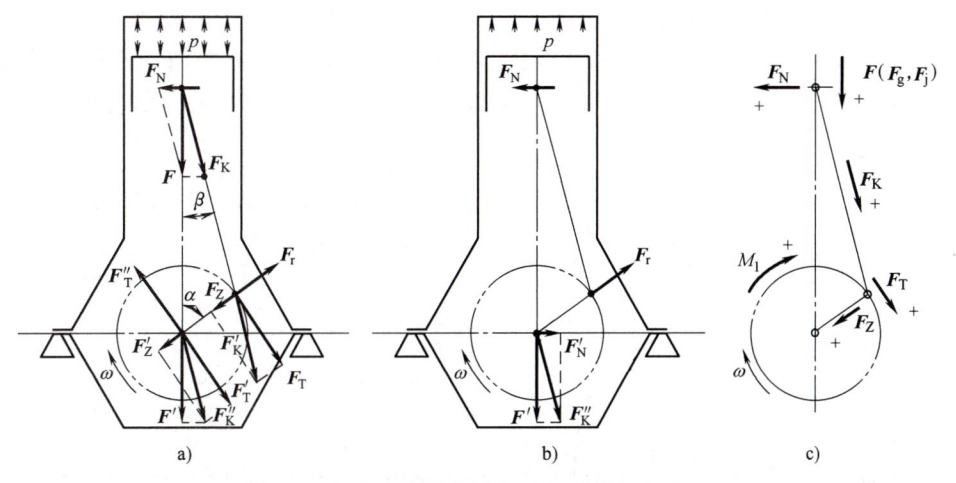

图 10-7 作用在曲柄连杆机构上的力和力矩

a) 力和力矩作用的情况　b) 作用于机体上的力和力矩　c) 力和力矩的符号与方向

径向力 F_Z 沿曲柄半径传递到曲轴中心得 F'_Z，同时在曲轴中心有与作用力 F_T 平行且大小相等而方向相反的一对力 F'_T、F''_T。力 F'_T 作用在主轴承上。F_T、F''_T 形成力偶矩 T，使曲轴克服外界阻力矩而旋转，即为发动机一个气缸所能发出的转矩（N·m），其大小为

$$T = F_T R = FR\frac{\sin(\alpha+\beta)}{\cos\beta} \tag{10-22}$$

力 F''_T 和 F'_Z 合成为作用在主轴承上的力 F''_K，F''_K 进一步分解成沿气缸中心线的力 F' 和垂直于气缸中心线的力 F'_N，即

$$F' = F''_K \cos\beta = F_K \cos\beta = F\frac{\cos\beta}{\cos\beta} = F$$

$$F'_N = F''_K \sin\beta = F_K \sin\beta = F\tan\beta = F_N$$

F'_N 和 F_N 产生一个方向与力偶矩 T 相反的反力偶矩 T_N，常称为翻倒力偶矩，其大小为

$$T_N = -F_N h = -F\tan\beta(L\cos\beta + R\cos\alpha) = -R\frac{F}{\cos\beta}\left(\frac{L}{R}\sin\beta\cos\beta + \cos\alpha\sin\beta\right)$$

$$= -R\frac{F}{\cos\beta}(\sin\alpha\cos\beta + \cos\alpha\sin\beta) = -F\frac{\sin(\alpha+\beta)}{\cos\beta}R = -T$$

式中　h——活塞销中心与曲轴中心的距离。

可见，一个气缸发出的转矩 T 与翻倒力偶矩 T_N 大小相等而方向相反。

力 F 传递到主轴承上，其中的气体作用力部分在机体上互相抵消，只使机体产生拉伸或压缩应力，并不传至机体之外的支架上。而往复惯性力是以自由力的形式出现，它通过轴承传至机体，作用在发动机支架上。

综上所述，发动机发出转矩 T，而翻倒力偶矩 T_N、往复惯性力 F_j 和旋转惯性力 F_r 通过发动机机体传至支架，使支架受力并产生振动。

4. 多缸发动机的总转矩

已知单个气缸的转矩 T，在求多缸发动机各主轴颈所受转矩时，只要将各缸转矩从自由端向飞轮端依次叠加起来，积累到最后一个主轴颈的转矩就是发动机的总转矩。图 10-8 所示为四冲程发动机的总转矩曲线。若量出一个循环中总转矩曲线所围成的面积的代数和，再除以横坐标长度可得到平均转矩值，此值即为发动机的指示转矩 T_i。

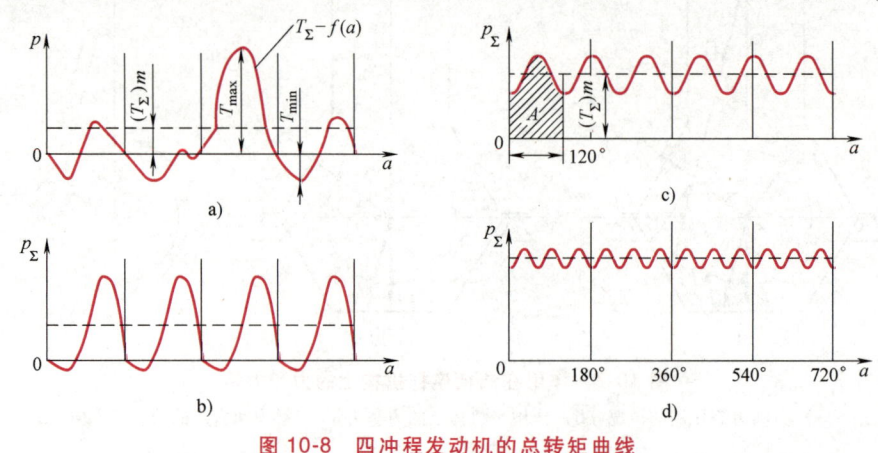

图 10-8 四冲程发动机的总转矩曲线
a) 单缸机　b) 四缸机　c) 六缸机　d) V 形 12 缸机

由图 10-8 可见，总转矩是周期性反复变化的量，这就使曲轴角速度出现波动，这种在发动机工况稳定时的瞬时角速度波动现象称为回转不均匀性，它使发动机内外一切与之相连的机构也回转不均匀，从而引起冲击和机械噪声。因此，必须将回转不均匀性减小到允许的范围内。回转不均匀性一般用回转不均匀度 δ 表示，即

$$\delta = \frac{\omega_{max} - \omega_{min}}{\omega_m} \tag{10-23}$$

式中　ω_{max}、ω_{min}——曲轴最大、最小角速度；

　　　ω_m——曲轴平均角速度，且有 $\omega_m = \dfrac{\omega_{max} + \omega_{min}}{2}$。

各类汽车对 δ 的要求不同,如一般货车或拖拉机可选 δ = 1/40 ~ 1/50 范围,高级轿车可选 δ = 1/200 ~ 1/300 范围。减小不均匀性的主要措施是,在曲轴上装适当的飞轮和增加发动机的气缸数。

第二节 发动机的平衡

一、概述

发动机是汽车重要的振动源,在发动机运转时,所产生的不断变化的翻倒力偶矩、惯性力及其力矩传递到发动机支架,使支架产生振动。振动会影响汽车的平顺性和舒适性,增加噪声和零件磨损,引起紧固件松动、个别零件过载损坏、车辆乘员疲劳等。发动机平衡就是指对惯性力及其力矩的平衡分析,使传至支架的振动减至合理的程度。

在稳定工况下,如果传给支架的惯性力和惯性力矩的大小及方向均不随时间而变化,则称此发动机是平衡的。完全平衡必须满足的条件如下:

旋转惯性力 $\sum F_r = 0$;旋转惯性力矩 $\sum M_r = 0$;一阶往复惯性力 $\sum F_{jI} = 0$;一阶往复惯性力矩 $\sum M_{jI} = 0$;二阶往复惯性力 $\sum F_{jII} = 0$;二阶往复惯性力矩 $\sum M_{jII} = 0$。

通常只考虑一阶往复惯性力和旋转惯性力及其力矩的平衡,通过采取平衡措施使其达到平衡或限制在许可范围内。

往往在上述平衡欠佳时,曲轴会承受很大的弯矩,从而引起曲轴、机体等零件产生较大的应力、应变,造成发动机零部件的振动,这就需要研究它的内平衡性能。内平衡性能通常用曲轴所受弯矩的大小来评价。

二、单缸机的平衡

1. 旋转惯性力的平衡

由式(10-15)可知,旋转惯性力 F_r 为

$$F_r = m_r R \omega^2$$

F_r 是一个大小不变、方向始终沿曲柄向外的力。因此,只要在曲柄上与曲柄销相反一侧加质量为 m_p 的平衡重,使平衡重所产生的离心力 F_p 与 F_r 相等(方向相反),即可完全平衡 F_r,如图 10-9 所示。由于

$$2 m_p R_p \omega^2 = m_r R \omega^2 \quad (10\text{-}24)$$

平衡重的质径积为

$$m_p R_p = \frac{1}{2} m_r R \quad (10\text{-}25)$$

式中 m_p——平衡重质量;
R_p——平衡重质心与曲轴中心线之间的距离。

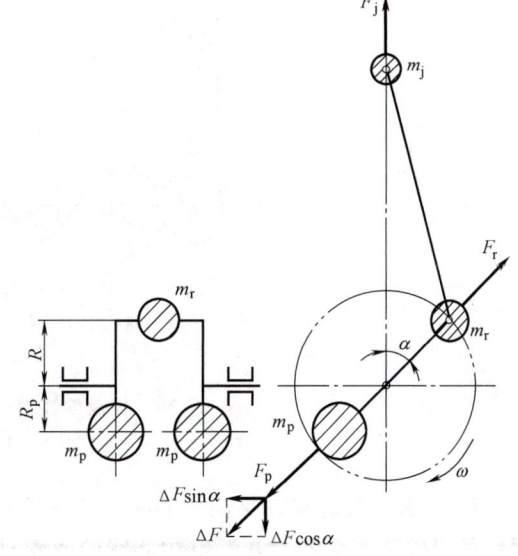

图 10-9 旋转惯性力的平衡

2. 往复惯性力的平衡

由式（10-14）可知，往复惯性力 $F_j = F_{jI} + F_{jII}$。其中，一阶往复惯性力 F_{jI} 为

$$F_{jI} = -m_j R\omega^2 \cos\alpha = A_{jI}\cos\alpha$$

二阶往复惯性力 F_{jII} 为

$$F_{jII} = -\lambda m_j R\omega^2 \cos 2\alpha = A_{jII}\cos 2\alpha$$

$A_{jI} = -m_j R\omega^2$ 可以看成是一个方向沿着曲柄向外并与曲柄一起以角速度 ω 旋转的矢量，则 F_{jI} 就可想象为矢量 A_{jI} 在气缸中心线上的投影。同理，$A_{jII} = -\lambda m_j R\omega^2$，则 F_{jII} 可以想象为矢量 A_{jII} 在气缸中心线上的投影，而矢量 A_{jII} 旋转的角速度为 2ω，是曲柄旋转角速度的二倍，如图 10-10 所示。

惯性力 F_{jI}、F_{jII} 的方向取指向曲轴中心为正，与气体作用力取向一致，在 360° 曲轴转角间的变化如图 10-10 所示。

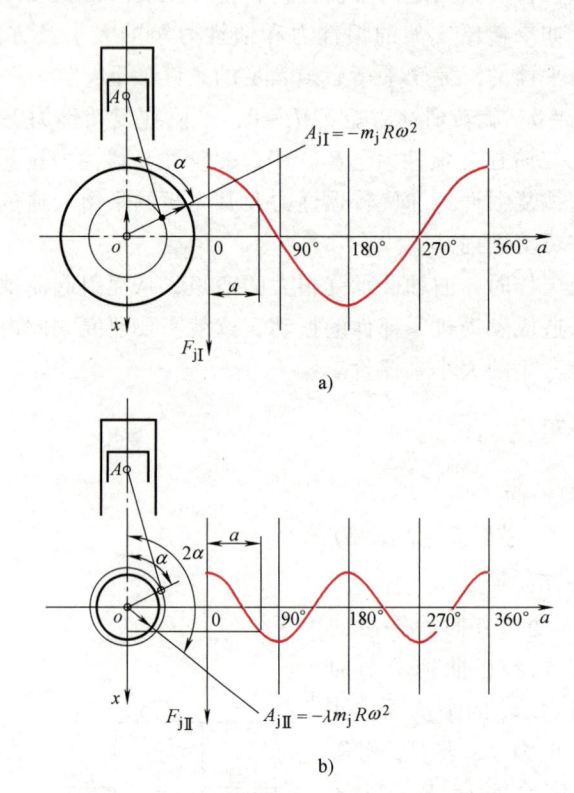

图 10-10 往复惯性力的方向和矢量表示法
a) 一阶往复惯性力 b) 二阶往复惯性力

（1）单缸机的双轴平衡 若要完全平衡单缸机的往复惯性力，则须配备如图 10-11 所示的双轴平衡机构。在气缸中心线的两侧对称安装两对带平衡重的平衡轴。为避免附加力矩，每个平衡轴又对称分布两个平衡重。第一对平衡轴绕 O_1、O_2 相对旋转，其旋转角速度与曲轴的相同，旋转时平衡重的离心力在水平方向（y 轴）互相平衡，在垂直方向（x 轴）的合力为 $4m_I R_I \omega^2 \cos\alpha$，其中 m_I 为每个平衡重的质量，R_I 为平衡重质

心到曲轴中心线的距离。此合力方向与 F_{jI} 方向相反，若使其大小与 F_{jI} 相等，则达到平衡 F_{jI} 的目的，这样每个平衡重的质径积为

$$4m_I R_I \omega^2 \cos\alpha = m_j R \omega^2 \cos\alpha$$

$$m_I R_I = \frac{1}{4} m_j R \tag{10-26}$$

同理，第二对平衡轴绕 O_3、O_4 以 2ω 的角速度相对旋转，它们在 x 轴方向的合力为 $4m_{II} R_{II} \lambda (2\omega)^2 \cos2\alpha$，其中 m_{II} 为 O_3、O_4 平衡轴上每个平衡重的质量，R_{II} 为平衡重质心到曲轴中心的距离。此合力用以平衡 F_{jII}，平衡重的质径积为

$$4m_{II} R_{II} \lambda (2\omega)^2 \cos2\alpha = m_j R \lambda \omega^2 \cos2\alpha$$

$$m_{II} R_{II} = \frac{1}{16} m_j R \tag{10-27}$$

由于二阶往复惯性力较小，一般对它的平衡不予以考虑。

（2）过量平衡（转移平衡） 单缸机双轴平衡机构的结构复杂，所占空间较大。因而仅在要求高的发动机上采用，如本田 XL250S 摩托车。一般多用简单的过量平衡，即在曲柄上装置较大的平衡重，此平衡重旋转时产生的离心力 F_p，不仅平衡了旋转惯性力 F_r，还存在剩余离心力，即

$$\Delta F = F_p - F_r$$

其目的是使 ΔF 在 x 轴方向的分力——$\Delta F\cos\alpha$ 平衡掉一部分 F_{jI}，但在 y 轴方向同时出现不平衡力 $\Delta F\sin\alpha$，如图 10-12 所示。实际上，是将 F_{jI} 中的一部分由 x 轴方向转移到

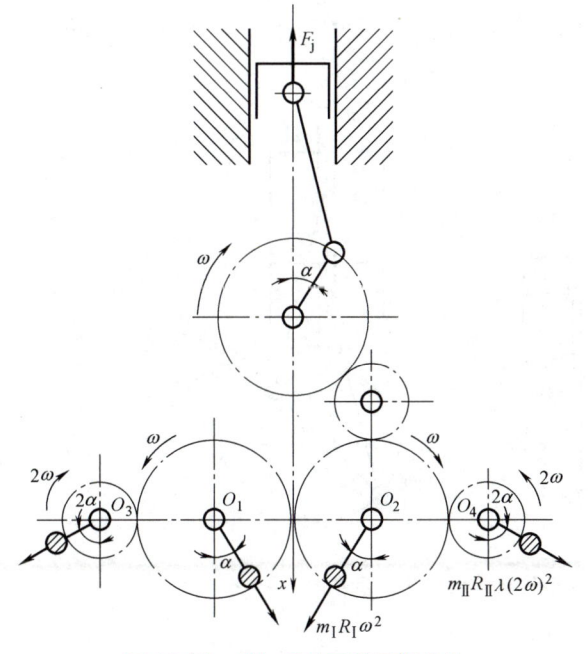

图 10-11　单缸机的双轴平衡机构

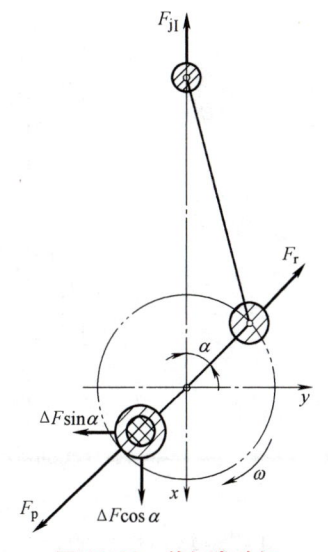

图 10-12　单缸发动机的过量平衡

y 轴方向,从而使振动的峰值减小,并不能真正平衡掉力。平衡重质径积越大,剩余力 ΔF 越大,则一阶往复惯性力 F_{jI} 转移到 y 轴方向的比例越大。转移比例应视车架结构和支撑安排而定。

三、多缸机的平衡

多缸发动机的平衡情况取决于气缸排列形式、气缸数和气缸发火顺序。

1. 车用发动机常用气缸排列形式

(1) **直列式** 气缸呈一列直线排列,其结构简单,工作可靠,成本低,使用维修方便,因而得到广泛应用。各缸产生的一、二阶往复惯性力都沿各自气缸中心线而互相平行,且作用在同一平面内。各缸的旋转惯性力,沿各自的曲柄方向作用在不同平面内。它们的合力和合力矩如不能抵消,则是不平衡的。

(2) **V 形** 气缸呈两列倾斜对称排列。在高级轿车和重型货车上,由于要求增大发动机功率,减轻车辆自重,缩短发动机长度和高度,因而常采用 V 形结构。对于 V 形机的往复惯性力,必须分别求出各列气缸的一、二阶往复惯性力的合力及所引起的合力矩,然后再根据气缸夹角,利用余弦定理求出两列气缸的总合力及总合力矩。因此,V 形机的平衡还与两列气缸的夹角有关。

(3) **水平卧式** 其特点是高度大大降低,可布置在底盘中部车厢地板下面。有利于改善汽车面积的利用率,使转弯半径减小,因而适用于大型客车。

2. 直列式两缸机的平衡

现以直列式两缸四冲程发动机为例,说明多缸机平衡分析的基本方法。

首先给出曲柄排列和发火顺序,两缸机常用曲柄互成 180° 均布的形式,发火间角不均匀。并按第一缸在上止点位置,示出各缸惯性力作用的情况,如图 10-13 所示。

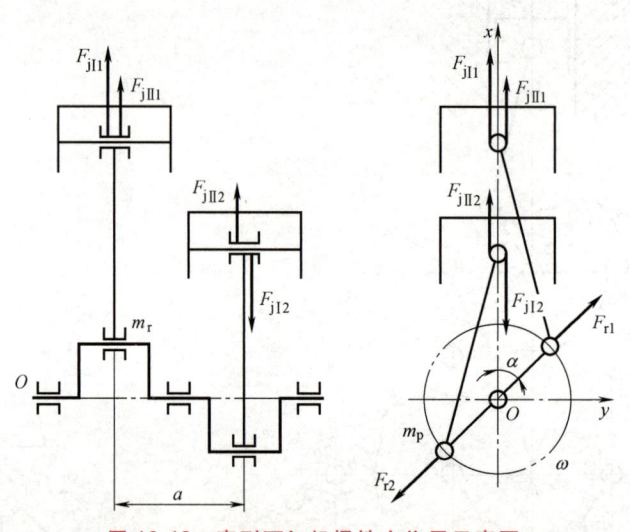

图 10-13 直列两缸机惯性力作用示意图

(1) 旋转惯性力的合力为

$$\sum F_{\mathrm{r}} = F_{\mathrm{r}1} - F_{\mathrm{r}2} = m_{\mathrm{r}} R \omega^2 - m_{\mathrm{r}} R \omega^2 = 0$$

（2）一阶往复惯性力为

$$\sum F_{jI} = F_{jI1} - F_{jI2} = -m_j R\omega^2 \cos\alpha - m_j R\omega^2 \cos(180°+\alpha) = 0$$

（3）二阶往复惯性力为

$$\sum F_{jII} = F_{jII1} + F_{jII2} = -m_j R\lambda\omega^2 \cos2\alpha - m_j R\lambda\omega^2 \cos2(180°+\alpha)$$
$$= -2m_j R\lambda\omega^2 \cos2\alpha$$

（4）旋转惯性力矩为

$$\sum M_r = \frac{a}{2}F_{r1} + \frac{a}{2}F_{r2} = am_r R\omega^2$$

（5）一阶往复惯性力矩为

$$\sum M_{jI} = \frac{a}{2}F_{jI1} + \frac{a}{2}F_{jI2} = am_j R\omega^2 \cos\alpha$$

（6）二阶往复惯性力矩为

$$\sum M_{jII} = \frac{a}{2}F_{jII1} - \frac{a}{2}F_{jII2} = 0$$

由上述分析可知，两缸机的旋转惯性力矩 $\sum M_r$、一阶往复惯性力矩 $\sum M_{jI}$ 和二阶往复惯性力 $\sum F_{jII}$ 没有平衡。$\sum M_r$ 的平衡，可在曲柄上加两块平衡重来解决，但若要完全平衡 $\sum M_{jI}$、$\sum F_{jII}$，则须采用双轴平衡机构，如图10-14所示。在实际发动机中，$\sum M_{jI}$ 常用过量平衡处理，$\sum F_{jII}$ 一般不予平衡。

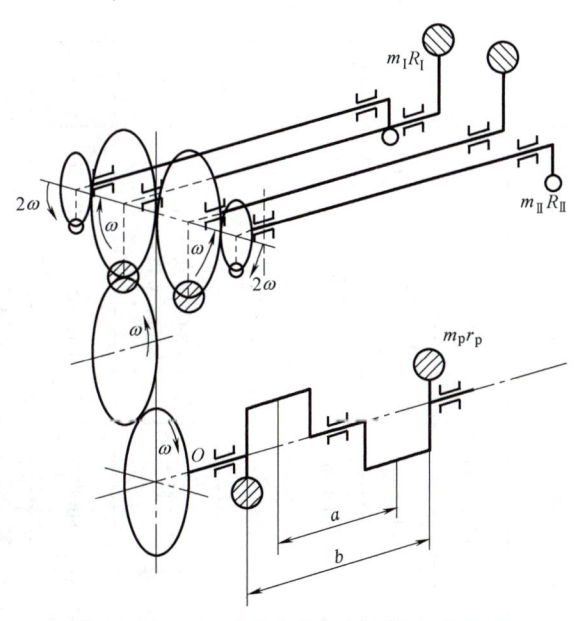

图10-14 直列两缸机的双轴平衡机构原理

表10-1中列出了各种缸数发动机的惯性力和力矩的系数值，这样可以清楚地看出它们平衡情况的好坏。例如直列式两缸机中：

$\sum F_r = 0 \times m_r R\omega^2$，表中系数为0，表示旋转惯性力合力为零。

$\sum F_{jI} = 0 \times m_j R\omega^2$，表中系数为0，表示一阶往复惯性力合力为零。

表 10-1 发动机的平衡特性

序号	缸数排列	曲柄排列	发火间隔曲轴转角/(°)	气缸发火顺序	惯性力 旋转 $\sum F_r$	惯性力 一阶往复 $\sum F_{jI}$	惯性力 二阶往复 $\sum F_{jII}$	惯性力矩 旋转 $\sum M_r$	惯性力矩 一阶往复 $\sum M_{jI}$	惯性力矩 二阶往复 $\sum M_{jII}$	内弯矩 M_{rb}	平衡情况说明
1	1 单		720°	1	1	1	1	0	0	0	0	$\sum F_r$：可全部予以平衡 $\sum F_{jI}$：可用过量平衡法部分转移 可用双轴平衡法全部平衡
2	2 单		180°–540°	1-2	0	0	2	1	0	0	0	常用两块平衡重平衡 $\sum M_r$ 及 $\sum M_{jI}$
3	3 单		240°均布	1-2-3 或 1-3-2	0	0	0	$\sqrt{3}$	$\sqrt{3}$	$\sqrt{3}$	0.5	常用两块平衡重平衡 $\sum M_r$
4	4 单		180°均布	1-3-4-2 或 1-2-4-3	0	0	4	0	0	0	1	常用四块平衡重减小内弯矩，残余较大 $\sum F_{jII}$ 不能解决
5	5 单		144°均布	1-2-4-5-3	0	0	0	0.449	0.449	4.98	1.309	惯性力平衡良好，内弯矩应考虑解决，要注意第3、5、6阶扭振
6	6 单		120°均布	1-5-3-6-2-4 或 1-2-4-6-5-3	0	0	0	0	0	0	$\sqrt{3}$	惯性力矩平衡良好，常用四块平衡重减小内弯矩，要注意第4、5、6、7.5阶扭振
7	2/卧 180		360°均布	1L-1R	0	0	0	0	1	1	$\sqrt{6}$	外部平衡重平衡 $\sum M_r$ 及 $\sum M_{jI}$
8	6/V90°		90°-150°-90°-150°-90°-150°	1L-1R-2L-2R-3L-3R	0	0	0	$\sqrt{3}$	$\sqrt{3}$	$\sqrt{3}$		常用四块或六块平衡重平衡 $\sum M_r$ 及 $\sum M_{jI}$
9	8/V90°		90°均布	1L-3L-3R-2L-2R-1R-4L-4R	0	0	0	$\sqrt{10}$	$\sqrt{10}$	0		常用八块平衡重平衡 $\sum M_r$ 及 $\sum M_{jI}$ 要注意第4、8及3、5、7阶扭振
10	12/V60°		60°均布	1L-6R-5L-2R-3L-4R-6L-1R-2L-5R-4L-3R	0	0	0	0	0	0		常用八块平衡重减小内弯矩，要注意第4、5、6、7.5阶扭振

292

$\sum F_{jII} = 2 \times \lambda m_j R \omega^2$,表中系数为 2,表示二阶往复惯性力合力为 $2\lambda m_j R \omega^2$。
$\sum M_r = 1 \times a m_r R \omega^2$,表中系数为 1,表示旋转惯性力合力矩为 $a m_r R \omega^2$。
$\sum M_{jI} = 1 \times a m_j R \omega^2$,表中系数为 1,表示一阶往复惯性力合力矩为 $a m_j R \omega^2$。
$\sum M_{jII} = 0 \times a \lambda m_j R \omega^2$,表中系数为 0,表示二阶往复惯性力合力矩为零。

3. 直列式四缸机的平衡

四缸机曲柄夹角为 180°,曲轴呈镜面对称(图 10-15a)。从外部平衡来看(表 10-1),仅残余二阶往复惯性力 $\sum F_{jII}$。但它存在着内弯矩 aF_r,即内弯矩系数为 1。为使曲轴达到内部平衡,需在曲柄上附加平衡重,但不允许破坏原来的外部平衡性能。可采用八块平衡重的完全平衡法,即在每个曲柄臂上都附设平衡重,使其产生的离心惯性力分别抵消每个曲柄连杆机构的离心惯性力(图 10-15c)。但它的平衡块数量较多,使曲轴质量及转动惯量增加。因此,常用四块平衡重的分段平衡法(图 10-15b),即把曲轴分成两段,分别对各段曲轴采取平衡措施——在每段上产生反弯矩,以减少整个曲轴的内弯矩。

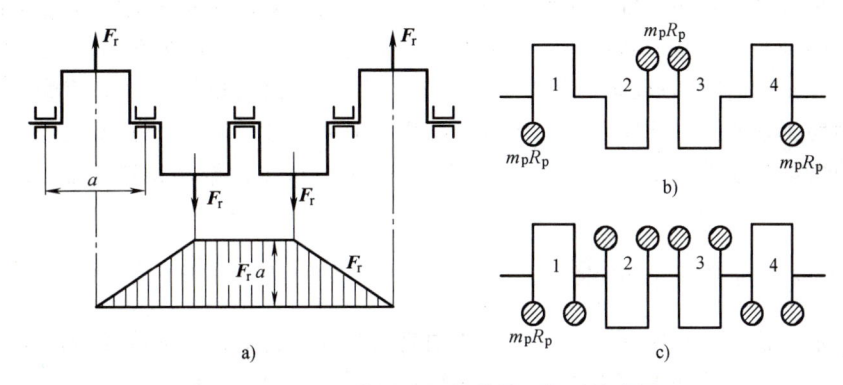

图 10-15 直列四缸机曲轴平衡重的布置
a)内弯矩 b)四块平衡重 c)八块平衡重

4. 直列式六缸机的平衡

由表 10-1 中可知,直列式六缸机采用曲柄夹角为 120°均布的镜面对称曲轴,外部平衡性最好,但存在较大的内弯矩,也需采用平衡重以减小内弯矩。

5. V 形八缸机的平衡

V 形八缸,气缸夹角为 90°,且空间(十字式)曲轴布置的机型在汽车上应用最多,其优点是发火均匀(90°均布)。由表 10-1 可知,其惯性力全部平衡,但惯性力矩 $\sum M_r$、$\sum M_{jI}$ 较大,可采用 6 块或 8 块平衡重予以平衡。这样,无论是一阶还是二阶惯性力和力矩都是平衡的,所以平衡性能好,运转平稳。

四、影响发动机实际平衡的因素

在上述平衡分析中,假定同一台发动机各缸的往复运动质量与旋转不平衡质量、连杆长度、曲柄半径等均是相等的,而实际上不可避免地存在制造误差、材质密度不均等现象。为了使发动机的实际平衡接近设计计算值,可采取如下措施:

1) 对曲柄半径、连杆长度、各曲柄位置角度、缸心距等尺寸规定严格的公差。

2) 对活塞质量、连杆质量及连杆质量分配等规定公差。例如，对于同一台发动机一般活塞（$D=100\text{mm}$ 左右），质量差不得超过 10g，连杆大、小头质量差不得超过 8g 等。因此，零件要按质量分组，必要时可以在指定位置加以调整。

3) 对曲轴飞轮组件（包括曲轴、飞轮、固定于飞轮的离合器、风扇带轮等）进行动平衡调整。即在动平衡试验机上测出折合到它两端校正平面上的"不平衡质径积"的大小和方位，然后车削钻孔，将不平衡质径积降到允许值以下。例如一般高速机要求不超过 $30\text{g}\cdot\text{cm}$，高速汽油机不超过 $15\text{g}\cdot\text{cm}$ 甚至更小。

第三节 发动机的扭转振动

发动机的曲轴系统具有一定质量和扭转刚度，在气体压力和惯性力形成的简谐干扰力矩作用下，将在垂直轴线的平面内产生绕轴线的扭转振动。在多缸机上，缸数越多，曲轴越长，扭转刚度越小，轴系扭振的固有振动频率就越低，这样在工作转速范围内会产生共振，即轴系达到某一转速时，施加在曲轴上周期变化的干扰力矩与曲轴固有振动频率之间出现"合拍"的现象。共振时，曲轴产生大振幅的扭转振动，使配气定时、供油定时偏离正常相位，使发动机工作过程恶化，油耗上升、排烟、噪声增大，磨损加剧，剧烈的振动可能使曲轴断裂。不过一旦离开共振转速，振动即减小而恢复正常工作。

一、曲轴系统的固有频率

为了确定曲轴的固有振动频率，可把曲轴简化为一个当量轴，其条件是在同一扭矩的作用下，当量轴扭转变形的大小与实际曲轴相同。在当量轴上相应于曲柄的位置处和飞轮位置处，布置当量转动惯量，使其与每个曲柄的旋转和往复质量的作用相当。最简单的当量系统是双质量扭振系统，如图 10-16 所示。轴的扭转刚度为 $C_{1\text{-}2}$，两个集中质量的当量转动惯量为 I_1、I_2，圆盘半径与 I 值成正比，两盘间距与 $1/C$ 成正比。如果将两圆盘相对扭转一个角度再松开，两盘做相对扭转摆动，其扭转角分别为 φ_1、φ_2，在轴上就必然有一个截面看来好像是固定不动的，这个截面称为节点 P。列出两个质量的运动微分方程，可求得系统的固有振动频率 ω_e，即

$$\omega_e = \frac{1}{2\pi}\sqrt{C_{1\text{-}2}\frac{I_1+I_2}{I_1 I_2}}$$

其中，ω_e 的单位为 s^{-1}。

$$\omega_e = 9.55\sqrt{C_{1\text{-}2}\frac{I_1+I_2}{I_1 I_2}}$$

其中，ω_e 的单位为 min^{-1}。

由上式可见，ω_e 是轴系的固有属性。当已知曲轴系统各轴段的当量扭转刚度和各个质量的当量转动惯量后，可以求得 ω_e。

由于轴的刚度与长度成反比（图 10-16），即

$$\frac{L_1}{L_2} = \frac{C_2}{C_1} = \frac{I_2}{I_1}$$

式中 C_1、C_2——节点 P 左、右轴段的刚度。

因此，节点至两圆盘的距离与转动惯量成反比，即节点位置靠近转动惯量大的一边，也就是飞轮端。

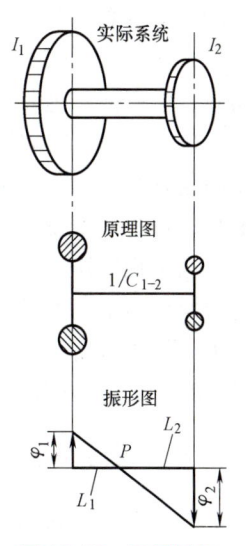

二、干扰力矩及其简谐分析

当发动机工作时，曲轴系统上作用着多阶简谐干扰力矩。往复惯性力矩可按下式分解为多阶简谐力矩：

$$M_j = m_j R^2 \omega^2 \left(\frac{\lambda}{4} \sin\omega t - \frac{1}{2} \sin 2\omega t - \frac{3\lambda}{4} \sin 3\omega t - \frac{\lambda^2}{4} \sin 4\omega t - \cdots \right)$$

第 4 阶振幅 $\frac{\lambda^2}{4} m_j R^2 \omega^2$ 已十分小，可以略去不计。气缸压力的力矩 M_g 的简谐分析式为

$$M_g = T_m + \sum M_{gk} \sin(k\omega t + \delta_k)$$

式中 T_m——平均扭矩；

M_{gk}——各阶简谐力矩幅值；

k——简谐阶数，对四冲程发动机，k = 0.5、1、1.5、2、2.5、…；

ω——曲轴旋转角速度；

δ_k——第 k 次简谐力矩的初相位。

图 10-16 双质量扭振系统

其分解后各阶力矩如图 10-17 所示。

平均扭矩仅使轴系匀速旋转，与扭振无关，简谐力矩 $\sum M_{gk} \sin(k\omega t + \delta_k)$ 才能激起轴系扭振。简谐阶数越大，M_{gk} 越小，对四冲程车用发动机来说，考虑到 $k_{max} = 9$ 就足够安全了。

由于各缸发火时间不同，所以各缸同阶简谐力矩振幅矢量的相位角不同，为此可以求出各缸同阶简谐力矩的合成矢量值。以六缸直列式四冲程发动机为例，

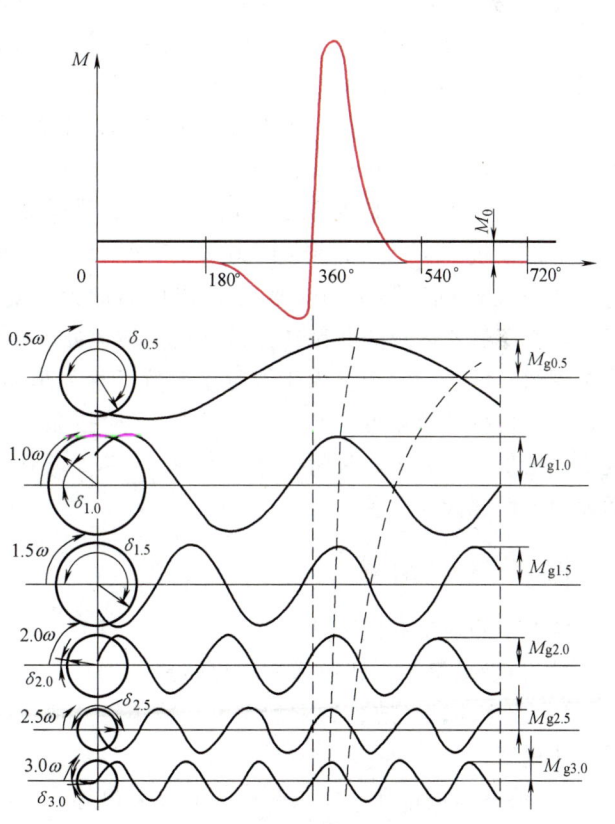

图 10-17 四冲程发动机单缸气体压力扭矩简谐分析

295

当谐量的阶数 k 为曲轴每一转中发火次数的整数倍时（$k=2mi/\tau$，i 为气缸数，τ 为行程数，$m=1、2、3$），对六缸四冲程发动机，$k=3、6、9$ 阶谐量，所有力矩的振幅矢量同向，它们同步地作用在曲轴上的干扰力矩最为危险，通常称为主谐量。当谐量的阶数 $k=(2m-1)i/\tau$ 时，对六缸四冲程发动机，$k=1.5、4.5、7.5$ 阶谐量，力矩的幅值作用在同一直线上，也可能有一定危险，称为次主谐量。其余谐量，力矩幅值不同向，危险很小，称为次谐量。六缸以上发动机的主谐量、次主谐量见表 10-1。

当干扰力矩中某一阶谐量的圆频率 $k\omega$ 与曲轴固有振动频率 ω_e 相等时，在该阶简谐力矩作用下，曲轴发生共振，振幅增大。对应曲轴共振时的转速称为临界转速 n_{ck}，由于干扰谐量阶数 k 有多个，所以 n_{ck} 也有多个，$n_{ck}=\omega_e/k$。对四冲程车用发动机来说，3 阶以下、9 阶以上的干扰力矩谐量对曲轴扭振的影响可以略去不计。

三、扭振分析

当曲轴系统在某阶简谐干扰力矩作用下发生共振时，可认为只有该阶干扰力矩才有能量输入系统，可忽略其他各阶的作用，实践证明，误差很小。其振动形式在车用发动机上都是单节点振动。当干扰力矩不断地强迫系统按干扰频率进行振动时，经过一个过渡阶段后，振幅稳定在某一有限值，此时，干扰力矩功与发动机、车辆传动系统的阻尼功达到平衡。许用振幅一般控制在 0.25° 曲轴转角范围内。

图 10-18 示出了一台六缸四冲程发动机扭振情况的综合分析。

图 10-18a 示出了六缸机的曲柄排列和 7 个质量的当量系统转化。转动惯量 I_7 代表飞轮，$I_1 \sim I_6$ 代表六个单位曲柄。C_{6-7} 代表第六缸与飞轮间的曲轴刚度，C_{1-2}、C_{2-3}、… 代表各缸间的曲轴刚度，扭振节点 P 位于 C_{6-7} 轴段处，各缸处的扭振振幅为 a_n。显然第一缸处振幅最大，在振形（虚线所示）已知后，只要知道某一处的振幅，曲轴其他的处振幅均可得到。该曲轴系统的固有振动频率 $\omega_e = 10000 \text{min}^{-1}$ 或 166.7s^{-1}（对直列式六缸发动机，ω_e 在 $10000 \sim 16000\text{min}^{-1}$ 或 $166.7 \sim 266.7\text{s}^{-1}$ 范围内），当发动机额定转速为 2000r/min 时，3 阶以下临界转速均远远大于最大转速不足为患。如图 10-18b 所示，次主谐量 4.5 阶的共振转速落在最大转速处，并形成较大的扭振转角 α，若在许可值范围内，即认为安全。由于 6 阶主谐量干扰力矩 M_{g6} 的幅值较小，所以在 1666r/min 处造成的扭振振幅略低一些，至于 7.5、9 阶扭振振幅就很小了。改变发火顺序可以改变次主谐量干扰力矩的矢量，结果使 4.5、7.5 阶扭振振幅大大减小（虚线所示），从而使扭振性能大大改善。

四、扭振的消减

减振措施通常有以下几类：

1）使发动机工作转速远离临界转速。

2）改变曲轴系统，如增加刚度、减小转动惯量均可提高固有振动频率，从而使临界转速提高。

3）改变曲柄排列、发火顺序、V 形夹角等，以改变次主谐量干扰力矩的矢量，降低激振强度。

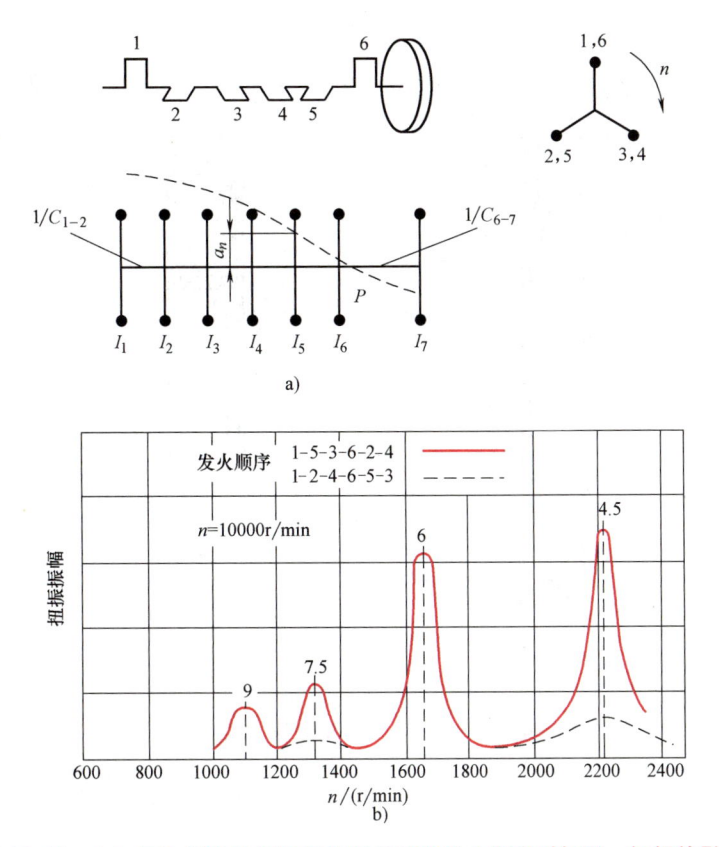

图 10-18　六缸四冲程发动机扭振当量系统的发火顺序对振形、振幅的影响

4）改变轴系材料，采用高迟滞能量损失材料（球墨铸铁的迟滞能量损失比钢高出 80%～100%）以增加振动阻尼。

5）加装减振器来吸收振动能量，以达到减小振动的目的。

在转速不高的六缸发动机（$n<3000\text{r/min}$）上，常采用上述几种措施来满足要求。在现代高速车用、缸数>6 的发动机上，常采用阻尼式减振器来保证减小扭振的要求。图 10-19 所示为车用发动机减振器的形式。

图 10-19a 所示减振器在曲轴前端固定着用钢板冲成的盘 1，盘 1 上借橡胶层 2 装有小飞轮 3。当有扭转振动时，小飞轮与盘之间有相对运动，反复揉搓橡胶层。因为橡胶是既有弹性而且内摩擦也大的材料，在橡胶反复剪切变形的过程中吸收阻尼功，把振动能消耗掉。

图 10-19b 所示液阻式减振器在曲轴自由端固定着一个中空圆壳，在壳内装有一个环形小飞轮 6（圆盘），圆盘内孔与座上的减摩衬套 4 是滑动配合，可以绕轴线自由转动。圆盘与外壳壁间留有间隙，其中充满具有一定黏度的硅油，故又称为硅油减振器。采用硅油是因为它的黏度随温度的变化小。当曲轴扭振时，外壳随曲轴自由端一起振动，而由于圆盘有惯性，不能一起振动，因此在圆盘与外壳之间就有了相对运动，并通过油液的阻尼作用而吸收振动能。

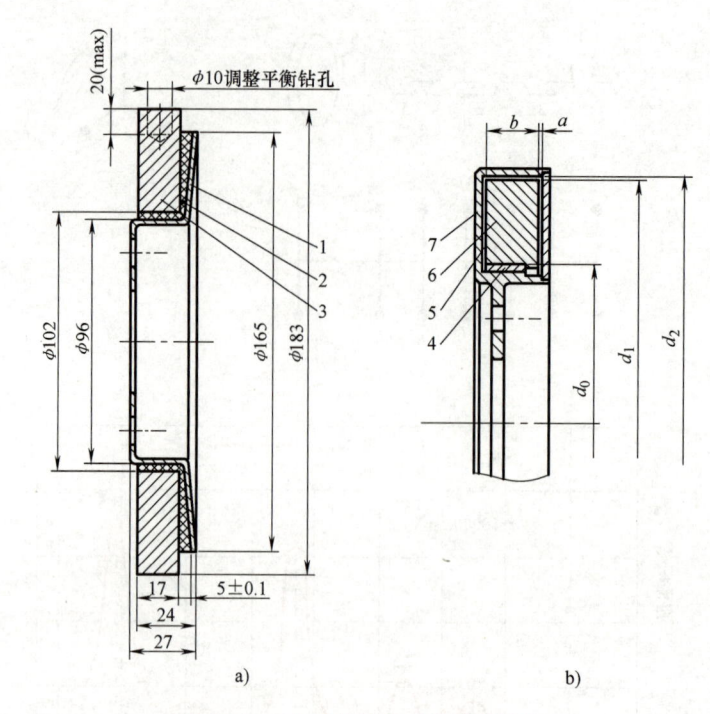

图 10-19 车用发动机减振器的结构

a) 有阻尼弹性的减振器（红旗轿车 CA—72A 汽油机） b) 液阻式减振器
1—盘 2—橡胶层 3—小飞轮 4—减摩衬套 5—硅油 6—环形小飞轮 7—外壳

【课程思政】 探索发动机扭转振动，秉持大国工匠精神

请扫码阅读

复习思考题

1. 在 0.2~0.3 范围内给定几个不同的连杆比 λ，分别计算活塞的位移、速度和加速度，研究 λ 对活塞运动规律的影响。
2. 计算比较均匀发火和不均匀发火的两缸机的总转矩曲线，分别设计对应的平衡方案。
3. 比较活塞运动规律的精确值与近似值的差异。能否设计多轴平衡系统，以利用旋转惯性力的叠加完全平衡往复惯性力？
4. 计算过量平衡系统中，剩余离心力 ΔF 与一阶往复惯性力的合力矢量。讨论剩余离心力大小对合力矢量形状的影响。
5. 试为一台直列三缸四冲程内燃机设计一套一阶惯性力矩的双轴平衡系统。
6. 试为一台直列四缸四冲程内燃机设计一套一、二阶惯性力的双轴平衡系统。

参 考 文 献

[1] 周龙保,等. 内燃机学 [M]. 2版. 北京:机械工业出版社,2005.
[2] 张志沛. 汽车发动机原理 [M]. 北京:人民交通出版社,2003.
[3] 吴建华. 汽车发动机原理 [M]. 北京:机械工业出版社,2005.
[4] 冯健璋. 汽车发动机原理与汽车理论 [M]. 2版. 北京:机械工业出版社,2011.
[5] 常思勤. 汽车动力装置 [M]. 北京:机械工业出版社,2006.
[6] 何仁,王建峰. 汽车动力传动系统合理匹配的实用方法 [J]. 中国公路学报,2000,13(1):100-103.
[7] 潘锁柱. 缸内直喷汽油机排气微粒物理化学特征的研究 [D]. 天津:天津大学,2012.
[8] 潘锁柱,裴毅强,宋崇林,等. 汽油机颗粒物数量排放及粒径的分布特性 [J]. 燃烧科学与技术,2012,18(2):181-185.
[9] 李新令,黄震,王嘉松,等,柴油机排气颗粒浓度和粒径分布特征试验研究 [J]. 内燃机学报,2007,25(2):113-117.
[10] 葛旸,王凤滨,尹超,等. 基于法规的柴油发动机颗粒物数量排放测试研究 [J]. 汽车工程,2015,37(12):1378-1381+1365.
[11] 陈全世,仇斌,谢起成,等. 燃料电池电动汽车 [M]. 北京:清华大学出版社,2005年.
[12] 张舟云,徐国卿,李秀涛,等. 用于电动汽车电机驱动器的驱动电源分析 [J]. 同济大学学报:自然科学版,2005,33(7):952-956.
[14] SOLERO L,LIDOZZI A,POMILIO J A. Design of multiple-input power converter for hybrid vehicles [J]. IEEE Transactions on Power Electronics,2005,20(5):1007-1016.
[15] MARCHESONI M,VACCA C. New DC-DC converter for energy sorage system interfacing in fuel cell hybrid electric vehicles [J]. IEEE Transactions on Power Electronics,2007,22:301-308.